FORUM Wirtschaftsrecht

Band 25

Herausgegeben vom
Institut für Wirtschaftsrecht an der Universität Kassel

Patentierung in der Tierzucht –

Im Spannungsfeld zwischen geistigem Eigentum und Agrobiodiversität

Claudia Schreider

kassel
university
press

Die vorliegende Arbeit wurde vom Fachbereich Wirtschaftswissenschaften der Universität Kassel und vom Fachbereich Gesellschaftswissenschaften der Hochschule Darmstadt als Dissertation zur Erlangung des akademischen Grades eines Doktors der Rechtswissenschaften (Dr. jur.) angenommen.

Erster Gutachter: Prof. Dr. Alexander Roßnagel, Universität Kassel
Zweiter Gutachter: Prof. Dr. Martin Führ, Hochschule Darmstadt

Tag der mündlichen Prüfung 10. Oktober 2018

Bibliografische Information der Deutschen Nationalbibliothek
Die Deutsche Nationalbibliothek verzeichnet diese Publikation in der Deutschen Nationalbibliografie; detaillierte bibliografische Daten sind im Internet über http://dnb.dnb.de abrufbar

Zugl.: Kassel, Univ., Diss. 2018
ISBN: 978-3-7376-0664-6 (print)
ISBN: 978-3-7376-0665-3 (e-book)
DOI: http://dx.medra.org/10.19211/KUP9783737606653
URN: https://nbn-resolving.org/urn:nbn:de:0002-406659

https://kup.uni-kassel.de | kup@uni-kassel.de

Druck: CPI Druckdienstleistungen GmbH, Ferdinand-Jühlke-Straße 7, 99095 Erfurt

Printed in Germany

Vorwort

Die vorliegende Arbeit entstand im Rahmen des vom BMEL geförderten Projekts „Biopatente in der Tierzucht“, das ich von 2010-2013 im Rahmen meiner Forschungstätigkeit bei der Sonderforschungsgruppe Institutionenanalyse (sofia) an der Hochschule Darmstadt bearbeitete.

Die Arbeit wurde im März 2018 an der Universität Kassel eingereicht und berücksichtigt die Rechtslage bis zu diesem Zeitpunkt.

Ich möchte mich bei all denjenigen bedanken, die mich während der Anfertigung dieser Arbeit unterstützt und motiviert haben.

Zuerst gebührt mein Dank Prof. Dr. Alexander Roßnagel, der meine Doktorarbeit betreut und begutachtet hat. Zudem hat er maßgeblich dazu beigetragen, dass eine kooperative Promotion der Hochschule Darmstadt und der Universität Kassel überhaupt erst möglich wurde. Mein besonderer Dank gilt Prof. Dr. Martin Führ, der mich seit meiner Diplomarbeit immer wieder unterstützt sowie motiviert hat und mir die Möglichkeit gab zu forschen. Für die hilfreichen Anregungen und die konstruktive Kritik bei der Erstellung dieser Arbeit möchte ich mich bei beiden Gutachtern herzlich bedanken.

Ebenso bedanke ich mich bei der Leiterin der Graduate School der Hochschule Darmstadt, Frau Dr. Janina Fengel, für die finanzielle Unterstützung meiner Forschung.

Ebenfalls möchte ich mich bei meinen Kollegen der Forschungsgruppe sofia – insbesondere Dr. Julian Schenten, Dr. Nicola Below, Dr. Georg Cichorowski und Ursula Hartmann-Henske – bedanken, die mir mit viel Geduld, Interesse und Hilfsbereitschaft zur Seite standen. Bedanken möchte ich mich für die zahlreichen interessanten Debatten und Ideen, die maßgeblich dazu beigetragen haben, dass die Arbeit in dieser Form vorliegt. Ebenso danken möchte ich den Promovenden des Umweltrechtsseminars in Kassel.

Danken möchte ich ebenfalls meinen „Mit-Dissertierenden" des Scimento-Programms, die mich vor allem moralisch und seelisch unterstützt haben.

Von Herzen Danke ich meiner Familie, insbesondere meinen Eltern, meinem Mann und meiner Tochter, für den Rückhalt und die Motivation diese Arbeit zu vollenden sowie das stete Verständnis und Unterstützung in allen Phasen der Erstellung dieser Arbeit.

Frankfurt am Main, August 2019 *Claudia Schreider*

Inhaltsübersicht

Inhaltsverzeichnis

Abbildungsverzeichnis

Tabellenverzeichnis

Abkürzungsverzeichnis

AbL	Arbeitsgemeinschaft bäuerliche Landwirtschaft
ABl.	Amtsblatt des Europäischen Patentamts
Abl. EG	Abl. EG
Abl. EU	Amtsblatt der Europäischen Union
Abs.	Abschnitt
AEUV	Vertrag über die Arbeitsweise der Europäischen Union
AktZ	Aktenzeichen
Art.	Artikel
AU	Australien
Ausführ-rungsVO	Ausführungsverordnung
Bay PAG	Gesetz über Aufgaben und Befugnisse der bayrischen staatlichen Polizei
BayVGH	Bayrischer Verwaltungsgerichtshof
Bbg OBG	Brandenburgisches Gesetz über Aufbau und Befugnisse der Ordnungsbehörden
Bbg PolG	Brandenburgisches Polizeigesetz
BBodSchG	Bundesbodenschutzgesetz
BE	Belgien
Begr.	Begründung
Berl ASOG	Allgemeines Gesetz zum Schutz der öffentlichen Sicherheit und Ordnung in Berlin
Beschl.	Beschluss
BfN	Bundesamt für Naturschutz

BIPMZ	Blätter für Patent- Muster- und Zeichenwesen
BGBl	Bundesgesetzblatt
BGH	Bundesgerichtshof
BGHZ	Entscheidung des Bundesgerichtshofs in Zivilsachen
BioMatHintV	Biomaterial-Hinterlegungsverordnung
BioPatRL	Biopatentrichtlinie
BiOS	Biological Open Source
BLE	Bundesanstalt für Ernährung
BLPMZ	Blatt für Patent-, Muster- und Zeichenwesen (herausgegeben vom DPMA)
BMELV	Bundesministerium für Ernährung, Landwirtschaft und Verbraucherschutz
BMJ	Bundesministerium der Justiz
BMUB	Bundesministerium für Bauen und Umweltschutz
BNatSchG	Bundesnaturschutzgesetz
BpatG	Bundespatentgericht
BPatGE	Bundespatentgerichtsentscheidung
Brem PolG	Bremer Polizeigesetz
BT	Deutscher Bundestag
BT-Drs.	Bundesdrucksache
BUND	Bund für Umwelt und Naturschutz
BVerfG	Bundesverfassungsgericht
CA	Beschlussdokumente des Verwaltungsrats am Europäischen Patentamt
CAFC	Unites States Court of Appeals for the Federal Circuit

CBD	Convention on Biological Diversity (Konvention über die biologische Vielfalt)
CGIAR	Consultative Croup on International Agricultural Research (Beratungsgruppe für internationale Agrarforschung)
CRISPR/Cas9	Clustered Regularly Interspaced Short Palindromic Repeats
CSN1S1	alphaS1-Kaseingen
DFG	Deutsche Forschungsgesellschaft
DGAT1-Gen	Diacyl-Glycerin-Acyl-Transferase-1-Gen
DGfZ	Deutsche Gesellschaft für Züchtungskunde
DK	Dänemark
DNA	Desoxyribonukleinsäure
DPMA	Deutsches Patent - und Markenamt
Drucks	Drucksache
EG	Europäische Gemeinschaften
EinheitspatentVO	Verordnung über die Umsetzung der verstärkten Zusammenarbeit im Bereich der Schaffung eines einheitlichen Patentschutzes
endg.	endgültig
Engl.	Englisch
Entsch.	Entscheidung
EP	Europäisches Patent
EPA	Europäisches Patentamt
EPA ABl.	Amtsblatt des Europäischen Patentamts
EPGÜ	Übereinkommen über ein einheitliches Patentgericht

EPGÜ-E	Entwurf eines Übereinkommens über ein einheitliches Patentgericht
EPO	Europäische Patentorganisation
EPÜ	Europäisches Patentübereinkommen
EPÜAO	Ausführungsverordnung des Europäischen Patentübereinkommens
EU	Europäische Union
EuGH	Europäischer Gerichtshof
EUV	Vertrag über die europäische Union
EuZW	Europäische Zeitschrift für Wirtschaftsrecht
EWG	Europäische Wirtschaftsgemeinschaft
EWSA	Europäischer Wirtschafts- und Sozialausschuss
FAO	Food and Agriculture Organization of the United Nations (Welternährungsorganisation)
FLI	Friedrich-Löffler-Institut
Fn.	Fußnote
GATS	General Agreement on Tariffs and Services (Allgemeines Abkommen über den Handel mit Dienstleistungen)
GATT	General Agreement on Tariffs and Trade (Allgemeines Zoll- und Handelsabkommen)
GB	Great Britain
GBK	Große Beschwerdekammer
gem.	gemäß
GFA	Gesetzesfolgenabschätzung
GG	Grundgesetz
GHR	Growth Hormone Rezeptor (Somatotropin-Rezeptor)

GmbH	Gesellschaft mit beschränkter Haftung
GPL-PG	General Public License for Plant Germplasm
GPÜ	Gemeinschaftspatentübereinkommen
GRUR	Gewerblicher Rechtsschutz und Urheberrecht
GSIs	Glutamin-Synthetase-Inhibitoren
GURT	Genetic Use Reduction Technology (Terminator Technologie)
GV	Gentechnisch verändert
GVO	Gentechnisch Veränderter Organismus
h_da	Hochschule Darmstadt
Hbg SOG	Hamburger Gesetz zum Schutz der öffentlichen Sicherheit und Ordnung
Hess SOG	Hessisches Gesetz über die öffentliche Sicherheit und Ordnung
HOI	homo oeconomicus institutionalis
i.S.v.	im Sinne von
IBD	Identity-by-Decent
IGF2	Insulin-like growth factor
Inc.	incorporated
Int.	International
IPR	Intellectual Property Rights (Geistige Eigentumsrechte)
ITPGRFA	International Treaty on Plant Genetic Resources for Food and Agriculture (Internationaler Saatgutvertrag für Ernährung und Landwirtschaft)
JBK	Juristische Beschwerdekammer
Kap.	Kapitel

KB	Künstliche Besamung
KMU	Kleine und mittelständige Unternehmen
KOM	Kommission
LSA SOG	Gesetz über die öffentliche Sicherheit und Ordnung des Landes Sachsen-Anhalt
LStVG	Bayrisches Gesetz über das Landesstrafrecht und das Verordnungsrecht auf dem Gebiet der öffentlichen Sicherheit und Ordnung
MAS	Markergestützte Selektion
mg.	Milligramm
Mio.	Millionen
Mitt.	Mitteilung
MV SOG	Gesetz über die öffentliche Sicherheit und Ordnung in Mecklenburg-Vorpommern
NachbauVO	Nachbauverordnung
Nds SOG	Niedersächsisches Gesetz über die öffentliche Sicherheit und Ordnung
NGO	Non-Governmental Organisation (Nichtregierungsorganisation)
NL	Niederlande
NO	Norwegen
NW OBG	Gesetz über Aufbau und Befugnisse der Ordnungsbehörden - Ordnungsbehördengesetz in Nordrhein-Westphalen
NW PolG	Polizeigesetz des Landes Nordrhein-Westfalen
OECD	Organisation for Economic Cooperation and Development (Organisation für wirtschaftliche Zusammenarbeit und Entwicklung)

OLG	Oberlandesgericht
OSSI	Open Source Seed Initiative
PatG	Patentgesetz
PbP	Product by Process
PCT	Patent Cooperation Treaty (Vertrag über die internationale Zusammenarbeit auf dem Gebiet des Patentwesens)
PGF2α	Prostaglandin F2α
PVÜ	Pariser Verbandsübereinkunft
QTL	Quantitative Trait Locus
REACH	Verordnung (EG) Nr. 1907/2006 über Registration, Evaluation, Authorisation and Restriction of Chemicals
RegE	Regierungsentwurf
RG	Reichsgericht
RGZ	Entscheidungen des Reichsgerichts in Zivilsachen
RL	Richtlinie
Rn.	Randnummer
RNA	Ribonukleinsäure
RP POG	Rheinlandpfälzisches Polizei- und Ordnungsgesetz
Saar SPolG	Saarländisches Polizeigesetz
SACEPO	Ständig beratender Ausschuss am Europäischen Patentamt
Sachs PolG	Sächsisches Polizeigesetz
SE	Schweden
SH LVwG	Allgemeines Verwaltungsgesetz für das Land Schleswig-Holstein

Slg.	Sammlung der Rechtsprechung des Gerichtshofes und des Gerichts erster Instanz (EuGH)
SMART	Selection with Markers and Advanced Reproductive Technologies
SMART-Breeding	Präzisionszucht
SNP	Single Nucleotide Polymorphisms
SOPs	Standard Operation Procedures
SortSchG	Sortenschutzgesetz
StraÜ	Straßburger Übereinkommen
SuprC	Supreme Court
TALEN	Transcription Activator-Like Effector Nuclease
TBK	Technische Beschwerdekammer
Thür OBG	Thüringer Gesetz über die Aufgaben und Befugnisse der Ordnungsbehörden
Thür PAG	Thüringer Gesetz über die Aufgaben und Befugnisse der Polizei
TierZG	Tierzuchtgesetz
TRIPS	Trade Related Aspects on Intellectual Property (Abkommen über handelsbezogene Aspekte der Rechte des geistigen Eigentums)
ÜbersetzungsVO	Verordnung über die Umsetzung der verstärkten Zusammenarbeit im Bereich der Schaffung eines einheitlichen Patentschutzes im Hinblick auf die anzuwendenden Übersetzungsregelungen
UN	United Nations (Vereinte Nationen)

UNCTAD	United Nations Conference on Trade and Development (Konferenz der Vereinten Nationen für Handel und Entwicklung)
UPC	Unified Patent Court
UPOV	International Union for the Protection Of New Varieties for Plants (Konvention zum Schutz von Pflanzenzüchtungen)
Urt	Urteil
USA	United States of America (Vereinigte Staaten von Amerika)
USDA	United States Department of Agriculture (Landwirtschaftsministerium der Vereinigten Staaten)
USPTO	United States Patent and Trademark Office (Patent- und Markenamt der Vereinigten Staaten)
VCI	Verband der deutschen Chemie
VO	Verordnung
WIPO	World Intellectual Property Organisation (Weltorganisation für geistiges Eigentum)
WO	Internationale Patentanmeldung der WIPO
WTO	World Trade Organisation (Welthandelsorganisation)

1 Einführung

1.1 Problemlage

Die gemeinsame Agrarpolitik der Europäischen Union zielt auf die Erhöhung der Produktivität und Sicherstellung der Versorgung der Bevölkerung mit Lebensmitteln, die Einkommenssicherheit der Landwirte, die Berücksichtigung der regionalen Besonderheiten sowie die Erhaltung des Wettbewerbs.[1] Um diese Ziele zu erreichen, ist die landwirtschaftliche Vielfalt (Agrobiodiversität) in der Tierzucht eine unabdingbare Voraussetzung. Dem Schutz der Agrobiodiversität kommt vor dem Hintergrund der stetig abnehmenden Biodiversität[2] eine besondere Bedeutung zu. In der gemeinsamen Agrarpolitik ist der Umweltschutz, der auch den Schutz der biologischen Vielfalt umfasst, nicht in den Zielen zu finden. Die Europäische Union hat sich jedoch bis 2020 das Ziel gesetzt, den Verlust der biologischen Vielfalt abzuwenden.[3] Dies soll durch die Integration von Biodiversitätszielen in andere Politikbereiche erreicht werden. Auch die EU-Verträge enthalten den Umweltschutz als Ziel, der über die Integrationsklausel des Art. 11 AEUV bei der Durchführung aller Unionspolitiken und -maßnahmen beachtet werden muss. Somit gilt die Beachtung des Umweltschutzes und damit der Schutz der Biodiversität nach dem Integrationsprinzip ebenso für den Handel mit tiergenetischem Material im Rahmen der europäischen Agrarpolitik sowie der darin eingesetzten Wettbewerbsinstrumente zur Förderung von Innovationen.

Das Patent ist ein wirtschaftliches Instrument, welches durch eine finanzielle Aufwandsentschädigung des Erfinders den Anreiz für Innovatio-

---

1 Art. 39 AEUV Abs. 1.

2 Nach dem globalen Living Planet Index gibt es einen Gesamtrückgang der Bestände von Wirbeltierarten von 58% für den Zeitraum von 1970-2012. *WWF 2016*, S. 8. Die globale Wahrnehmung des Biodiversitätsverlustes führte 1992 im Rahmen der Konferenz der Vereinten Nationen zu Umwelt und Entwicklung in Rio de Janeiro zum Übereinkommen über die biologische Vielfalt (Convention on Biological Diversity, CBD), siehe Abschnitt 3.1.1.

3 Europäische Union: Biodiversitätsstrategie, S. 9, siehe http://ec.europa.eu/environment/nature/biodiversity/comm2006/pdf/2020/1_EN_ACT_part1_v7%5B1%5D.pdf.

nen setzen soll. Durch die Offenlegung des hinter der Erfindung stehenden Wissens soll das Patent zum technischen Fortschritt der Gesellschaft beitragen. Die Offenlegung bei biologischem Material erfolgt durch einen Hinterlegungsmechanismus[4], der in der Tierzucht aufgrund der Variabilität der Zuchtergebnisse ein schwieriges Unterfangen ist. Im Bereich der Pflanzenzucht erfolgt die Hinterlegung von pflanzengenetischem Material seit Jahrzehnten in speziell dafür vorgesehenen öffentlichen Genbanken. Im Bereich der Tierzucht gibt es eine solche Möglichkeit erst seit Januar 2017.[5] Dementsprechend befindet sich vor allem in der Hühner- und Schweinezucht das Zuchtmaterial oftmals in privaten Genbanken der Unternehmen. Dieser Umstand ist besonders bedeutend, weil Zuchtbereiche wie die Hühner- und Schweinezucht zunehmend von Unternehmen geprägt sind. Somit ist der Zugang zu tiergenetischem Material eingeschränkt. Um neue beziehungsweise gesunde Tiere und Tierrassen zu züchten, ist der Züchter auf die Verfügbarkeit von tierzüchterischem Material angewiesen. Zusätzlich könnte dieser Zugang durch ein Patent beschränkt werden. Der Patentinhaber ist berechtigt, die Nutzung seiner Erfindung für eine gewisse Schutzdauer zu untersagen. Dadurch kann er auch den Austausch von Zuchtmaterial zwischen Betrieben unterbinden. In der Pflanzenzucht gibt es ein eigenes Schutzinstrument, welches die Arbeit mit genetischem Material besser berücksichtigt als das Patentrecht. Aus diesem Grund sind Pflanzensorten von der Patentierbarkeit ausgenommen.

---

4 Verordnung über die Hinterlegung von biologischem Material in Patent- und Gebrauchsmusterverfahren (Biomaterial-Hinterlegungsverordnung, BioMatHintV) in der Fassung v. 24.1.2005, geändert durch Art. 14 Abs. 1 G v. 4.4.2016 I 558.

5 *Feindt/Wolters* et al. 2015 hatten dazu bereits eine Empfehlung zur Errichtung einer solchen abgegeben. Im März 2017 wurde die Genbank am Standort Mariensee des Friedrich-Löffler-Instituts eröffnet. *Friedrich-Löffler-Institut* 24.3.2016.

1.1.1 Schutzrechte in der Pflanzen- und Tierzucht

Für die Pflanzenzüchter gibt es das sogenannte kleine Patent – den Sortenschutz.[6] Im Unterschied zum Patentrecht ermöglicht dieser den Pflanzenzüchtern, mit sortengeschütztem Material zu züchten, wenn dieses notwendig ist für die Entwicklung einer „neuen" Sorte.[7] Weiterhin gewährt das „Nachbaurecht" den Landwirten die Einbehaltung eines Teils des Saatgutes zur Aussaat im folgenden Jahr unter bestimmten Voraussetzungen[8] (§§ 10a ff. SortSchG). Der Sortenschutz ist demzufolge in Bezug auf den Zugang zu Züchtungsmaterial weniger restriktiv als der Patentschutz.[9] Auch „Tierrassen" sind von der Patentierung ausgenommen. Es findet sich aber keine Definition des Begriffes der Tierrasse im Patentgesetz. Auch die Richtlinie zum Schutz biotechnologischer Erfindungen[10] enthält keine Begriffsdefinition, vielmehr geht die Rechtsprechung von einer Analogie zu Pflanzensorten aus.[11] Aufgrund der unklaren Definition gibt es auch kein spezielles Schutzinstrument für Tierrassen. Somit steht für den Schutz von tierzüchterischen Innovationen ausschließlich das Patentrecht zur Verfügung.

Der Patentschutz gewinnt für die Tierzucht zunehmend an Bedeutung, weil Zuchtverfahren "technischer" werden wie beispielsweise im Bereich der Reproduktionstechnologien. Der technische Fortschritt ermöglicht es außerdem, Gene mit speziellen Merkmalen übergreifend in „Tierrassen" einzubringen und das Zuchtverfahren wird über die „Tierrassen"-Grenze hinweg angewendet. Nach der Argumentation des Europäischen Patentamtes ist dieses Verfahren somit patentierbar, da sich „die Ausführung der Erfindung nicht auf eine bestimmte „Tierrasse" beschränkt".[12] Tierrassen sind also vom Patentschutz ausgenommen, nicht aber die Verfahren

---

6 Sortenschutzgesetz in der Fassung der Bekanntmachung v. 19.12.1997 (BGBl. I S. 3164), das zuletzt durch Art. 4 Abs. 82 des Gesetzes v. 18.7.2016 (BGBl. I S. 1666) geändert worden ist.

7 § 10a SortSchG.

8 §§ 10a ff. SortSchG.

9 Die Überschneidung von Patent- und Sortenschutz diskutiert *Herring* 2013.

10 Richtlinie 98/44/EG des Europäischen Parlaments und des Rates vom 6.7.1998 über den rechtlichen Schutz biotechnologischer Erfindungen.

11 *EPA*, T 315/03 – Krebsmaus Harvard III. Siehe Abschnitt 3.5.2.

12 *EPA*, Entsch. v. 6.7.2004 - T 315/03 – Krebsmaus Harvard III., GRUR Int. 1993, 240.

mit denen sie gezüchtet worden sind. Die Zuchtverfahren können als Verfahrenspatent in Form von Herstellungsverfahren oder Arbeitsverfahren Schutz erlangen, sofern sie die Patentierungskriterien[13] erfüllen und die Verfahren nicht vollständig auf Kreuzung oder Selektion beruhen – wie es die Rechtsprechung für im Wesentlichen biologische Verfahren festgelegt hat.[14] Wird ein Herstellungsverfahren für das Zuchtverfahren beansprucht, eröffnet sich die Möglichkeit, einen unmittelbaren Patentanspruch zu erlangen sowohl auf Tiere als auch auf tierische Produkte, die durch das Herstellungsverfahren[15] näher beschrieben werden.[16] Ist dieser Anspruch erfolgreich, so erhält der Patentinhaber das Recht allein über das patentierte Zuchtmaterial zu verfügen und hat auch das Recht, den Zugang einzuschränken oder ganz zu verbieten. Die Folge ist die Hinderung des Zugangs zum und damit der Verlust von tierzüchterischem Material, welches eine wichtige Grundlage für die Aufrechterhaltung der Biodiversität darstellt.
Diese Begrenzung der züchterischen Möglichkeiten bekommt im Hinblick auf die sich verändernden Umweltbedingungen (einschließlich der Folgen durch den Klimawandel) eine zusätzliche Problematik. Je mehr Zuchtmaterial für Züchtungsprozesse frei verfügbar ist, umso größer ist die Chance, Tiere an sich verändernde Umweltbedingungen anpassen zu können.

Die Tierzüchtung beruht auf der Schaffung immer wieder neuer Kombinationen genetischer Bausteine, um die besten Eigenschaften der Tiere zu verbinden. Deswegen müssen Züchter auf die Vorleistungen anderer Züchter zurückgreifen können. Damit eine Anpassung an veränderte Zuchtziele erfolgen kann, sind Innovationen in der Tierzüchtung unerlässlich. Für die Schaffung von Innovationen sind neben dem Zugang zu

---

13 Neuheit § 3, erfinderische Tätigkeit § 4, gewerbliche Anwendbarkeit § 5 PatG.

14 In der EPA Entsch. v. 9.12.2010 – G 2/07, der sogenannten Brokkoli-Entscheidung, ging es um ein Verfahren, welches traditionelle Züchtungsverfahren (klassische Kreuzung) mit Marker gestützter Selektion kombiniert und als im Wesentlichen biologisch eingestuft wurde. Siehe Abschnitt 3.5.3.1.2. sowie Analyse des EP 1069819 in Anhang B27.

15 Verfahrenspatente unterscheiden sich in zwei Anspruchskategorien: Arbeitsverfahren und Herstellungsverfahren. Hierzu siehe Abschnitt 3.2.

16 Zum Product-by-Process-Anspruch siehe Abschnitt 3.6.2.2.

genetischen Ressourcen auch ökonomische Anreize eine Bedingung. Das Patentrecht soll durch ein Monopol auf Zeit für den Patentinhaber diesen zu Innovationen anreizen. Gleichzeitig muss das Patentrecht aber Regelungen enthalten, die einen Zugang zu Zuchtmaterial für die Tierzüchter ermöglicht. Durch den zunehmenden Einfluss des Patentrechts in der Tierzucht in Form von Verfahrenspatenten nehmen Rechtsunsicherheiten für Tierzüchter zu.[17] Somit ist zu untersuchen, ob das Patentrecht die Aufgabe des Rechts erfüllt, welche darin besteht, auf der einen Seite Innovationen zu fördern sowie anderseits die Folgen dieser Innovationen zu bewältigen.[18]

1.1.2 Bisherige „Lösungsvorschläge"

Die in der Literatur diskutierten Lösungsstrategien für einen besseren Zugang zu züchterischem Material reichen von einer besseren Handhabung des Patentrechts durch Zwangslizenzen[19] über Patentpools[20] bis hin zur Anwendung von Biological Open Source (BiOS) Patenten[21] sowie einer Open Source Lizenz für Saatgut.[22] Diese Lösungen beziehen sich jedoch auf die Anwendung in der Pflanzenzucht.

In der Tierzucht wird – aufgrund des Fehlens eines äquivalenten Systems zum Sortenschutz –die Frage nach einem geeigneten System aufgeworfen und in verschiedenen theoretischen Ansätzen diskutiert. Straus und Rothschild schlagen vor, die patentrechtlichen Regelungen besser an die Tierzucht anzupassen und weiterhin für den Schutz von Innovationen in der Tierzucht anzuwenden.[23] Weitere Überlegungen von Siebrasse bestehen darin, ein hybrides System aus den geeignetsten Regelungen des Patent-

17 *Tvedt* 2008, S. 203 f.

18 *Roßnagel* 2010, S. 12 ff.

19 *Herring* 2013, S. 164 f.

20 *van Overwalle* 2007.

21 *Jefferson* 2006; *Hope* 2008.

22 *Kotschi/Rapf* 2016, S. 15 ff. Die Entwicklung der Open-Source Saatgut Lizenz beruht auf einem unveröffentlichten Rechtsgutachten der Verfasserin siehe *Schreider* 2014.

23 *Straus* GRUR Int. 1990, 913.; *Rothschild* 2004.

und Sortenrechts[24] zu schaffen. Temmerman schlägt die Entwicklung eines komplett eigenen System „sui generis" für den Schutz von tiergenetischem Material auf globaler Ebene vor.[25] Diese Idee wird von Lesser bereits in den 80er und 90er Jahren für die USA diskutiert.[26] Singh setzt sich mit der Entwicklung eines solchen Systems in Indien auseinander.[27] In Deutschland wurde die Entwicklung eines Schutzsystems für die Tierzucht ebenfalls von Looser diskutiert.[28] Ein Schutzsystem hat sich jedoch bisher aus den Überlegungen nicht entwickelt aufgrund des nicht eindeutig zu bestimmenden Begriffs der Tierrasse. Es gibt noch keine Untersuchung, die alle Diskussionspunkte bezüglich der Anforderungen an ein Schutzsystem im Hinblick auf die Tierzucht zusammenführt. Zwar wird ein sui generis System für Tierrassen, wie bereits dargelegt, diskutiert, allerdings fehlen bislang zu den Überlegungen eines alternativen Rechtssystems empirische Überprüfungen, die sich der Frage widmen, ob ein solches Instrument in der Tierzucht aus Sicht der Stakeholder gewünscht wird und, wie diese die Praktikabilität eines solchen Schutzinstruments einschätzen. Weitere Lösungsvorschläge für einen besseren Zugang zu züchterischem Material beziehen sich auf einzelne Regelungen im Patentrecht. Ischebeck beschreibt die Erweiterung eines Landwirteprivilegs auf die gesamte, betriebsübergreifende, landwirtschaftliche Tierzüchtung sowie die Einführung eines Entschädigungsanspruches für betroffene Patentinhaber.[29] Neben den rechtswissenschaftlichen Beiträgen gibt die Stellungnahme der Deutschen Gesellschaft für Züchtungskunde (DGfZ) eine Einschätzung darüber, welche Probleme bei der Anwendung des Patentrechts in der praktischen Tierzucht auftreten und stellt für einige Punkte mögliche Lösungsansätze vor:

- Klärung der Kriterien für die Einordnung von Züchtungsverfahren als Arbeits- oder Herstellungsverfahren in einer Weise, die es für

24 *Siebrasse* 2010.
25 *Temmerman* 2012.
26 *Lesser* 1993.
27 *Singh* 2008.
28 *Looser* GRUR Int. 1986, 27.
29 *Ischebeck* 2015, 215 ff., 223 f.

den Fachmann ersichtlich werden lässt, ob es sich in einem spezifischen Fall um ein Arbeits- oder Herstellungsverfahren handelt.

- Klärung des Status von Verfahrenspatenten als Arbeits- oder Herstellungsverfahren bei der Patenterteilung. Im Gegensatz zum Herstellungsverfahren ist es bei einem Arbeitsverfahren nicht möglich, den Patentschutz auf die Nachkommen auszuweiten, da keine Veränderung der behandelten Sache eintritt.[30]

- Klärung, dass der Anpaarungsschritt (Kreuzung) nicht die Einstufung eines Züchtungsverfahrens als Herstellungsverfahren konstituiert: Bei der Kreuzung (Anpaarung) sei nicht auf ein Herstellungsverfahren abzustellen, da dieser Eingriff mit Ausnahme von geklonten oder transgenen Verfahren nicht mit dem gleichen Ergebnis wiederholbar sei. Da sich der technische Schritt in der Züchtung meist nur auf die Selektion beziehe, könne nicht allein durch das Hinzufügen eines Anpaarungsschrittes (Kreuzung) die Erfindungshöhe gegeben sein.[31]

- Berücksichtigung der unterschiedlichen Nomenklatur der Pflanzen- und Tierzucht

- Absicherung des Landwirteprivilegs in der Tierzucht: Die Gewährleistung des Landwirteprivilegs nach § 9 a,b,c PatG ist in der praktischen Anwendung in der Tierzucht aufgrund der möglichen Existenz von mehreren Zuchtstufen in einer Tierart problematisch. Die Problematik liegt in der Anwendung des Patentrechts auf die Nachkommen und auf biologisches Material von Tieren. Ohne klare Trennung zwischen Arbeits- und Herstellungsverfahren kann ein abgeleiteter Sachschutz auf Tiere entstehen. Bei Anwendung von Gentests und anschließender Anpaarung werden keine Veränderungen am Tier vorgenommen; daher ist es nicht möglich, in der Nachkommensgeneration eine Unterscheidung zu treffen, welches Tier mit dem Gentest untersucht wurde. Die DGfZ fordert daher,

---

30 *DGfZ* 2009, S. 6.
31 *DGfZ* 2009, S.13.

die Formulierung aller Verfahren, die sich auf Formen der Selektion und Kreuzung beziehen, so vorzunehmen, dass eine Einordnung als Arbeitsverfahren erfolgen kann.

- Die DGfZ schlägt weiterhin vor, ein Privileg einzuführen, das den Ausschluss der Übertragung des Patentschutzes auf die Nachkommen zum Inhalt hat, mit der Bedingung, dass die Nachkommen durch sexuelle Fortpflanzung entstanden sind.[32] Fraglich ist hierbei die rechtliche Implementierbarkeit eines solchen Vorschlages.
- Die Schaffung einer Stelle zur Beobachtung des Patentgeschehens und zur fachgerechten Anwendung des Patentrechts wird in der Stellungnahme der DGfZ-Arbeitsgruppe erwogen. Diese Stelle beobachtet in enger Zusammenarbeit mit Wissenschaftlern und Fachleuten die Anwendung des Patentrechts und ist ebenfalls für die sachgerechte und unabhängige Information in Politik, Behörden und Organisationen zuständig.[33]

Bei allen genannten Punkten sind weder die juristischen Ansatzpunkte, noch mögliche Probleme in der Umsetzung bisher eindeutig geklärt mit Ausnahme des Biopatent-Monitorings[34]. Die bereits erfolgten Untersuchungen patentrechtlicher Regelungen in Bezug auf die Tierzucht bestehen in der theoretischen Analyse der Regelungen für die Patentierung von Tieren im deutschen und europäischen Patentrecht. Keine der vorgenannten Diskussionen beinhaltet eine akteursfokussierte Analyse und betrachtet den gesamten institutionellen Rahmen der Akteure im Patentrecht und in der Tierzucht. Die vorliegende Arbeit möchte diese Lücke schließen

---

32 *DGfZ* 2009, S. 9.

33 Vgl. *DGfZ* 2009, S. 11.

34 Das Biopatent-Monitoring war ursprünglich eine Gestaltungsoption aus dem Projektbericht „Biopatente in der Tierzucht" in Anlehnung an ein Gutachten des Beirats für Biodiversität und Genetische Ressourcen von 2010 – Biopatente eine Gefährdung der Agrobiodiversität? Diese wurde realisiert durch das Biopatent-Monitoring Landwirtschaft durch das BMELV, erstmals vorgestellt auf der Abschlusstagung des Forschungsprojekt Biopatente in der Tierzucht am 24.4.2013, in Berlin. Präsentation siehe http://www.bmel.de/SharedDocs/Downloads/Ministerium/Veranstaltungen/Biopatente2013-Monnerjahn.pdf;jsessionid=B7660A99C821E13C2C9569A8BC4E55C6.2_cid385?__blob=publicationFile (28.1.2018).

und erarbeitet Gestaltungsoptionen, die in der Lage sind, das zuvor analysierte Spannungsfeld in einer Weise zu bewältigen, die die Rechtspositionen der beteiligten Akteure möglichst weitgehend schont und zugleich Innovationen in der Tierzucht anreizt, ohne den Zugang zu Zuchtmaterial zu stark einzugrenzen.

1.2 Kernfrage

Ausgehend von der vorstehend geschilderten Problemlage und im Hinblick auf das Ziel, die Agrobiodiversität zu erhalten und die dazu notwendigen Beiträge aus der Tierzucht zu unterstützen, untersucht die Arbeit, ob die Regelungen, die den Tierzüchtern zur Verfügung stehen um ihre Innovationen zu schützen, den Tierzüchtern gleichzeitig einen ausreichenden Zugang zu Zuchtmaterial ermöglichen.

Vor diesem Hintergrund geht die vorliegende Arbeit der Kernfrage nach,

> *ob der durch die Biopatentrichtlinie geschaffene Rechtsrahmen Innovationen in der Tierzucht anreizt und zugleich den Zugang zu züchterischem Material stärkt sowie – wenn dies nicht der Fall ist – welche Modifizierungen empfehlenswert sind.*

Um die Kernfrage zu beantworten, ist folgenden Teilfragen nachzugehen:

- Welche Anforderungen sind an ein innovationsförderliches Umfeld in der Tierzucht zu stellen? (Kapitel 2)
- Welche Regelungslücken weist das Patentrecht in Bezug auf die Tierzucht auf und welche Probleme ergeben sich daraus in der Praxis der Patenterteilung? (Kapitel 3)
- Wie gehen die Akteure in der Tierzucht mit den identifizierten Defiziten um, die aus der Anwendung des Patentrechts in der Tierzucht resultieren? (Kapitel 4)
- Welche Gestaltungsoptionen kommen zur Schließung der identifizierten Regelungslücken in Betracht; und inwiefern können sie das

Verhalten der relevanten Akteure so beeinflussen, dass eine ausgewogene Bewältigung des Zielkonflikts zu erwarten ist? (Kapitel 5)

- Welche Modifizierungen des Rechtsrahmens sind empfehlenswert, damit die Akteure hinreichende Anreize für die Schaffung von Innovationen erhalten und gleichzeitig ausreichender Zugang zu Zuchtmaterial besteht? (Kapitel 5)

1.3 Angewendete Methoden

Die vorliegende Arbeit untersucht, ob der durch die Biopatentrichtlinie geschaffene Rechtsrahmen Innovationen in der Tierzucht anreizt und zugleich die Agrobiodiversität stärkt. Sollte dies nicht zutreffen, so ist zu untersuchen, welche Modifizierungen vorzunehmen sind, um das Ziel zu erreichen. Diese Fragestellung erfordert den Einsatz einer Methode welche die Anreizsituation der Akteure erfassen kann und diese bei der Suche nach alternativen Gestaltungsmöglichkeiten der Rahmenbedingungen mit einbezieht. Für die Beantwortung der Kernfrage wird deshalb eine Gesetzesfolgenabschätzung (GFA) durchgeführt. Die Aufgabe der Gesetzesfolgenabschätzung besteht darin „den politisch-administrativen Rahmen der Gesetzgebung zu unterstützen und zur Rationalisierung beizutragen"[35] Dies erfolgt durch die Aufbereitung von Informationen in systemischer Form für die Gesetzgebungsorgane, die so eine materiell und rechtskonforme Regulierung auf den Weg bringen können.[36] Methodisch gibt es keine einheitlichen Standards für die Durchführung einer Gesetzesfolgenabschätzung. Die GFA gliedert sich grundsätzlich in die Analyse des Regelungsfeldes, die Zielbeschreibung, die Entwicklung von Regelungsalternativen sowie deren Prüfung und Bewertung sowie die Ergebnisdokumentation.[37] Diese Schritte sind jedoch nicht starr anzuwenden, sondern entsprechend des Regelungsgegenstands anzupassen.

---

35 *Böhret/Konzendorf* 2003, S. 1 ff.

36 *Führ 2010*, S. 20.

37 *Böhrt/Konzendorf* 2001, S. 8.

Für die vorliegende Arbeit gliedert sich die Gesetzesfolgenabschätzung in zwei Teile: Im ersten Teil erfolgt in Kapitel 2 die Entwicklung von Kriterien, die es erlauben, die zu entwickelnden Gestaltungsoptionen dieser Arbeit in Bezug auf ihren Beitrag zu einem biodiversitäts- und innovationsförderlichen Umfeld in der Tierzucht zu bewerten. Daran schließt sich eine juristische Analyse des Regelungsfeldes in Kapitel 3 an. Die relevanten Regelungen des Patentrechts werden daraufhin untersucht, ob diese für die Tierzucht anwendbar und die entsprechenden Zugangsregelungen zu Zuchtmaterial vorhanden sind. Die Analyse im zweiten Teil verfolgt das Ziel, das Verhalten der Akteure bei der Anwendung des Patentrechts in Bezug auf die zuvor identifizierten Defizite und in Bezug auf die Ausgestaltung der Zugangsinstrumente zu untersuchen (Kapitel 4), um anschließend Gestaltungsoptionen zu entwickeln (Kapitel 5). Damit das Verhalten der Akteure erfasst werden kann, wird ein Modell benötigt, welches in der Lage ist neben der Analyse von gesetzlichen Bestimmungen auch weitere verhaltensbeeinflussende Faktoren mit einbeziehen. Hierfür ist es erforderlich Annahmen über diese Faktoren zu treffen. Da in den Rechtswissenschaften kein Prüfschema für ein solches Vorgehen existiert,[38] wird auf das disziplinenübergreifende Verhaltensmodell des homo oeconomicus institutionalis (hoi)[39] zurückgegriffen. Dieses ist eingebettet in die interdisziplinäre Institutionenanalyse, die der folgende Abschnitt erläutert.

1.3.1 Interdisziplinäre Institutionenanalyse

Die interdisziplinäre Institutionenanalyse verfolgt das Ziel, anhand einer Defizitanalyse des jeweiligen institutionellen Rahmens im status quo responsive Gestaltungsoptionen zu entwickeln. Dafür wird der gesamte institutionelle Rahmen analysiert, in dem sich ein Akteur bewegt und seine Entscheidungen trifft. Der Begriff der Institution umfasst in diesem

---

38 Ansätze für vereinzelte Versuche zur Entwicklung eines Verhaltensmodells siehe dazu *Führ/Feindt/Bizer* 2007, S. 15 f.

39 Die Erläuterung des Modells erfolgt im folgenden Abschnitt.

Sinne „die Gesamtheit der formalen und informalen Spielregeln“.[40] Innerhalb dieses institutionellen Rahmens handeln die Akteure nach ihren Präferenzen, die von Eigennutz oder auch Gemeinwohlbelangen geprägt sein können. Hierbei kann ihre Wahrnehmung jedoch eine Einschränkung durch kognitive Grenzen erfahren. Auch habituelles oder emotionales Verhalten können die Akteure bei ihrer Entscheidung beeinflussen. Das folgende Schaubild (Abbildung 1) verdeutlicht die verhaltensbeeinflussenden Faktoren auf den Akteur im institutionellen Kontext. Die systematische Erfassung der verhaltensbeeinflussenden Faktoren erfolgt auf der Basis des von Führ und Bizer entwickelten Verhaltensmodells des homo oeconomicus instiutionalis (hoi). Dieses folgt einer Stufenheuristik, die den homo oeconomicus als Ausgangspunkt nimmt, aber berücksichtigt, „dass die darin getroffenen Annahmen das Verhalten nur ungenügend erklären und somit ergänzungsbedürftig sind.“[41]

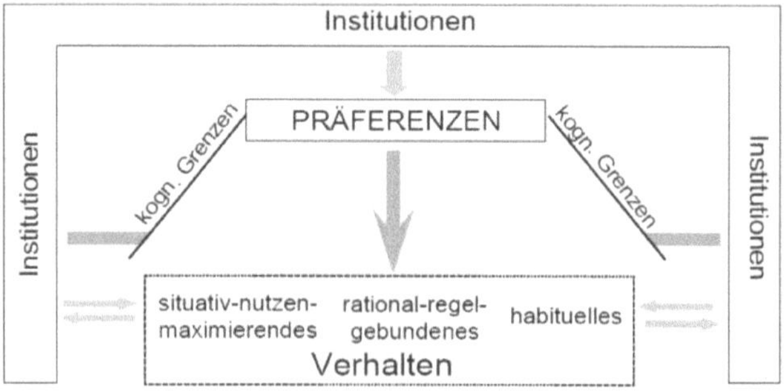

Abbildung 1: Verhaltensannahme des homo oeconomicus institutionalis
(Quelle: Bizer 2002, Führ 2003)

Die interdisziplinäre Institutionenanalyse besteht aus sieben Basisschritten[42]:

---

40 *Bizer/Führ* 2014, S. 21.
41 *Bizer/Führ* 2014, S. 10.
42 *Bizer/Gubaydullina* 2007, S. 42.

Tabelle 1: Basisschritte der Institutionenanalyse
(Quelle: Bizer/Führ 2014, S. 4 ff. sowie hierzu auch schon Bizer/Gubaydullina 2007, S. 42 ff.)

1	Zielbeschreibung (normativ): politisch definiert oder abgeleitet aus rechtlichen Vorgaben
2	Relevante Akteure identifizieren: Wer in welchen Gruppen? Mit welcher Gewichtung?
3	Verhaltensbeiträge zur Erreichung des Regulierungsziels bestimmen: Wer muss wann was tun? Mit wem kooperieren? („Soll")
4	Präferenzen sowie Anreize und Hemmnisse für das tatsächliche Verhalten analysieren und damit das Verhalten erklären („Ist")
5	Bestimmung des Deltas (Soll-Ist-Vergleich: Schritt 3 minus Schritt 4)
6	Gestaltungsoptionen zur Verringerung des Deltas: Veränderung der institutionellen Rahmenbedingungen (Responsive Regulierung)
7	Gegebenenfalls: Verbleibendes Delta (3-4+6)

Für die vorliegende Untersuchung sind die Schritte 1-7 durchzuführen. Die folgenden Abschnitte führen aus, wie die Basisschritte für den vorliegenden Untersuchungsgegenstand zu operationalisieren sind.

1.3.1.1 Formulierung des Ziels (Basisschritt 1)

Damit die vorliegende Fragestellung im Rahmen der Institutionenanalyse bearbeitet werden kann, gilt es das Ziel zu formulieren. Die normative Zielbeschreibung ist entweder politisch motiviert oder lässt sich aus gesetzlichen Regelwerken entnehmen.[43] Das Ziel des Patentrechts besteht darin Innovationen anzuregen und gleichzeitig den Fortschritt der Gesellschaft durch Offenbarung von Wissen voran zu bringen. Für den Bereich der Tierzucht ergibt sich daraus die Problematik, dass Innovationen in der Tierzucht nur erfolgen können mit dem Rückgriff auf bereits erfolgte

[43] *Bizer/Führ* 2014, S. 5.

Züchtungen. Hierfür ist der Zugang zu Zuchtmaterial eine zentrale Bedingung. Für die vorliegende Untersuchung gibt das europäische Patentrecht den Rahmen vor. Es folgt deshalb in Kapitel 3 eine Analyse der Regelungen der Biopatentrichtlinie sowie des europäischen Patentübereinkommens.

1.3.1.2 Ermittlung der relevanten Akteure (Basisschritt 2) und Bestimmung der Verhaltensbeiträge (Basisschritt 3)

In einem weiteren Schritt sind die relevanten Akteure zu ermitteln, welche notwendig sind, um das zuvor in Schritt 1 definierte Ziel zu erreichen.[44] Entsprechend der zuvor formulierten Kernfrage stehen Akteure aus der Tierzucht, die das Patentrecht anwenden, als auch die Akteure, die für die Erteilung von Patenten zuständig sind, im Mittelpunkt.

Das Handeln der Patentanmelder- und -prüfer wird jedoch auch vom Handeln und Verhalten anderer Akteure geprägt. Hierzu gilt es zu ermitteln, welche anderen Akteure in Form von Intermediären das Verhalten beeinflussen. Hierzu zählen Tierzuchtunternehmen, -verbände, Patentämter, -anwälte sowie NGOs. Die zu bestimmenden Verhaltensbeiträge sind anhand der einzelnen Stationen des Patenterteilungsverfahrens zu ermitteln. Hierfür erfolgt in Kapitel 3 die Darstellung des Patentverfahrens, um darauf aufbauend in Kapitel 4 die entsprechenden Verhaltensbeiträge abzuleiten.

1.3.1.3 Analyse der Präferenzen sowie Anreize und Hemmnisse (Basisschritt 4)

Der vierte Basisschritt analysiert unter Anwendung des hoi das Verhalten der Akteure und, welche Faktoren darauf einen Einfluss haben.[45] Hierzu erfolgt die Analyse der Präferenzen sowie eine Anreiz-Hemmnis Analyse.

---

44 *Bizer/Führ* 2014, S. 5.
45 *Bizer/Führ* 2014, S. 6.

1.3.1.3.1 Präferenzen

Die Ermittlung der Präferenzen folgt der Stufenheuristik des hoi.[46] Den Ausgangspunkt der Stufenheuristik des hoi bildet die Annahme, dass Akteure sich von einem situativ-nutzenorientierten Kalkül leiten lassen.[47] Dies bedeutet, dass der Akteur auf der Basis ihm zugänglicher Informationen Kosten und Nutzen aller relevanten Entscheidungen ermittelt, um sich für die Alternative zu entscheiden, die ihm den größten Nutzen bringt. Es erfolgt also eine Art Nutzen-/Aufwand-Vergleich.[48] Jedoch kann der Akteur bei seiner Entscheidungsfindung kognitiven Grenzen oder Defiziten unterliegen, die sein Handeln beeinflussen. Diese Grenzen begrenzen den Möglichkeitsraum der Akteure und treten in Verbindung mit Regelbindungen auf.[49] Es geht dabei darum, zu analysieren, wie Akteure Informationen als solche erkennen, auf welchem Weg sie diese erlangen und wie sie diese handlungswirksam verarbeiten. In einer komplexen Entscheidungssituation sind die Akteure geneigt, sich regelgebunden oder habituell zu verhalten. Dafür orientieren sie sich an Entscheidungen, die sie früher schon einmal getroffen haben oder sie folgen vorgegebenen (Fairness-)Regeln. Zu beobachten ist zudem eine Habitualisierung von Verhaltensweisen. Hier folgt der Akteur erlernten oder oftmals praktizierten Verhaltensmustern, ohne im konkreten Fall eine Nutzen-/ Kosten-Betrachtung anzustellen.[50] Damit sich die Akteure so verhalten, wie es die normativen Vorgaben vorschreiben, müssen sie über sämtliche bzw. alle notwendigen Informationen verfügen. Eine wichtige Rolle spielen beispielsweise bestimmte Wahrnehmungsraster der Akteure, die sich durch persönliche Erfahrungen und durch Prägungen in Ausbildung, Beruf oder einem weiteren Feld herausgebildet haben. Die Entscheidungen der Akteure können schließlich auch von emotionalen Komponenten beeinflusst werden. Diese kommen besonders zum Tragen, wenn Entscheidungen unter Zeitdruck getroffen werden. Auch die „Kultur" einer Behörde oder

---

46 *Bizer/Führ* 2014, S. 6 *Bizer/Gubaydullina* 2007, 44 ff.
47 Siehe Abschnitt 1.3.
48 *Bizer/Führ* 2014, S. 12.
49 *Bizer/Gubaydullina* 2007, S. 45.
50 *Bizer/Führ* 2014, S. 13.

eines Unternehmens veranlasst die Akteure zu emotionalen Verhaltensweisen. Für die vorliegende Arbeit erfolgt in Abschnitt 4.1 die Analyse der Präferenzen der Patentanmelder, Patentprüfer sowie der Patentvertreter. Im Anschluss wird der institutionelle Kontext der vorgenannten Akteure untersucht. Hierzu gehören die Struktur und Organisation in der Tierzucht (Abschnitt 2.3.1 sowie Abschnitt 4.3.1) sowie des Europäischen Patentamtes (Abschnitt 4.3.2).

1.3.1.3.2 Anreiz-Hemmnis Analyse

Die sich anschließende Analyse der Anreize und Hemmnisse in Abschnitt 4.4 soll herausfinden, wie die Akteure mit den in Kapitel 3 identifizierten Defiziten umgehen – bzw. welche Auswirkungen diese auf das Verhalten der Akteure haben und ob sie in der Lage sind, die zuvor identifizierten Verhaltensbeiträge zu erbringen. Hierbei bilden die verschiedenen Stationen des Patentverfahrens den Rahmen für die Untersuchung. An dieser Stelle fließen die Erkenntnisse aus den Beobachtungen der Patentverfahren[51] als auch den Experteninterviews mit ein.[52]

1.3.1.4 Bestimmung des Deltas (Basisschritt 5)

Für die Bestimmung des Deltas erfolgt der Abgleich der von den Akteuren im Rahmen des Patentverfahrens zu erwarteten Verhaltensbeiträgen mit den durch die Anreiz- und Hemmnisanalyse aus Basisschritt 4 erfassten Beiträgen. Ziel ist herauszufinden an welcher Stelle im Patentverfahren angesetzt werden muss, damit die Patentregelungen für die Tierzucht in einer Weise angepasst werden, die es erlauben ein innovations- und biodiversitätsförderliches Umfeld zu schaffen. Den Analyserahmen bilden die Stationen im Patentverfahren.

---

[51] Erläuterung siehe Abschnitt 1.2.2.1

[52] Siehe Abschnitt 1.2.2.2.

1.3.1.5 Entwicklung von Gestaltungsoptionen zur Verringerung des Deltas (Basisschritt 6)

Der sechste Basisschritt umfasst die Entwicklung von Gestaltungsoptionen, die in der Lage sind, das zuvor beschriebene Delta auf Anreiz-Hemmnis- sowie auf legislativer Ebene zu verringern, also den Einsatz des Patentrechts in der Tierzucht zu ermöglichen ohne die landwirtschaftliche Nutztiervielfalt einzuschränken. Hierfür sind die institutionellen Rahmenbedingungen von Patentanmeldern und -prüfern so zu verändern, dass die Akteure zu Innovationen in der Tierzucht beitragen und gleichzeitig ein ausreichender Zugang zu Zuchtmaterial besteht. Die in der juristischen Analyse identifizierten Defizite bilden die Grundlage für die zu entwickelnden rechtlichen Gestaltungsoptionen im Rahmen der Institutionenanalyse. Hierfür sind Gestaltungsoptionen zu entwickeln, die das in Kapitel 3 identifizierte Delta auf legislativer Ebene reduzieren als auch die Anreize- und Hemmnis Situation der Patentanmelder und -prüfer im Patentverfahren adressieren. Die entwickelten Gestaltungsoptionen sind demzufolge in rechtliche und organisatorisch-administrative Gestaltungsoptionen zu unterscheiden. An dieser Stelle fließen auch die im Rahmen der Experteninterviews[53] gewonnenen Lösungsansätze mit ein. Um eine Aussage darüber zu treffen, ob die Optionen zu einem biodiversitätsförderlichen Umfeld beitragen, erfolgt die Bewertung anhand der in Kapitel 2 entwickelten Kriterien. Im Anschluss daran ist unter Anwendung des Grundsatzes der Verhältnismäßigkeit eine Gestaltungsempfehlung zu formulieren, die es erlaubt, die identifizierten Defizite aus Kapitel 3 möglichst schonend zu adressieren.[54]

---

[53] Erläuterung folgt in Abschnitt 1.2.2.2.

[54] *Bizer/Führ* 2014, S. 8.

1.3.1.6 Abschätzung verbleibendes Delta (Basisschritt 7)

Sollten die vorgeschlagenen Gestaltungsoptionen nicht in der Lage sein das Defizit vollständig zu beheben, wird dies im letzten Schritt aufgezeigt.[55] Daraus ergeben sich offene Forschungsfragen sowie weiterer Forschungsbedarf, der in Kapitel 5.6.2 dargestellt wird.

1.3.2 Empirische Fundierung

Die interdisziplinäre Institutionenanalyse ist mit verschiedenen empirischen Elementen zu unterstützen, die es ermöglichen eine Aussage über die Handlung der Akteure zu treffen. Ist eine Aussage darüber nicht möglich, so sind plausible Annahmen zu treffen.[56] Die Institutionenanalyse umfasst die Analyse von Präferenzen, Anreizen und Hemmnissen der Akteure. Dies erfolgt für die vorliegende Untersuchung für die Patentanmelder- und Prüfer. Für die Akteurgruppe der Patentprüfer gibt es bisher wenige empirische Arbeiten, die verhaltenswissenschaftliche Aspekte der Arbeit der Prüfer thematisieren.[57] Bezüglich des Innovationsverhaltens von Unternehmen in der landwirtschaftlichen Tierzucht gibt es bisher keine empirischen Untersuchungen.[58] Um die getroffenen Annahmen über das Verhalten der Akteure zu unterstützen, wurden eigene Erkenntnisse durch Experteninterviews und teilnehmende Beobachtungen von Verhandlungen generiert.[59] Für die Analyse des institutionellen Umfelds der Akteure bilden die Prüfrichtlinien zum EPÜ, das Beamtenstatut für

55 *Bizer/Führ* 2014, S. 8.

56 *Bizer/Führ* 2014, S. 6, 15.

57 Politikwissenschaftliche Analyse des Patentsystems und der darin agierenden Akteure im Europäischen Patentamt siehe *Schneider* 2010.

58 Einzig die Arbeit von *Höhler* 2016 beschäftigt sich mit der Innovationstätigkeit von Genossenschaften in der Milchviehzucht.

59 Diese Arbeiten wurden im Rahmen des Forschungsprojekts „Biopatente in der Tierzucht" durchgeführt. Auftraggeber: Bundesministerium für Ernährung, Landwirtschaft und Verbraucherschutz (BMELV), in Kooperation mit der Universität Cardiff sowie der Ludwig-Maximilians-Universität München, Laufzeit: 09/2010-3/2013.

die Bediensteten des Europäischen Patentamts sowie die Ergebnisse der durchgeführten Experteninterviews eine wichtige Grundlage.[60]

1.3.2.1 Analyse der Patentierungspraxis

Um die Praxis der Patenterteilung im Rahmen der Juristischen Analyse in Kapitel 3 besser einordnen zu können und die Analyse der Anreiz- und Hemmnissituation der Akteure in Kapitel 4 im Patentverfahren empirisch zu untermauern, wurden verschiedene Verhandlungen vor dem Europäischen Patentamt beobachtet sowie die Prüfrichtlinien und ausgewählte Patentfälle analysiert. Die analysierten Patentfälle setzen sich zusammen aus ausgewählten abgeschlossenen, zurückgezogenen, abgelehnten und anhängigen Verfahren vor dem Europäischen Patentamt für den Bereich der Tierzucht sowie einschlägigen, vereinzelten Fällen aus der Pflanzenzucht.[61] Die Prüfrichtlinien stellen die maßgebliche Interpretation des Rechts durch das Europäische Patentamt dar und werden regelmäßig aktualisiert. Sie sind die Leitlinien für den Prüfer im Rahmen des gesamten Patentverfahrens von der Anmeldung bis zur Entscheidung über eine Patenterteilung. Die Verfasserin beobachtete die öffentlichen Verhandlungen am europäischen Patentamt in München mittels der Methode der teilnehmenden Beobachtung.[62] In ihrer Rolle als interessiertes Mitglied der Öffentlichkeit im Zuschauerbereich des Verhandlungssaals gewann die Verfasserin Erkenntnisse über das Handeln, das Verhalten sowie die Auswirkungen des Verhaltens der im Patentverfahren involvierten Akteure. Die informellen Gespräche vor und nach sowie in den Pausen der Verhandlung mit anderen Mitgliedern der Fachöffentlichkeit, die ebenfalls dem Verfahren als Beobachter beiwohnten, gaben ihr zusätzlich die Möglichkeit insbesondere die Verhandlungsgänge zu diskutieren. Durch die beobachteten Verhandlungen konnten zusätzliche Primärdaten über die

---

60 *EPA* Beamtenstatut, v. 30.5.2015, neu in Kraft seit 7/2017, Übergangsregelungen bis einschließlich 12/2017, siehe http://www.epo.org/modules/epoweb/acdocument/epoweb2/272/de/CA-58-17_de.pdf (29.1.2018) sowie *EPA* 2016.

61 Die analysierten Patentfälle befinden sich in Anhang B.

62 *Kochinka* 2010, S. 450 ff.

Praxis der Verfahrensgestaltung generiert werden. Diese dienen dazu die Evidenzbasis für die Analyse der Problembereiche und Gestaltungsoptionen sowie der verhaltensbeeinflussenden Faktoren der Akteure zu verstärken.[63] Folgende Verhandlungen wurden im Europäischen Patentamt beobachtet:

Tabelle 2: Beobachtete Verhandlungen am europäischen Patentamt
(Quelle: eigene Darstellung)

Patent	Datum der Verhandlung	Kammer	Ort
EP 1211926	8.11.2011	Techn. Beschwerdekammer 3.3.04 (Vorsitz: R. Gramaglia)	München
EP 1257168	24.11.2011	Techn. Beschwerdekammer 3.3.08 (Vorsitz: M. Wieser)	München
EP 1257168	3.5.2012	Techn. Beschwerdekammer 3.3.08 (Vorsitz: M. Wieser)	München

1.3.2.2 Befragung von Akteuren

Die Ergebnisse von 30 Experteninterviews dienen einerseits dazu die Anreiz- und Hemmnisanalyse empirisch zu stützen und auf der anderen Seite mögliche Lösungsvorstellungen für Kapitel 5 zu entwickeln. Durch die Interviews konnten Einblicke in die Selbstwahrnehmung der Experten als auch Einschätzungen zum Verhalten anderer Akteure gewonnen werden. Sie dienten dazu, die Wahrnehmung der momentanen Regelungssituation inklusive der Problembereiche bei der Anwendung des Patentrechts in der Tierzucht durch die Experten in Erfahrung zu bringen sowie weitere Lösungsmöglichkeiten bezüglich der identifizierten Regelungsdefizite zu diskutieren.

63 Vgl. *Feindt/Fricke* et al. 2013, S. 44.

Die Interviews wurden in Form von halbstandardisierten, leitfadengestützten Experteninterviews[64] durchgeführt.[65] Die verwendeten Interviews in Deutschland wurden von der Verfasserin selbst durchgeführt und ausgewertet.[66] Die Auswahl der Experten erfolgte über die Organisationszugehörigkeit und ihre Funktion als Verantwortliche für Patente und Lizenzen. Identifiziert wurden die Experten über Akteurrecherche, Fachtagungen, Kooperationspartner im Projekt „Biopatente in der Tierzucht" sowie nach dem Schneeballsystem (jeder Interviewpartner wurde am Ende des Interviews nach weiteren Ansprechpartnern gefragt oder auch potentielle Interviewpartner, die keine Zeit hatten, sollten zumindest weitere mögliche Interviewpartner empfehlen oder sogar selbst ansprechen). Die Organisationsformen, aus denen Experten gewählt wurden, sind Unternehmen, Forschungsinstitute, Anwaltskanzleien, Behörden und Ämter sowie NGOs. Um eine möglichst breite Übersicht über die Eigenschaften von Biopatenten und deren Wirkung in der Tierzucht zu erhalten, wurden statt mehrerer Personen aus einer Organisationseinheit Vertreter unterschiedlicher Organisationen und Zuchtbereiche befragt. Die Einstellung gegenüber Biopatenten können daher nur eingeschränkt als stellvertretend für die Organisation des Befragten und die jeweiligen Akteurgruppen innerhalb einer Branche gewertet werden. Die Interviews erfolgten im Frühjahr 2012 und wurden bis auf wenige Ausnahmen alle persönlich (face-to-face) durchgeführt. Insgesamt wurden zwölf Vertreter von Tierzuchtorganisationen (drei je Tierart Huhn, Rind, Schwein, Pferd), vier Patentanwälte, fünf Vertreter der europäischen und deutschen Patentbehörden, drei Vertreter von landwirtschaftlichen Verbänden, drei Vertreter von NGOs / Kirchen, zwei Vertreter aus der Wissenschaft als auch ein Vertreter aus der Pflanzenzucht befragt.

---

64 Zur Durchführung und Methodik von Experteninterviews siehe *Bogner/Littig* et al. 2009.

65 Der Interviewleitfaden befindet sich im Anhang A1. Zur Entwicklung des Leitfadens siehe *Feindt/Fricke* et al. 2013, S. 45 f.

66 Die Experteninterviews wurden im Rahmen des Projekts Biopatente in der Tierzucht im Zeitraum von 11/2011-7/2012 durchgeführt.

1.4 Gang der Untersuchung

Das vorliegende Kapitel erörtert die konzeptionellen Grundlagen dieser Arbeit. Eingefasst wird die Arbeit von der Einleitung in Kapitel 1 und der Zusammenfassung in Kapitel 6. Im zweiten Kapitel wird ein Bewertungsrahmen für ein innovations- und agrobiodiversitätserhaltendes Umfeld in der Nutztierzucht eingeführt. Hierfür wird der normative Zweck des Patentrechts erläutert, um sodann den Anwendungsbereich in der Tierzucht aufzuzeigen. In diesem Unterkapitel werden die Eigenschaften von biologischem Material als auch die unterschiedlichen Verfahren zur Züchtung von Tieren aufgezeigt. Anhand einer Analyse der tierzüchterischen Strukturen als auch der Agrobiodiversität in den einzelnen Nutztierarten sowie den Bedingungen des Austauschs und Zugangs zu Zuchtmaterial werden Anforderungen für ein innovationsförderliches Umfeld herausgearbeitet. Die sich anschließende Juristische Analyse in Kapitel 3 untersucht die Anwendung des Patentrechts auf tierzüchterisches Material. Im Mittelpunkt stehen die Regelungen der Biopatentrichtlinie und ihre Übersetzung in das deutsche Patentgesetz, das europäische Patentübereinkommen und die Richtlinien des Europäischen Patentamtes sowie internationale Patentregelungen im Übereinkommen über handelsbezogene Aspekte der Rechte des Geistigen Eigentums (TRIPS). Im sich anschließenden Kapitel 4 wird analysiert, welche Auswirkungen die defizitären Regelungen im Patentrecht auf das Verhalten der Akteure in der Tierzucht haben und welche Strategien sie entwickeln, um mit dieser Situation umzugehen. Ziel des Kapitels ist es Anreize und Hemmnisse der Patentprüfer und -anmelder im Patentprüfungsverfahren zu ermitteln, um im Anschluss daran Handlungsoptionen zu entwickeln, die an dieser Anreiz-Hemmnis-Konstellation ansetzen und somit die zuvor identifizierten Defizite zu reduzieren. Den Betrachtungsrahmen bildet das Patenterteilungsverfahren und die Rollen, die die jeweiligen Akteure darin einnehmen. Ziel des sich anschließenden Kapitel 5 ist es sodann, rechtliche Gestaltungsoptionen zu entwickeln, die aufzeigen, wie die als defizitär festgestellten Regelungen im Einzelnen zu ersetzen bzw. zu verbessern sind. Hierfür werden die

Handlungsoptionen aus der Juristischen Analyse in Kapitel 3 und der Akteuranalyse in Kapitel 4 zusammengeführt, um eine Auswahl der Optionen zu treffen, die an der Anreiz- und Hemmnis-Situation der Patentprüfer und Patentanmelder anknüpft. Die beschriebenen Gestaltungsoptionen werden schließlich auf ihre Eignung, ein innovationsförderliches und agrobiodiversitätserhaltendes Umfeld in der Tierzucht zu schaffen, anhand der in Kapitel 2 entwickelten Anforderungen überprüft, um unter der Berücksichtigung der Verhältnismäßigkeit eine Gestaltungsempfehlung zu erarbeiten, die es erlaubt, die identifizierten Defizite bestmöglich zu adressieren.

2 Herausforderungen für ein innovationförderliches Umfeld in der Nutztierzucht

Das Patentrecht wurde für den Schutz von technischen Innovationen konzipiert. Durch die zunehmende Industrialisierung und der einhergehenden Technisierung der Landwirtschaft sind auch Zuchtverfahren für Nutztiere dem Patentrecht zugänglich. Das folgende Kapitel geht der Frage nach, welche Herausforderungen sich für Innovationen in der Tierzucht ergeben. Hierfür gilt es zu untersuchen, worin der normative Zweck des Patentrechts besteht (Abschnitt 2.1) und ob der Anwendungsbereich für die Landwirtschaft eröffnet ist (Abschnitt 2.2.). Um Anforderungen zu formulieren, die für ein innovations- und biodiversitätsförderliches Umfeld in der landwirtschaftlichen Tierzucht notwendig sind, werden die Strukturen in der Nutztierzucht (Abschnitt 2.4.1), die Diversität der Tiere in den verschiedenen Zuchtbereichen (Abschnitt 2.4.2) als auch die Bedingungen für die Nutzung von tierzüchterischem Material dargestellt (Abschnitt 2.4.3).

2.1 Normativer Zweck des Patentrechts: Schaffen und Förderung von Innovationen

Das Patentrecht ist ein Rechtstitel und verleiht seinem Inhaber bestimmte Rechte, die ihm erlauben andere Bewerber von der Nutzung seiner Erfindung auszuschließen und Ihnen die Nutzung der Erfindung unter bestimmten Bedingungen zu erlauben. Somit erhält der Erfinder einen Wettbewerbsvorteil. Es gibt keine Verpflichtung seitens des Patentinhabers die Nutzungsrechte zu gewährleisten, es sei denn, die Voraussetzungen für eine Zwangslizenz gemäß § 24 PatG liegen vor.[67] Eine Nutzung der Erfindung durch den Patentinhaber ist ebenfalls nicht vorgeschrieben. Bereits in der Einleitung aufgezeigte Bedenken machen deutlich, dass durchaus zu fragen ist, aus welchem Grund einem Patentinhaber ein zeitlich befristetes und territorial beschränktes Ausschlussrecht zu gewähren ist. Die

---

[67] Siehe dazu Abschnitt 3.6.3.6.

Rechtfertigung eines Patents wird in der juristischen Literatur mit den folgenden (Patentrechts-)Theorien[68] begründet (zusammengefasst):

Eigentums- oder Naturrechtstheorie:

Die Eigentums- oder auch Naturrechtstheorie geht davon aus, dass jede geistige Schöpfung des Menschen natürlicherweise als Eigentum der Person anzusehen sei, die sie hervorgebracht hat. Die Aneignung dieses Eigentums durch andere ohne Erlaubnis des Eigentümers wird als Diebstahl gesehen.

Belohnungstheorie:

Die Belohnungstheorie besagt, dass dem Erfinder nach dem Gebot der Gerechtigkeit für die Veröffentlichung seiner Erfindung und dem damit verrichteten Dienst an der Gesellschaft eine Belohnung zusteht.

Anreiz- oder Ansporunungstheorie:

Die Anreiz- oder Anspornungstheorie basiert auf der Erkenntnis, dass der Fortschritt durch Erfindungen gefördert wird. Um einen größtmöglichen Fortschritt zu erlangen, ist es notwendig Anreize für eine Erfindertätigkeit zu setzen. Diese Anreize werden durch das Patent gewährt, welches dem Inhaber die gewinnbringende Vermarktung seiner Erfindung ermöglicht.

Offenbarungs- oder Vertragstheorie:

Nach der Offenbarungs- oder Vertragstheorie steht dem Erfinder eine vom Staat verliehenes zeitlich befristetes Ausschließlichkeitsrecht dafür zu, dass er seine Erfindung und somit sein technisches Wissen der Allgemeinheit zur Verfügung stellt.[69]

Diese vier Erklärungsansätze (Patentrechtstheorien) sind – jeder für sich genommen – wenig überzeugend für das geltende Patentrecht und haben in der Literatur Kritik erfahren.[70] So haben die ersten beiden Theorien den

---

[68] Begründet vom Ökonomen *Fritz Machlup* in *Machlup* 1958, S. 19 ff.; Ausführlich zu den Patentrechtstheorien: *Beier*, GRUR 1970, 1 (2 ff.), *Kraßer/Bernhardt* 2009, § 3 II. S. 36., *Godt* 2007, S. 515 ff., auch *Uhrich* 2010, S. 98 ff., *Gruss* 2011, S. 174, *Schneider* 2010, S. 111 ff.

[69] Vgl. *Beier*, GRUR 1970, 1 (1 f.).

[70] Aktuelle Kritik der klassischen Patentrechtstheorien in *Godt* 2007, S. 523 ff.

Erfinderschutz sowie das Gebot der Gerechtigkeit zum Inhalt und die anderen beiden stellen die Nützlichkeit für die Allgemeinheit in den Mittelpunkt. Betrachtet man sie jedoch kumulativ, so bilden sie durchaus eine Rechtfertigung, das Erfinderinteresse und die Interessen der Allgemeinheit in Balance zu halten. Vor allem die Anreiztheorie scheint den heutigen Zweck des Patentrechts am besten zu beschreiben, aber auch die Offenbarungstheorie spielt eine wichtige Rolle. So beschreibt es auch der normative Zweck des Patentrechts, der darin besteht Innovationen anzuregen bei gleichzeitiger Offenbarung der des hinter der Erfindung stehenden Wissens zur Förderung des Fortschritts der Gesellschaft.[71] Hierdurch sollen auch andere Erfinder in die Lage versetzt werden, die bereits erfolgten Erfindungen für die technische Weiterentwicklung zu nutzen. In der Tierzucht stellt aufgrund der sequentiellen Eigenschaften des Züchtungsprozesses vor allem die Offenbarung eine wichtige Funktion für den Zugang zu tiergenetischem Zuchtmaterial dar. Die Züchtung stellt keinen abgeschlossenen Vorgang dar, sondern ist immer auf das Zuchtmaterial der anderen Züchter als Ausgangsmaterial angewiesen, um so Innovationen in Form von beispielsweise standortangepassten Nutztierrassen hervorzubringen.

2.2 Anwendungsbereich landwirtschaftliche Tierzucht

Ursprünglich für technische Erfindungen geschaffen, erstreckt sich das Patentrecht seit dem Erlass der Biopatentrichtlinie auch auf Erfindungen, die biologisches Material beinhalten. Biologisches Material umfasst gemäß § 2a Abs. 3 Nr. 1 PatG Material, das genetische Informationen enthält und sich selbst reproduzieren oder in einem biologischen System reproduziert werden kann.

2.2.1 Eigenschaften von biologischem Material

Die vorliegende Arbeit beschäftigt sich mit biologischem Material tierischen Ursprungs der vom Menschen gezüchteten, landwirtschaftlichen

71 Der Begriff „Patent" aus dem lateinischen „patents" – offen frei unversperrt deutet bereits darauf hin, *BverfG*, 1 BVR 1864 – Beschl. v. 10.5.2000, GRUR 2001, 1, S. 43-48.

Nutztiere Rind, Schwein und Huhn sowie mit Zuchtverfahren, bei denen tierzüchterisches Material zum Einsatz kommt, sowie mit daraus hergestellten und abgeleiteten „Produkten" (Nachkommen etc.). Hierzu gehört auch Erbanlagen enthaltendes Material von Tieren, die durch weitere züchterische oder biotechnologische Schritte entstanden sind (transgene Tiere). Im Unterschied zu technologischen Erfindungen besitzt biologisches Material die Eigenschaft sich selbst zu replizieren. Dies geschieht bei Tieren durch generative Vermehrung, die auf geschlechtlicher Fortpflanzung beruht.[72] Dabei entstehen durch die Kombination des genetischen Materials zweier Individuen in der Folgegeneration neue genetisch unterschiedliche Individuen. Aus den aufgeführten Eigenschaften ergibt sich die Herausforderung, dass biologisches Material als dynamisches System mit hoher Variabilität nicht in gleicher Weise durch den Menschen zu kontrollieren und abzubilden ist wie rein technologische Erfindungen. Ein weiterer Unterschied zu rein technologischen Erfindungen liegt im sequentiellen Aufbau des Züchtungsprozesses an sich. Die Zucht kann nicht isoliert betrachtet werden, sondern baut auf den vorangegangenen Zuchtprozessen auf. Aufgrund der inkrementellen[73] und sequentiell verlaufenden Entwicklung eines Züchtungsprozesses ist der Zugang zu Zuchtmaterial eine unablässige Bedingung.

2.2.2 Konventionelle und biotechnische Verfahren in der Tierzucht

Die Zucht von landwirtschaftlichen Nutztieren umfasst die durch den Menschen geplante Vermehrung von Tieren. Ziel dabei ist es, Tiere einer Zuchtpopulation mit für die Zucht wertvollen Merkmalen auszuwählen und miteinander zu verpaaren. Die Nachkommen, welche anschließend die gewünschten Eigenschaften verstärkt zur Ausprägung bringen, werden wiederum für die Weiterzucht verwendet.[74] Ein konventionelles

---

[72]. niedere tierische Organismen (vorranging Einzeller) entstehen durch vegetative Vermehrung, die auf der mitotischen Zellteilung beruht und im Ergebnis Nachkommen mit genetische identischen Individuen hervorbringt.

[73] inkrementelle Innovationen: stetige und schrittweise Verbesserung eines Produkts oder eines Prozesses. Züchtungen bauen aufeinander auf und sind nicht einfach voneinander zu trennen.

[74] *DGfZ* 2009, S. 301.

Züchtungsverfahren in der Tierzucht umfasst die Schritte Leistungsprüfung und Zuchtwertschätzung, Selektion anhand der Daten aus Leistungsprüfung und Zuchtwertschätzung sowie die Anpaarung der selektierten Tiere zur Erzeugung von genetisch verbesserten Tieren.[75] Bei der Leistungsprüfung wird die Leistung der Tiere in verschiedenen Merkmalen erfasst (Phänotyp). Die Ergebnisse der Leistungsprüfung bilden die Grundlage für die Schätzung der genetischen Veranlagung der Tiere (Genotyp), die sogenannte Zuchtwertschätzung.[76] Dabei stellen die ersten beiden Schritte der Leistungsprüfung und Selektion Verfahren dar, bei denen keine Tiere erzeugt oder verändert werden. Es erfolgt lediglich eine Analyse der vorhandenen Tiere, um sodann die geeignetsten Tiere (je nach angewendetem Kriterium; Zuchtziel) für die weitere Arbeit auszusuchen (Arbeitsverfahren). Im dritten Schritt werden die Tiere verpaart und somit neue konventionelle Tiere erzeugt (Herstellungsverfahren). Es gibt verschiedene Zuchtmethoden, die an dieser Stelle kurz beschrieben werden:

- Reinzucht: Auswahl und Verpaarung von Elterntieren in einer geschlossenen Population (Gruppe von Tieren) innerhalb einer Rasse;
- Kreuzungszucht: Verpaarung von Tieren unterschiedlicher Rassen, es geht um die Verschiedenheit in bestimmten Eigenschaften – Kreuzungsprodukte weisen oft spezielle Eigenschaften wie bessere Lebensfähigkeit, stärkeres Wachstum und mehr Leistung auf;
- Hybridzucht: Kreuzung von Inzuchtlinien unter Ausnutzung des Heterosis-Effekts.[77]

Die Tierzucht wird zunehmend durch biotechnologische Methoden beeinflusst. Hierbei ist eine Unterscheidung zwischen konventionellen und

---

75 *DGfZ* 2009, S. 303.
76 Zum Grundkonzept eines Zuchtprogramms siehe Übersicht in *Willam/Simianer* 2011, S. 238.
77 Genaue Beschreibung der Hybridzucht siehe Abschnitt 2.3.2.1.

gentechnologischen Methoden nicht immer gegeben,[78] denn biotechnologische Methoden wie das Klonen sowie die in-vitro Fertilisation (künstliche Befruchtung) werden häufig mit Gentechnologie kombiniert. Die nachfolgende Abbildung zeigt, wie konventionelle Zuchtverfahren durch Biotechniken ergänzt werden.

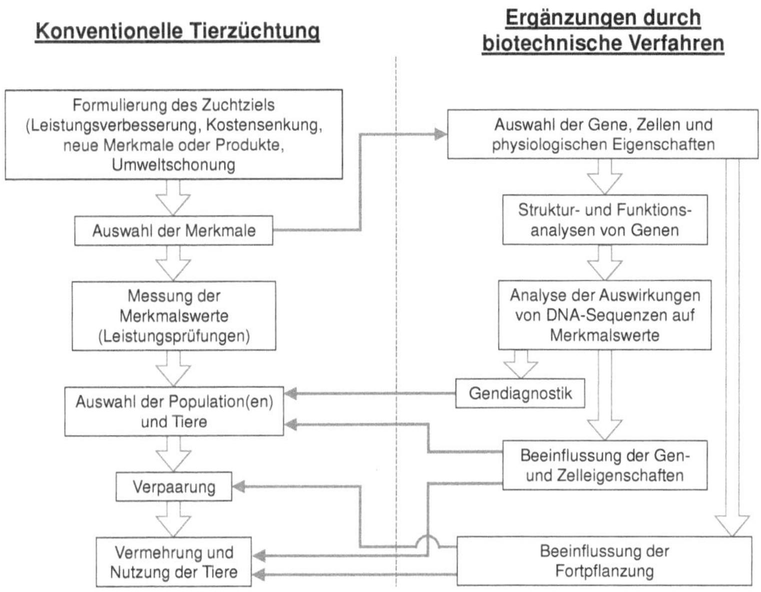

Abbildung 2: Beispielhafte Ergänzung der konventionellen Nutztierzüchtung durch biotechnische Verfahren
(Quelle: eigene Darstellung in Anlehnung an Geldermann/Bartenschlager 2005, S. 547)

[78] Die Biotechnologie umfasst Technologien, die sich natürliche Lebensprozesse zu Nutze machen. Die Gentechnologie in ein Teil der Biotechnologie und beschäftigt sich ausschließlich mit dem Erbgut von Lebewesen. *Umweltinstitut* 2017. Sie umfasst, „sämtliche Methoden zur Charakterisierung und Isolierung zur Bildung neuer Kombinationen genetischen Materials sowie zur Widereinführung und Vermehrung des neu kombinierten Erbmaterials in anderer biologischer Umgebung", *Deutscher Bundestag* 1987, S. 7.

Die nachfolgende Tabelle enthält eine Übersicht der gängigen, nicht genverändernden Zuchtmethoden und Techniken in der Tierzucht sowie deren Definition:

Tabelle 3: Übersicht Methoden in der Tierzucht
(Quelle: eigene Darstellung)

Technik	Beschreibung
Genomische Selektion[79]	Zuchtwertschätzverfahren bei dem zusätzlich zu Leistungs- und Abstammungsinformationen Ergebnisse einer genetischen Untersuchung miteinbezogen werden
Marker gestützte Selektion – SMART[80]-Breeding	Heranziehung irgendeiner Form genetischer Marker als zusätzliche Informationsquelle für die Selektionsentscheidung (Unterscheidung in Genotypgestützte und Markerunterstützte Selektion)
Künstliche Besamung (in-vitro Fertilisation) und Embryotransfer	Gewinnung von männlichem Sperma und instrumentelle Einführung in weibliche Zuchttiere Künstliche Einbringung von Embryonen bei Säugetieren
Kryokonservierung	„...beschreibt den Prozess des Abkühlens und Lagerns von Zellen, Geweben und Organen bei sehr tiefen Temperaturen, um deren Lebensfähigkeit und Funktionalität zu erhalten."[81]
Spermasexing	Verfahren zur geschlechtlichen Trennung von Spermien[82]
Klonen	Erzeugung eines genetisch identischen Organismus' eines Tieres

Die beschriebenen Techniken sind in den Tierarten in Abhängigkeit der unterschiedlichen biologischen Gegebenheiten verschieden entwickelt.

79 Ausführlicher zur genomischen Selektion: *Willam/Simianer* 2011, S. 266.
80 Siehe hierzu Fn. 447.
81 *Kreuzt* 2012, Abschnitt 1.
82 Vertiefend zur Methode siehe: *Rath* 2002, S. 37 ff. sowie *Hörstgen-Schwark* 2004, S. 48.

Die künstliche Besamung spielt in der Rinder- und Schweinezucht eine große Rolle. Es werden über 90% der Sauen künstlich besamt.[83] Die künstliche Besamung hat sich in Verbindung mit der Kryokonservierung bisher nur beim Rind und teilweise beim Pferd durchgesetzt. Bei Schweinen ist der Besamungserfolg zu gering und es wird Frischsperma verwendet, welches mittels Flüssigkonservierung 1-5 Tage haltbar ist.[84] Der Embryotransfer ist in der Rinderzucht schon seit den 1980er Jahren im Einsatz, jedoch ist die Erfolgsrate gering. Der Einsatz bei anderen Nutztieren ist eher gering.[85] Die geschlechtliche Trennung von Spermien, das Spermasexing, konnte bisher nur bei Rind und Schwein eingesetzt werden. Für den praktischen Besamungseinsatz ist die Technik jedoch nur beim Rind geeignet.[86] Transgene Tierzuchtverfahren wie beispielsweise das Genome-Editing[87] hingegen umfassen im Gegensatz zu nicht transgenen Zuchtverfahren das Einführen von artfremden Genen in das Erbgut und weisen einen technischen Charakter auf. Durch den Gentransfer werden speziesfremde Eigenschaften (vorzugsweise leistungssteigernde Eigenschaften wie Milch- oder Fleischmenge aber auch Krankheitsresistenzen) eingeführt und ein neues noch nicht dagewesenes Tier mit neuen Eigenschaften wird erzeugt. Diese Verfahren spielen für die landwirtschaftliche Tierzucht nur eine untergeordnete Rolle, da bisher noch keine Zulassung von genveränderten Nutztieren in Europa erfolgt ist.[88] Die Zulassung solcher Verfahren in der EU ist an hohe Zulassungsvoraussetzungen geknüpft.[89] Hinzu kommt, dass sich die technischen Verfahren zur Erzeugung trans-

---

83 Landwirtschaftskammer Niedersachsen 2016.

84 *Willam/Simianer* 2011, S. 270.

85 *Willam/Simianer* 2011, S. 271.

86 *Willam/Simianer* 2011, S. 273.

87 Genome Editing steht für einige neue moelkularbiologische Verfahren wie CRISPR/Cas9-System, TALEN (Transcription activator-like effector nuclease) bei denen die DNA-Sequenzen gezielt umgeschrieben oder „editiert" werden. Siehe *Schmidt* 2017, S. 295 ff.

88 Siehe dazu Abschnitt 3.5.1.3

89 Verordnungen (EG) Nr. 1829/2003 des Europäischen Parlaments und des Rates v. 22.9.2003 über genetisch veränderte Lebensmittel und Futtermittel und Verordnung (EG) Nr. 1830/2003 über die Rückverfolgbarkeit und Kennzeichnung von genetisch veränderten Organismen und über die Rückverfolgbarkeit von aus genetisch veränderten Organismen hergestellten Lebensmitteln und Futtermitteln.

gener Nutztiere wenig effizient, sehr aufwendig und kostenintensiv gestalten.[90] Das Klonen von Nutztieren spielt eine untergeordnete Rolle für die Tierzucht, da die Erfolge dieser Technik gering sind und zudem in der Europäischen Union nicht gestattet sind.[91]

2.2.3 Innovationsbegriff

Der Begriff Innovation leitet sich vom lateinischen „innovare" (erneuern) ab. Eine Innovation steht für eine Idee, die in einen Prozess umgesetzt wird und eine technische Aufgabe löst, um im Ergebnis etwas Neues zu schaffen, beispielsweise ein neues Produkt oder aber ein neues Verfahren. Der Begriff ist per se nicht mit einer Wertung verbunden. Jedoch wird im Allgemeinen (im Zeitalter steigenden Wettbewerbs) meist subsumiert, dass die Innovation ein bestehendes Produkt besser macht, oder sie ein Verfahren hervorbringt, welches schneller, besser oder effizienter ist als bereits existierende Verfahren.[92] In diesem Verständnis wird davon ausgegangen, dass die Innovation positive Auswirkungen auf die wirtschaftliche Entwicklung hat. Durch diese wertschaffende Charakteristik gehören Innovationen zu einer der gegenwärtig einflussreichsten ökonomischen Leitvorstellungen. Doch Innovationen verändern auch die Systeme, in denen sie wirken auf ökonomischer, sozialer und ökologischer Ebene. Schon Schumpeter beschrieb diese Auswirkungen mit einer „schöpferischen Zerstörung", die das unaufhörliche Zerstören der alten und das andauernde Schaffen neuer Strukturen durch Innovationen beschreibt.[93] In der Tierzucht spielen vor allem technische Innovationen eine große Rolle. Durch technische Neuerungen können beispielsweise Zuchtintervalle verkürzt werden durch eine verbesserte Auswahl der Tiere mit gewünschten genetischen Eigenschaften. Diese „Technisierung" der Tierzucht führt aber auch dazu, dass die besonders für Technik geeigneten Tiere mit be-

---

90 *Weiß* 2005, S. 142.

91 Das Europäische Parlament hat im September 2015 für ein umfassendes Klon-Verbot von Nutztieren gestimmt. Siehe dazu: *Europäisches Parlament* 2015.

92 *Schumpeter* 1939.

93 *Schumpeter* 1950, S. 137 f.

stimmten Merkmale von den Züchtern ausgewählt werden. Durch Techniken wie die Kryokonservierung findet das genetische Material dieser Tiere eine hohe Verbreitung. Die Folgen dieser technischen Neuerungen sind aber auch, dass die für die Technik ungeeigneten Tiere und ihr genetisches Material nicht mehr oder wenig eingesetzt werden.[94] Dadurch kommt es zur Einschränkung der genetischen Diversität des tierzüchterischen Materials, welches auf dem Markt verfügbar ist. Dieses Beispiel zeigt, dass Innovationen nicht zwangsläufig mit einer positiven Wirkung für die Agrobiodiversität verbunden sind. Das Ziel der vorliegenden Arbeit ist es jedoch herauszufinden, ob der durch das Patentrecht geschaffene Rahmen in der Tierzucht – der ja per se dafür da ist um Innovation anzureizen – dafür geeignet ist, biodiversitätsförderliche Innovationen anzuregen. Aus diesem Grund wird der Begriff Innovation im weiteren Verlauf für biodiversitätsförderliche Innovationen verwendet. Ziel des folgenden Abschnitts ist es deshalb herauszufinden, welche Anforderungen an ein innovationsförderliches Umfeld in der Tierzucht zu stellen sind, welches die Biodiversität fördert.

2.3 Anforderungen an eine innovative, biodiversitätsfördernde Nutztierzucht

Das folgende Kapitel geht der Frage nach, welche Herausforderungen sich für Innovationen in der Tierzucht ergeben. Um Anforderungen zu formulieren, die für ein innovationsförderliches Umfeld in der landwirtschaftlichen Tierzucht notwendig sind, werden die Strukturen in der Nutztierzucht, die Diversität der Tiere in den verschiedenen Zuchtbereichen als auch die Bedingungen für die Nutzung von tierzüchterischen Material dargestellt.

---

94 *Barth/Bilz* et al. 2004, S. 12 f.

2.3.1 Struktur in der Nutztierzucht

Die Tierzüchter sind in den Tierarten unterschiedlich organisiert. Die betrachteten Tierarten umfassen Rinder, Schweine und Hühner.[95] Im Kern werden drei verschiedene Organisationsstrukturen unterschieden: Unternehmen, Züchtervereinigungen und Verbände. Die folgenden Graphiken geben einen Überblick über die Zuchtstrukturen und -stufen in den einzelnen Zuchtbereichen. Für die Geflügel- und Schweinezucht lassen sich diese anhand einer Zuchtpyramide darstellen. In der Rinderzucht hingegen wird die gesamte Population bearbeitet.

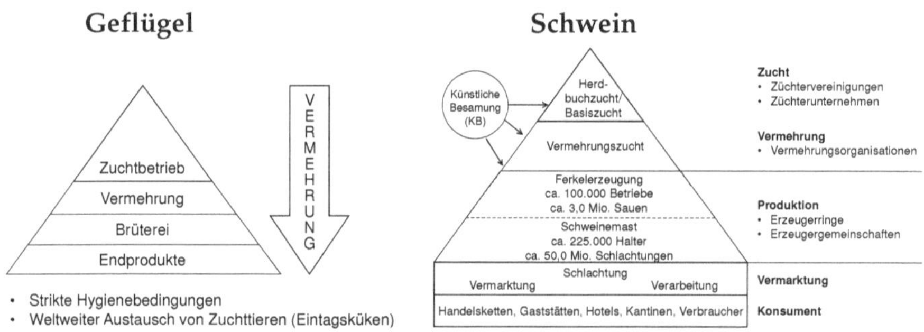

Abbildung 3: Zuchtstufen in der Geflügel- und Schweinezucht.
(Quelle: eigene Darstellung in Anlehnung an: DgfZ 2009, S. 309 f.)

95 Im allgemeinen Sprachgebrauch und bisweilen auch in der Literatur gibt es keine eindeutige Unterscheidung zwischen dem Begriff Hühner und Geflügel. Die Geflügelzucht umfasst jedoch alle Geflügelarten wie beispielsweise Gänse, Enten und Puten. Soweit möglich verwendet die Arbeit den Begriff der Hühnerzucht.

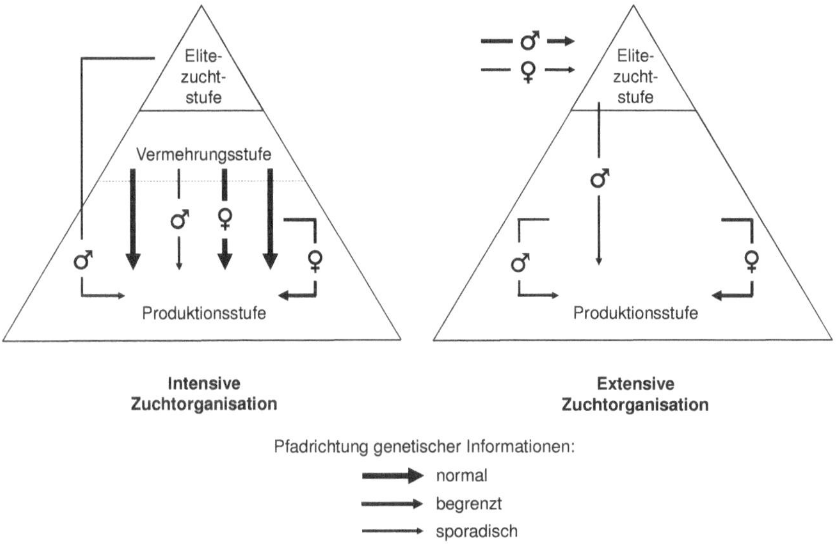

Abbildung 4: Zuchtstufen in der Rinderzucht.
(Quelle: eigene Darstellung in Anlehnung an DGfZ 2009, S. 311)

Im Bereich der Rinderzucht besteht eine vorwiegend mittelständische Struktur mit regional organisierten Züchtervereinigungen. Die Regelungen für Zuchtunternehmen des Tierzuchtgesetzes beziehen sich lediglich auf die Schweinezucht. Dies hat dazu geführt, dass es in der Rinderzucht vergleichsweise wenig Zuchtunternehmen gibt. In der Schweinezucht stammen etwa 93% der verkauften Hybrid- oder Kreuzungstiere aus Zuchtunternehmen und Züchtervereinigungen. Es gibt drei - sechs große Zuchtunternehmen in der Schweinezucht. Diese Entwicklung wird durch den Einsatz der künstlichen Besamung beschleunigt.[96] In der Geflügelzucht ist diese Unternehmenskonzentration schon weiter fortgeschritten, es teilen sich vier global agierende Unternehmen den Markt auf. Dies wird durch den Umstand begünstigt, dass das Tierzuchtgesetz nicht für die Geflügelwirtschaft gilt.

---

96 90% der Bedeckungen beim Schwein erfolgt durch künstliche Besamung; *Landwirtschaftskammer Niedersachsen* 2016.

2.3.1.1 Unternehmen

Ein Zuchtunternehmen ist gem. § 2 Nr. 3 Tierzuchtgesetz (TierZG)[97] ein Betrieb oder ein vertraglicher Verbund von Betrieben, der ein Kreuzungszuchtprogramm zur Züchtung auf Kombinationseignung von Zuchtlinien in der Schweinezucht verfolgt. Die vorliegende Arbeit beschränkt sich nicht nur auf die Schweinezucht, sondern bezieht sich auf die Struktur in den drei Zuchtbereichen Rind, Schwein und Geflügel und legt aus diesem Grund einen weiteren Begriff des Zuchtunternehmens zu Grunde. Unternehmen sind vor allem im Bereich der Hühner- und Schweinezucht ausgeprägt. Ursache hierfür ist das Aufkommen der Hybridzucht. Diese ermöglicht einen wettbewerbsfähigen Zuchtfortschritt mit relativ kleinen Populationen (Gruppen von Tieren). Im Bereich der Rinderzucht haben sich dennoch durch die Einführung der künstlichen Besamung ebenfalls wettbewerbsfähige Zuchtunternehmen etabliert.[98]

Die Rechtsform der Unternehmen ist zumeist eine Kapitalgesellschaft mit beschränkter Haftung (GmbH) oder Aktiengesellschaft (AG). Im Vergleich zu Züchtervereinigungen haben Unternehmen aufgrund der gesetzlichen Bestimmungen für Kapitalgesellschaften effizientere Management- und Entscheidungsstrukturen etabliert. Die Größe der Unternehmen ist in den verschiedenen Tierarten unterschiedlich.

2.3.1.2 Züchtervereinigungen

Nach § 2 Nr. 2 des deutschen TierZG handelt es sich bei einer Züchtervereinigung um einen körperlichen Zusammenschluss von Züchtern zur Förderung der Tierzucht, der ein Zuchtbuch oder ein Zuchtregister führt und ein Zuchtprogramm durchführt. Diese sind in der Regel als eingetragener Verein oder Genossenschaft organisiert. Der Betrieb von Züchtervereinigungen erfolgt durch Landwirte, welche ihre eigenen Tierbestände der

---

[97] Tierzuchtgesetz v. 21.12.2006 (BGBl. I S. 3294), zuletzt geändert durch Art. 378 der Verordnung v. 31. 8. 2015 (BGBl. I S. 1474).

[98] *Henze* 1995, S. 138.

Vereinigung zur Verfügung stellen oder selbst züchten.[99] Dementsprechend sind sie also selbst entweder Eigentümer oder Halter der Tiere.

In der Landwirtschaft wird die Nutztierzucht vorrangig von Landwirten betrieben, die entweder ihre eigenen Tierbestände für die Züchtung nutzen oder die selbigen zur Zucht zur Verfügung stellen. Jeder Landwirt für sich kann nur sehr eingeschränkt alleine züchten, da er auf den Austausch von Vermehrungsmaterial für seine Zuchtarbeit angewiesen ist. Durch den Zusammenschluss in Züchtervereinigungen kann die züchterische Effizienz gesteigert werden und trotzdem kann jeder Landwirt direkt vom Zuchtfortschritt profitieren. Bei diesem System bleiben die Landwirte wirtschaftlich und rechtlich selbständig. Ihre gemeinsame Zuchtarbeit findet meist im Rahmen einer Genossenschaft oder eines Vereins statt. Die zentrale Genossenschaftsorganisation ist gegenüber ihren Mitgliedern beratend tätig. Im Rahmen von Auktionen verschiedener Züchtervereinigungen werden die Zuchtprodukte von den Landwirten auf eigene Rechnung verkauft.

In die genossenschaftlichen oder vereinsbasierten Züchtervereinigungen bringen die Landwirte ihre Fachkompetenz ein. Auf der anderen Seite können die Landwirte durch den Verkauf von Zuchttieren bzw. derer Produkte ihre Einkünfte steigern. Charakteristisch für Züchtervereinigungen ist durchweg auch ihr kostendeckendes Wirtschaften: Züchtervereine weisen in ihrer Satzung meist das Ziel einer ideellen Förderung auf, genossenschaftliche Vereinigungen haben zumeist das Ziel der Förderung ihrer Mitglieder niedergeschrieben. Aufgrund ihrer Struktur werden zentrale Entscheidungen von ehrenamtlichen Führungskräften getroffen. Deswegen „liegt in der Tendenz ein wenig professionelles und schlagkräftiges Management vor".[100] Nichtsdestotrotz sind Züchtervereinigungen häufig traditionsreiche Genossenschaften oder Vereine, die sich mit der Zucht aller landwirtschaftlichen Nutztierarten beschäftigen.[101]

---

99 *Henze* 1995, S. 138.
100 *Henze* 1995, S. 139.
101 Vgl. *Henze* 1995, S. 139 ff.

2.3.1.3 Ergebnis: eingeschränkte Diversität der Akteure am Markt sowie abnehmender Wettbewerb

Die Darstellung der Struktur in der Nutztierzucht macht deutlich, dass ursprünglich mehr Zuchtakteure in der Tierzucht aktiv waren. Durch die zunehmende Technisierung der züchterischen Abläufe hat eine Verschiebung hin zu weniger bis gar zu einer Konzentration der Akteure in den Zuchtbereichen stattgefunden. Diese Dynamik führt dazu, dass in der Schweine- und Geflügelzucht züchterische Entscheidungen von einigen wenigen Unternehmen getroffen werden. Ebenso führt die Entwicklung zu einer Abnahme des Wettbewerbs. Dieser ist jedoch ein wichtiger Bestandteil für die Erschließung von Innovationspotenzialen.[102]

Wie sich die aktuelle Situation in den jeweiligen Zuchtbereichen darstellt und welche Auswirkungen dies auf die Agrobiodiversität hat, untersucht der folgende Abschnitt.

2.3.2 (Agro-)Biodiversität von landwirtschaftlichen Nutztieren

Der Begriff der Agrobiodiversität[103] umfasst „alle Komponenten der biologischen Vielfalt, die für Ernährung und Landwirtschaft sowie das Funktionieren der Agrarökosysteme von Bedeutung sind".[104] Hierunter fallen alle Zuchtformen von Tieren und Pflanzen sowie ihre verwandten Wildarten. Der Begriff der Agrobiodiversität wird in den 1990er Jahren zunächst als Synonym für pflanzengenetische Ressourcen verwendet[105] und

102 *Beirat für Biodiversität und Genetische Ressourcen* 2006, S. 17 f.

103 Abgrenzung zum Begriff "agrodiversity", oft als Synonym verwendet jedoch breiter als Begriff der Agrobiodiversität, siehe dazu: *Santilli* 2012, S. 8.

104 *CBD* 2000, Annex-The Scope of agricultural biodiversity. „agricultural biodiversity is a broad term that includes all components of biological diversity of relevance for food and agriculture, and all components of biological diversity that constitute the agroecosystem: the variety and variability of animals, plants and microorganisms, at the genetic, species and ecosystem level, which are necessary to sustain key functions of the agroecosystem, its structure and processes."

105 *Wood/Lenné*, 1999.

erfährt in den Folgejahren eine Erweiterung um die Interaktion der verschiedenen Organismen untereinander.[106] Die Agrobiodiversität hat demnach die folgenden Dimensionen:[107]

- Genetische Ressourcen für Ernährung und Landwirtschaft: (a) pflanzengenetische Ressourcen, (b) tiergenetische Ressourcen, (c) mikrobiologische und pilzgenetische Ressourcen
- Komponenten der landwirtschaftlichen Vielfalt, die Ökodienstleistungen bereitstellen:
- Nährstoffkreislauf, Dekompostierung von organischen Stoffen, Erhaltung der Bodenfruchtbarkeit
- Schädlings- und Krankheitsregulierung
- Bestäubung
- Erhaltung und Verbesserung der lokalen Flora, Fauna und Habitate in ihrer Landschaft
- Erhaltung des Wasserkreislaufs
- Erosionskontrolle und
- Klimaregulierung und Kohlenstoffbindung
- Abiotische Faktoren, die maßgebliche Wirkung auf diese Aspekte der Agrobiodiversität haben
- Sozioökonomische und kulturelle Dimension – Agrobiodiversität ist maßgeblich durch menschliche Tätigkeiten geprägt wie beispielsweise traditionelles Wissen in Form von Anbau- und Zuchttechniken

Als Konzept für die Lebensvielfalt von Nutztieren in der Landwirtschaft, können die interagierenden Ebenen in der Tierzucht nach Meyer/Mathes[108] wie folgt beschrieben werden:

---

106 *Qualset/Warburton* et al. 1995, S. 45.
107 *CBD* 2000, Annex-The Scope of agricultural biodiversity Nr. 3.
108 *Meyer/Mathes* 2004, S. 31 f.

- die Anzahl der und Unterschiede zwischen den genutzten Arten;
- die Unterschiede innerhalb einer Art: Anzahl der und Unterschiede zwischen den Gattungen;
- die Unterschiede innerhalb einer Gattung: Anzahl der und Unterschiede zwischen den Rassen;
- die Unterschiede innerhalb einer Rasse: die Anzahl der Unterschiede zwischen den Einzelpopulationen;
- die Unterschiede innerhalb der Einzelpopulationen: die Anzahl der und Unterschiede zwischen den Individuen – getrennt nach weiblichen und männlichen Tieren;
- die Anzahl der Unterschiede zwischen den Allelen/Gensequenzen eines Genortes[109] und
- schließlich die Gesamtheit dieser Unterschiede unter dem Dach und in Wechselwirkung mit der Vielfalt der tierzüchtenden und -nutzenden Soziosysteme: Anzahl der und Unterschiede zwischen (Land-)Wirtschaftsformen und Agrarkulturen (analog zur Ökosystemvielfalt bei Betrachtung der „wilden" Biodiversität).

Die schwindende Agrobiodiversität in der Tierzucht hat verschiedene Ursachen, die auf genetisch-züchterische als auch auf sozioökonomische und rechtliche Faktoren zurückzuführen sind.[110] Auf der genetisch-züchterischen Ebene führt die Abnahme von vielfältigen Landwirtschaftsformen sowie vielfältiger Tiernutzungen zu einem Verlust der Vielfalt innerhalb der Arten und Rassen. Auch die Unterschiede zwischen individuellen Genkombinationen und epigenetischen Strukturen verringern sich dadurch. Die züchterischen Entscheidungen werden heute mit dem einhergehenden Strukturwandel der industrialisierenden Tierzucht von wenigen Personen getroffen. Falsche Entscheidungen haben einen zunehmenden Einfluss, denn sie betreffen eine große Anzahl von Tieren. Umso

---

109 eine vergleichende Erfassung epigenetischer Strukturen ist derzeit noch nicht möglich: *Tappeser/Hoffmann* 2004, S. 220 ff.; *Gibbs* 2003, S. 48 ff., S. 58 ff.

110 *Meyer/Mathes* 2004, S. 33.

größer die Zahl der betroffenen Tiere bei falschen Züchtungsentscheidungen ist, desto höher ist die Wahrscheinlichkeit einer Einschränkung der Agrobiodiversität. Die steigende Nachfrage an tierischen Produkten haben einzelne Produktleistungen der Nutztiere wie beispielsweise Milch oder Fleisch in den Vordergrund der Züchtungsarbeit gerückt und Vorrang erlangt gegenüber genereller Fitness und Robustheit (Gesundheit der Tiere insgesamt).[111] Besonders extrem wird die Vielfalt eingeschränkt, wenn die Selektion auf einem bestimmten Merkmal (Milchinhaltsstoff oder Ausprägung einer bestimmten Muskelpartie) oder einem Marker-Gen beruht. Die Einengung der Vielfalt wird zudem dadurch verstärkt, dass nur sehr wenige Linien in der Schweine- und Hühnerzucht Verwendung finden und in der Rinderzucht nur wenige Zuchtbullen mit den gewünschten Eigenschaften eingesetzt werden. Dieses Vorgehen wird durch den zunehmenden Einsatz von künstlichen Fortpflanzungsmethoden, wie beispielsweise der künstlichen Besamung in Verbindung mit Kryokonservierung[112] begünstigt.[113] Der eingeschränkte Einsatz von ausgewählten Zuchttieren führt im Zusammenspiel mit der globalen Vereinheitlichung landwirtschaftlicher Produktionsverfahren zur Inzucht in den Populationen international vorkommender Rassen. Den Effekt der Verarmung der genetischen Basis wird „genetischer Flaschenhals“ genannt, der durch die Reduktion auf eine sehr kleine, oft nur aus wenigen Individuen bestehende Population hervorgerufen wird. Die Konzentration auf ein begrenztes genetisches Material birgt neben der Anfälligkeit aufgrund von Homogenität weitere Risiken wie die unbeabsichtigte und zunächst unbemerkte Mitvermehrung von unerwünschten Erbanlagen. Gleichzeitig hindert dieser Prozess nicht-ausgewählte Genotypen an der Vermehrung, verdrängt lokal und standörtlich angepasste Rassen und befördert so Allelverluste und genetische Homogenität innerhalb weniger, weit verbreiteter Rassen und Linien. Deren Verbreitung wird durch den Zwang zur

111 *Meyer/Mathes* 2004, S. 33.

112 Aufbewahren von Zellen oder Gewebe durch Einfrieren in flüssigen Stickstoff, Anwendung in der Tierzucht, siehe dazu Abschnitt 2.2.2.

113 Siehe Abschnitt 2.2.2.

Amortisierung der vergleichsweise hohen Züchtungskosten noch befördert. Der erhöhte Kostendruck wiederum fördert Unternehmenskonzentrationen[114] und so mittelbar eine weitere Eingrenzung des Rassen- und Linienspektrums.[115] Ein weiterer ökonomischer Faktor, der die Abnahme der Agrobiodiversität begünstigt, liegt in dem Umstand, dass viele Masthybriden sowie alle Legehybriden weltweit in der Hand von privaten Zuchtunternehmen sind. Für Dritte steht dieses Zuchtmaterial somit nicht für die Weiterzüchtung zur Verfügung und sie können demnach auch keinen Einfluss auf die Zuchtziele nehmen. Aufgrund der zunehmenden standortunabhängigen Landwirtschaft (Massentierhaltung in Ställen ohne Weideauslauf) erfolgt der Verlust an Erfahrungswissen hinsichtlich standortbezogener Züchtungsentscheidungen. Landwirte sind zudem durch die voranschreitende Hybridzüchtung immer weniger selbst züchterisch tätig, wodurch die Vielfalt abermals gemindert wird. Die standortunabhängige Landwirtschaft führt ebenfalls zu einem Mangel an freilandtauglichen Herkünften (Zuchtmaterial).[116] Es wird deutlich, dass das Konzept der Agrobiodiversität in einem besonderen Maße auf die Interaktion zwischen Menschen und Natur fokussiert. Die Veränderungen der landwirtschaftlichen Bewirtschaftungsformen führen zwangsläufig zu einem Verlust der genetischen Vielfalt von Nutztierrassen. Durch den Einsatz von Hochleistungsrassen, die durch sehr spezifische Zuchtziele gekennzeichnet sind, werden einheimische lokal angepasste Rassen[117] verdrängt.[118]. Es sind weltweit 17% der dokumentierten Nutztierrassen vom Aussterben bedroht.[119] Diese Entwicklung wird in den folgenden Abschnitten in den verschiedenen Tierarten Huhn, Rind und Schwein nachgezeichnet.

---

114 Siehe *Gura* 2007, S. 5 ff. vor allem in der Geflügel- und Schweinezucht.

115 *Barth/Bilz* et al. 2004, S. 11.

116 *Barth/Bilz* et al. 2004, S. 12.

117 „Altrassen“ – Als Altrassen bezeichnet man solche, die schon vor dem 2. Weltkrieg als Mehr- oder Vielnutzungsrassen (Milch, Fleisch, Fell, Zugtier) im Einsatz für den Menschen standen. Diese Nutztiere besitzen noch bis zu 80 % der vitalen Erbeigenschaften ihrer wilden Vorfahren und müssen daher auch anders gehalten werden als heutige moderne Rassen, d.h. möglichst in Familiengruppen bei ganzjähriger Freilandhaltung. *Ahlborn* 2005.

118 Für Deutschland werden von 77 einheimischen Nutztierrassen werden 55 Rassen als gefährdet eingestuft. *BLE* 2017, S. 4.

119 *FAO* 2015, S. 75.

2.3.2.1 Agrobiodiversität beim Huhn

Das Huhn ist die am stärksten gefährdete Tierart in der Landwirtschaft.[120] Die Grundlagen für das heutige Zucht- und Produktionssystem des Huhns wurden in den USA gelegt. Aus einem ursprünglichen bäuerlich geprägten System entwickelte sich eine intensive Auf- und Hühnerzucht. Petschow/Idel beschreiben diese Entwicklung zu Beginn des 20. Jahrhunderts als Transformation des Huhns von einem landwirtschaftlichen Nebenprodukt zu einem hochstandardisierten und industrialisierten Produkt.[121] In dieser Zeit erwies sich lediglich eine einzige Rasse als käfigtauglich: das weiße Leghorn. Von ihr stammen heute weltweit alle Legelinien ab. Aufgrund der hohen Reproduktionsrate fungiert nur ein sehr kleiner Teil der Legehennen als Basispopulation. Nach Preisinger könnten diese Hennen von der Anzahl her auf einer einzigen Farm gehalten werden.[122] Heute gibt es in Deutschland keine Rassen mehr, die landwirtschaftlich genutzt werden. Es werden nur noch Hybride eingesetzt. Diese werden in Lege- und Masthybriden unterschieden. Die Hybridzucht basiert auf folgendem System:

„Voraussetzung ist die Züchtung mindestens zweier Linien, die hinsichtlich ihrer Eigenschaften voneinander unterschiedlich, in sich aber möglichst homogen (standardisiert) sind. Werden Tiere dieser Linien miteinander gekreuzt, vereinigen die Nachkommen Fähigkeiten (Leistungen) der mütterlichen und der väterlichen Seite und sind ihren Eltern somit überlegen (Heterosis-Effekt). Würde aber mit ihnen weitergezüchtet, fielen sie nicht nur hinter das eigene, sondern auch hinter das Leistungspotenzial ihrer Eltern zurück. Diese in der Hybridzucht genutzte biologisch bedingte „Bremse" macht einen rechtlichen Eigentumsschutz überflüssig."[123]

So können Dritte aus den auf dem Markt verfügbaren Hybriden keine neuen Zuchtlinien entwickeln, denn es werden nur die „Endprodukte" (also die Hybriden) und nicht die Zuchttiere gehandelt. Hinzu kommt,

---

120 *Petschow/Idel* 2004, S. 282.
121 *Petschow/Idel* 2004, S. 265.
122 *Preisinger* 2004, S. 395 ff.
123 *Petschow/Idel/Mathes* 2004, S. 269.

dass das spezielle Wissen der Zuchtprogramme einer Linie allein bei den jeweiligen Eigentümern liegt. Zu der Gruppe der Eigentümer von Zuchtmaterial für Legehennen und Masthähnchen gehören weltweit nur vier Unternehmen.[124]

2.3.2.2 Agrobiodiversität beim Schwein

Die Situation in der Schweinezucht gestaltet sich schwierig. Bis in die 1950er Jahre gab es in vielen Regionen Europas verschiedene Rassen, die sich entsprechend den klimatischen Bedingungen und dem zur Verfügung stehendenden Nahrungs- und Wasserangebot angepasst haben. Diese sogenannten Landrassen wurden in kleinen Gruppen in Reinzucht[125] vermehrt. In der industrialisierten Produktion ist diese Vielfalt verloren gegangen. Schweinerassen werden in den industrialisierten Ländern nicht wie bei den Rindern in Nutzungsrassen eingeteilt, da die Nutzung nur auf die Fleischproduktion ausgerichtet ist (so gesehen Einnutzungsrassen).[126] Heute werden 3-Rassen-Kreuzungen (Deutsche Landrasse, Pietrain und Deutsches Edelschwein) in Deutschland verwendet um gleichzeitig die Reproduktionsleistungen als auch einen hohen Magerfleischanteil als Zuchteigenschaften in einem Schwein zu vereinen. Es werden 90% der Schlachtschweine in Deutschland durch Hybridzucht erzeugt. Ähnlich der Hühnerzucht erfolgt auch hier eine genetische Verengung, denn durch die Hybridzucht geben nur wenige männliche Eber ihr Erbgut weiter. Ähnlich wie bei den anderen Tierarten erfolgt auch hier durch den hohen Anteil weniger Rassen die Verdrängung und Gefährdung aller anderen. Die Situation gestaltet sich noch nicht so gravierend wie bei den Hühnern, es existieren noch Schweinerassen, die in Reinzucht oder einfacher Gebrauchskreuzung landwirtschaftlich genutzt werden. Diese sind jedoch nur noch wenige Rassen: das Schwäbisch-Hällische Landschwein, die Angler Sattelschweine, die Deutschen Sattelschweine sowie die Bunten Bentheimer.[127]

---

124 *Gura* 2015, S. 1.
125 Erläuterung des Begriffs siehe Abschnitt 3.2.3.
126 *Willam/Simianer* 2011, S. 297.
127 Vgl. *Meyer/Mathes* 2004, S. 74 ff.

2.3.2.3 Agrobiodiversität beim Rind

Bezüglich der Agrobiodiversität erscheint die Situation in der Rinderzucht im Vergleich zu Schwein und Huhn recht positiv, denn es werden heute noch diverse Rassen landwirtschaftlich genutzt. Rinder wurden ursprünglich in drei Nutzungsrichtungen gezüchtet: als Arbeitstier und als Fleisch- und/oder Milchproduzenten. Diese Eigenschaften wurden kombiniert zu Zwei- oder Dreinutzungsrassen.[128] In den verschiedenen Regionen wurden entsprechend der ökonomischen Gegebenheiten sowie den Anforderungen an die Landschaft die entsprechenden Rinderrassen mit den benötigten Eigenschaften eingesetzt (sogenannte Landrassen). Mit dem Einsatz von Kunstdünger, Nutzung fossiler Energie für Landmaschinen und Haltungssystemen wurde die Arbeitsleistung von Rindern nicht mehr benötigt und die Erzeugung von Milch und Fleisch trat zunehmend in den Vordergrund. Dies hatte Anfang des 20. Jahrhunderts eine Konzentration auf zwei Milchrassen (Schwarzbunte, Rotbunte) und zwei Zweitnutzungsrassen (Gelbvieh, Fleckvieh) zur Folge.[129] Die Dreinutzungsrassen wurden somit zumindest in den entwickelten Ländern nicht mehr benötigt. Die Verbreitung weniger Rassen hat die Verdrängung der anderen zur Folge.[130] So wurden im Jahr 2013 15 von 21 der einheimischen Rinderrassen als gefährdet eingestuft.[131] Dies liegt einerseits an der Verengung der Zuchtziele aber auch am Einsatz biotechnischer Verfahren wie der künstlichen Besamung in Verbindung mit der Kryokonservierung. Dies hat beispielsweise dazu geführt, dass bei den Holstein Frisian über hunderttausend Nachkommen von einem einzigen Bullen abstammen. Demzufolge ist der Verwandtschaftsgrad der Tiere sehr hoch und erhöht das Risiko der Inzucht. Der Einsatz von Hybriden wird weltweit bisher nicht praktiziert.

---

128 Streng genommen gibt es keine Einnutzungsrinder, denn alle Rinder produzieren Milch und Fleisch. Die Bezeichnung „Einnutzung" bezieht sich auf die dominierende Zuchtrichtung. Vgl. *Willam/Simianer* 2011, S. 295.

129 Vgl. *Meyer/Mathes* 2004, S. 73.

130 *Brem/Brenig* et al. 1990, S. 8 ff.

131 *BLE* 2013, S. 41 ff.

2.3.2.4 Ergebnis: eingeschränkte Diversität des tierzüchterischen Materials

Für eine nachhaltige und wirtschaftliche Nutzung tiergenetischer Ressourcen ist der Erhalt des Zuchtmaterials eine unabdingbare Voraussetzung. Die vorstehenden Fallstudien zeigen, dass in allen beschrieben Tierarten die Diversität des tierzüchterischen Materials abnimmt. Die Agrobiodiversität ermöglicht jedoch die Innovationsfähigkeit der Agrarwirtschaft.[132] Die Beispiele in den verschiedenen Tierarten zeigen, dass die Verfügbarkeit von Zuchttieren mit geeigneten Merkmalen eine wichtige Komponente darstellt. Diese Merkmale sollten nicht ausschließlich mit der Leistung des Tieres (Fleisch/Milch etc.) in Verbindung stehen, sondern auch die Robustheit und Fitness (Gesundheitsmerkmale) der Tiere berücksichtigen. Dies beinhaltet auch die Erhaltung der Landrassen, die genetische Merkmale enthalten können, welche für die Zucht interessant sind und die Variabilität erhalten. Zuchtziele ermöglichen die Förderung der Variabilität innerhalb und zwischen den verschiedenen Rassen aller Tierarten.

2.3.3 Austausch und Zugang von tiergenetischem Material und züchterischem Wissen

Züchtungsprozesse bauen aufeinander auf und sind das Ergebnis jahrhundertelanger Züchtungsarbeit. Aus diesem Grund ist der Zugang zu und der Austausch von Zuchtmaterial in allen Zuchtbereichen essentiell. Der Austausch und die Weitergabe dieses Wissens haben zur Domestizierung der heutigen Haustiere geführt.

---

132 *Beirat für Biodiversität und Genetische Ressourcen* 2006, S. 2 ff.

2.3.3.1 Austausch und Zugang zu tierzüchterischem Wissen

Die Tierzucht hat ihre Wurzeln in der gemeinschaftlichen „Leistung", die viele Kenntnisse umfasst[133] wie beispielsweise das Wissen über die Zuchttechniken als auch die Kenntnisse über lokal angepasste Rassen.[134] Dieses Fachwissen wird in der Tierzucht oftmals nur mündlich übertragen. Nach Art. 54 Abs. 2 EPÜ ist auch die mündliche Beschreibung als Neuheitshindernis im Patentrecht zu sehen und kann die Erteilung ungerechtfertigter Patente verhindern.[135] Der Austausch und Zugang von tierzüchterischem Material hängt maßgeblich von der Dokumentation dieses Fachwissens ab, das eine wichtige Voraussetzung für die Züchtungsarbeit darstellt. Hierfür ist die Erfassung der tierzüchterischen Diversität in Herd- und Zuchtbüchern, wie sie traditionell von den Züchtervereinigungen betrieben worden ist, eine Voraussetzung. Dieses Wissen kann heute durch den globalen Austausch von Zuchtmaterial über Daten- und Informationssysteme erfolgen. Die schriftliche Dokumentation oder auch die Hinterlegung von tierzüchterischem Material in Genbanken kann zudem dazu beitragen, Patente auf bereits bekannte Zuchtprodukte und -techniken zu verhindern.

2.3.3.2 Austausch und Zugang zu tiergenetischem Material

Eine weitere wichtige Voraussetzung der Dokumentation ist nicht nur die schriftliche Fixierung des Wissens, sondern auch die Erhaltung des für die Zucht notwendigen Zuchtmaterials. Der Erhaltung des Zuchtmaterials kommt aufgrund des Varietätsverlusts der heutigen Hochleistungsrassen in der industriellen Tierzucht besondere Bedeutung zu. Die Vielfalt landwirtschaftlicher Nutztiere kann nur auf der Grundlage des Austauschs

---

[133] Das beschriebene kollektive Wissen in der Landwirtschaft wird auch unter dem Begriff des traditionellen Wissens gefasst. Es wird definiert als „Kenntnisse, Innovationen und Praktiken indigener Völker und traditionell lebender lokaler Gemeinschaften, die über Jahrhunderte entwickelt, meist mündlich überliefert wurden und an die örtliche Kultur und Umwelt angepasst sind. Unter anderem in Form von landwirtschaftlichen Praktiken.", *Barth/Bilz* et al. 2004, S. 57.

[134] Zur Bedeutung der Landrassen siehe *Adametz* 2014, S. 5.

[135] In den USA hingegen gilt mündliches Wissen im Ausland als nicht neuheitsschädlich für Patente im Inland, ausführlicher dazu siehe *Godt* 2007, S. 312.

von tiergenetischem Material erhalten werden. Der Austausch kann jedoch nur stattfinden, wenn Material zur Verfügung steht. Die beschriebene Zunahme der Unternehmen und die Abnahme von Züchtervereinigungen in allen drei Tierarten Rind, Schwein und Huhn[136] führt dazu, dass tiergenetisches Material nicht mehr für den Austausch zur Verfügung steht, weil es dem Markt entzogen wird. Diese Struktur und die zunehmende Unternehmenskonzentration verhindern den Austausch von Zuchtmaterial. Hinzu kommt, dass es bis 2017 keine staatlich geförderte Genbank gab, in der genetisches Material landwirtschaftlicher Nutztiere hinterlegt werden konnte.[137]

2.3.3.3 Ergebnis: fehlende Dokumentation des tierzüchterischen Wissens sowie erschwerter Zugang zu tiergenetischem Material

Die Kenntnisse über die Vielfalt und die Verbreitung, grundlegender Eigenschaften sowie die aktuelle Situation tiergenetischer Ressourcen[138] sind von grundlegender Bedeutung, um eine nachhaltige und züchterische Weiterentwicklung durch Landwirte und Züchter (Einsatz von bestimmten Rassen) sowie durch politische Entscheidungsträger (Erhaltungsprogramme) zu gewährleisten. Hierfür sind eine ausreichende Generierung, Dokumentation sowie Weitergabe von Wissen von tierzüchterischem Material und Zuchttechniken notwendig. Die vorliegenden Fallstudien der Tierarten Huhn, Rind und Schwein zeigen, dass der Zugang zu tiergenetischem Material aufgrund der vorliegenden Strukturen oftmals behindert ist.

---

136 Siehe Abschnitt 2.3.2.

137 Siehe Fn. 5.

138 Wie in Abschnitt 2.3.2 dargestellt.

2.4 Ergebnis: Anforderungen an ein innovations- und biodiversitätsförderliches Umfeld in der landwirtschaftlichen Tierzucht

Die Diversität des Zuchtmaterials landwirtschaftlicher Nutztiere ist abhängig von der Anzahl der Zuchtlinien als auch dem Erhalt des Zuchtmaterials. Diese wird aufgrund der beschriebenen Marktsituation immer stärker eingeschränkt. Die Analyse der Situation in der Tierzucht zeigt zudem, dass vor allem bei den Tierarten Schwein und Huhn eine sehr starke Konzentration von Unternehmen zu beobachten ist und so bereits oligopol- wenn nicht sogar monopolähnliche Strukturen vorhanden sind.[139] An dieser Stelle hat der Verlust des Wettbewerbs auch die Reduktion der Agrobiodiversität zur Folge, weil nur noch wenige Unternehmen sehr spezialisierte Hochleistungsrassen auf den Markt bringen. Der Erhalt des Wettbewerbs ist somit sehr eng mit der genetischen Diversität landwirtschaftlicher Nutztiere verbunden. Der Wettbewerb kann folglich als Diversität am Markt gesehen werden. Damit ein innovations- und biodiversitätsförderliches Umfeld geschaffen werden kann, muss der Wettbewerb erhalten bleiben. Hierfür sollte die Anzahl sowie das Kräfteverhältnis der Marktakteure ausgewogen sein damit züchterische Entscheidungen nicht in der Hand von einigen wenigen Züchtern liegen und somit „falsche" Entscheidungen, die den Markt betreffen, abgefangen werden. Die Diversität am Markt ist ebenso anhand des Professionalisierungsgrads (Organisations- und Personalstruktur) der tätigen Organisationen in der Tierzucht zu beurteilen. Ein weiteres Kriterium stellen die finanziellen Ressourcen der jeweiligen Organisation dar. Dabei steht der Professionalisierungsgrad in enger Verbindung zum Umfang der zur Verfügung stehenden finanziellen Ressourcen der jeweiligen Organisation. Eine weitere Anforderung für ein innovations- und biodiversitätsförderliches Umfeld stellt der Austausch und Zugang zu tierzüchterischem Wissen dar. Die Grundvoraussetzung für den Austausch von Wissen ist die Generierung desselbigen durch die Erfassung der Diversität als auch deren Gefährdung sowie das Verständnis über die Wirkungen verschiedener Marktinstrumente. Der

139 Siehe Abschnitt 2.3.2.

Austausch dieses Wissens wird erleichtert, wenn eine Dokumentation desselbigen erfolgt. Dies kann durch die Beschreibung des Wissens erfolgen oder aber durch die Hinterlegung in Genbanken. Die Publikation des Wissens kann zudem zu einer Verbreitung der Kenntnisse auf dem jeweiligen Zuchtgebiet beitragen. Der Erhalt der genetischen Vielfalt landwirtschaftlicher Nutztiere ist neben dem Austausch von tierzüchterischem Wissen ebenso von dem Zugang zu tiergenetischem Material abhängig. Ein innovationsförderliches Umfeld für die Tierzucht ist im Ergebnis abhängig von der Verteilung sowie von der Verfügbarkeit von Wissen und finanziellen Ressourcen, einem angemessenen Zugang und Austausch von Zuchtmaterial sowie der Diversität von Marktakteuren und tierzüchterischem Material. Die folgende Tabelle fasst die Anforderungen und die damit verknüpften Aspekte zusammen:

Tabelle 4: Anforderungen an ein innovationsförderliches Umfeld in der Tierzucht (Quelle: eigene Darstellung)

Anforderungen		Aspekte	
A	Diversität am Markt	A1	Anzahl der Marktakteure
		A2	Kräfteverhältnis der Marktakteure
		A3	Professionalisierungsgrad (hauptberuflich/Hobby)
		A4	Umfang finanzieller Ressourcen
B	Diversität tierzüchterisches Material	B1	Anzahl der Zuchtlinien
		B2	Erhalt des Zuchtmaterials
C	Austausch und Zugang von tierzüchterischem Material und Wissen	C1	Generierung von Wissen
		C2	Dokumentation des Wissens
		C3	Publikation des Wissens durch Beschreibung oder Hinterlegung in Genbanken
		C4	Verfügbarkeit von Zuchtmaterial

Die erarbeiteten Anforderungen ergeben einen Bewertungsrahmen anhand dessen beurteilt werden soll, ob das Patentrecht zur Innovationsförderung in der Tierzucht beiträgt. Hierzu werden die Patentregelungen im nächsten Kapitel analysiert.

3 Patentrecht und tierzüchterisches Material – Rechtliche Analyse

Das folgende Kapitel analysiert, ob und in welchem Maße die patentrechtlichen Regelungen auf biologisches Material tierischen Ursprungs anwendbar sind. Aufgrund des fehlenden Schutzinstruments speziell für die Tierzucht wird das Patentrecht für den Schutz von Erfindungen, die auf tierzüchterischem Material beruhen, angewendet. Ein einheitliches europäisches Patentrecht gibt es bisher nicht. Um das Mehrebenensystem der patentrechtlichen Regelungen aufzuzeigen, erfolgt im Abschnitt 3.1 die Darstellung der weltweiten, europäischen sowie nationalen Regelungen. Eine besondere Bedeutung kommt hier der Biopatentrichtlinie (BioPatRL) zu, weil diese die maßgeblichen Regelungen enthält, die auch in das europäische Patentübereinkommen (EPÜ) übernommen wurden und nach dem europäischen Patente erteilt werden. Die Auswahl der Patentkategorie entscheidet, welchen Schutzumfang ein Patent erlangt. Die möglichen Kategorien der Verfahrens- und Erzeugnispatente erläutert Abschnitt 3.4. Anschließend analysiert Abschnitt 3.3 den Ablauf des europäischen Patentverfahrens. Der folgende Abschnitt 3.4 ermittelt die Tatbestandsmerkmale, die für ein Patent vorliegen müssen und welche Herausforderungen sich in Bezug auf Patente in der Tierzucht ergeben. Dabei gibt es verschiedene Ausschlüsse von der Patentierbarkeit für die Tierzucht zu beachten, die Abschnitt 3.5 untersucht. Ein besonderer Schwerpunkt liegt auf den im Wesentlichen biologischen Verfahren, die in der Tierzucht zur Anwendung kommen. Darauf folgt die Analyse des Schutzumfangs in Abschnitt 3.6 und die Besonderheiten, die sich in der Tierzucht ergeben.

3.1 Überblick Rechtsmaterien

Im Folgenden ist eine kurze Einführung der für die Untersuchung relevanten patentrechtlichen Abkommen zu geben. Der Patentschutz erfolgt bisher auf zwei verschiedenen Systemen: dem nationalen sowie dem europäischen Schutzsystem, von denen keines auf einem unionsrechtlichen

Rechtsinstrument basiert.[140] Maßgeblich für die Diskussion im Rahmen der vorliegenden Arbeit sind das europäische Patentübereinkommen (EPÜ) und die Biopatentrichtlinie (BioPatRL), beide umgesetzt im deutschen Patentgesetz sowie auf internationaler Ebene das Abkommen über den Schutz geistiger Eigentumsrecht (TRIPS).

3.1.1 Internationale Vorgaben des Patentrechts

Der folgende Abschnitt gibt einen kurzen Überblick über die Harmonisierungsbestrebungen im Bereich des Patentrechts, um nachzuvollziehen, wie die heutige Konstellation der Patentrechtsabkommen im internationalen Gefüge zu verorten ist. Die internationalen Regelungen des Patentrechts finden sich im Europäischen Patentübereinkommen (EPÜ), in den „klassischen" Harmonisierungskonventionen zum einen in der Pariser Verbandsübereinkunft zum Schutz des gewerblichen Eigentums von 1883 (PVÜ)[141], zuletzt geändert 1979, und zum anderen im Vertrag über die Internationale Zusammenarbeit auf dem Gebiet des Patentwesens, kurz Kooperationsvertrag oder PCT (Patent Cooperation Treaty),[142] geschlossen 1970 und in Kraft seit 1978[143], sowie dem Handelsabkommen über geistige Eigentumsrechte (TRIPS).[144] Die PVÜ etabliert u.a. gem. Art. 1 Abs. 1 und 2 PVÜ den Grundsatz der Inländerbehandlung, d.h. die wechselseitige Verpflichtung aller Verbandsländer, ihren Angehörigen die gleichen Vorteile zum Schutz des geistigen Eigentums einzuräumen wie den Inländern. Sonderabkommen zum Schutz des gewerblichen Eigentums, welche

140 Ein Patent wird nach dem EPÜ als europäisches Patent erteilt, zerfällt aber danach in nationale Patente, die dem innerstaatlichen Recht unterliegen, siehe dazu Abschnitt 3.2.1.2.

141 Pariser Verbandsübereinkunft zum Schutz des gewerblichen Eigentums v. 20.3.1883 (PVÜ).

142 Vertrag über die internationale Zusammenarbeit auf dem Gebiet des Patentwesens - Patent Cooperation Treaty (PCT) 1970. BGBl. 1976 II S. 649, 664

143 Die PVÜ und der PTC werden von der World Intellectual Property Organization (WIPO) administriert. Die WIPO wurde 1967 durch die WIPO Convention gegründet und ist seit 1974 die UN-Organisation für Fragen des geistigen Eigentums.

144 Übereinkommen über handelsbezogene Aspekte der Rechte des geistigen Eigentums v. 15.4.1994 (TRIPS-Übereinkommen: Agreement on Trade-Related Aspects of Intellectual Property Rights); Verwaltung durch die WTO, BGBl. 1994 II S. 1730.

die Mitgliedsländer abschließen, wie beispielsweise das Europäische Patentübereinkommen, dürfen den Bestimmungen der PVÜ nicht widersprechen (Art. 19 PVÜ). Damit das materielle Recht der PVÜ auch in Nichtmitgliedsländern durchgesetzt werden kann, wurde 1994 das Übereinkommen über handelsbezogene Aspekte der Rechte des geistigen Eigentums (TRIPS) der Welthandelsorganisation (WTO) verabschiedet. Nach Art. 2 TRIPS haben sich die Mitglieder die Verpflichtung auferlegt, die Art. 1-12 sowie Art. 19 der PVÜ zu beachten. Das Übereinkommen trifft Regelungen in Bezug auf das internationale Immaterialgüterrecht, welche in das Europäische Patentübereinkommen (EPÜ) übernommen wurden. Da die meisten WTO-Mitglieder ebenfalls Vertragsstaaten unter dem Europäischen Patentübereinkommen (EPÜ) sind, wurden die einschlägigen Vorschriften des TRIPS-Abkommens hierin übernommen. Die Vertragsstaaten des EPÜ bilden wiederum einen Sonderverband gemäß Art. 19 PVÜ. Die Konvention über biologische Vielfalt (CBD) enthält ebenfalls Regelungen in Bezug auf geistige Eigentumsrechte. So legt Art. 16 Abs. 3 der Konvention fest, dass die Vertragsparteien Maßnahmen ergreifen, um den Zugang zu patentgeschützten Technologien oder deren Weitergabe (zu einvernehmlich festgelegten Bedingungen) für die anderen Vertragsparteien zu gewähren. Diese Maßnahmen erfolgen in Übereinstimmung mit dem Völkerrecht. Nach Art. 16 Abs. 5 der Konvention sollen die Vertragsparteien vorbehaltlich des innerstaatlichen Rechts und des Völkerrechts auf eine Weise zusammenarbeiten, die sicherstellt, dass die Rechte des geistigen Eigentums die Ziele der Konvention unterstützen und diesen nicht zuwiderlaufen.

3.1.1.1 TRIPS-Abkommen

Das TRIPS-Abkommen legt die Minimalanforderungen für den Schutz des geistigen Eigentums für die Mitgliedsstaaten fest. Hierzu gehört auch die Verpflichtung der Mitglieder gemäß Art. 27 Abs. 1 ein Patentschutzsystem zu etablieren, welches vorsieht, „dass Patente für Erfindungen auf allen Gebieten der Technik erhältlich sind."[145] Darunter fallen dementsprechend auch Erfindungen, die aus biologischem Material bestehen. Hierzu zählen sowohl Erzeugnisse als auch Verfahren, die den Patentierungsvoraussetzungen Neuheit, erfinderische Tätigkeit und Gewerbliche Anwendbarkeit[146] entsprechen. Art. 27 Abs. 3b TRIPS gibt den Vertragsstaaten für den Schutz von Pflanzensorten ein Wahlrecht zwischen Patenten und einem wirksamen sui generis-System oder einer Kombination von beiden. Eine solche Wahlmöglichkeit ist für den Schutz von Tierrassen nicht vorgesehen. Ausnahmen von der Patentierbarkeit werden den Vertragsstaaten gestattet für Erfindungen, deren Verwertung gegen die öffentliche Ordnung oder die guten Sitten verstößt, für human- und tiermedizinische Verfahren und für Pflanzen und Tiere, sofern es sich nicht um Mikroorganismen handelt, sowie im Wesentlichen biologische Züchtungsverfahren.

3.1.1.2 Europäisches Patentübereinkommen (EPÜ)

Die Grundlagen des europäischen Patentrechts sind im Europäischen Patentübereinkommen (EPÜ) geregelt. Das EPÜ hat zum Ziel, die Zusammenarbeit zwischen den europäischen Staaten auf dem Gebiet des Erfinderschutzes durch ein einheitliches Patenterteilungsverfahren sowie einheitliche Vorschriften zu verstärken und zu harmonisieren.[147] Somit wurde ein einheitliches Patentrecht in den Vertragsstaaten geschaffen. Den Patentanmeldern wurde die Möglichkeit eingeräumt, mit nur einer einzigen europäischen Patentanmeldung ein Patent für die in der Patentanmeldung angegebenen Vertragsstaaten zu erlangen. Diese Anmeldung wird zentral vom Europäischen Patentamt (EPA) bearbeitet. Das Europäische Patentamt ist zuständig für die Prüfung der Anmeldung, die Erteilung oder Ablehnung und die sich gegebenenfalls anschließenden Ein-

145 Übersetzung aus Bundesgesetzblatt 1994 Teil II Nr. 40 v. 9.9.1994, S. 1730 ff.
146 Siehe hierzu Abschnitt 3.4.
147 Präambel des EPÜ.

spruchs- und Beschwerdeverfahren. Kommt es zu einer Nichtigkeitsklage, so zerfällt das Patent in ein Bündel nationaler Patente („Bündelpatent") und die nationalen Patentämter sind für die rechtliche Durchsetzung zuständig. Somit sind Fragen der Verwertung (Übertragung und Einräumung von Lizenzen), Durchsetzung im Verletzungsfall und das Erlöschen eines Patents, die Erteilung von Zwangslizenzen und die Reichweite des Forschungsprivilegs allein nach nationalem Patentrecht zu beurteilen. Die Schutzdauer, der Schutzumfang sowie die Nichtigkeitsgründe sind hingegen dem EPÜ unterworfen.[148] Die Ausführungsverordnung[149] regelt Detailfragen zu den Sprachen und zur Organisation des Europäischen Patentamtes sowie zu den Einzelheiten des Verwaltungsverfahrens. Neben den ursprünglich sieben[150] Vertragsstaaten bei der Gründung sind bis zum Jahr 2010 insgesamt 38 Vertragsstaaten dem EPÜ beigetreten. Unter den Vertragsstaaten finden sich auch die Türkei, Albanien und Serbien, Länder, die nicht der Europäischen Union (EU) angehören. Das Übereinkommen erstreckt sich über die Grenzen der EU hinaus und ist rechtsdogmatisch als völkerrechtliches Abkommen einzustufen. Die Bezeichnung „europäisch" ist geographisch zu sehen.

3.1.2 Europäische Richtlinie zum Schutz biotechnologischer Erfindungen (Biopatentrichtlinie)

Mit der europäischen Richtlinie RL 44/98/EG über den Schutz biotechnologischer Erfindungen (Biopatentrichtlinie) hat der Gesetzgeber erstmals zur Thematik der Patentierbarkeit von biotechnologischen Erfindungen spezielle Regelungen erlassen. Das deutsche Patentgesetz wurde mit der Umsetzung der Biopatentrichtlinie speziell an den Bereich biotechnologischer Erfindungen angepasst. Die Umsetzung der Richtlinie erfolgte in

148 *Schneider* 2010, S. 151.

149 Ausführungsverordnung zum Übereinkommen über die Erteilung europäischer Patente v. 5.10.1973, BGBl. 1976 II S. 915 in der Fassung des Beschlusses des Verwaltungsrats der EPO v. 7.12.2006, zuletzt geändert durch den Beschluss des Verwaltungsrats am 14.10.2014.

150 Gründungsstaaten waren Belgien, Frankreich, Deutschland, Luxemburg, Niederlande, Schweiz sowie das Vereinigte Königreich.

Deutschland 2005 mit erheblicher Verzögerung.[151] Der Entstehungsprozess verdeutlicht bereits die konfligierenden Interessen in Bezug auf biologisches Material und soll an dieser Stelle zum besseren Verständnis der kompromisshaften Regelungen kurz aufgegriffen werden. Im Anschluss daran wird die Zielsetzung der Richtlinie im Hinblick auf das Spannungsfeld zwischen Patentschutz und anderen nicht wettbewerbsrechtlichen Interessen von Individuen und der Allgemeinheit analysiert.

3.1.2.1 Entstehungs- und Umsetzungsprozess

Die Diskussion um eine spezielle Regelung für den Bereich der Biotechnologie wurde durch ein von der Europäischen Kommission veröffentlichtes Papier über Wissenschaft und Technologie angestoßen, in dem sie den Wettbewerbsvorsprung der Industrie in den USA und Japan gegenüber der Europäischen Union feststellt.[152] Zeitgleich thematisierte die OECD in einer Studie den Wettbewerbsnachteil durch das in den nationalen Regelungen unterschiedlich normierte Patentrecht im Bereich der Biotechnologie in den Vertragsstaaten.[153] Im Lichte dieser Vorarbeiten legte die Kommission 1988 den ersten Entwurf für die Richtlinie vor, der die Harmonisierung der unterschiedlichen Regelungen in den Mitgliedsstaaten zur Steigerung der Wettbewerbsfähigkeit und des Wirtschaftswachstums in den Mittelpunkt stellte. Mit keinem Wort erfolgte der Bezug auf die ethischen oder moralischen Probleme, die bei der Patentierung von biotechnologischen Verfahren eine Rolle spielen und unter den Begriff der öffentlichen Ordnung fallen.[154] Erst durch die Stellungnahme des Europäischen Wirtschafts- und Sozialausschusses (EWSA) wurden ethische und soziale Dimensionen der Biopatentrichtlinie mit eingebracht.[155] Die sich anschließende Debatte im Rahmen der Sachverständigenanhörung im eu-

---

151 Siehe *Godt* 2007, S. 19, *Schneider* 2010, S. 265 ff.

152 Kommissionsvorschlag für eine europäische Strategie auf dem Gebiet der Wissenschaft und Technik v. 21.12.1982, KOM (82) 865 endg. Dazu auch: *Zintler* 2002, S. 37.

153 *Beier/Crespi* et al. 1985, S. 11 f.

154 Zum Begriff der öffentlichen Ordnung in Abschnitt 3.5.1.

155 *EWSA* 1989, S. 11 f.

ropäischen Parlament zum Richtlinienvorschlag verdeutlichte die verschiedenen Meinungen in Bezug das Thema: die Befürworter des Vorschlags, die für eine möglichst breite Patentierung eintraten, die Kritiker, die eine mangelnde Abgrenzung zum Sortenschutz anführten sowie die Gegner, welche grundsätzliche ethische, wirtschaftliche oder rechtliche Einwände einbrachten.[156] Nach erneuten Debatten im April und Oktober 1992 wurde der Entwurf mit zahlreichen Änderungen, welche die zuvor nicht bedachten ethischen Fragen des Patentrechts mit einbezogen, vom europäischen Parlament verabschiedet.[157] Hierin waren die wichtigsten Änderungen, die Forderung nach einer Grenzziehung zwischen Entdeckung und Erfindung sowie die Verankerung/Einführung der ordre-public Klausel enthalten.[158] Der abgeänderte Vorschlag der Kommission vom Dezember 1992 sollte diesen Änderungen Rechnung tragen. Jedoch wurde dieser nach Diskussionen durch das Parlament 1995 abgelehnt.[159] Die wesentlichen Kritikpunkte lagen in einer zu unklaren Formulierung für den Ausschluss menschlicher Gene, die vorgesehene Patentierbarkeit der Keimbahntherapie sowie das Fehlen eines Landwirteprivilegs für Tiere. In diesen Zeitraum fallen ebenfalls zwei wichtige patentrechtliche Entscheidungen, welche die Patentfähigkeit von lebenden Organismen anzweifelten: Das Europäische Patentamt (EPA) wies die Anmeldung der Onkomaus als sittenwidrig zurück,[160] und der englische Court of Appeal bezweifelte in der Streitsache „Genentech" die hinreichende Erfindungshöhe der angemeldeten technischen Lehre.[161] Zu diesem Zeitpunkt war nicht klar, ob es aufgrund der vielen Diskussionen einen erneuten Anlauf für einen überarbeiteten Entwurf der Richtlinie geben würde. Der neue

---

156 Ausschuss für Recht und Bürgerrechte des Europäischen Parlaments, Arbeitsdokument, 27.7.1990, 55/89, PE 141.360, S. 2.

157 Europäisches Parlament 1992: Dritter Bericht des Ausschusses für Recht und Bürgerrechte A3-0286/92, PE 201.664. Darin wird als Rechtsgrundlage für die Richtlinie die Förderung des Binnenmarkts genannt.

158 Dazu vertiefend *Schneider* 2010, 278 ff.

159 ABl. EG, C68 v. 20.3.1995. Vertiefend zum Entwicklungsprozess von der Erstellung des 1. Entwurfs bis zur Ablehnung siehe *Schneider* 2010, S. 265-300.

160 Die Beschwerde hatte Erfolg, sodass die technische Beschwerdekammer am 3.10.1990 an die Prüfungsabteilung zurück verwies. *EPA* Entsch. v. 3.10.1990 - T 19/90, GRUR Int. 1990, 476 =EPA ABl. 1990, 476. Siehe Abschnitt 3.5.1.2.

161 *EPA* Entsch. v. 29.10.T 1020/03 - Genentech; Vgl. *Godt* 2007, S. 19.

Entwurf der Kommission vom Dezember 1995 wurde sodann nach intensiven Beratungen, verbunden mit 64 Änderungsanträgen des Europäischen Parlaments, 1998 verabschiedet.[162] Das Europäische Parlament konnte die folgenden Änderungen einbringen: Die internationalen Abkommen TRIPS und CBD wurden erwähnt, der Ausschluss der Patentierbarkeit des menschlichen Körpers wurde nach dem vorgeschlagenen Wortlaut übernommen, die Nichtpatentierbarkeit der Keimbahntherapie verankert, und es wurde ein Landwirteprivileg sowohl für Saatgut als auch für Zuchttiere eingeführt. Der Erlass der Richtlinie stützte sich – in Ermangelung einer besonderen Ermächtigungsgrundlage für den Bereich des gewerblichen Rechtsschutzes – auf Art. 114 Abs. 1 AEUV, der Maßnahmen zur Rechtsangleichung gestattete, um das Funktionieren des Binnenmarktes zu gewährleisten. Zwischen der Vorlage des ersten Legislativvorschlags der Europäischen Kommission im Jahr 1988[163] und der endgültigen Verabschiedung der Richtlinie vergingen zehn Jahre. Die Umsetzung in den Mitgliedsstaaten umfasste anschließend einen ähnlich langen Zeitraum.[164] Einer der Gründe hierfür war die Nichtigkeitsklage mehrerer Mitgliedsstaaten – angeführt von den Niederlanden und Italien, die 2001 vom EuGH zurückgewiesen wurde.[165] Die Klage stützte sich u.a. auf die Argumentation, dass die Richtlinie gegen TRIPS und die CBD verstoße. Diese Fragen wurden vom EuGH nicht abschließend erläutert und sind heute teilweise noch Gegenstand der Diskussionen um die Richtlinie.[166]

---

162 Am 12.5.1998 in Form eines gemeinsamen Standpunktes des Ministerrats vom EP in 2. Lesung angenommen und am 6.7.1998 verabschiedet.

163 KOM (88), 496 endg. v.20.10.1988., Die Verabschiedung des Entwurfs ist im März 1995 gescheitert nachdem das EP einen gemeinsamen Entwurf des Vermittlungsausschusses aus Vertretern des EP und des Rates im Verfahren nach Art. 189b Abs. 3 des EG-Vertrages in der Fassung v. 1.1.1995 nicht angenommen hatte.

164 Die Kommission leitete aufgrund von Umsetzungsmängeln Vertragsverletzungsverfahren gegen zehn der damals 15 EU-Staaten ein zu denen auch Deutschland gehörte Vgl. Kommission der Europäischen Gemeinschaft, KOM (2005), 312, endg. In der Folge wurde Deutschland wegen nichtfristgemäßer Umsetzung verurteilt siehe *EuGH*, Urt v. 28.10.2004 - C-5/04, Slg. 10327 in ABl. EU Nr. C 6 v. 10.1.2005, 18); Anschließend wurde die Richtlinie in nationales Recht umgesetzt- Art. 1 Gesetz zur Umsetzung der Richtlinie über den Schutz biotechnologischer Erfindungen v. 21.1.2005 (BGBI, I 2005, 146). Eine ausführliche Darstellung und Analyse des Umsetzungsprozesses in: *Schneider* 2010, S. 265-390.

165 *EuGH*, Urt. v. 9.10.2001 - C-377/98, Slg. 7079.

166 Siehe dazu: *Gold/Gallochat* 2001 sowie *Fricke* 2011 elni review, 82.

Die Darstellung des Umsetzungsprozesses verdeutlicht, dass die zuvor nicht bedachten ethischen als auch sozialökonomischen Dimensionen des Patentrechts nun eine Berücksichtigung durch die langwierige Diskussion erfahren haben. Die Analyse der Ausschlüsse des Patentrechts in Abschnitt 3.6 wird jedoch noch aufzeigen, welche Schwierigkeiten mit der Umsetzung und Auslegung verbunden sind.

3.1.2.2 Zielsetzung

Der mit 18 Artikeln relativ knapp gehaltenen Biopatentrichtlinie wurden 56 Erwägungsgründe vorangestellt. Diese sind bei der Auslegung der Richtlinie zu beachten, jedoch rechtlich nicht verbindlich.[167] Im Falle der Biopatentrichtlinie sind die Erwägungsgründe ungewöhnlich umfangreich ausgefallen, was zum Teil auf die Komplexität der Materie als auch auf die Schwierigkeit bei der Suche nach trag- und mehrheitsfähigen Kompromissen zurückzuführen ist.[168] Das vorrangige, sehr allgemeine gehaltene Ziel der Richtlinie ist dem ersten Artikel zu entnehmen: „Die Mitgliedstaaten schützen biotechnologische Erfindungen durch das nationale Patentrecht. Sie passen ihr nationales Patentrecht erforderlichenfalls an, um den Bestimmungen dieser Richtlinie Rechnung zu tragen". Eine weitere Spezifizierung des Zwecks der Richtlinie[169] ist dieser nicht zu entnehmen, es folgen nach den Begriffsbestimmungen in Art. 2 sogleich die Ausführungen über die Patentierbarkeit von Erfindungen. Dem ersten Entwurf der Richtlinie ist ebenfalls kein weiterer Zweck im ersten Artikel zu entnehmen. Allgemeines Ziel der Richtlinie ist es, Regelungen für die Patentierung von Innovationen auf dem Gebiet der „belebten Natur" unionsweit zu harmonisieren. Auf diese Weise soll einer Auseinanderentwicklung von Praxis und Rechtsprechung in der Gemeinschaft auf dem Gebiet der Biotechnologie entgegengewirkt werden (Erwägungsgründe 5-

---

[167] *EuGH*, Urt. v. 6.7.1982- C-61/81, Slg. 2601, Rn. 7 – Kommission/Vereinigtes Königreich.

[168] Siehe dazu *Spranger* 2004, S. 265.

[169] Wie es beispielsweise in der Wasserrahmenrichtlinie Richtlinie 2000/60/EG des europäischen Parlaments und des Rates v. 23.10.2000 zu finden ist.

7). Auf diese Entwicklung wurde bereits im 1985 im Weißbuch der Kommission zur Vollendung des Binnenmarktes hingewiesen.[170] Gemäß dem 8. Erwägungsgrund wird „die Einführung eines besonderen Rechts anstelle des nationalen Patentrechts als nicht erforderlich angesehen". Die bestehenden Patentierungsmöglichkeiten wurden vielmehr konkretisiert und präzisiert. Darüber hinaus soll die Sicherung von Investitionen durch einen angemessenen Rechtsschutz gewährleistet (Erwägungsgrund 2) und Handelsschranken verhindert werden. Weitere ökonomische Ziele sind die Stärkung der Wettbewerbsfähigkeit und des Wirtschaftswachstums durch Patentschutz.[171] Diese Ziele entsprechen dem ersten Entwurf der Richtlinie von 1988. Die aufgeführten Ziele sind vorrangig ökonomisch geprägt und stärken den Schutz von geistigem Eigentum. Aufgabe des Patentschutzes ist es jedoch gleichermaßen, durch die Offenlegung von Wissen zum technischen Fortschritt der Allgemeinheit beizutragen, sowie die Freihaltung des Standes der Technik für die normale Entwicklungsarbeit zu gewährleisten. Um das Spannungsfeld zwischen Patentschutz und anderen nicht wettbewerbsrechtlichen Interessen von Individuen und der Allgemeinheit zu regulieren, sind nach Art. 6 der Richtlinie Erfindungen, deren Veröffentlichung oder Verwertung gegen die öffentliche Ordnung oder die guten Sitten verstoßen, von der Patentierung ausgeschlossen. Der Begriff der öffentlichen Ordnung umfasst u. a. den Schutz der öffentlichen Sicherheit, hierunter fällt auch der Schutz der Umwelt.[172] Der Ausschlusstatbestand der öffentlichen Ordnung und der guten Sitten wird in Art. 27. Abs. 2 TRIPS (Erwägungsgrund 36) erweitert um: „...einschließlich des Schutzes des Lebens oder der Gesundheit von

---

170 Weißbuch der Kommission für den europäischen Rat in Mailand, die Vollendung des Binnenmarktes, KOM(85)310 endg. v. 14.6.1985, Ziff. 145.

171 Diese Ziele wurden bereits im ersten Richtlinienentwurf vom 21.10.1988 aufgeführt.

172 In seiner Entscheidung T 356/93 subsumierte die Kammer des EPA unter dem Begriff der "öffentlichen Ordnung" den Schutz der öffentlichen Sicherheit und der physischen Unversehrtheit des Individuums als Mitglied der Gesellschaft und rechnete hierzu auch den Schutz der Umwelt. Die Entscheidung darüber, ob eine Verwertung der Erfindung die Umwelt voraussichtlich ernsthaft gefährde, könne nur erfolgen, wenn „die Bedrohung der Umwelt zum Zeitpunkt der Entscheidung des EPA hinreichend substantiiert ist" (1. Leitsatz). Zum Begriff der öffentlichen Ordnung siehe Abschnitt 3.5.1.

Menschen, Tieren oder Pflanzen oder zur Vermeidung ernsthafter Schädigungen der Umwelt". Somit ist der Schutz von des Lebens und der Gesundheit von Tieren Bestandteil des ordre public.[173] Zum spezifischen Schutz von Tieren gehört auch die Bewahrung der biologischen Vielfalt. Der Bezug zur Erhaltung und nachhaltigen Nutzung der biologischen Vielfalt wird lediglich in Erwägungsgrund 56 hergestellt, indem auf die aktuellen Verhandlungen zur Konvention über biologische Vielfalt (CBD) hingewiesen wird. Auch das viel diskutierte Verhältnis zwischen dem TRIPS Abkommen und der Konvention über biologische Vielfalt wird erwähnt. Es wird darauf hingewiesen, dass weiterer Klärungsbedarf besteht. Somit kann festgehalten werden, dass der Fokus der Biopatentrichtlinie auf der Verwirklichung und Unterstützung des Binnenmarktes liegt und die Belange der Umwelt wie beispielsweise der Schutz der Biodiversität größtenteils ausgeklammert werden. Das Patentrecht hat sich jedoch zur Aufgabe gemacht die Interessen der Erfinder und die der Allgemeinheit angemessen abzuwägen. Die Erfinder erhalten ein Ausschließlichkeitsrecht auf Zeit, weil sie der Allgemeinheit durch die Offenbarung des hinter der Erfindung stehenden Wissens einen technischen Fortschritt verschaffen.[174] Der Zielsetzung der Richtlinie ist indes eine solche Abwägung nicht zu entnehmen.

3.1.2.3 Das Verhältnis zwischen Biopatentrichtlinie und EPÜ

Der Begriff des europäischen Patentrechts ist irreführend, wenn davon ein einheitliches Recht für alle EU-Mitgliedsstaaten abgeleitet werden soll. Es ist hierbei zu unterscheiden zwischen den jeweiligen nationalen Patentgesetzen, der Biopatentrichtlinie sowie den Regelungen des EPÜ. Die Biopatentrichtlinie selbst enthält keine grundsätzlichen Regelungen für die Erteilung von Patenten, sie hat lediglich die Präzisierung der bereits vorhandenen nationalen Regelungen zum Ziel. Auf europäischer Ebene existiert

---

[173] *v. Saint-André/Taşdelen/Busche* Art. 27 Rn. 61.

[174] Der Begriff „Patent" aus dem lateinischen „patents" – offen frei unversperrt deutet bereits darauf hin, BverfG, 1 BVR 1864 – Beschluss v. 10.5.2000, GRUR 2001, 1, S. 43-48.

jedoch keine Richtlinie, die die generellen Erteilungsgrundlagen von Patenten regelt. Vielmehr sind hier die Regelungen des EPÜ maßgeblich. Im Gegensatz zur Biopatentrichtlinie handelt es sich beim EPÜ jedoch nicht um einen Rechtsakt der Europäischen Union, sondern um einen internationalen (völkerrechtlichen) Vertrag. Er regelt die Gründung der Europäischen Patentorganisation (EPO), die für die Erteilung von europäischen Patenten im Rahmen der Regelungen des EPÜ verantwortlich ist. Die Durchführung der Patenterteilung übernimmt das Europäische Patentamt (EPA), welches durch den Verwaltungsrat überwacht wird.[175] Somit sind die Entscheidungen des europäischen Patentamtes durch die Beschwerdekammern nicht einer Überprüfung durch den Europäischen Gerichtshof zugänglich, obwohl diese ihren Entscheidungen die Regelungen der Biopatentrichtlinie zu Grunde legen. Die Regelungen der Biopatentrichtlinie sind in das EPÜ übernommen worden.[176] Diese Übernahme wurde aus verschiedenen Gründen kritisiert. So stand insbesondere der Erwägungsgrund 31 der Richtlinie im Widerspruch zur damaligen Auslegungspraxis des Patentamtes. Dieser besagt, dass eine Pflanzengesamtheit, die durch ein bestimmtes Gen (und nicht durch ihr gesamtes Genom) gekennzeichnet ist, nicht dem Sortenschutz unterliegt. Das EPA hatte aber in seiner Entscheidung „Plant Genetic Systems" von 1995[177] festgelegt, dass eine Patentierung ausgeschlossen ist, sobald das Patent auch eine Sorte umfasst, und somit eine enge Auslegung der Abgrenzung von Sorten- und Patentrecht vertreten. Somit ergab sich eine Rechtsspaltung zwischen nationalen und europäischen Patenten nach dem EPÜ. Die Vertragsstaaten, die zugleich EG-Mitgliedsstaaten sind, waren einerseits durch die Richtlinie zur nationalrechtlichen Umsetzung verpflichtet. Auf der anderen Seite mussten sie durch die Mitgliedschaft im EPÜ die entsprechenden erteilten Patente anerkennen, die jedoch einer Überprüfung im Patentverletzungsverfahren, welches vor den jeweiligen nationalen

---

175 *EPA 2016*, E Kap. IV.

176 Beschluss des Verwaltungsrats des EPÜ v. 16.6.1999 in die EPÜ Ausführungsverordnung – Regeln 23b-e EPÜAO, EPA ABl. 7/1999, 437-440. Diese Übernahme erfolgte jedoch vor Entscheidung der angestrengten Nichtigkeitsklage durch die Niederlande und Italien.

177 Nähere Erläuterung zur Entscheidung siehe Abschnitt 3.5.3.1.2.

Patentämtern stattfand, nicht standhalten konnten, weil das nationale Patentrecht eine andere Auslegung im Sinne der Richtlinie vorsah.[178] Die Lösung des Problems ergab sich 1999 durch eine Entscheidung der großen Beschwerdekammer des EPA, in der Art. 53 b entsprechend der Richtlinie ausgelegt wurde.[179] Eine ähnliche Situation ergab sich aus der Spruchpraxis des EPA und den Regelungen des deutschen Patentgesetzes in Bezug auf die Patentierbarkeit von Produkten aus im Wesentlichen biologischen Verfahren. Im Fall Brokkoli II/Tomate II entschied 2015 die große Beschwerdekammer des EPA, dass Produkte, die aus einem im Wesentlichen biologischen Verfahren hervorgehen, welches nicht patentierbar ist, Patentschutz erlangen können.[180] Nach den Regelungen des Art. 2a Abs. 1 S. 1 PatG hingegen sind Produkte aus im Wesentlichen biologischen Verfahren nicht patentierbar. Diese Situation führte zu einer erneuten Diskussion über die Änderung der Biopatentrichtlinie.[181] Diese Situation wurde aufgelöst durch eine im November 2016 ergangene Mitteilung der Kommission[182], die sich dafür aussprach, dass Produkte aus im Wesentlichen biologischen Verfahren nicht patentierbar sind. Daraufhin wurden die Prüfrichtlinien für die Auslegung des EPÜ entsprechend angepasst.[183] Festzuhalten ist demnach, dass sich das EPA in seinen Entscheidungen an geltendem EU-Recht orientiert und dass diese Regelungen durch die Übernahme in das EPÜ für die Beschwerdekammern bei der Auslegung

---

178 Vgl. *Godt* 2007, S. 22 f. Die beschreibende Diskrepanz nach Auffassung der Autorin, dass eine Revision des EPÜs durch den Verwaltungsrat vorgenommen wurde, die nicht zu den Befugnissen des Verwaltungsrats zählen. Dieser hatte demnach seine Kompetenz überschritten.
Die Regelungen des Art. 33 EPÜ. wurden diesbezüglich am 29.11.2000 im Rahmen der Revision des Übereinkommens geändert. Der Verwaltungsrat hat jetzt die Kompetenz, die Vorschriften des Zweiten bis Achten und des Zehnten Teils des Übereinkommens zu ändern, „um ihre Übereinstimmung mit […] den Rechtsvorschriften der Europäischen Gemeinschaft auf dem Gebiet des Patentwesens zu gewährleisten".

179 *EPA*, Entsch. GBK v. 20.12.1999, G 1/98- Transgene Pflanzen/Novartis II siehe Abschnitt 3.5.2.3.

180 Entscheidungen G 2/12 (Tomate II); G 2/13 (Brokkoli II) v. 25.3.2015.

181 BT-Drs. 297/15 v. 15.7.2015 Entschließung des Bundesrates zur Änderung der Richtlinie 98/44/EG über den rechtlichen Schutz biotechnologischer Erfindungen.

182 C/2016/6997 – ABl. C 411 v. 8.11.2016, S. 3-14.

183 *EPA* Verwaltungsrat Beschl v. 29.6.2017 zur Änderung der Regeln 27 und 28 der Ausführungsverordnung zum EPÜ, EPA ABl. 2017, A 56.

des Patentrechts bindend sind, aber die Entscheidungen nicht durch eine höhere Instanz wie den Europäischen Gerichtshof überprüfbar sind.

3.1.2.4 Einheitspatent und europäisches Patentgericht

Die Überlegungen eines einheitlichen europäischen Patentes und einer damit verbundenen europäischen Patentgerichtsbarkeit gehen bis in das Jahr 1962 zurück. Das 1975 unterzeichnete Gemeinschaftspatentübereinkommen (GPÜ) trat mangels Ratifizierung nie in Kraft. Ein zweiter Ratifizierungsversuch scheiterte 1989 ebenfalls. Die zentralen Streitfragen waren die genaue Ausgestaltung der Gerichtsbarkeit[184] sowie die Frage, in welche Sprachen ein Gemeinschaftspatent übersetzt werden muss. Im Dezember 2012 einigten sich die Mitgliedsstaaten auf die Verabschiedung der Verordnung über die Umsetzung der verstärkten Zusammenarbeit im Bereich der Schaffung eines einheitlichen Patentschutzes (EinheitspatentVO)[185] sowie der Verordnung über die Umsetzung der verstärkten Zusammenarbeit im Bereich der Schaffung eines einheitlichen Patentschutzes im Hinblick auf die anzuwendenden Übersetzungsregelungen (ÜbersetzungsVO).[186] Sie beanspruchen Gültigkeit frühestens ab dem 1.1.2014, jedoch nicht vor dem Inkrafttreten des Übereinkommens über ein Einheitliches Patentgericht (EPGÜ). Damit das EPGÜ, der dritte Gesetzgebungsakt im Patent-Reform-Paket, umgesetzt werden kann, bedarf es gemäß Art. 59 EPGÜ-E der Ratifizierung durch 13 Staaten, davon zwingend Deutschland, Frankreich und Großbritannien. Diese gehören zu den Staaten, die im Jahr 2012 die meisten gültigen europäischen Patente verzeichneten. Zum Jahresende 2017 haben bisher 14 Länder das Abkommen ratifiziert, darunter Frankreich.[187] In Deutschland wurde aufgrund einer seit

---

[184] Vertiefend zur Diskussion der Ausgestaltung einer Patentgerichtsbarkeit: *Jaeger* 2013.

[185] Verordnung (EU) Nr. 1257/2012 des Europäischen Parlaments und des Rates v. 17.12.2012, ABl. L 361/1 v. 31.12.2012

[186] Verordnung (EU) Nr. 1260/2012 des Rates v. 17.12.2012 über die Umsetzung der verstärkten Zusammenarbeit im Bereich der Schaffung eines einheitlichen Patentschutzes im Hinblick auf die anzuwendenden Übersetzungsregelungen, ABl. L 361/89 v. 31.12.2012.

[187] Aktueller Stand der Ratifizierungen siehe http://www.consilium.europa.eu/en/documents-publications/treaties-agreements/agreement/?id=2013001 (28.1.2018).

Frühsommer 2017 anhängigen Verfassungsbeschwerde[188] die Ratifizierung zurückgestellt. In Großbritannien verzögert sich die Ratifizierung aufgrund der Brexit-Verhandlungen.[189] An dieser Stelle sei nochmals darauf hingewiesen, dass es sich bei dem EPGÜ um ein völkerrechtliches Übereinkommen – ein Sonderabkommen zum EPÜ gemäß Art. 142 EPÜ – handelt, und nicht um EU-Recht.[190] Im Gegensatz zum europäischen Patent zerfällt das Einheitspatent nicht in einzelne nationale Patente. Vielmehr wird ein als „Block" ausgestaltetes Patent verliehen, welches einheitlich vernichtet oder übertragen werden kann.[191] Durch eine einheitliche Anmeldung in allen Vertragsstaaten werden durch das Wegfallen von Übersetzungen in Zukunft Kosten eingespart, denn es werden maschinell generierte Übersetzungen akzeptiert. Hierfür wurde eine spezielle Software in Zusammenarbeit mit Google erarbeitet: Patent Translate.[192] Seit Ende 2014 liefert diese eine maschinelle Übersetzung für Patente aller Amtssprachen der 38 Mitgliedsstaaten der EPO.

3.2 Patentrechtskategorien

Der Schutzumfang von Patenten wird gem. § 14 PatG durch den Inhalt der Patentansprüche bestimmt. Diese müssen gem. § 34 Abs. 3 Nr. 3, Art. 78 Abs. 1 i.V.m. Art. 82 EPÜ genau beinhalten, was unter Patentschutz gestellt werden soll. Grundsätzlich kann eine Erfindung für Produkte gem. § 9 Nr. 1 PatG, Art. 64 Abs. 1 EPÜ sogenannte Erzeugnis- bzw. Produktpatente oder Verfahren gem. § 9 Nr. 2 PatG, Art. 64 Abs. 2 EPÜ erteilt werden. Die Patentkategorie richtet sich nach dem Inhalt der technischen

---

188 Verfassungsbeschwerde wegen Verletzung von Art. 2 Abs. 1, Art. 19 Abs. 4, Art. 20 Abs. 3, Art. 24 Abs. 1 und Art. 103 Abs. 1 GG wegen unzureichenden Rechtsschutzes beim Europäischen Patentamt gegen Entscheidung der Beschwerdekammern eingereicht, siehe http://www.bundesverfassungsgericht.de/DE/Verfahren/Jahresvorausschau/vs_2017/vorausschau_2017.html (29.1.2018). Stellungnahme der *Bundesrechtsanwaltskammer* 2018.

189 *Müller-Stoy/Schwitulla* (20.2.2017).

190 *Tzschoppe* 2014, S. 30.

191 *Tilmann* GRUR 2016, 753 (754f).

192 Weitere Infos zur Funktion von Patent Translate siehe https://www.epo.org/searching-for-patents/helpful-resources/patent-translate_de.html#tab1 (30.11.2014).

Lehre der Patentanmeldung[193]. Sie legt fest, welche Benutzungshandlungen dem Patentinhaber vorbehalten sind und welche Schutzwirkungen dem Patent zukommen, ihr kommt demzufolge eine wichtige Systematisierungs- und Ordnungsfunktion zu.[194]

3.2.1 Erzeugnispatente

Ein Erzeugnispatent stellt die Gestaltung, Konstruktion oder den Entwurf eines Erzeugnisses unter Schutz.[195] Als Erzeugnis werden körperliche Gegenstände wie Sachen, Vorrichtungen, Geräte oder Stoffe verstanden. Gegenstand eines Erzeugnispatentes ist dabei die im Erzeugnis verkörperte Lehre und nicht der körperliche Gegenstand selbst.[196] Der Inhaber eines Erzeugnispatentes ist befugt gem. § 9 Abs. 1 PatG Dritten zu verbieten, sein Erzeugnis herzustellen, anzubieten, in Verkehr zu bringen oder zu gebrauchen oder zu den genannten Zwecken entweder einzuführen oder zu besitzen. Es werden verschiedene Kategorien von Erzeugnisansprüchen unterschieden: Sachpatente, Anordnungs- oder Schaltpatente, Mittelpatente sowie Stoffpatente.[197] Eine besondere Rolle nehmen im vorliegenden Zusammenhang Stoffpatente ein, die sich auf einen bestimmten Stoff beziehen und jedwede Verwendung dessen – unabhängig davon, ob eine bestimmte Verwendung vom Erfinder bereits erkannt worden ist – mit einbeziehen. Somit kann der Schutzumfang eines Stoffpatents sämtliche Herstellungs- und Verwendungsmöglichkeiten umfassen (sogenannter, absoluter Stoffschutz).[198] Die Breite des Stoffschutzes ist jedoch umstritten und für die Tierzucht besonders relevant, weil der Nachweis der Eigenschaften und die Kontrolle von sich selbst replizierendem Material im Unterschied zu Stoffpatenten in der Chemie weitaus schwieriger ist.

---

193 *Benkard/Schäfers*, 2015 § 9 Rn. 72c; *Schulte/Moufang*, Art. 52 Rn. 167.

194 *Benkard/Schäfers*, 2015 § 34 Rn. 72a, 11.

195 *Benkard/Scharen*, 2015 § 9 Rn. 31.

196 *Benkard/Scharen*, 2015 § 9 Rn. 31.

197 *Schulte/Moufang*, § 1 Rn. 209 ff.

198 *BGH* Urt. v. 27.1.1954, ZMR 1954, 172 – Textilgarn; *BGH* Urt. v. 7.11.1978, GRUR 1979, 149 – Schießbolzen, nur nach deutscher Rechtsprechung ist der Schutzumfang absolut, ausführlicher dazu siehe Abschnitt 3.6.2.1.

Generell gibt es drei verschiedene Wege, um einen Stoffanspruch zu beschreiben: über die chemische Strukturformel; die Definition von sog. Parametern oder über die Herstellung (sogenannter „Product-by-Process“-Anspruch).

3.2.2 Verfahrenspatente – Abgrenzung von Arbeits- und Herstellungsverfahren

Mit einem Verfahrenspatent wird ein Verfahren (eine Methode oder Verwendung) geschützt, mit dem etwas Neues erzeugt oder wesentlich verändert wird. Die Lehre erschöpft sich in der Darstellung der Vorgehensweise.[199] Verfahren erstrecken sich auf Methoden, Verfahren und Verwendungen. Verfahrenspatente haben entweder ein Herstellungs- oder Arbeitsverfahren zum Gegenstand. Arbeitsverfahren, wie beispielsweise Selektionsverfahren, wirken auf ein Objekt ein, ohne dass etwas hergestellt wird,[200] wohingegen bei einem Herstellungsverfahren ein Erzeugnis das Ergebnis ist. Diese Abgrenzung ist wichtig, weil das unmittelbar erzeugte Produkt eines Verfahrens einen gewissen Schutz erfährt – ohne dass es ausdrücklich beansprucht wurde – den sogenannten abgeleiteten Sachschutz nach § 9 Satz 2 Nr. 3.[201] Dieser besagt, dass es verboten ist ein Erzeugnis herzustellen, anzubieten oder zu importieren, welches mit besagtem Verfahren unmittelbar erzeugt wurde.[202] Unmittelbar hergestellt ist ein Erzeugnis, „wenn das geschützte Verfahren bestimmungsgemäß zu der Hervorbringung des Erzeugnisses nach der Verkehrsanschauung wesentlich beigetragen hat und das so geschaffene Erzeugnis seine charakteristischen Eigenschaften und seine Selbständigkeit nicht durch eine weitere Behandlung einbüßt.“[203] Der abgeleitete Sachschutz erstreckt sich ebenfalls auf biologische Verfahren und die daraus hervorgehenden Folgegenerationen (sogenannte vertikale Patenterstreckung).[204] Fraglich ist

199 *Schulte/Moufang*, § 1 Rn. 235.
200 *Busse/Keukenschrijver*, § 1 Rn. 137.
201 i.V.m. Art. 64 Abs. 2 EPÜ.
202 vgl. *Schulte/Kühnen*, § 9 Rn. 83 und 84. *Benkard/Scharen*, 2015 § 9 Rn. 53.
203 *Schulte/Kühnen*, § 9 Rn. 90.
204 *Walter*, GRUR Prax 2010, 330, 331.

hierbei, wie weitläufig eine solche Patenterstreckung ist und welche Rolle die Abgrenzung von Arbeits- und Herstellungsverfahren in diesem Zusammenhang spielt. Diese und andere Besonderheiten von tierzüchterischem Material werden im späteren Verlauf des Kapitels näher erläutert.

3.3 Ablauf des europäischen Patenterteilungsverfahren

Das vorliegende Kapitel stellt den Ablauf und die Anforderungen an das Prüfverfahren vor dem europäischen Patentamt dar.[205] Hierbei steht das EPÜ im Mittelpunkt, weil die für diese Untersuchung relevanten Patente in europäischen Ländern noch als Bündelpatent[206] angemeldet werden. Eine umfassende Darstellung des Patentverfahrens ist notwendig für das Verständnis der sich anschließenden Akteuranalyse in Kapitel 4, in dem die Verhaltensbeiträge der Akteure in diesem Verfahren herausgearbeitet werden. Das europäische Prüfungsverfahren ist in zwei Verfahrensabschnitte unterteilt: Der erste Verfahrensabschnitt umfasst die Eingangsprüfung, die Formalprüfung, die Erstellung des europäischen Rechercheberichts sowie die Veröffentlichung der Anmeldung (Abschnitt 3.3.1). Der zweite Abschnitt beinhaltet die Sachprüfung und die Patenterteilung (Abschnitt 3.3.2). Im Anschluss an die Patenterteilung kann es zur Einspruchsverfahren oder Beschwerdeverfahren kommen (Abschnitt 3.3.3). Auch kann auf Antrag des Patentinhabers ein Widerrufs- und Beschränkungsverfahren eingeleitet werden (Abschnitte 3.3.4-3.3.6). Ist der Rechtsweg vor dem europäischen Patentamt erschöpft, können die Beteiligten ein Patentverletzungs- und/oder Nichtigkeitsverfahren vor den nationalen Gerichten anstrengen (Abschnitt 3.3.7). Die folgende Abbildung gibt einen Überblick über den Ablauf des Patenterteilungsverfahrens.

---

205 Diese Abschnitte wurden im Rahmen des Projekts Biopatente in der Tierzucht von der Verfasserin erarbeitet, *Feindt/Fricke* et al. S. 81ff.

206 Siehe Abschnitt 3.2.1.2.

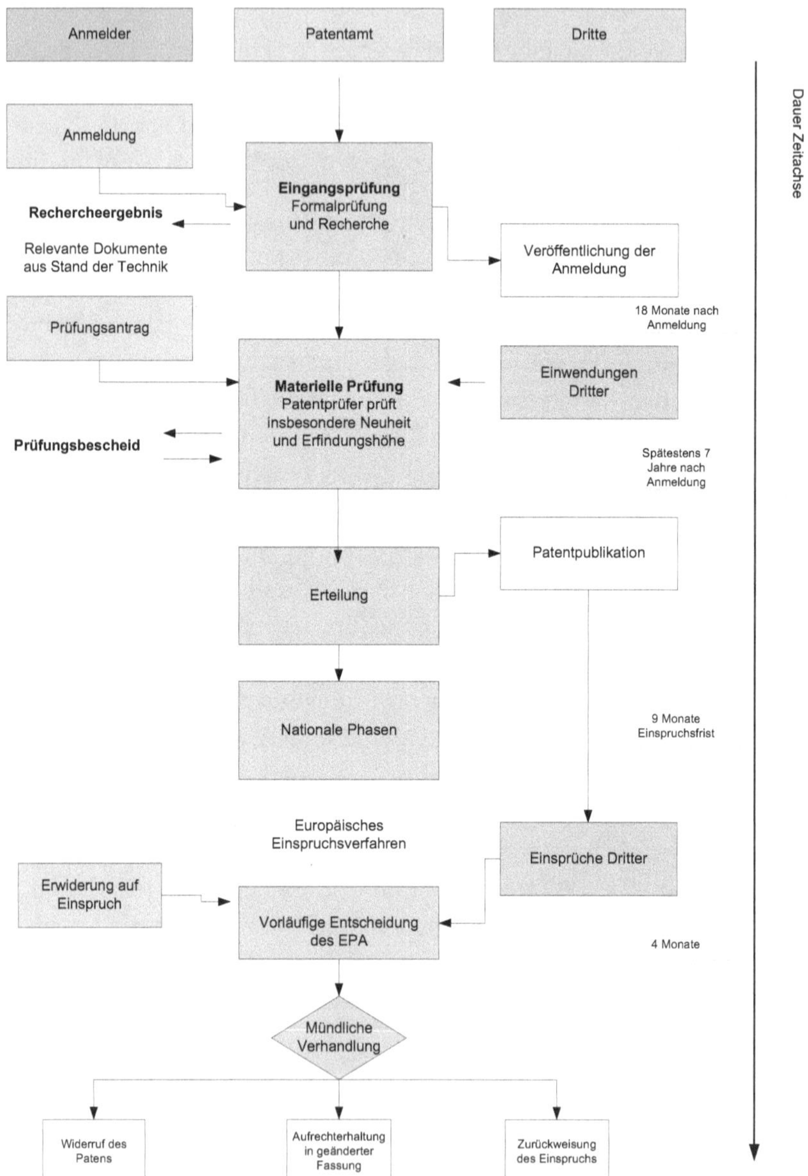

Abbildung 5: Ablauf des Prüfverfahrens
(Quelle: eigene Darstellung)

3.3.1 Anmeldung, Recherchebericht

Damit eine Erfindung zum Patent angemeldet werden kann, bedarf es einer Patentanmeldung. Hierbei handelt es sich um einen behördlichen Verwaltungsakt. Die Prüfungsstelle des Patentamtes beschließt die Erteilung eines Patents, wenn die materiell-rechtlichen Anforderungen gegeben sind.[207] Das Verwaltungsverfahren beginnt mit der Anmeldung der Erfindung beim europäischen Patentamt. Hierbei kann der Antragssteller entscheiden, in welchem Land sein Patent angemeldet werden soll. Erfolgt die Anmeldung nur für Deutschland, so ist das deutsche Patent- und Markenamt (DPMA) zuständig. Die Prüfung der Anmeldung erfolgt gem. Art. 90 EPÜ durch die Eingangs- und Formalprüfung auf Vollständigkeit der Unterlagen. Besonders wichtig ist hierbei gem. Art. 80 EPÜ Regel 40 EPÜAO die Zuerkennung des Anmeldetages, weil dieser bei der Entscheidung über die Priorität einer Patentanmeldung bedeutend ist. Weiterhin wird überprüft, ob die Erfordernisse der Patenterteilung des Art. 78 EPÜ erfüllt sind. Hierzu wird überprüft, ob ein Erteilungsantrag vorliegt gem. Art. 90 Abs. 3 i.V.m. Regel 41 EPÜAO, die Erfindung entsprechend der Vorgaben beschrieben ist (technisches Gebiet, Stand der Technik, etc.), die Patentansprüche den Regelungen zu Form und Inhalt entsprechen,[208] die Einheitlichkeit der Erfindung gegeben ist,[209] gebührenpflichtige Patentansprüche enthalten sind,[210] die Form der Zeichnungen beachtet wird,[211] sowie eine Zusammenfassung entsprechend den Formerfordernissen vorliegt. Darüber hinaus muss gemäß Art. 81 EPÜ der Erfinder genannt und gegebenenfalls gem. Art. 88 EPÜ die Priorität begründet werden.

Gleichzeitig zur Formalprüfung wird die europäische Recherche in der Zweigstelle in Den Haag durchgeführt. Die Erstellung des europäischen Rechercheberichts erfolgt auf Grundlage der Patentansprüche unter ange-

---

207 Die drei zu beurteilenden Hauptkriterien sind Neuheit, erfinderische Tätigkeit sowie die gewerbliche Anwendbarkeit. Siehe dazu Abschnitt 3.5.

208 Art. 90 Abs. 3, Regel 43 EPÜAO.

209 Art. 83, Regel 44 EPÜAO.

210 Regel 45 EPÜAO.

211 Regel 46 EPÜAO.

messener Berücksichtigung der Beschreibung und vorhandenen Zeichnungen[212] und zählt alle Schriftstücke auf, die für die Beurteilung der Neuheit und erfinderischen Tätigkeit[213] für die Patentanmeldung vorliegen.[214] Die Recherche erfolgt in eng umgrenzten Bereichen, beispielsweise gibt es Experten für „Kaffeemaschinen". Hierfür stehen der Rechercheabteilung über 30 Millionen Patentdokumente aus den wichtigsten Industriestaaten zur Verfügung.[215] Gemeinsam mit dem Recherchebericht wird eine Stellungnahme verfasst, die darüber informiert, ob die vorliegende Anmeldung die Erfordernisse des EPÜ erfüllt, also neu ist und auf einer erfinderischen Tätigkeit beruht. Dieser erste Abschnitt endet mit der Veröffentlichung der Patentanmeldung und des Rechercheberichts in elektronischer Form auf dem Publikationsserver des EPA.[216] Der Anmelder hat anschließend die Möglichkeit, zu etwaigen erhobenen Einwänden seitens der Prüfer im Recherchebericht Stellung zu nehmen und entsprechende Änderungen bei Bedarf vorzunehmen. Dem Anmelder steht es frei, Beschreibungen, Patentansprüche und Zeichnungen im Rahmen der Vorgaben zu ändern.

Im Bereich der Tierzucht stellt die Beurteilung von Züchtungsmethoden eine Herausforderung für die Prüfer dar, denn viele Methoden werden in der Praxis angewandt, sind aber nicht dokumentiert in der Fachliteratur.[217] Somit ist es schwierig zu beurteilen, ob es sich um eine neue Züchtungstechnik handelt. An dieser Stelle sind die Prüfer des Patentamtes verstärkt auf die Zusammenarbeit mit Experten aus der Tierzucht angewiesen.

---

212 Art. 92 EPÜ.

213 Hierzu: Voraussetzungen der Patenterteilung Abschnitt 3.4.

214 Art. 92 EPÜ i.V.m. Regel 61 und 62 EPÜAO.

215 *Rauner* 2000, S. 26.

216 Europäischer Publikationsserver siehe https://data.epo.org/publication-server/?lg=de (23.1.2013).

217 *Feindt/Fricke* et al. 2014, S. 14 f.

3.3.2 Prüfungsantrag und -verfahren

Im Anschluss an die Patentanmeldung durchläuft diese ein Prüfverfahren (siehe Abb. 5). Das Prüfverfahren wird auf Antrag innerhalb von sechs Monaten nach Veröffentlichung des europäischen Rechercheberichts durch den Anmelder in Gang gesetzt.[218] Erfolgt dies nicht zu den vorgegebenen Bedingungen, so gilt die Patentanmeldung als zurückgenommen.[219] Ist der Prüfungsantrag gestellt, prüft ein Prüfer der Prüfungsabteilung, die sich in der Regel aus drei Prüfern zusammensetzt, ob die Erfindung patentierbar ist.[220] Die Grundlage für die Prüfung bilden der Recherchebericht sowie der vorläufige Bericht zur Patentierbarkeit und die Erwiderung des Anmelders dazu. Bringt der Prüfer Einwände gegen die Anmeldung vor, so wird der Anmelder zur Stellungnahme und gegebenenfalls zur Änderung der Anmeldung aufgefordert (Art. 94 Abs. 3 EPÜ). Falls erforderlich, kann der Anmelder seitens des Prüfers zudem aufgefordert werden, Auskünfte bezüglich des Standes der Technik der angemeldeten Erfindung zu geben. Kommt der Anmelder der Stellungnahme oder der Auskunft nicht nach oder übermittelt diese nicht in der vorgegebenen Frist, so gilt die Erfindung als zurückgenommen. Bestehen nach Eingang und Prüfung der Erwiderung des Anmelders weitere Einwände seitens des Prüfers, so besteht die Möglichkeit, diese durch eine persönliche oder telefonische Rücksprache oder einen erneuten schriftlichen Bescheid zu klären. Hinsichtlich der Häufigkeit der Bescheide und Rückfragen seitens der Prüfungsabteilung gibt es keine Begrenzung, der Dialog mit dem Anmelder sollte so oft wie erforderlich wiederholt werden. Die Prüfungsrichtlinien weisen jedoch ebenfalls auf den Grundsatz hin, „dass die endgültige Entscheidung (Erteilung oder Zurückweisung) in möglichst wenigen Arbeitsgängen zustande kommen sollte" und der Prüfer das Verfahren entsprechend zu führen habe.[221]

218 Art. 94 EPÜAO.
219 Art. 94 Abs. 2 EPÜAO.
220 Zu den Patentierbarkeitserfordernissen siehe Abschnitt 3.4-3.5.
221 *EPA* 2016, Teil C Kap. IV-3.

Nach Art. 116 Abs. 1 kann eine mündliche Verhandlung vom Antragsteller beantragt oder vom Patentamt von Amts wegen angesetzt werden. Dem Begehren des Antragstellers wird jedoch nur entsprochen, wenn die Prüfungsabteilung es für sachdienlich hält oder beabsichtigt, die Patentanmeldung gemäß Art. 116 Abs. 2 EPÜ zurückzuweisen. Die mündliche Verhandlung im Prüfungsverfahren ist laut Art. 116 Abs. 3 EPÜ nicht öffentlich.[222] In der abschließenden Prüfungsphase entscheidet die Prüfungsabtabteilung bei Fehlen einer Voraussetzung für ein europäisches Patent die Zurückweisung des Antrags oder sie beschließt ein Patent zu erteilen, wenn die Erfordernisse des Übereinkommens erfüllt werden. In letzterem Fall teilt die Prüfungsabteilung dem Anmelder mit, in welcher Fassung sie das europäische Patent zu erteilen beabsichtigt. Stimmt der Anmelder dieser zu, entrichtet die entsprechenden Gebühren und reicht die erforderlichen Übersetzungen der Patentansprüche der Anmeldung in der vorgegebenen Frist ein, so wird das Patent durch den Hinweis im Europäischen Patentblatt erteilt, welches elektronisch auf dem Publikationsserver veröffentlicht wird.

3.3.3 Einwendungen im Prüfverfahren

Nach Art. 115 EPÜ kann nach der Veröffentlichung der Patentanmeldung jeder Dritte Einwendungen gegen die Patentierbarkeit der Erfindung erheben. Ein solcher Einwand begründet im Gegensatz zum Einspruchsverfahren jedoch keine Verfahrensbeteiligung bei der Patentprüfung. Da mündliche Verhandlungen vor der Eingangsstelle, den Prüfungsabteilungen und der Rechtsabteilung nach Art. 116 Abs. 3 EPÜ nicht öffentlich sind, hat der Einwender im Prüfverfahren keinen Einblick in das Verfahren. Das Amt teilt ihm auch nicht mit, welche weitere verfahrensrechtliche Schritte es anstrebt. Spätestens drei Monate nach Eingang der Einwendung wird das EPA die nächsten verfahrensrechtlichen Schritte einleiten. Dem Patentanmelder wird nach Regel 14 EPÜ die Möglichkeit gegeben Stellung zu den Einwendungen zu nehmen. Je nach Verfahren findet eine

[222] weitere Anforderungen: *EPA* 2016, Teil E Kap. II.

unterschiedliche Berücksichtigung statt. Wenn die Patentfähigkeit bei einem anhängigen Verfahren ganz oder teilweise in Frage gestellt wird, so ist die Stellungnahme im vollen Umfang zu berücksichtigen. Bezieht sich der Einwand auf den angeblichen Stand der Technik, der nicht in einem Dokument, sondern durch Benutzung zugänglich ist, findet eine Berücksichtigung nur statt, wenn sie vom Patentanmelder nicht bestritten oder mit an Sicherheit grenzender Wahrscheinlichkeit erwiesen wird. Erfolgt die Stellungnahme bezüglich der Einwendung nach der Erteilungs- oder Zurückweisungsentscheidung (mündlich oder schriftlich) so wird sie ohne Beachtung des Inhalts in die Akte aufgenommen. Geht die Stellungnahme ein, nachdem das Verfahren nicht mehr anhängig ist, erfolgt keine Berücksichtigung der Stellungnahme.[223]

3.3.4 Einspruchsverfahren

Gemäß Artikel 99 Abs. 1 EPÜ kann innerhalb von neun Monaten nach der Veröffentlichung des Patents jedermann Einspruch erheben. Am folgenden Einspruchsverfahren sind gemäß Art. 99 Abs. 3 EPÜ der Patentinhaber und die Einsprechenden beteiligt. Gemäß Art. 105 EPÜ können vermeintliche Patentverletzer dem Verfahren beitreten.

Gemäß Art. 100 EPÜ können Einsprüche gegen ein erteiltes Patent sich auf drei Einwendungsgründe stützen:

- gemäß Art. 100 Abs. 1 EPÜ: Nichtpatentierbarkeit nach den Art. 52 bis 57 EPÜ (also: fehlender technischer Charakter, Moralität, Pflanzensorten, Tierrassen, im Wesentlichen biologische Verfahren, chirurgische oder therapeutische Verfahren, fehlende Neuheit, mangelnde Erfindungshöhe oder mangelnde gewerbliche Anwendbarkeit),
- unzureichende Offenbarung gemäß Art. 100 Abs. 2 EPÜ oder

---

223 *EPA*, Einwendungen Dritter FAQ verfügbar siehe https://www.epo.org/searching-for-patents/legal/observations/faq_de.html (23.1.2013).

- der Inhalt des erteilten Patents reicht über den des ursprünglichen eingereichten Anspruchs hinaus gem. Art. 100 Abs. 3 EPÜ.

Eine Reihe von Mängeln, die im Prüfungsverfahren zur Nichterteilung des Patents führen würden, stellen jedoch keinen Grund für ein Einspruchsverfahren und damit auch keinen Nichtigkeitsgrund für ein einmal erteiltes Patent dar. Dazu gehören:

- Fehlende Einheitlichkeit der erfinderischen Idee[224] (Diese Anforderung gilt gemäß Art. 82 EPÜ nur für den Patentantrag. Daher muss im Einspruchsverfahren auch nicht geprüft werden, ob einem ggf. abgeänderten Patent eine einheitliche erfinderische Idee zugrunde liegt.[225]
- Mangelnde Klarheit der Ansprüche[226] gemäß Art. 84 EPÜ kann nur geltend gemacht werden, wenn diese das Ergebnis eventueller Änderungen des Patents im Einwendungsverfahren sind.[227]

Gemäß Art. 101 EPÜ endet das Einspruchsverfahren in der Aufrechterhaltung oder Annullierung des Patents. Gemäß Art. 101 Abs. 3 EPÜ i.V.m. Regel 79 Abs. 11 EPÜAO hat der Patentinhaber im Rahmen des Einspruchsverfahrens innerhalb einer ggf. gesetzten Frist die Gelegenheit zur Stellungnahme und ggf. zur Änderung der Patentansprüche. Stellungnahme und eventuelle Änderungen werden nach Regel 79 Abs. 3 EPÜAO den anderen Beteiligten – jedoch nicht notwendigerweise einem nach Art. 105 EPÜ beigetretenen Patentverletzer – zur Stellungnahme mitgeteilt. Das Patent kann ggf. in geänderter Fassung aufrechterhalten werden. Gemäß Art. 103 EPÜ wird das in geänderter Form aufrechterhaltene Patent so bald wie möglich veröffentlicht. Laut Art. 113 Abs. 2 muss sich das Patentamt an die vom Patentinhaber gebilligte Fassung des Patents halten. Änderungen des Patents sind durch Art. 76 Abs. 1 (Teilanmeldungen) und Art. 123 EPÜ beschränkt. Gemäß Art. 123 Abs. 2 darf die Änderung

---

224 *EPA* 2016, D-III, 2, i.V.m. Art. 100 EPÜ.

225 *EPA* 2016, Kap. D-III, 2.

226 Vgl. *Brandi-Dohrn* o.D.: The Unduly Broad Claim, siehe www.brand-dohrn.de/veroeff/claim.html (23.1.2013).

227 *EPA* 2016, Kap. D-III, 5.

nicht den Gegenstand des Patentes über den Inhalt der ursprünglichen Anmeldung hinaus ausweiten, gemäß Art. 123 Abs. 3 darf nicht der Schutzbereich des Patentes erweitert werden. Die Einspruchsabteilung kann im Einklang mit Art. 101 Abs. 1 EPÜ und Regel 81 Abs. 2 die Verfahrensbeteiligten wiederholt zur Stellungnahme auffordern, solange sie dies für die Klärung des Falles für notwendig hält.[228] Dabei kann die Einspruchsabteilung Fristen setzen, muss dies aber nicht.[229] Nach Regel 132 Abs. 22 EPÜAO können gesetzte Fristen auf Antrag verlängert werden. Weiterhin kann die Einspruchsabteilung die Beteiligten zu einer mündlichen Verhandlung vorladen und im Vorfeld eine Frist für die Einreichung schriftlicher Stellungnahmen setzen.[230] Mündliche Verhandlungen nach Erteilung eines Patents vor den Beschwerdekammern und der Großen Beschwerdekammer sind – im Gegensatz zum Prüfungsverfahren – laut Art. 116 Abs. 4 EPÜ in der Regel öffentlich. In ungewöhnlichen Fällen, etwa wenn sich im Laufe des Verfahrens ein Nebenanspruch als wesentlich für die Beurteilung des Hauptanspruchs erweist, kann die Einspruchsabteilung auch eine neue Patentrecherche durchführen.[231] Die Regeln in den Ausführungsvorschriften zum EPÜ zielen darauf ab, das Einspruchsverfahren auch für die Klärung von Rechtsfragen nutzen zu können. So kann nach Regel 75 ein Einspruch auch dann eingelegt werden, wenn auf das Patent verzichtet wurde oder es in allen Vertragsstaaten erloschen ist. Nach Regel 81 Abs.1 EPÜAO i.V.m. Art. 114 Abs. 1 EPÜ kann die Einspruchsabteilung von Amts wegen auch Einspruchsgründe prüfen, die nicht von den Einsprechenden geltend gemacht wurden, aber der Aufrechterhaltung des Patents entgegenstehen würden.

Die Untersuchung des Einspruchs kann auch dann fortgesetzt werden, wenn alle Einsprüche zurückgezogen worden sind oder, wenn der Einsprechende verstorben oder nicht mehr rechtsfähig ist, selbst wenn die Erben oder Rechtvertreter nicht am Verfahren teilnehmen.[232] Allerdings legt

---

228 *EPA* 2016, Kap. D-VI, 3.1.
229 *EPA* 2016, Kap. D-VI, 3.1.
230 *EPA* 2016, Kap. D-VI, 3.2
231 *EPA* 2016, Kap. D-VI, 5.
232 *EPA* 2016, Kap. D-V, 1.

sich das Europäische Patentamt in seinen Richtlinien selbst Zurückhaltung auf: Wird nur gegen einen Teil eines Patents Einspruch erhoben, muss sich die Untersuchung auf diesen Teil beschränken.[233] Die Einspruchsverfahren werden explizit nicht als Fortsetzung der Erteilungsverfahren verstanden. Die Einspruchsabteilung soll sich daher im Allgemeinen auf die Prüfung der von den Beteiligten vorgebrachten Einwendungsgründe beschränken.[234] Werden der Einspruchsabteilung jedoch weitere Gründe bekannt, die dem Anschein nach der Aufrechterhaltung des Patents entgegenstehen, sollen diese gemäß Art. 81 Abs. 1 und 114 EPÜ geprüft werden. Gemäß Art. 104 Abs. 1 EPÜ trägt im Einspruchsverfahren jeder Beteiligte die eigenen Kosten selbst. Die Einspruchsabteilung kann jedoch nach Billigkeitserwägungen eine andere Kostenverteilung anordnen.

3.3.5 Beschränkungs- und Widerrufsverfahren

Nach Art. 105a EPÜ kann der Patentinhaber jederzeit die Beschränkung oder Widerrufung eines erteilten Patents beantragen. Die Entscheidung über einen solchen Antrag trifft nach Art. 105b EPÜ das Europäische Patentamt mit Wirksamkeit für alle Vertragsstaaten. Einem zulässigen Antrag auf Widerruf wird stattgegeben. Der Widerruf gilt ab initio – das heißt, das Patent gilt als nie erteilt. Ein zulässiger Antrag auf Einschränkung des Patents wird von der zuständigen Fachabteilung geprüft. Dabei ist insbesondere sicherzustellen, dass das veränderte Patent keine neuen Schutzansprüche enthält, die nicht in der ursprünglichen Anmeldung enthalten sind.[235]

3.3.6 Beschwerdeverfahren

Das Beschwerdeverfahren nach Art. 106 EPÜ steht gemäß Art. 107 EPÜ allen am Verfahren Beteiligten offen. Es hat gemäß Art. 106 Abs. 1 EPÜ

---

233 *EPA* 2016, Kap. D-V, 2.1.

234 *EPA* 2016, Kap. D-V, 2.2.

235 Zu weiteren Details des Widerrufs- und Beschränkungsverfahrens siehe *EPA* 2016, Kap. D-X.

aufschiebende Wirkung. Beschwerden sind innerhalb von zwei Monaten einzulegen und innerhalb von vier Monaten zu begründen (Art. 108 EPÜ). Zulässige Beschwerden werden gem. Art. 110 EPÜ von der Beschwerdekammer geprüft. Die Beschwerdekammer kann gem. Art. 111 EPÜ nach Entscheidung entweder selbst tätig werden oder die Entscheidung an die zuständige Stelle zurückweisen. Diese ist dann gemäß Art. 111 Abs. 2 EPÜ an die rechtliche Beurteilung durch die Beschwerdekammer gebunden. Nach Art. 112 EPÜ dient die Arbeit der Großen Beschwerdekammer der Sicherstellung einer einheitlichen Rechtsprechung. Sie kann entweder von Amts wegen, auf Antrag eines Verfahrensbeteiligten oder auf Ersuchen des Präsidenten des EPA tätig werden. Beschwerden von Verfahrensbeteiligten können sich nach Art. 112a EPÜ jedoch nur auf schwerwiegende Verfahrensmängel stützen und haben keine aufschiebende Wirkung.

3.3.7 Patentverletzungs- und Nichtigkeitsverfahren

Nach Ausschöpfung der Verfahrenswege beim Europäischen Patentamt steht den Beteiligten noch der Rechtsweg vor den Patentgerichten offen. Da das EPÜ-Patent nach Erteilung in nationale Einzelpatente zerfällt, liegt die Zuständigkeit bei den nationalen Patentgerichten. Dementsprechend ist die Geltung eines Gerichtsurteils auf den jeweiligen nationalen Rechtsbereich beschränkt. Art. 138 Abs. 1 EPÜ bestimmt, dass nur die folgenden Gründe zur Nichtigkeit eines Patents führen:

- mangelnde Patentierbarkeit nach Art. 52 bis 57 EPÜ,
- unzureichende Offenbarung,
- der Gegenstand des Patents reicht über den Inhalt der ursprünglichen Anmeldung hinaus,
- der Schutzbereich des Patents ist erweitert worden, oder
- der Inhaber des Patents ist nicht der Erfinder oder sein Rechtsnachfolger i.S.v. Art. 60 Abs. 1 EPÜ.

Betreffen die Nichtigkeitsgründe nur einen Teil des Patents, so wird es gemäß Art. 138 Abs. 2 eingeschränkt und für teilweise nichtig erklärt. Gemäß Art. 138 Abs. 3 ist der Patentinhaber im Nichtigkeitsverfahren berechtigt, das Patent durch Änderung der Patentansprüche zu beschränken.

3.4 Voraussetzung der Patentfähigkeit für biologisches Material tierischen Ursprungs

In diesem Abschnitt werden die Grundvoraussetzungen der Patentierbarkeit dargestellt. Die Voraussetzungen der Patentierung sind auf nationaler, europäischer und völkerrechtlicher Ebene ähnlich gefasst.[236] Die Voraussetzungen der Patentierbarkeit einer Erfindung sowie die Ausnahmen von dieser regeln Art. 52-57 EPÜ.[237] Die Vorschriften gehen auf das Übereinkommen zur Vereinheitlichung gewisser Begriffe des materiellen Rechts der Erfindungspatente (Straßburger Übereinkommen[238]) zurück und sind daher weitgehend wortgleich in den nationalen Patentgesetzen wiederzufinden.[239] Für die vorliegende Arbeit werden aus diesem Grund die Regelungen des EPÜ analysiert und nur bei Abweichungen davon die nationalen Regelungen in Betracht gezogen. Der Anwendungsbereich des Patentrechts für biologisches Material tierischen Ursprungs ist eröffnet, denn nach § 1 Abs. 2 PatG i.V.m. Art. 3 Abs. 1 BioPatRL werden Patente für Erfindungen, welche die allgemeinen Voraussetzungen für eine Patenterteilung erfüllen, ausdrücklich „auch dann erteilt, wenn sie ein Erzeugnis, das aus biologischem Material besteht oder dieses enthält, oder wenn sie ein Verfahren, mit dem biologisches Material hergestellt oder bearbeitet wird oder bei dem es verwendet wird, zum Gegenstand haben." Nach

---

236 Auf internationaler Ebene in Art. 27 des TRIPS-Abkommens sowie in Art. 52 EPÜ in Verbindung mit Regel 27 der AusführungsVO zum EPÜ, auf europäischer Ebene in Art. 3 der BioPatRL und auf nationaler Ebene im deutschen Patentgesetz in § 1.

237 Die einschlägigen patentrechtlichen Regelungen des TRIPS-Abkommens wurden in das EPÜ übernommen.

238 Übereinkommen zur Vereinheitlichung gewisser Begriffe des materiellen Rechts der Erfindungspatente Straßburg v. 27.11.1963.

239 Gesetz über internationale Patentübereinkommen v. 21.6.1976 (BGBl. 1976 II S. 649), zuletzt geändert durch Art. 3 des Gesetzes v. 17.7.2017 (BGBl. I S. 2541).

Art. 27 Abs. 1 TRIPS muss sich der Patentschutz in den Vertragsstaaten auf alle technischen Gebiete erstrecken. Demnach müssen die Vertragspartner auch für den Bereich der Biotechnologie einen geeigneten Patentschutz bereitstellen. Die Tatbestandsmerkmale, die grundsätzlich vorliegen müssen, um eine Patenterteilung zu rechtfertigen, sind gemäß PatG und EPÜ: die Neuheit der Erfindung (Abschnitt 3.4.2), das Vorliegen einer erfinderischen Tätigkeit (Abschnitt 3.4.4) sowie die gewerbliche Anwendbarkeit (Abschnitt 3.4.3). Eine weitere wichtige Voraussetzung, die sich nicht im Wortlaut des Gesetzes wiederfindet, ist die Wiederholbarkeit der Erfindung (Abschnitt 3.4.1.3). Das Patentrecht erfordert zudem die deutliche und vollständige Offenbarung der Erfindung (Abschnitt 3.4.1.4) und dass dem Patent eine einheitliche erfinderische Idee zugrunde liegt (Art. 82 EPÜ). In den folgenden Abschnitten werden die einzelnen Tatbestandsmerkmale analysiert und anschließend bezüglich ihrer Anwendung auf biologisches Material tierischen Ursprungs untersucht. Zuerst soll jedoch auf den Begriff der Erfindung (Abschnitt 3.4.1) näher eingegangen werden, weil dieser eine zentrale Rolle in der Diskussion um Erfindungen biologischen Materials spielt.

3.4.1 Gegenstand des Patents: Erfindung

Eine statische Definition des Begriffs der Erfindung ist weder in den nationalen Gesetzen noch in den internationalen Patentregelwerken zu finden. Ein statischer Erfindungsbegriff würde dem Zweck des Patentgesetzes, eine Belohnung für die Schaffung neuer nicht naheliegender Gegenstände zu bieten, nicht gerecht werden. Der Begriff soll daher einerseits eine dynamische Offenheit besitzen, damit auch gänzlich unbekannte Gegenstände miterfasst werden können.[240] Andererseits ist seine Begrenzungsfunktion charakteristisch, es erfolgt eine Negativabgrenzung durch den Ausschlusskatalog des Art. 52 Abs. 2-4 EPÜ i.V.m § 1 Abs. 3 PatG. Demnach werden Entdeckungen, ästhetische Formschöpfungen sowie

240 *Headicke/Nack*, § 2 Rn. 10.

Pläne, Regeln und Verfahren für gedankliche Tätigkeiten und die Wiedergabe von Informationen als solche ausdrücklich nicht als Erfindung anerkannt und daher von der Patentierbarkeit ausgeschlossen. Hinzu kommen die Ausnahmen von der Patentierbarkeit gem. Art. 53 EPÜ.[241] Für den Bereich von Erfindungen, die biologisches Material umfassen, dreht sich die Diskussion im Bereich des Erfindungsbegriffs besonders um die Fragen, ob es sich bei diesen nicht doch um eine Entdeckung von in der Natur bereits Vorhandenem handelt (Abschnitt 3.4.1.1) und ob ihnen ein technischer Charakter zugeschrieben werden kann (Abschnitt 3.4.1.2).

3.4.1.1 Abgrenzung zur Entdeckung

Im Bereich der Biopatente ist die Grenzziehung zwischen Erfindung und Entdeckung von besonders großer Relevanz. Art. 52 Abs. 2a EPÜ grenzt den Begriff der Erfindung vom Begriff der Entdeckung ab. Eine Entdeckung ist das Auffinden von etwas Vorhandenem, was bisher nicht bekannt war.[242] Dies kann einen Stoff,[243] Erscheinungen, Vorgänge sowie Naturgesetze oder sonstige Dinge umfassen.[244] Es handelt sich hierbei also um eine reine Erkenntnis, die keine Anweisungen zu einem technischen Handeln vorsieht und als solche nicht für einen konkreten praktischen Zweck verwendet wird.

In Bezug auf biologische Sachverhalte handelt es sich bei Entdeckungen um Leistungen, die allein in der Erkenntnis liegen, zum Beispiel über bereits in der Natur Vorhandenes.[245] Ebenso nicht patentfähig ist die bloße Beschreibung eines neu entdeckten, in der Natur vorkommenden Stoffes oder auch eine daraus wissenschaftlich abgeleitete Gesetzmäßigkeit.[246] Kann jedoch nachgewiesen werden, dass der aufgefundene Stoff eine technische Wirkung aufweist, so kann es sich um eine Erfindung handeln.

---

241 Siehe hierzu Abschnitt 3.5.

242 *BPatG* Beschl. v. 28.7.1978, GRUR 78, 238, 239 – Naturstoffe.

243 *Benkard,* 2012 Art. 52 Rn. 156.

244 *Benkard,* 2012 Art. 52 Rn. 156.

245 *BPatG* Beschl. v. 28.7.1978, GRUR 1978, 238, 239; EPA Entsch. v. 8.12.1994 – V8/94 ABl.1995, 338 – Relaxin.

246 *BPatG* Beschl. v. 28.7.1978 GRUR 1978, 238.

Ein Beispiel hierfür ist ein in der Natur vorkommender Stoff, der eine antibiotische Wirkung aufweist.[247] Der Stoff ist somit in der Natur vorhanden aber die antibiotische Wirkung wird neu beschrieben. Eine besondere Herausforderung ist die Beurteilung von Erfindungen, die biologisches Material wie beispielsweise Gene (DNA-Abschnitte) zum Gegenstand haben. Das bloße Auffinden eines Mikroorganismus[248] in seiner natürlichen Erscheinungsform sowie die bloße Sequenzierung des Genoms oder eines Gens (DNA-Abschnitt) gelten als Entdeckungen, weil es nach Auffassung des BGH an einem Einsatz von Naturkräften mangelt und auch kein überschaubarer Erfolg erzielt wird.[249] Anders liegt der Fall, wenn beispielsweise eine DNA-Sequenz mit Hilfe eines technischen Verfahrens aus seiner natürlichen Umgebung isoliert wurde.[250] Ein in dieser Weise gewonnenes Gen ist im patentrechtlichen Sinne als neu anzusehen, weil es ohne die Einwirkung des Menschen nicht in der Natur vorkommt.[251] Bei der Isolierung des zu patentierenden Stoffes ist die Beschreibung der Funktion oder der nützlichen Eigenschaft unbedingt erforderlich.[252] Denn fehlt die Funktionsangabe, so liegt keine technische Lehre vor und somit auch keine Erfindung (Erwägungsgrund 23 BioPatRL umgesetzt in § 1a Abs. 3 Dt. PatG). Die Angabe ist an sich kein formales Anmeldeerfordernis, sondern ermöglicht es dem Patentprüfer, den für die Patentprüfung vorgesehenen Gen-Abschnitt zu bestimmen.[253]

3.4.1.2 Technischer Charakter einer Erfindung – „Technizität"

Um die Grenzziehung zwischen Entdeckungen und Erfindungen zu bewerkstelligen, hat die Rechtsprechung den Begriff der Erfindung mit dem der „technischen Lehre" ersetzt. Das Kriterium der „Technizität" dient bei

---

247 *EPA* 2016, Kap. GII-3.1.

248 Ein Mikroorganismus ist die Gesamtheit aller nicht mit bloßem Auge erkennbaren Organismen, dazu zählen Viren, Bakterien, Archaeen, Protozoen, Pilze sowie Mikro-Algen.

249 *BPatG* Beschl. v. 5.4.1978, GRUR 1978, 586 – Lactobacillus bavaricus.

250 Gleiches gilt für Mikroorganismen – *BGH* Urt. v. 11.3.1975 – GRUR 1975, 430/432 – Bäckerhefe.

251 *BPatG* Beschl. v. 28.7.1978, GRUR 78, 238, 239 – Naturstoffe.

252 § 1a Abs. 3 dt. PatG.

253 Begr. des RegE, BT-Drs. 14/5642, S. 10 f.; Vgl. auch Erwägungsgrund 25 der BioPatRL.

der Prüfung dazu, eine Erfindung von einer Entdeckung abzugrenzen.[254] Eine Erfindung muss eine Lehre auf dem Gebiet der Technik beinhalten.[255] Bei Erfindungen, die biologisches Material umfassen, wurde das Vorliegen einer technischen Lehre bezweifelt, denn bei einem Kreuzungsversuch gäbe es keinen Lerneffekt, weil dieser auf Zufall basiert. Nachdem das Kriterium der Technizität in der Rosenzüchtung[256] nicht mehr beachtet wurde, kam es zur Wiederaufnahme desselben in der BGH-Entscheidung zur Roten Taube[257] von 1969.[258] Demnach handelt es sich bei einer Erfindung um „eine Lehre zum planmäßigen Handeln unter Einsatz beherrschbarer Naturkräfte zur Erreichung eines kausal übersehbaren Erfolges".[259] Daraus ergeben sich verschiedene Voraussetzungen, die einer Erfindung ihren technischen Charakter verleihen. Erstens liegt eine Lehre zum planmäßigen Handeln dann vor, wenn dem Handeln eine gewisse Gesetz- und Regelmäßigkeit zugrunde liegt.[260] Dies setzt sowohl ein Grundverständnis für die technischen Zusammenhänge als auch eine Beschreibung und Darstellung der Lehre, die eine Wiederholbarkeit gewährleisten, voraus.[261] Zweitens muss dieses Handeln unter dem Einsatz beherrschbarer Naturkräfte erfolgen. Darunter fallen auch beherrschbare Naturkräfte, die auf der planmäßigen Ausnutzung biologischer Naturkräfte und Erscheinungen basieren.[262] Drittens dient die Lehre der unmittelbaren Erreichung eines bestimmten Erfolges. Dies bedeutet, dass der beabsichtigte Erfolg nur auf der Grundlage von Naturkräften eintritt und

---

254 Technizitätslehre (technischer Charakter einer Erfindung) wurde vom EPA definiert in *EPA* ABl. 1999, 609 Computerprogramme.

255 *BGH*, v. 11.6.1991, GRUR 1992, 36 – Chinesische Schriftzeichen; *BGH* Beschl. v. 13.12.1999, GRUR 2000, 489-499, Logikverifikation.

256 *BGH*, Urt. v 6.7.1962, GRUR 1962, 577 – Rosenzüchtung.

257 im Grundsatzurteil Rote Taube ging es um die Frage, ob ein Lebewesen (Taube), welches Produkt züchterischer Veränderung war, patentrechtlich geschützt werden kann. Grundlage war die Patentanmeldung „Taubenzüchtung" mit einem einzigen Patentanspruch siehe *BGH* GRUR 1969, 672 -Rote Taube.

258 Vgl. *Godt* 2007, S. 28.

259 *BGH* Beschl. v. 27.3.1969, GRUR 1969, 672 – Rote Taube.

260 *Schulte/Moufang*, §1 Rn. 23.

261 *Schulte/Moufang*, §1 Rn. 23.

262 *BGH* Beschl. v. 27.3.1969, GRUR 1969, 672 – Rote Taube.

nicht durch eine menschliche Verstandestätigkeit,[263] denn diese gehört nicht zu den beherrschbaren Naturkräften.[264] Fraglich ist, ob es sich bei Züchtungsverfahren um beherrschbare Naturkräfte handelt und ob die Forderung der Wiederholbarkeit ein Ausschlusskriterium für Züchtungsverfahren bei Tieren darstellen könnte. Für eine Auslegung der Beherrschbarkeit spricht, dass tierzüchterische Verfahren heutzutage durch nicht allein durch blindes Ausprobieren geprägt sind, sondern sehr wohl durch die planende und vorausschauende Tätigkeit des Menschen beeinflusst werden. Eine Ausnahme bilden die im Wesentlichen biologischen Verfahren, die aufgrund ihrer Eigenschaft als biologische Verfahren von der Patentierbarkeit ausgeschlossen sind.[265]

3.4.1.3 Wiederholbarkeit bei Züchtungsverfahren

Die „Rote Taube Entscheidung" hat erstmals die Patentierung von Züchtungsverfahren an das Kriterium der Wiederholbarkeit geknüpft. Damit dieses Kriterium erfüllt ist, muss die durch die Erfindung offenbarte Lehre von einem Fachmann nachvollziehbar und durch ihn beliebig wiederholbar mit dem gleichbleibenden Erfolg sein.[266] Überträgt man die Wiederholbarkeit auf die Tierzucht, so müsste ein Fachmann in der Lage sein, mit anderen Individuen der gleichen Art unter Verwendung der beschriebenen Methode Tiere mit den gleichen verwertbaren Eigenschaften zu schaffen. Dies ist jedoch aufgrund der genetischen Rekombination nicht möglich. Eine Vorhersage über die Anordnung des genetischen Materials bei der geschlechtlichen Fortpflanzung von Tieren kann nicht getroffen werden. Eine Neuzüchtung zu wiederholen ist somit nicht möglich, denn selbst wenn der gleiche Züchtungsvorgang (also Selektion und Anpaarung) wiederholt wird, so kann dies nicht mit dem identischen Ausgangsmaterial erfolgen, weil dies genetisch einzigartig ist. An dieser Eigenschaft

---

[263] *Schulte/Moufang*, §1 Rn. 20.

[264] *BGH* Beschl. v. 1.7.1976, GRUR 1977, 152,153 – Kennungsscheibe (zum Gebrauchsmusterrecht); *BGH* Beschl. v. 13.5.1980, GRUR 1980, 849, 850 – Antiblockiersystem.

[265] Siehe dazu Abschnitt 3.6.3.

[266] *BGH* Urt. v 27.3.1969, GRUR 1969, 672, 674, 15 – Rote Taube.

scheiterte auch das zum Patent angemeldete bereits erwähnte Kreuzungsverfahren zur Erzeugung einer roten Taube, denn in der Patentanmeldung werden lediglich Größe und Aussehen als Selektionskriterien genannt. Eine erneute Kreuzung der nach diesen phänotypischen Eigenschaften ausgewählten Tiere kann nicht zu einem gleichen Ergebnis führen.[267] Doch bereits 1987 äußerte sich der BGH im Tollwutvirus-Beschluss bezüglich der Wiederholbarkeit von Züchtungsverfahren und stellte fest, dass im Hinblick auf den Zweck des Patentgesetzes – Förderung des technischen Fortschritts und Anregung von Erfindergeist – bei der Auslegung den praktischen Bedürfnissen verstärkt Rechnung zu tragen sei.[268] Denn würde in diesem Fall an der Wiederholbarkeit als Erfordernis festgehalten, so würde dies „zu dem Ergebnis führen, dass vielen wichtigen Erfindungen der verdiente Lohn nicht gewährt werden könnte, und dass für einen wichtigen Bereich der technischen Entwicklung die patentrechtliche Förderung und Absicherung versagen würde."[269]

3.4.1.4 Hinterlegung von biologischem Material (Offenbarung)

Kann eine Erfindung, welche die Benutzung von biologischen Material erfordert, nicht ausreichend beschrieben werden, sodass ein Fachmann sie ausführen kann, so muss das verwendete Material nach Art. 13 und 14 der BioPatRL, übernommen in Art. 83 EPÜ[270], der Öffentlichkeit zugänglich gemacht werden. Öffentlich zugänglich ist das Material, wenn es frei oder kommerziell erhältlich ist (z.B. Bäckerhefe)[271] oder in einer anerkannten Institution hinterlegt wird. Die genauen Bedingungen der Hinterlegung

---

267 *BGH* Urt. v 27.3.1969, GRUR 1969, 672, 674, 23.

268 *BGH* Urt. v.12.2. 1987, BGHZ 100, 67 – Tollwutvirus.

269 *BGH* Urt. v. 12.2.1987, BGHZ 100, 67, (18).

270 Regel 26 Abs. 3 i.V.m. Regel 31 Abs. 1 EPÜAO.

271 Die in der Natur vorkommenden Organismen müssen für jedermann zugänglich sein. *BGH* Urt. v. 11.3.1975 – GRUR 1975, (430) 432 – Bäckerhefe.

finden sich auf nationaler Ebene in der Biomaterial-Hinterlegungsverordnung (BioMatHintV)[272], die auf Grundlage des § 34 Abs. 8 PatG 2005 erlassen wurde. Mit dieser Regelung wurde das Kriterium der Wiederholbarkeit durch einen Hinterlegungsmechanismus ersetzt.[273] Somit kann die Hinterlegung von biologischem Material dazu dienen, Sachansprüche im Bereich des Patentrechts zu sichern. Erfolgt keine Hinterlegung des biologischen Materials, so gilt die Patentanmeldung als nicht ausreichend offenbart. Auf dieser Grundlage kann ein Patent nach § 21 Abs. 2 PatG widerrufen werden, wenn diese Bedingung nicht erfüllt ist. Nach dem europäischen Patentrecht tritt die Anforderung der vollständigen Offenbarung der Erfindung[274] zu den genannten Kriterien der Technizität, Neuheit, erfinderischen Tätigkeit und gewerblichen Anwendbarkeit hinzu. In Deutschland erhebt § 34 Abs. 4 i.V.m. § 21 Abs. 2 Satz 2 PatG den gleichen Anspruch. Die Hinterlegung von biologischem Material kann also auch dazu dienen, Sachansprüche im Bereich des Patentrechts zu sichern. Wie im vorangegangenen Abschnitt erläutert, ist es im Bereich der Tierzucht aufgrund der sexuellen Reproduktion aber im Allgemeinen nicht möglich, das zu schützende züchterische Ergebnis durch einen Hinterlegungsmechanismus zu offenbaren.

Der Rückgriff auf Hinterlegungsmechanismen versagt zudem in denjenigen Fällen, in denen Ansprüche auf künftige Züchtungen angemeldet werden.[275] Mit zunehmender Präzision neuer biotechnologischer Verfahren können jedoch die Anforderungen des Art. 83 EPÜ für Verfahrenspatente im Bereich der Züchtung erfüllt werden. Für markergestützte Selektionsverfahren etwa stellen die Anforderungen des Art. 83 im Allgemeinen kein Hindernis dar. Damit eröffnet sich auch eine Möglichkeit für die Erteilung von Product-by-Process-Patenten. In Bezug auf Verfahrens- und

272 Verordnung über die Hinterlegung von biologischem Material in Patent- und Gebrauchsmusterverfahren (Biomaterial-Hinterlegungsverordnung – BioMatHintV) in der Fassung v. 24.1.2005, zuletzt geändert am 4.4.2016. Ergänzend dazu *EPA* 2016, F-III.6.1, F-III.6.2, sowie F-III.3.6.3.

273 *BGH* Urt. v. 12.2.1987, BGHZ 100, 67, Entschgr. b).

274 Art. 83 EPÜ.

275 Dies ist u.a. Gegenstand des Streits um das Brokkoli-Patent EP 1069819, siehe Anhang B27.

Product-by-Process-Patente [276] ist es im Bereich der traditionellen Züchtung oft nicht möglich, die Erfindung in dem Sinne so vollständig offenzulegen, dass die angegebenen Schritte die Replizierbarkeit des Ergebnisses sichern. Bei der Tierzüchtung etwa würde sich eine vollständige Offenbarung als schwierig gestalten, wenn das gewählte Verfahren einen Anpaarungsschritt enthält. Im Bereich der Patentierung von DNA-Sequenzen ist eine funktionale Beschreibung des Patentanspruchs möglich und erforderlich. Nach Erwägungsgrund 23 der BioPatRL ist eine bloße DNA-Sequenz ohne Angabe ihrer Funktion nicht patentierbar. Nach Erwägungsgrund 24 ist es zur Erfüllung des Kriteriums der gewerblichen Anwendbarkeit in Fällen, in denen eine Sequenz oder Teilsequenz dazu benutzt wird, ein Protein oder Teile eines Proteins zu erzeugen, für die Patentierung erforderlich zu spezifizieren, welches Protein oder Teilprotein erzeugt wird oder welche Funktion es erfüllt. Wird diese Anforderung erfüllt, ist die Erfindung im Allgemeinen auch hinreichend offenbart.[277]

3.4.2 Neuheit

Damit eine Erfindung patentiert werden kann, muss sie dem Kriterium der Neuheit entsprechen. Eine Erfindung gilt gem. § 3 Abs. 1 S. 1 PatG und Art. 54 Abs. 1 EPÜ als neu, wenn sie nicht zum Stand der Technik gehört. Zum Stand der Technik gehört gem. Art. 54 Abs. 2 alles, was vor dem Anmeldetag der Öffentlichkeit durch schriftliche oder mündliche Beschreibung, durch Benutzung oder in sonstiger Weise zugänglich gemacht worden ist. Somit ist alles, was vor dem Anmeldetag weltweit veröffentlicht wurde, relevant für die Beurteilung der Neuheit.[278] Demzufolge wird die Erfindung mit dem bereits vorhandenen, der Öffentlichkeit

---

[276] Siehe dazu Abschnitt 3.7.2.2, Product-by-Process sind Patentansprüche für Erzeugnisse, welche die Erzeugnisse durch ein Verfahren zu ihrer Herstellung kennzeichnen.

[277] Vgl. *Feindt/Fricke* et al. 2013, S. 70, S. 104 f.

[278] Nach dem U.S Patent Act gilt nur der schriftlich im Inland verfügbare Wissensstand als „neu“. Dies führt dazu, dass nicht schriftlich fixiertes, ausländisches und traditionelles Wissen für die Patentanmeldung in den USA keine Neuheitsschädlichkeit darstellt. Vgl. *Bucher* 2008, S. 91 f.

zur Verfügung stehenden technologischen Wissen verglichen. Für den Tatbestand der Neuheit ist das objektive, vorhandene Wissen entscheidend.[279] Dabei wird nicht hinterfragt, ob ein Stoff bereits vorhanden ist oder der entstehende Stoff auf einem „kreativen Vorgang" beruht.[280] Für die Tierzucht stellt sich die Frage nach der Beurteilung der Neuheit von in der Natur bereits vorhandenen Stoffen („Naturstoffen") sowie von der Verwendung bereits bekannter Züchtungsverfahren.

3.4.2.1 Bereits Vorhandenes in der Natur – Neuheit von DNA-Sequenzen und Tieren

Wie bereits erläutert, ist die bloße Entdeckung eines in der Natur vorkommenden Stoffes oder Gens nicht patentierbar.[281] Aber gemäß der vom Bundespatentgericht (BPatG) entwickelten Naturstofflehre[282] gilt ein in der Natur verborgener Stoff, der durch ein technisches Verfahren isoliert und beschrieben wird, als neuer Stoff. Dabei wird jedoch nicht das Vorwissen betrachtet, welches den Anstoß zur Isolierung gegeben hat.[283] Allerdings genügt die bloße Entschlüsselung eines natürlich vorkommenden Gens nicht, um eine Patentierung zu rechtfertigen, vielmehr muss nach Art. 52 Abs. 2a EPÜ, § 1 Abs. 3 Nr. 1 PatG die gewerbliche Anwendbarkeit der isolierten Gensequenz gezeigt werden.[284] Der Gesetzgeber hat die Maßgabe der Naturstofflehre für den Bereich der Biopatentierung ausdrücklich festgeschrieben. Laut § 1 Abs. 2 Satz 2 PatG i.V.m. Art. 3 Abs. 2 BioPatRL kann biologisches Material, das aus seiner natürlichen Umgebung

---

279 *Godt* 2007, S. 35.

280 *Godt* 2007, S. 35.

281 Siehe dazu Abschnitt 3.5.1.1.

282 Demnach sind seit 1977 in Deutschland Naturstoffe patentierbar, die isoliert, synthetisiert oder gereinigt sind. Zentrales Merkmal betreffend die Isolation ist, „dass der Naturstoff in dieser Form noch nicht existiert hat". *BPatG* Beschl. v. 28.7.1977, GRUR 1978, 238 – Antanamid („Knollenblätterpilz"-Entscheidung) – die Entscheidung ist auch unter dem Stichwort Naturstoffe bekannt.

283 *Godt* 2007, S. 41-43. Dies ist von Bedeutung für die Bewertung traditionellen Wissens, denn viele naturwissenschaftliche Forschungen werden erst durch Beobachtungen traditioneller Anwendungen, oft in anderen Ländern, angestoßen, zum Beispiel bei der Heilwirkung von bestimmten Pflanzen oder bei adaptierten Merkmalen traditioneller Sorten/Tierrassen.

284 Zu Kriterien der gewerblichen Anwendbarkeit siehe Abschnitt 3.5.5.

isoliert oder mit Hilfe eines technischen Verfahrens hergestellt worden ist, Gegenstand einer Erfindung sein, auch wenn es in der Natur schon vorhanden war. Tiere, die durch ein bestimmtes Züchtungsverfahren erzeugt worden sind, können ebenfalls dem Patentschutz unterfallen (abgeleiteter Sachschutz). Dies ist unproblematisch für transgene Tiere, die beispielsweise eine „neue“ eingekreuzte Eigenschaft aufweisen, die so in der Natur nicht vorhanden sein kann. Fraglich ist jedoch, ob Tiere, die aus konventionellen Züchtungsverfahren hervorgehen, Gegenstand eines Patentschutzes sein können. Die Tierzucht hat sich zur Aufgabe gemacht, bestimmte Eigenschaften von Nutztieren zu verbessern. Dies wird durch Auslese- und Selektion der entsprechenden Tiere, die diese Eigenschaft ausprägen, und eine Rekombination der Gene erreicht. Fraglich ist hierbei, wie eine Eigenschaftsverbesserung „gemessen“ werden kann.

3.4.2.2 Neuheit von Tierzüchtungsverfahren

Neue Züchtungstechniken können patentierbar sein. Oftmals bauen diese im Bereich der Tierzucht jedoch auf bereits bekannten konventionellen Züchtungsschritten auf. Hier ist fraglich, wieviel Neues ein solches Züchtungsverfahren beinhalten sollte, damit es den Anforderungen der Neuheit standhält. Diese Frage wurde unter anderem im Brokkoli-Patent diskutiert.[285] Darin wurde die Beschwerdekammer aufgefordert, der Frage nachzugehen, ob ein mikrobiologisches Verfahren zur Züchtung von Pflanzen patentierbar ist, wenn es einen weiteren technischen Schritt beinhaltet.[286] Die Beschwerdekammer des EPA legte in der Entscheidung fest, dass es bei der Beurteilung der Neuheit eines Verfahrens auf die Funktion des technischen Schrittes im Züchtungsverfahren ankomme. Wenn er lediglich dazu diene, die Ausführung der konventionellen Züchtungsschritte der geschlechtlichen Kreuzung oder Selektion zu unterstützen, so sei das gesamte Verfahren dadurch nicht der Patentierbarkeit zugänglich. Handelt es sich jedoch bei dem zusätzlichen technischen Schritt um die Einführung eines Merkmals in das Genom oder die Modifizierung

---

285 Siehe dazu Abschnitt 3.6.3.1.5.

286 *EPA* ABl. 2007, 669, ausführlich dazu siehe Abschnitt 3.5.3.1.5.

dessen und tritt die dadurch ausgelöste Änderung nicht „durch das Mischen der Gene zur Kreuzung ausgewählter Pflanzen" ein, so ist von einer Patentierbarkeit auszugehen.[287] Somit sind bekannte konventionelle Tierzuchtverfahren patentierbar, wenn sie einen weiteren (bio)technologischen Schritt enthalten. Abzustellen ist dabei auf die Funktion des Schrittes im Verfahren, die nicht ausschließlich in der Unterstützung liegen darf. Doch die Bewertung der Neuheit im Zusammenhang mit der Züchtung von landwirtschaftlichen Nutztieren wird kritisch gesehen. Denn mit den gegenwärtig verfügbaren Methoden in der Tierzucht können keine wirklich neuen Eigenschaften generiert werden, weil alles was mit molekulargenetischer Selektion erreichbar ist auch mit konventionellen Methoden erzielt werden kann. Der Unterschied besteht in der Geschwindigkeit mit der ein bestimmter Fortschritt erreicht wird.[288]

Ein weiterer wichtiger Aspekt stellt die Dokumentation von Züchtungsverfahren und weiterem züchterischem Wissen in der Tierzucht dar. Um die Neuheit eines Verfahrens bewerten zu können, sind die Prüfer auf die Dokumentation der verschiedenen Zuchttechniken angewiesen, damit sie den Stand der Technik bewerten können. Oftmals ist eine solche Dokumentation jedoch nicht vorhanden. Ein Beispiel für die angeführte Problematik stellt das Cornell-Patent dar, welches für ein Verwaltungsverfahren für Rinderherden auf der Grundlage von Zuchtwertschätzung erteilt wurde.[289] Das Verfahren wurde in der Zuchtpraxis bereits angewendet, es gab jedoch keine gute Dokumentation darüber. So konnte die Existenz des Verfahrens und dessen Anwendung erst im Einspruchsverfahren geklärt werden.

3.4.3 Gewerbliche Anwendbarkeit

Nach § 5 PatG und Art. 57 EPÜ gilt eine Erfindung als gewerblich anwendbar, wenn ihr Gegenstand auf irgendeinem gewerblichen Gebiet einschließlich der Landwirtschaft hergestellt oder benutzt werden kann.

---

[287] *EPA* ABl. 2010, 132, Entscheidungsgründe 1-3.

[288] *DGfZ* 2009, S. 6.

[289] EP 637200. Siehe auch Abschnitt 3.2.4 sowie Anhang B8.

Hierbei ist es ausreichend, dass der zum Patentschutz angemeldete Gegenstand in einem technischen Gewerbebetrieb hergestellt wird oder technische Verwendung in einem Gewerbebetrieb finden kann.[290] Die in der landwirtschaftlichen Tierzucht verwendeten Verfahren sind von §5 PatG und Art. 57 EPÜ umfasst.[291] Dabei reicht allein die Möglichkeit einer gewerblichen Nutzung aus.[292] Für den Bereich der Tierzüchtung von besonderer Bedeutung ist die Möglichkeit der Patentierung von Gensequenzen. Die Biopatentrichtlinie hat hier zu einer Spezifizierung der Anforderungen geführt. § 1a Abs. 3 PatG i.V.m. Art. 5 Abs. 3 BioPatRL bestimmt, dass die gewerbliche Anwendbarkeit einer Sequenz oder Teilsequenz eines Gens in der Patentanmeldung konkret beschrieben werden muss. § 1a Abs. 4 PatG fordert für die Patentierung von Gensequenzen, dass die konkrete gewerbliche Anwendung im Patentanspruch angegeben sein muss. Eine isolierte DNA-Sequenz ist demnach patentierbar, wenn ihre konkrete Anwendung gezeigt werden kann.[293] Damit – so die Argumentation von Godt[294] – genügt das im Bereich der Chemiepatente entwickelte Kriterium der technischen Isolierung eines Stoffs im Bereich der Biopatente seit 1998 nicht mehr, um die Patentierbarkeit einer DNA-Sequenz zu begründen. Anders als bei Chemiepatenten würden Gensequenzen durch die Isolierung erst patentwürdig, aber noch nicht patentierbar. Die Patentierbarkeit setze zusätzlich die Beschreibung einer Funktion für den Genabschnitt sowie einer gewerblichen Anwendbarkeit voraus. Dabei spielt die Informationsqualität biologischer Materie eine zentrale Rolle, die in Art. 2 Abs. 1a

290 *BGH* Beschl. v. 26.9.1967, GRUR 1968, 142 – *Glatzenoperation.*

291 EPA Entsch. v. 14.10.1987- T116/85, GRUR Int. 1989, 581 (583) – Schweine I /Welcome.; Asendorf/Schmidt/Benkard 2012 §5 Rn. 13.

292 *Schulte/Moufang,* §5 Rn. 8. – BGH Beschl. v. 27.9.1984, BIPMZ, 1985, 117 – Energiegewinnungsgerät.

293 *Jenkins* 2005, S. 570.

294 *Godt* 2003, S. 7-9.

BioPatRL hervorgehoben wird.[295] Diese Funktion ist als technisch zu sehen,[296] denn der Patentprüfer hat so erst die Möglichkeit, den genauen Gen-Abschnitt der Erfindung zu bestimmen.[297]

3.4.4 Erfinderische Tätigkeit – Erfindungshöhe

Eine Erfindung beruht gem. Art. 56 EPÜ sowie §4PatG auf einer erfinderischen Tätigkeit, wenn sie sich für den Fachmann nicht in naheliegender Weise aus dem Stand der Technik ergibt. Im Gegensatz zur Neuheit, die recht objektiv anhand des Standes der Technik zu ermitteln ist handelt es sich beim Kriterium der erfinderischen Tätigkeit um eine sehr subjektive Einschätzung, die einen Ermessensspielraum eröffnet. Für die Beurteilung, ob eine Erfindung naheliegend ist, wird der „Aufgabe-Lösungs-Ansatz" herangezogen. Dieser sieht einen Test vor, der sich in drei verschiedene Schritte gliedert: 1) Bestimmung des Stands des Wissens, welcher der Erfindung am nächsten kommt („closest prior art"), 2) Bestimmung des zu lösenden „objektiven technischen Problems" und 3) Abwägung, ob die Erfindung aus Sicht des Fachmanns naheliegend gewesen wäre.[298] Für die Bestimmung des Standes der Technik im ersten Schritt ist die Differenz gegenüber dem zum Anmeldzeitraum bekannten Stand der Technik und der Erfindung zu ermitteln. Maßgeblich für die Bewertung des Standes der Technik ist, ob die beanspruchte Erfindung für den Durchschnittsfachmann offensichtlich ist.[299] Handelt es sich bei der Erfindung um keine routinemäßige Anwendung und Weiterentwicklung des bestehenden Stands der Technik, sondern um eine geistesschöpferische Leistung, die in Form einer Lehre die Technik bereichert, so erfüllt diese die notwendige Erfindungshöhe und stellt eine erfinderische Tätigkeit dar.[300] Im Bereich

[295] In Deutschland hingegen wird die gewerbliche Anwendbarkeit kaum noch als eigenständiges Kriterium geprüft, sondern unter dem Kriterium der Offenbarung der Erfindung in der Anmeldung (§ 34 Abs. 4 PatG) subsumiert.

[296] *Schulte/Moufang*, § 1a Rn. 25, für Details siehe Krauß, Mitt. 2001, 396.

[297] Begr. des RegE, BT-Drs. 14/5642, S. 10f.; vgl. auch Erwägungsgrund 25 der BioPatRL.

[298] *EPA* 2016, G-VII, 5.

[299] *Schulte/Moufang*, § 4 Rn. 37; *EPA* 2016, G-VII 3, BGH BlPMZ 89, 133.

[300] *Osterrieth* 2007, §1 Rn. 220.

der Biotechnologie ist angesichts der sehr schnellen Entwicklung oft strittig, was für den Fachmann naheliegende Routine und welches Wissen des Durchschnittfachmanns anzusetzen ist.[301] Das EPA hat in verschiedenen Entscheidungen Leitlinien zur Bestimmung der Perspektive des Fachmanns formuliert.[302] Für den Fachmann gibt es eine Liste von Beispielen in den Richtlinien des EPA, die als Richtschnur bei der Beurteilung dienen soll.[303] Als „allgemeine Regel" wird eingeführt, dass ein erfinderischer Schritt vorliegt, wenn der Stand des Wissens („prior art") den Fachmann in eine andere Richtung leiten würde und die Erfindung also ein etabliertes technisches Vorurteil überwindet („overcoming a technical prejudice"). Im Bereich der Tierzucht stellt sich die Frage, wann Tierzüchtungsverfahren zum Stand der Technik gehören und wann sie als erfinderisch und somit patentierbar einzustufen sind. Nach Einschätzung der DGfZ haben mikrobiologische und biotechnische Verfahren, wie beispielsweise künstliche Besamung, Embryotransfer sowie Klonierung, eine ergänzende oder unterstützende Wirkung und sind heute Bestandteil der konventionellen Tierzüchtung. Somit könne ihnen nach Ansicht der Gesellschaft keine Erfindungshöhe zugesprochen werden, wenn das Verfahren ein konventionelles Selektionsverfahren darstellt.[304] Erfolgt hingegen eine Kombination verschiedener Verfahrensschritte, die konventionell als auch biotechnisch sind, so ist eine neue Bewertung der erfinderischen Höhe erforderlich.

3.4.5 Klarheit der Ansprüche

Die klare Darstellung der Ansprüche stellt kein eigenes offizielles Kriterium für die Beurteilung einer Erfindung dar. Jedoch sollte nach den Richtlinien des EPÜ der verwendete Wortlaut zur Beschreibung der Ansprüche eines Patents hinsichtlich der Bedeutung und Reichweite keine

---

301 *Lochen* 2007, S. 86.

302 *EPA* Entsch. v. 20.6.1994 – T 455/91, ABl. 1995, 684; EPA Entsch. v.7.3.1997 – T 387/94, RsprGBK 1998, 135.

303 *EPA* 2016, Teil G.

304 *DGfZ* 2009, S. 0.

Zweifel zulassen.[305] Der Bereich, der in den Patentansprüchen angegeben wird, sollte so präzise sein, wie es die Erfindung zulässt. Eine unklare Formulierung der Ansprüche kann gemäß Art. 83 EPÜ zu unzureichender Offenbarung führen, wenn die gesamte Bandbreite der Ansprüche betroffen ist. Dabei kann die Verwendung von ungenauer Begriffe zu mangelnder Klarheit führen. Unklarheit der Ansprüche stellt jedoch keinen Widerspruchsgrund nach Erteilung des Patents dar, solange nicht Einwände gemäß Art. 83 EPÜ wegen unzureichender Offenbarung vorgebracht werden.[306] In der Tierzucht besteht das Problem, dass sich die Verfahren erteilter Patente nicht eindeutig einem Herstellungs- oder Arbeitsverfahren zuordnen lassen.[307] Dies zieht Unklarheit in Bezug auf den Schutzumfang nach sich und somit Rechtsunsicherheit.[308]

3.5 Ausschlüsse von der Patentierbarkeit

In der Tierzucht ergeben sich Besonderheiten, weil der Erfolg erfinderischer Ideen hier sowohl auf technischen als auch auf biologischen Aspekten beruht. Das Patentrecht enthält daher eine Reihe von Bestimmungen, die diesen Besonderheiten Rechnung tragen sollen. Basiert eine Erfindung auf biologischem Material tierischen oder pflanzlichen Ursprungs, so gilt es verschiedene Ausnahmen zu beachten. Die Vertragsstaaten können nach Art. 27 Abs. 3b TRIPS Pflanzen und Tiere (mit Ausnahme von Mikroorganismen) sowie im Wesentlichen biologische Züchtungsverfahren von der Patentierung ausschließen. Der Ausschlusstatbestand umfasst keine Mikroorganismen, keine biologischen sowie mikrobiologischen Verfahren. Im Folgenden werden die Ausnahmen des § 2 und § 2a PatG sowie Art. 53 EPÜ dargelegt, die eine Patentierung von biologischem Ma-

---

305 *EPA* 2016, Kap. C III 4.2-4.9.

306 *EPA* Entsch. v. 17.6.2006 – T 651/05 S. 7 ff. ebenso die Entscheidungen *EPA* v. 23.5.2006 – T 621/03 und *EPA* v. 11.10.2006 – T 127/04.

307 Vgl. EP 1651777 siehe Anhang B7.

308 *DGfZ* 2009, S. 8.

terial ausschließen, auch wenn die zuvor erläuterten Patentierbarkeitsvoraussetzungen[309] vorliegen.[310] Hierzu gehören Erfindungen die gegen die öffentliche Ordnung und die guten Sitten verstoßen (Abschnitt 3.5.1), Pflanzensorten oder Tierrassen (Abschnitt 3.5.2) sowie im Wesentlichen biologische Verfahren für die Züchtung von Tieren oder Pflanzen (Abschnitt 3.5.3). Werden Pflanzensorten von der Patentierung ausgeschlossen, sind die Mitgliedsstaaten verpflichtet, diese durch ein wirksames System sui generis zu schützen.[311] Eine vergleichbare Regelung für den Schutz von Tieren und Tierrassen ist im Abkommen nicht vorgesehen. Dies ist dem Umstand geschuldet, dass es bis heute kein äquivalentes Schutzsystem für „Tierrassen" gibt.

3.5.1 Verstoß gegen die öffentliche Ordnung und die guten Sitten

Generell von der Patentierung ausgeschlossen sind nach § 2 Abs. 1 PatG (entspricht Art. 53a EPÜ) insbesondere Erfindungen, deren Veröffentlichung oder Verwertung gegen die öffentliche Ordnung oder die guten Sitten verstoßen würde. Dies entspricht den Bestimmungen von Art. 27 Abs. 2 TRIPS, wonach Ausnahmen von der Patentierbarkeit erlaubt sind, wenn sie dem Schutz der öffentlichen Ordnung, der guten Sitten, der Vermeidung einer ernsthaften Schädigung der Umwelt sowie des Lebens oder der Gesundheit von Menschen Tieren oder Pflanzen dienen.

---

309 Siehe Abschnitt 3.4.

310 Die Ausschlüsse von der Patentierbarkeit sind im EPÜ wortgleich mit denen vorfindlichen im TRIPS- Abkommen in Art. 27.

311 Dieses System wurde durch den Internationalen Verband zum Schutz von Pflanzenzüchtungen (UPOV) eingeführt. Die UPOV-Konvention trat 1961 in Paris in Kraft und wurde 1972, 1978 und 1991 überarbeitet. Dabei ist fraglich, was unter einem wirksamen System sui generis verstanden wird. Aus Sicht der Industrieländer sollte es sich um ein System handeln, welches dem Prinzip der UPOV folgt. In der UPOV von 1991 sind jedoch keine Farmers' Rights vorgesehen, welche eine erhebliche Bedeutung bei der Sicherung der Ernährung haben. Die Entwicklungsländer hingegen weisen darauf hin, dass das TRIPS-Abkommen die UPOV nicht nennt und somit ein weiterer Auslegungsspielraum vorhanden ist, welcher auch die Farmers' Rights berücksichtigen kann. Vgl. *Godt* 2007, S. 427. Das Züchterprivileg (siehe Abschnitt 3.6.3.4) ist hingegen verankert.

Die Begriffe der öffentlichen Ordnung und der guten Sitten sind nur schwer voneinander abzugrenzen[312] und in den Diskussionen mittlerweile so verbunden, dass sie als ein Tatbestandsmerkmal betrachtet werden. Generell eröffnet die Rechtsformel der öffentlichen Ordnung und der guten Sitten einen Abwägungsraum zur Berücksichtigung von „Spannungen zwischen Patentschutz und anderen nicht wettbewerblichen Interessen von Individuen und der Allgemeinheit".[313] Sie dient dazu, die Erteilung von Patenten auszuschließen, die bestimmungsgemäß allein zu Zwecken verwendet werden können, welche von der Rechtsordnung missbilligt werden.[314] Somit handelt es sich bei der öffentlichen Ordnung um die tragenden Grundsätze der Rechtsordnung, worunter zumeist die Grundrechte verstanden werden.[315] Die Generalklausel der öffentlichen Ordnung und der guten Sitten ist im EPÜ nicht näher spezifiziert. Das Konkretisierungsdefizit setzt sich in der Biopatentrichtlinie fort.[316] Lediglich Erwägungsgrund 39 der Biopatentrichtlinie stellt fest, dass „die öffentliche Ordnung und die guten Sitten den in den Mitgliedsstaaten anerkannten ethischen und moralischen Grundsätzen entsprechen [...] und diese die übliche patentrechtliche Prüfung, unabhängig vom technischen Gebiet der Erfindung" ergänzen. Die Auslegung der Generalklausel wird den europäischen Instanzen, also dem EPA[317] sowie nationalen Gerichten und

---

312 Diese Abgrenzung ist nach *Schulte/Moufang*, § 2 Rn. 2 weder möglich noch nötig.

313 *Godt* 2007, S. 76. Zum „Ordre Public" als Grenze der Biopatentierung vertiefend: *Barton* 2004, S. 217 ff.

314 *BGH* Beschl. v. 28.11.1972, GRUR, 1973, 586 (587).

315 Schulte/Moufang, § 2 Rn. 18

316 Art. 6 Biotechnologierichtlinie: „Erfindungen, deren gewerbliche Verwertung gegen die öffentliche Ordnung oder die guten Sitten verstoßen würde, sind von der Patentierbarkeit ausgenommen, dieser Verstoß kann nicht allein daraus hergeleitet werden, dass die Verwertung durch Rechts- oder Verwaltungsvorschriften verboten ist."

317 Das EPA ist eine supranationale Organisation, die nicht in EU-Recht eingebunden ist aber die Regelungen der Biopatentrichtlinie in ihre Ausführungsverordnung übernommen hat. Mehr zum Verhältnis zwischen EPO und EU und der Anerkennung als supranationale Organisation. *Schneider* 2010, S. 180 ff., siehe dazu Abschnitt 3.1.2 sowie 4.3.2.2.

Behörden der Mitgliedsstaaten überlassen, die sich mit den Nichtigkeitsverfahren[318] befassen.[319] Im deutschen Patentgesetz ist der Begriff der öffentlichen Ordnung und guten Sitten ebenfalls als unbestimmter Rechtsbegriff ausgestaltet.

Im Bereich der Biotechnologie hat das Verbot bei Verstößen gegen die öffentliche Ordnung eine besondere Bedeutung gewonnen. Diese Tatsache hat dazu geführt, dass der europäische Gesetzgeber einen speziellen Katalog ausgeschlossener Gegenstände in Art. 6 Abs. 2 der Biopatentrichtlinie formuliert hat. Dieser Ausschlusskatalog wurde in § 2 Abs. 2 Nr. 1-4 des deutschen Patentgesetzes sowie in Regel 28 des EPÜ übernommen. Demnach sind Erfindungen von der Patentierung auszuschließen, wenn sie Verfahren zum Klonen, zur Veränderung der genetischen Identität von menschlichen Lebewesen umfassen sowie die Verwendung von menschlichen Embryonen für industrielle und kommerzielle Zwecke. Der letzte Ausschluss umfasst Verfahren zur genetischen Veränderung der Identität von Tieren.[320] Sofern ein Verfahren in diese vier Kategorien fällt, ist es von der Patentierung auszuschließen. Die vorliegende Arbeit beschäftigt sich jedoch ausschließlich mit der Patentierung von (Tier) Zuchtverfahren.[321] Insofern ist lediglich die vierte Ausschlusskategorie von Interesse und wird in Abschnitt 3.5.1.3 näher erläutert. Um jedoch ein Verständnis für den Begriff der öffentlichen Ordnung und der guten Sitten zu erhalten, gilt es zuerst einen Blick auf die Auslegung durch die zuständigen europäischen sowie nationalen Behörden zu werfen. Generell gibt es nicht

---

318 Das europäische Patent zerfällt nach der Erteilung in verschiedene nationale Patente (sogenanntes Bündelpatent) und die Nichtigkeitsverfahren richten sich nach den jeweiligen nationalen Rechtsordnungen der Vertragsstaaten des EPÜ. Siehe dazu Abschnitt 3.3.

319 *Benkard/Mellulis*, 2012 Art. 53 Rn. 30.

320 *Genetische Identität:* bestimmt sich nach der DNA, umfasst dementsprechend alle im Zellkern vorhandenen Informationen einer jeden Zelle eines Tieres. Unter *Verfahren zur genetischen Veränderung der Identität* fallen alle Verfahren, die durch gentechnische Verfahren in das Erbgut von Tieren eingreifen und somit den naturgemäßen Zustand verändern. Diese Tiere werden auch als transgen bezeichnet. Hierunter fallen alle Verfahren von der somatischen Gentherapie bis hin zum reproduktiven Klonen. Siehe dazu: *Barton* 2004, S. 241.

321 Überblick über Themengebiete in Zusammenhang mit der öffentlichen Ordnung in: *Godt* 2007 S. 75 ff.

viele Entscheidungen, die sich mit einer Auslegung des Begriffs der öffentlichen Ordnung und der guten Sitten auseinandersetzen.[322] Im Bereich der biotechnologischen Erfindungen haben sich das Europäische Patentamt (Abschnitt 3.5.1.2) sowie das Bundespatentgericht (Abschnitt 3.5.1.1) mit dem Begriff der öffentlichen Ordnung und der guten Sitten auseinandergesetzt.

3.5.1.1 Auslegung durch das Bundespatentgericht

Das Bundespatentgericht hat sich bisher in nur einem Fall mit einem Nichtigkeitsverfahren in Zusammenhang eines Verstoßes gegen die öffentliche Ordnung befasst. Darin ging es um Verfahren zur Herstellung von humanen embryonalen Stammzellen sowie die Verwendung der Vorläuferzellen zur Therapie von neuralen Defekten und zur Gewinnung von Polypeptiden. Die Vorläuferzellen wurden aus menschlichen embryonalen Stammzellen gewonnen. Vor diesem Hintergrund ging die Diskussion um die Frage, ob dieses Verfahren nach § 2 Abs. 2 Nr. 3 von der Patentierung auszuschließen sei, weil es die Verwendung der Embryonen für industrielle und kommerzielle Zwecke vorsah und somit einen Verstoß gegen die öffentliche Ordnung gem. § 2 Abs. 2 Satz 1 Nr. 1 PatG darstellt.[323] In dieser Entscheidung wurde jedoch die Auslegung des Begriffs der öffentlichen Ordnung nicht weiter thematisiert, sodass daraus keine weiteren Anhaltspunkte für eine Konkretisierung des Begriffs zu gewinnen sind. In weiteren Entscheidungen zum „ordre public", die aber keine Umschreibungen

---

322 *EPA* Entsch. v. 3.10.1990, ABl. 1990, 476 – T 19/90 Krebsmaus/Harvard II; *EPA* Entsch. v. 21.2.1995, ABl. 1995, 545 – T 365/93 Krebsmaus/Harvard; II *EPA* Entsch. v. 3.10.1990, Abl. 1990, 476 – T 19/90 Krebsmaus/Harvard III; *BPatG*, Urteil v. 5.12.2006, Aktz. 3 Ni 42/2, sogenanntes „Brüstle-Patent".

323 *BPatGE* Urt. v. 5.12.2006, 3 Ni 42/02,12, GRUR 2007, 1049.

der öffentlichen Ordnung enthalten, wird auf das im Grundgesetz verkörperte Wertesystem Bezug genommen[324] sowie dem Schutz der Umwelt eine besondere Bedeutung zugemessen.[325]

3.5.1.2 Auslegung durch das Europäische Patentamt

Wie bereits im vorangegangenen Abschnitt festgestellt, werden die Begriffe der öffentlichen Ordnung und der guten Sitten im EPÜ nicht definiert. Aus diesem Grund gilt es einen Blick auf die Rechtsprechung des Europäischen Patentamtes zur Konkretisierung der Begriffe zu werfen. Die Schwierigkeit bei der Bestimmung des Prüfungsmaßstabs der öffentlichen Ordnung und der guten Sitten in Art. 53a EPÜ ergibt sich aus dem Umstand, dass im europäischen Patenterteilungsverfahren über eine Vielzahl von verschiedenen Rechtsordnungen der Vertragsstaaten einheitlich entschieden werden muss. Hier stellt sich die Frage, auf welche öffentliche Ordnung und welche guten Sitten das EPA abzustellen hat. In der Literatur gibt es dazu verschiedene Auffassungen. So wird eine einheitliche Auslegung des Art. 53 a EPÜ befürwortet, also die Anwendung eines gesamteuropäischer Begriffs des ordre public.[326] Andere Autoren gehen davon aus, dass die Auslegung des Begriffs gemäß den in der entsprechenden Patentanmeldung genannten Vertragsstaaten erfolgt.[327] Erstmals aufgeworfen wurde die Diskussion um den Begriff der öffentlichen Ordnung und der guten Sitten in einer Entscheidung in Bezug auf eine Erfindung von Pflanzen.[328] Es ging um eine Erfindung, die zum Ziel hatte, Pflanzen

---

324 *BPatGE* 29, 39. -Scheintotenentlarvungssystem.

325 In der Entscheidung des *BPatGE* Urt. v. 5.12.2006, 3 Ni 42/2,12, GRUR 2007, 1049 – Außenspiegelanordnung wurde der Begriff der Erfindungshöhe an Erwägungen zum gesellschaftlichen Nutzen einer Erfindung geknüpft, worunter auch ökologische Auswirkungen zählen. Demzufolge sollten für eine sozial nützliche Entscheidung geringere Anforderungen bezüglich der Erfindungshöhe gestellt werden. Dieser Ansatz hat nicht zu einer geänderten Rechtsprechung geführt und im Schrifttum wurde auf diese Überlegungen nicht weiter eingegangen. Vertiefend zum Inhalt der Entscheidung, Siehe *Paul* 2016, S. 26 ff.

326 *Bossung*, Mitt. 1974, 123; Benkard/Mellulis, 2012 Art. 53 Rn. 20; *Busse/Keukenschrijver*, § 2 Rn. 19. *Schulte/Moufang* Art. 53a § 2 Rn. 16

327 *Kraßer/Bernhardt* 2009, S. 136; Straus GRUR Int., 1990, 913, (919). Vertiefende Diskussion siehe *Calame* 2001, S. 145 ff.; *Westermayer* 2013, S. 108 ff.

328 *EPA*, Entsch. v. 21.2.1995 – T 365/93 – ABl. 1995, 545 – Plant cells – Pflanzenzellen.

und Samen zu entwickeln, die gegen eine bestimmte Art von Herbiziden resistent sind und durch diese Eigenschaft selektiv vor Unkraut und Pilzbefall geschützt sind. Die Erfindung wurde durch die Einführung einer DNA für ein Protein, welches die Herbizide inaktiveren oder neutralisieren konnte, in das Genom der Pflanze realisiert. In der Entscheidung Pflanzenzellen (T 356/93) wurde der Begriff der öffentlichen Ordnung „als der Schutz der öffentlichen Sicherheit und der physischen Unversehrtheit des Individuums als Mitglied der Gesellschaft"[329] definiert. Hierbei wurde auch der Schutz der Umwelt miteingeschlossen. Somit sind Erfindungen, deren Verwertung in einem erheblichen Maße die Umwelt gefährden, von der Patentierung auszuschließen. Dies sei jedoch an die Bedingung geknüpft, dass eine ernsthafte Bedrohung der Umwelt zum Zeitpunkt der Entscheidung bereits ausreichend begründet werden kann.[330] Die Kammer befand im vorliegenden Fall, dass die aufgeführten möglichen grundlegenden Risiken für den Einsatz gentechnisch veränderter Pflanzen keine schlüssigen Beweise für eine ernsthafte Gefährdung der Umwelt bei Verwertung der Erfindung darstellen und somit nicht als Basis für das Verbot eines Patents auf Grundlage des Art. 53a EPÜ ausreichen. Zudem seien für die Einschätzung von Risiken andere Behörden zuständig, dies erfolge über die Marktzulassung von gentechnisch veränderten Pflanzen. Denn selbst wenn eine patentierte Technik in einem Vertragsstaat verboten sei, so dürfe dies nicht zu einer Ablehnung des Patents per se führen. Sie gab weiter zu bedenken, dass eine Patenterteilung nicht per se zu einer Erlaubnis führe, die patentierte Erfindung auch zu verwerten. Hierfür sei zusätzlich eine Marktzulassung der zuständigen Behörden notwendig.[331] Weiterhin erklärte die Kammer, dass der Begriff der guten Sitten an die Überzeugung anknüpfe, dass ein bestimmtes Verhalten richtig und vertretbar, ein anderes dagegen falsch sei, „diese Überzeugung gründe sich auf die Gesamtheit der in einem bestimmten Kulturkreis tief verwurzelten, anerkannten Normen. Für die Zwecke des EPÜ sei dies der

---

329 *EPA*, T 356/93, ABl EPA 1995, 545 (557f.).

330 *EPA*, T 356/93, ABl EPA 1995, 545 (568), Entscheidungsgrund 18.5.

331 *EPA*, T 356/93, ABl EPA 1995, 545 (568), Entscheidungsgrund 18.7.

europäische Kulturkreis, wie er in Gesellschaft und Zivilisation seine Ausprägung finde. Entsprechend seien Erfindungen, deren Verwertung nicht in Einklang mit den allgemein anerkannten Verhaltensnormen dieses Kulturkreises stehe, wegen Verstoßes gegen die guten Sitten von der Patentierung auszuschließen".[332] Die Kammer befand im vorliegenden Fall die vom Beschwerdeführer aufgeführten Hinweise für einen Verstoß gegen die guten Sitten als nicht ausreichend.[333]

In den Prüfungsrichtlinien des EPA wird ein Verstoß gegen die öffentliche Ordnung in Erfindungen gesehen, die einen Anreiz zur Aufruhr oder zur Störung der genannten bieten oder zu einem verbrecherischen oder allgemein anstößigen Verhalten führen können.[334] Diese Definition entspricht dem polizeirechtlichen Sicherheitsbegriff im Verwaltungsrecht,[335] nachdem die öffentliche Ordnung als „Gesamtheit der ungeschriebenen Regeln, [...] deren Befolgung nach den jeweils herrschenden sozialen und ethischen Auffassungen als unerlässliche Voraussetzung eines geordneten menschlichen Zusammenlebens innerhalb eines bestimmten Gebiets angesehen wird".[336] Diese Gleichsetzung des Begriffs wird in der Literatur weitestgehend abgelehnt, denn allein das Verbot der Verwertung der Erfindung durch einfaches Gesetz oder Verwaltungsvorschrift rechtfertigt keinen Verstoß gegen die öffentliche Ordnung. So wird es auch in HS 2 des Art. 53a EPÜ sowie § 2 PatG festgelegt.[337]

---

332 *EPA*, T 356/93, ABl EPA 1995, 545 (557), Entscheidungsgrund 6.

333 Siehe auch dazu Entsch. v. 15.6.2004. T 0475/1.

334 *EPA* 2016, Teil A Kap. III, 8.1, F-II, 7.2; G-II, 4.1., 4.1.1 + 4.1.2.

335 Die öffentliche Ordnung ist in fast allen Bundesländern Schutzgut der polizeilichen Generalklausel: BW: § 3 i.V.m. § 1 PolG; Bay: Art. 11 Abs. 1 und 2 PAG; Art. 7 Abs. 2 LStVG; Berl: I ASOG; Bbg: §§ 10 Abs. 1 PolG, 13 Abs. 1 OBG; Brem: § 10 Abs. 1 Polg; Hbg: § 3 Abs 1 und 2 1a), SOG; Hess: § 11 SOG; MV: § 13 SOG; Nds: § 11 SOG; NW: §§ 8 Abs. 1 PolG, 14 Abs 1. OBG; RP: § 9 Abs. 1 POG; Saar: § 8 Abs. 1 SPolG; Sachs: § 3 Abs. 1 PolG; LSA: § 13 SOG; SH: § 174 LVwG; Thür: §§ 12 Abs. 1 und 2 PAG, 5 Abs. 1 OBG.

336 *BverfG* Beschl. v. 14.5.1985, BverfG 69, 315, 352; *Berner/Köhler*, Art. 2 Rn. 35.

337 *Schulte/Moufang*, § 2 Rn. 20; *Calame* 2001, S. 133.

Somit kann festgehalten werden, dass der Begriff der öffentlichen Ordnung durch das EPA gesamteuropäisch ausgelegt wird.[338] Diese Herangehensweise erscheint für die Praxis sinnvoll, denn eine rechtsvergleichende Ermittlung des Begriffs ist in der Praxis kaum möglich. Es kommen vielmehr die Überzeugungen der Personen, die in den Kammern arbeiten, zum Tragen.[339] Allerdings wurde der Begriff der öffentlichen Ordnung bisher nicht von EPA konkretisiert, obwohl er sich in nahezu allen Patengesetzen wiederfindet.

3.5.1.3 Patentierung von Tieren und die öffentliche Ordnung (Tierqualzucht)

Eine Erfindung, die biologisches Material tierischen Ursprungs zum Inhalt hat, ist nicht per se sittenwidrig oder verstößt gegen die öffentliche Ordnung. Generell können Tiere Gegenstand von Patenten sein.[340] Lediglich Tierrassen sind nach Art. 53b EPÜ ausdrücklich von der Patentierung ausgenommen, Tiere hingegen als höhere taxonomische Einheit nicht. Die Frage nach einem Verstoß gegen die öffentliche Ordnung und die guten Sitten stellt sich vornehmlich im Zusammenhang mit biotechnologischen Erfindungen. Hier kommt beispielsweise die Erzeugung von transgenen Tieren in Betracht, die grundsätzlich nicht von der Patentierung auszuschließen sind, sofern keine inakzeptablen Folgen für die Gesundheit des betroffenen Tieres zu befürchten sind. Hierfür ist § 2 Abs. 2 Nr. 4 (Regel 28 EPÜ, Art. 6 BioPatRL) einschlägig, welcher sich auf Verfahren zur Veränderung der genetischen Identität von Tieren bezieht. Diese Verfahren sind von der Patentierung ausgeschlossen, wenn sie geeignet sind, Leiden der Tiere ohne einen wesentlichen medizinischen Nutzen für den Menschen oder das Tier zu verursachen.[341] Auch die daraus entstehenden

---

338 Seit Verabschiedung der BioPatRL gilt das Gebot der einheitlichen Auslegung. Zuvor waren die Wertmaßstäbe des entsprechenden Landes, in dem das Patent angemeldet wurde, maßgebend.

339 *Calame* 2001, S. 129.

340 Siehe Abschnitt 3.4.

341 Regel 28 EPÜAO.

Tiere sind von einem Patentausschluss betroffen. Fällt also ein Tierzuchtverfahren in diese Kategorie, so ist es von der Patentierung auszuschließen. Im Unterschied zu den drei vorangegangen Patentausschlusskategorien des § 2 Abs. 2 Nr. 1-3, die die genannten Verfahren von der Patentierung ausschließen,[342] handelt es sich bei diesem Verbot um ein relatives Patentverbot, weil nicht grundsätzlich alle Verfahren zur Veränderung der genetischen Identität von Tieren von der Patentierung ausgeschlossen sind, sondern nur, wenn sie geeignet sind, Leiden der betreffenden Tiere zu verursachen und kein medizinischer Nutzen im Vordergrund steht.[343] Es handelt sich hiermit um eine Abwägungsentscheidung, für die es eine wertende Prüfung hinsichtlich der Rechtfertigung des Leidens der Tiere durch einen medizinischen Nutzen bedarf. In seinen Entscheidungen[344] hat das EPA folgende Grundsätze für eine Abwägung entwickelt: Das Leiden der Tiere ist zu berücksichtigen (dies setzt voraus, dass Tiere leidensfähig sein müssen) sowie der medizinische Nutzen sowie das Zusammenwirken beider Aspekte in Bezug auf die betroffenen Tiere. Es handelt sich hierbei um eine Art Verhältnismäßigkeitsprüfung, die zum Inhalt hat zu prüfen, ob der medizinische Nutzen das Leiden der Tiere rechtfertigt. Das Europäische Patentamt hat diese Abwägung erstmals in der Entscheidung um das Krebsmaus-Patent angewendet.[345] Das Patent schützt mehrere Onkogene („Krebs-Gene"), die in einem Kombinationsverfahren von einem bestimmten Gen und einem Markergen gleichzeitig in eine Wirtszelle eingeschleust werden.[346] Durch diesen Eingriff in das Genom der Mäuse wer-

---

342 Siehe dazu Abschnitt 3.5.1.

343 *Barton* 2004, S. 165.

344 *EPA* v. Juli 1989, ABl. 1989, 451-55 – Krebsmaus Harvard I, *EPA* v. 3.10.1990, ABl. 1990, 476 – T 19/90 Krebsmaus/Harvard II; *EPA* GRUR Int. 1993, 240-41 – Krebsmaus Harvard III.

345 Im ersten Rechtsgang wurde das Patent vom EPA mit der Begründung abgelehnt, dass Tiere nach Art. 53b EPÜ nicht patentierbar sind. Daraufhin legte der Anmelder Beschwerde ein und diese wurde an die Technische Beschwerdekammer weitergezogen. Diese hob die Entscheidung der Prüfungsabteilung auf, weil eine falsche Auslegung von Art. 53b EPÜ zu Grunde lag. Vgl. *Calame* 2001, S. 85.

346 Vertiefende Analyse zum Krebsmauspatent: in *Calame* 2001, S. 84 ff.

den anfälligere Nachkommen für bestimmte Krebserkrankungen erzeugt.[347] Gegen dieses Patent gingen 17 Einsprüche ein, die einen u.a Verstoß gegen die öffentliche Ordnung und die guten Sitten darin sahen, dass der Mensch in die genetischen Erbanlagen der Maus eingreife und diese auf Krebs „programmiere".[348] Das EPA lehnte einen Verstoß gegen den ordre public mit der Begründung ab, dass der zu erwartende medizinische Nutzen für den Menschen im Vordergrund steht. Weiterhin stellte es auf die Verringerung des Leidens der Tiere ab,[349] weil durch die genveränderten Mäuse der Bedarf an Versuchstieren erheblich gesenkt werde.[350] Das Patent, ursprünglich auf alle Säugetiere beantragt, wurde mit der Einschränkung auf Nagetiere aufrechterhalten. Nach einer erneuten Beschwerde durch Greenpeace wurde das europäische Patent auf Mäuse eingeschränkt.[351] Der Grundsatz dieser Abwägungsentscheidung wurde im Zuge der Novellierung des Patentgesetzes 2005 als § 2 Abs. 2 Nr. 4 PatG übernommen. In einem Patentfall um eine haarlose Maus für den Test von Haarwachstumsmitteln wurde hingegen der Produktanspruch mit dem Verweis auf Qualen der Tiere versagt.[352] Wie die Abwägung genau zu erfolgen hat, wurde im Urteil jedoch nicht präzisiert und ist auch nicht genauer in den Richtlinien des EPA festgelegt. Es handelt sich um eine Einzelfallentscheidung. Die EG Richtlinie 86/609 über den Schutz der für Versuche und andere wissenschaftliche Zwecke verwendeten Tiere vom 23.11.1986[353] kann bei der Prüfung Impulse geben.[354] In der Literatur

---

347 Mit der Harvard-Krebsmaus wurde vom US-Patentamt 1988 erstmals ein gentechnisch hergestelltes Tier als Patent zugelassen. Auch das EPA bejahte den Patentschutz. Hierzu: *Kewitz* 2008, S. 114 ff.; *WIPO* 2006. EPA ABl. 1989, 451, GRUR Int. 1990, 56 – Krebsmaus I.

348 *EPA* Entsch. v. 6.7.2004 – T0315/03.

349 *EPA* Beschl. v. 3.4.1992, GRUR Int. 1993, 241.

350 *Barton*, 2004, S. 287.

351 *EPA* Entsch. v. 6.7.2004, GRUR 2006, S. 239. In den USA wurde das Patent (US 4736866) hingegen in seiner ursprünglich beantragten Form auf alle Säugetiere mit Ausnahme des Menschen am 12.4.1988 gewährt. In Kanada wurde das Patent (CA 1341442) ebenfalls mit dem gleichen Schutzumfang wie in den USA erteilt.

352 EP 439553 und WO 1990006367 – Transgene Mäuse zur Analyse von Haarwuchs, Zurückweisung der Anmeldung am 25.7.1993.

353 Richtlinie des Rates 86/609/EWG v. 24.11.1986 zur Annäherung der Rechts- und Verwaltungsvorschriften der Mitgliedstaaten zum Schutz der für Versuche und andere wissenschaftliche Zwecke verwendeten Tiere.

354 *Busse/Keukenschrijver*, § 2 Abs. 2 Nr. 4 Rn. 38.

wird die Abwägung zugunsten des Schutzrechts mit der Begründung vertreten, dass das Patentierungsverbot nicht zu einer verdeckten Sozialkontrolle moderner Technologie führen dürfe. Für ein Verbot müsse eine konkrete Gefahr vorliegen, keine abstrakte.[355] Die Diskussion um die Tierqual war ebenfalls Gegenstand eines Einspruchs gegen das im Jahr 2007 erteilte sogenannte „Milchkuh-Patent“,[356] das sich auf ein marker-unterstütztes Auswahlverfahren von Rindern mit dem Diacyl-Glycerin-Acyl-Transferase-1-Gen (DGAT1-Gen) bezieht. Das DGAT1-Gen kodiert ein für die Fettsynthese wesentliches Enzym, welches die Milchmenge und -leistung beeinflusst. Der Patentschutz erstreckte sich ebenfalls auf die Kühe, die dieses Gen in sich tragen.[357] Die Einsprechenden argumentierten, dass das eingesetzte Verfahren zur genetischen Veränderungen von Tieren Leiden und Schmerzen der betreffenden Tiere in Form von ernsthaften Gesundheitsstörungen wie Stoffwechselerkrankungen und vermehrten Totgeburten sowie anderen Krankheitssymptomen hervorrufe und kein wesentlicher medizinischer Nutzen vorliege. Dies wurde von den Einwendern anhand einer Buchpublikation und einem weiteren Dokument mit allgemeinem Bezug zur Thematik begründet. Es lagen jedoch keine statistischen Befunde für die aufgeführten Krankheitssymptome vor. Der Einspruch wurde aufgrund von mangelnden Beweisen der Tierqual zurückgewiesen.[358] Die eingelegte Beschwerde[359] gegen den Beschluss der Kammer

---

355 *Benkard/Mellulis*, 2012 Art. 52 Rn. 36. *Beier* GRUR Int. 1989, 1 (14).

356 EP 1330552; Einspruch durch Greenpeace v. 24.10.2007 siehe https://register.epo.org/espacenet/application?documentId=EMK3GMVC4432900&number=EP01992795&lng=en&npl=false (28.1.2018).

357 Die Ansprüche wurden jedoch bereits im Laufe des Verfahrens gestrichen.

358 *EPA*, Entsch. v. 7.5.2010 der Prüfungsabteilung siehe https://register.epo.org/application?documentId=EP8SWKRA4031871&number=EP01992795&lng=en&npl=false (28.1.2018).

359 *EPA*, Entsch. v. 1.7.2011 – T 1589/10 siehe https://register.epo.org/espacenet/application?documentId=EQQXUIMS1012232&number=EP01992795&lng=de&npl=false. (28.1.2018). Der gesamte Verlauf der Beschwerde und die Dokumente siehe https://register.epo.org/espacenet/application?number=EP01992795&lng=de&tab=doclist (28.1.2018).

kam nicht mehr zur Verhandlung, da der Patentinhaber sein Patent nicht weiter aufrechterhielt.[360]

Im „Seabright"-Patent[361] ging es um die Erzeugung eines transgenen Fischs, der mit einem chimären[362] Gen nichtmenschlichen Ursprungs gentechnisch verändert wurde. Dieses eingeschleuste Gen steht im Zusammenhang mit einem schnelleren Wachstum des Lachses. Die Vereinbarkeit mit der öffentlichen Ordnung nach Art. 53a EPÜ wurde seitens des Patentamts thematisiert, indem der Anmelder dazu aufgefordert wurde, seine Sichtweise der Vereinbarkeit zu schildern. Dieser argumentierte, dass keinerlei gesundheitliche Schäden oder eine Qual der Tiere aufgrund der Zuchtvorgänge auftrete, denn nach der Transformation[363] des Gens werden die Fische mit gängigen Tierzuchtmethoden („common animal husbandry") vermehrt und noch vor dem Erreichen der vollen Größe an die Farmen verkauft.[364] Diese Begründung befand das Amt als ausreichend.

Die dargestellten Fälle verdeutlichen, dass die Nutzung gentechnologischer Methoden für eine stärkere Ausprägung gewünschter Eigenschaften wie Milchleistung, vermehrtes Wachstum sowie höhere Resistenz gegen bestimmte Krankheiten bei Tieren/Pflanzen zu einer Diskussion geführt hat, die nicht allein mit dem Patentrecht zu lösen ist. Für die Landwirtschaft ist diese Vorschrift insofern von Belang, als dass es genetisch ver-

360 Widerruf des Patents auf Grundlage von 113 Abs. 2 EPÜ – EPA Entsch. v. 9.10.2015 siehe https://register.epo.org/application?documentId=EX1AUSRK7206DSU&number=EP01992795&lng=en&npl=false (28.1.2018).

361 EP 578653.

362 Eine Chimäre ist ein Organismus der aus genetischen unterschiedlichen Zellen besteht, aber ein einheitliches Individuum darstellt.

363 Transformation beschreibt in der Genetik die nicht virale Übertragung von freier DNA in nicht kompetente Bakterienzellen.

364 Antwort auf die Mitteilung der Prüfungsabteilung v. 3.4.1996, S. 2 siehe https://register.epo.org/application?documentId=EBSTEEU8Z9CTD01&number=EP92906427&lng=en&npl=false (28.1.2018).

änderte Nutztiere betrifft. Bislang gibt es jedoch in der EU keine Zulassung genetisch veränderte Nutztiere.[365] Auch die Akzeptanz bei den deutschen und europäischen Verbrauchern ist gering.[366] Somit hat die Diskussion für Tierzüchter nur eine eingeschränkte Relevanz.

3.5.1.4 Würdigung: Gefährdung der Agrobiodiversität als Teil der Umwelt als Verstoß gegen die öffentliche Ordnung?

Die Ausführungen des EPAs machen deutlich, dass der Begriff der öffentlichen Ordnung und der guten Sitten in Art. 53a EPÜ in Zusammenhang mit Erfindungen, die biologisches Material pflanzlichen sowie tierischen Ursprungs zum Inhalt haben, nur schwer auszufüllen ist. Dies ist wohl auch der Grund, warum bisher kein Patent im Bereich der Tierzucht mit Ausnahme der haarlosen Maus[367] auf dieser Grundlage von den europäischen und nationalen Patentämtern widerrufen worden ist.

Der Blick auf die Patentpraxis lässt den Schluss zu, dass der Durchsetzung des für die Tierzucht relevanten Tatbestands der „Tierqualzucht" nach Art. 53a EPÜ i.V.m. Regel 28 EPÜAO erhebliche praktische Hürden entgegenstehen. Es werden, wie anhand des Milchkuhpatents gezeigt,[368] statistische Informationen benötigt, die ein Leiden der Tiere belegen. Die Beschaffung dieser Informationen kann mit einem hohen Kostenaufwand verbunden sein. Es erfordert zudem einen besonderen Sachverstand diese zu beurteilen. Selbst wenn geeignete Daten zugänglich sind und der statistische Nachweis gelingen sollte, dass die mit einem patentierten Verfahren gezüchteten Tiere signifikant häufiger an bestimmten Symptomen leiden als vergleichbare Populationen, ermöglicht die Abwägungsklausel in Art. 53a EPÜ i.V.m. Art. 6 Abs. 2d BioPatRL noch immer die Patentier-

---

365 Einen Überblick über den aktuellen Stand gibt *Forabasco/Löhmus* et al. 2013.

366 45% der Menschen in Deutschland lehnen es ab, gentechnisch veränderte Lebensmittel zu essen, siehe *BMUB/BfN* 2016, S. 6. In Europa sind 57% der Meinung, dass gentechnisch veränderte Lebensmittel nicht gut für sie sind. Siehe *Europäische Kommission* 2010, S. 22.

367 Siehe Abschnitt 3.5.1.3 sowie Fn. 303.

368 Siehe Abschnitt 3.5.1.3.

barkeit, wenn dem ein wesentlicher medizinischer Nutzen für das Tier oder den Menschen gegenüber steht.[369] Die Abwägung des medizinischen Nutzens gegen das Leiden der Tiere ist eng mit ethischen Fragestellungen verknüpft. Das EPA hat jedoch in seinen Entscheidungen vermehrt darauf hingewiesen, dass ihm ein Urteil über ethische Belange nicht obliege und dies auch nicht zu seinen Aufgaben zähle. Es sehe seine Aufgabe lediglich darin, die Regelungen des EPÜ anzuwenden.[370] Wie aber erläutert wurde, erfordern die Regelungen genau diese Abwägung.

Wie bereits in Abschnitt 3.5.1.2 erläutert, umfasst ein Verstoß gegen die öffentliche Ordnung nach Auffassung des EPA auch die Gefährdung der Umwelt. Voraussetzung dafür ist, dass die Verwertung der Erfindung voraussichtlich eine ernsthafte Gefährdung der Umwelt darstellt. In der Entscheidung „Pflanzenzellen“[371] führte die Beschwerdekammer des EPA aus, dass eine solche Begründung nur dann greifen könne, wenn zum Zeitpunkt der Prüfung des Patentantrags eine solche ernsthafte Gefährdung bewiesen werden kann. Diese müsse objektiv feststellbar sein. In diesem Zusammenhang stellt sich die Fragen nach einem geeigneten Verfahren, wie eine ernsthafte Gefährdung der Umwelt, zu der auch die Agrobiodiversität gehört, festzustellen ist. Die diskutierten Fälle aus der Pflanzenzucht zeigen, dass der Nachweis einer Gefährdung mit hohen Auflagen verbunden ist, die mitunter nicht zu erbringen sind. In Bezug auf die Tierzucht müsste es möglich sein eine Abschätzung darüber abzugeben, welchen Einfluss ein bestimmtes Zuchtverfahren oder – produkt auf die Agrobiodiversiät hat, denn es muss eine aktuelle Gefährdung nachgewiesen werden. Es gibt bisher keine Anhaltspunkte in der Rechtsprechung des BGH oder des Bundespatentgerichts für Kriterien für ein geeignetes Verfahren, das eine konkrete Umweltgefährdung feststellen könnte.[372]

---

369 *Feindt/Fricke* et al. 2014. S. 128.

370 Siehe Experteninterview Nr. v. 18 15.2.2012, S. 2ff.

371 *EPA*, Entsch. v. 21.2.1995, ABl. 1995, 545 – T 365/9. Gegenstand des Patents ist die Entwicklung von Pflanzen und Samen, die gegen eine bestimmte Klasse von Herbiziden, nämlich Glutamin-Synthetase-Inhibitoren (GSIs) resistent und dadurch selektiv gegen Unkraut und Pilzbefall geschützt sind.

372 *Paul* 2013, S.35 f.

3.5.2 Ausschluss von Tierrassen

Nach dem TRIPS-Abkommen haben die Vertragsstaaten die Möglichkeit, nach Art. 27 Abs. 3b Tiere von der Patentierbarkeit auszuschließen.[373] Diese Regelung wurde mit Art. 4 der Biopatentrichtlinie umgesetzt und in Art. 53b EPÜ übernommen. Demnach sind im Unterschied zum TRIPS-Abkommen nicht Tiere, sondern Tierrassen von der Patentierung ausgenommen. Diese Formulierung wurde auch in das deutsche Patentgesetz übernommen. In den Mitgliedsstaaten wurde die Bestimmung jedoch unterschiedlich umgesetzt. In den Ländern Frankreich, Spanien, Portugal, Italien[374] sind ebenfalls „Tierrassen" von der Patentierung ausgeschlossen, in Großbritannien[375], in Lettland[376] und Litauen[377] wurde dagegen der Begriff der „Tiervarietät" („animal variety") gewählt. Daran lässt sich bereits ablesen, dass der Ausschlussgegenstand unterschiedlich breit gefasst ist.[378] Es stellt sich die Frage, vor welchem Hintergrund Tiere von der Patentierbarkeit ausgenommen wurden und weshalb dieses Verbot in der Biopatentrichtlinie mit dem Begriff der „Tierrassen" umgesetzt wurde. Hierfür gilt es zu klären, was unter dem Begriff der „Tierrasse" zu verstehen ist.

---

373 Ausschluss von Tieren im TRIPS-Abkommen ist eng auszulegen, somit sind Tierrassen, Tierarten auch mit umfasst. Siehe *Correa* 1994, S. 327 f.

374 Art. 54 des portugiesischen Patentgesetzes v. 25.7.2008. Art. 45 Abs. 4b des italienischen Patentgesetzes v. 10.2.2005; Art. 5 Abs. 1 Nr. 2 Spanisches Patentgesetz v. 24.7.2015; Art. 7c des französischen Patentgesetzes v. 3.7.1992.

375 Section 76A subsection 4 „The Patents Act" in der Fassung v. 1977 zuletzt geändert am 1.10.2017.

376 Art. 10 Abs. 1 Nr. 2 lettisches Patentgesetz v. 1.3.2007.

377 § 6 Abs.2 Nr. 8 des litauischen Patentgesetzes v. 23.5.1994.

378 In Ungarn werden nach Art. 6 Abs. 4a des ungarischen Patentgesetzes „animal breeds" von der Patentierung ausgeschlossen, siehe: http://www.wipo.int/wipolex/en/text.jsp?file_id=330895 (28.1.2018).

3.5.2.1 Begriffe „Tierrasse", „Tierart" und „Tiervarietät"

Der Begriff der „Tierarten" geht auf Art. 2 des Straßburger Übereinkommen (StraÜ)[379] zurück, in dem in der deutschen Fassung von Tierarten, in der englischen von „animal varieties" sowie der französischen Fassung „race animale" die Rede ist. Betrachtet man die Formulierungen, so wird deutlich, dass sie sich auf verschiedene nicht gleichzusetzende Kategorien (Art-Rasse-Varietät) beziehen. Die Literatur stimmt überein, dass es sich hierbei um drei verschiedene Kategorien in der zoologischen Systematik handelt.[380] Gemäß Art. 177 Abs. 1 StraÜ sind jedoch die drei Verfahrenssprachen deutsch, englisch und französisch gleichermaßen verbindlich. Der Begriff der Tierart wurde zunächst im Zuge der Ratifikation des StraÜ in Art. 53b des EPÜ übernommen, jedoch in Anpassung an die Biopatentrichtlinie durch den Begriff der Tierrassen in der deutschen Fassung ersetzt. Dieser Austausch hat keine sachliche Änderung zur Folge, sondern soll lediglich den Gegenstand des Ausschlusses klarer zum Ausdruck bringen.[381] Eine allgemeine Definition des Begriffs der „Tierrasse"[382] ist weder dem EPÜ, der Ausführungsordnung zum EPÜ noch der Biopatentrichtlinie und ihren Erwägungsgründen zu entnehmen. Auch das deutsche Patentgesetz enthält keine Definition des Begriffs. Keines der Regelwerke definiert den Begriff. Es bleibt also unklar, was überhaupt ausgeschlossen werden soll. Hinzu kommt, dass sich der Ausschluss von Tierrassen sachlich nur schwer begründen lässt. Pflanzensorten wurden von der Patentierbarkeit ausgenommen, weil es für diese ein eigenes Schutzrecht, den Sortenschutz,[383] gibt und der Doppelschutz vermieden

379 Das Straßburger Übereinkommen hat nationale und internationale Patentgesetzgebungen geprägt, besitzt aber heute keine wesentliche eigenständige Bedeutung, da die Regelungen in den verschiedenen Rechtsordnungen bereits umgesetzt wurden.

380 *Vossius* GRUR 1990, 333 (333f); *Schulte/Moufang*, § 2a Rn. 28.

381 *Benkard/Mellulis*, 2012 Art. 53 Rn. 85.

382 In den fortlaufenden Ausführungen wird der in der deutschen Fassung des EPÜ enthaltene Begriff benutzt, um Klarheit zu haben.

383 Der Sortenschutz ist ein dem Patentschutz ähnliches Schutzrecht für Pflanzenzüchtungen. Sortenschutzrechte werden auf der Basis nationaler Gesetze gewährt, die sich wiederum nach dem Internationalen Übereinkommen zum Schutz von Pflanzenzüchtungen (UPOV) von 1961 richten. Eine Sorte ist dementsprechend schutzfähig, wenn sie unterscheidbar, homogen, beständig und neu ist.

werden sollte. Ein solches Schutzsystem ist für Tierrassen hingegen nicht gegeben. Zwar wurden in verschiedenen Mitgliedstaaten Anstrengungen unternommen, ein solches Gesetz einzuführen, allen voran Deutschland und Frankreich; bis jetzt jedoch ohne Erfolg.[384] Dies scheiterte sowohl an der bisher nicht vorhandenen Definition einer Tierrasse als auch an den Unwägbarkeiten in Verbindung mit der Unterscheidbarkeit, Homogenität und Beständigkeit von Tierrassen.[385]

Warum es zum Ausschluss von Tierrassen kam, soll durch die Betrachtung der historischen Entwicklung näher beleuchtet werden.

3.5.2.2 Historische Begründung für den Ausschluss

Der deutsche Beitritt zum EPÜ im Jahre 1978 hatte eine Angleichung des Patentgesetzes und den Ausschluss von Tierarten zur Folge. Der Entstehungsgeschichte des EPÜ sind keine Hinweise zu entnehmen, welche Bedeutung die Vertragspartner der Formulierung der Tierarten beimessen wollten.[386] Die Formulierung wurde aus dem StraÜ übernommen, welches Tierarten mit der Begründung ausschloss, dass biologische Verfahren und Erzeugnisse für das Patentrecht nicht geeignet sind.[387] Allgemein wurde keine Notwendigkeit gesehen, über die Patentierung von Tierrassen[388] zu diskutieren, da zu diesem Zeitpunkt aufgrund der Entwicklung in der Tierzucht nicht abzusehen war, dass diese Formulierung eine Problematik darstellen könnte und zudem keine rechtsdogmatischen Probleme auszumachen waren.[389] Zudem wurde die Kontrolle des Zuchtmaterials durch Samenbanken, wie sie in der Praxis erfolgt, als ausreichend betrachtet.[390] Die historische Betrachtung des Ausschlusses von Tierrassen

384 Zu den Bemühungen in Deutschland: BT-Drs. 11/8520 S. 46; *Looser* GRUR Int. 1986, 27; *Kräußlich* GRUR Int. 1987, 340, sowie Forschungsprojekt des BMELV *Henze* 1995; zu den Bemühungen in Frankreich: *Malafosse* 1993 und *Henze* 1995, S. 231.

385 Siehe dazu Abschnitt 2.3.1.

386 *Vossius* GRUR 1990, S. 333; *Kinkeldey*, GRUR 1993, 394 (397).

387 *Pfanner* GRUR Int. 1962, 545 (547).

388 An dieser Stelle als Sammelbegriff für alle unter 4.4.2.1 erwähnten Begriffe.

389 *Straus*, GRUR 1992, 252 (252).

390 *Godt* 2007, S. 65.

lässt wenig Rückschlüsse auf die Gründe zu, die dazu führten. Die widersprüchlichen Definitionen der Verfasser des StraÜ sind verwirrend und wenig nutzbringend in Bezug auf die Feststellung von durchgängigen Beurteilungsmustern oder Prinzipien. Im nächsten Abschnitt wird deshalb analysiert, wie das EPA den Ausschluss in seinen Entscheidungen begründet.

3.5.2.3 Begründung des Ausschlusses und Definition des Begriffs durch das EPA – Krebsmaus/Harvard Entscheidung I-III

Das EPA hat sich in verschiedenen Entscheidungen mit dem Begriff der „Tierrassen" auseinandergesetzt. In seiner ersten Entscheidung um die Harvard-Krebsmaus[391] vom 14.7.1989[392] führte die Prüfungsabteilung aus, dass die Verfasser des StraÜ, aus dem die Formulierung unverändert in das EPÜ übernommen wurde, seinerzeit Tierarten als nicht patentwürdig ansahen.[393] Diese Auffassung würde dadurch unterstrichen, dass in den drei Sprachfassungen[394] des EPÜ unterschiedliche taxonomische Begriffe verwendet werden („Tierarten", „animal varieties" und „races animales"). Im Ergebnis ging es dem Gesetzgeber nach Auffassung der Prüfungsabteilung um ein generelles Patentierungsverbot für Tiere.[395] Dieser Auffassung kann mit Blick auf die Formulierung des Art. 27 Abs. 3b im TRIPS-Abkommen, der besagt, dass den Vertragsparteien die Möglichkeit eingeräumt wird, Tiere von der Patentierbarkeit auszuschließen, zugestimmt werden.

Dieser Auffassung widersprach die große Beschwerdekammer in ihrer Entscheidung T 19/90.[396] In Bezug auf den Begriff der „Tierarten" betonte

---

391 Ansprüche 17 und 18 beziehen sich auf Säugetiere und Nagetiere und jedes dieser Tiere welches das Onkogen in sich trägt. Darüber hinaus sind Gruppen von Tieren mit identischem oder ähnlichem Aussehen umfasst, also auch Gruppen von Tieren die wiederum eine Rasse umfassen. Weitere Erläuterungen zum Inhalt des Patents siehe 3.5.1.2.

392 *EPA*, Entsch. v. 14.7.1989 – Harvard-Krebsmaus I, Ziffer 7.

393 Vgl. *Pfanner*, GRUR Int. 1962, 545 (547).

394 Siehe dazu Abschnitt 3.5.2.1

395 *EPA*, Entsch. v.14.7.1989, ABl. 1989, 454.

396 *EPA*, Entsch. der technischen Beschwerdekammer 3.3.2. v. 3.10.1990 – T 19/90, Krebsmaus HARVARD II, EPA ABl. 1990, 476.

die Kammer, dass Art. 53b eng auszulegen sei und somit für bestimmte Gruppen von Tieren, jedoch nicht für Tiere an sich gelte. Nach Ansicht der Kammer habe der Gesetzgeber mit Absicht diese Begriffe verwendet, um diese vom Begriff der Tiere abzugrenzen.[397] Eine Definition des Begriffs der „Tierrassen" findet sich in der Rechtsprechung der Beschwerdekammern bis zu diesem Zeitpunkt dennoch nicht. Bereits in der ersten Entscheidung stellte die Prüfungsabteilung fest, dass es keine Definition in den Abkommen für den Begriff der „Tierart" gibt und dieser in der Wissenschaft nicht einheitlich gebraucht wird. Dies ergebe keine verlässliche Grundlage für die Anwendung des Art. 53b EPÜ.[398]

Erst in einer weiteren Entscheidung zur Krebsmaus[399] (Krebsmaus III) stellt die Kammer fest, dass bei einer Beurteilung nach Art. 53b für Tierrassen der für Pflanzensorten aufgestellte Grundsatz gelten sollte, den die große Beschwerdekammer in der Entscheidung Transgene Pflanzen/Novartis II[400] aufgestellt hat. Dieser Grundsatz besagt, dass ein Anspruch, der Pflanzensorten umfasst, aber nicht auf eine spezifische Pflanzensorte beschränkt ist, patentierbar ist.[401] Das bedeutet demnach für Tiere, dass ein Patent nicht für eine einzelne Tierart (oder Tiervarietät oder Tierrasse) erteilt werden kann, die Erfindung aber durchaus Tierarten umfassen kann. Weiterhin führt die Kammer aus, dass eine taxonomisch einheitliche Kategorie durch die vorhandene Trias Tierrasse-Tiervarietät-Tierart nicht gegeben ist und somit „eine von der taxonomischen Kategorie ausgehende Definition mit dem bei Pflanzen verfolgten Ansatz" im Sinne der Rechtssicherheit für Tierrassen anzustreben wäre. Anschließend werden die Begriffe Tierrasse, Tierart sowie Tiervarietät wie folgt definiert.

„Definition für ‚Tiervarietät': ‚eine von verschiedenen unterhalb einer Art angesiedelten Gruppen von Tieren (Unterart)'. ‚Tierrasse' ist definiert als: ‚Gruppe

---

397 *EPA*, Entsch. der technischen Beschwerdekammer 3.3.2. v. 3.10.1990 – T 19/90, Krebsmaus HARVARD II, EPA ABl. 1990, 476.

398 *EPA*, Entsch. v.14.7.1989, ABl. 1989, 455.

399 *EPA*, Entsch. v.6.7.2004 - T 315/03 – Krebsmaus Harvard III.

400 *EPA*, Entsch. GBK v. 20.12.1999 - G 1/98 – EPA ABl. 2000, 11.

401 Dieser Grundsatz basiert auf den Vorgaben der BioPatRL in Art. 4 Abs. 2 umgesetzt ins deutsche Patentgesetz in § 2a Abs. 2 Nr. 1.

innerhalb einer Art, deren Angehörige tatsächlich oder potenziell untereinander fortpflanzungsfähig sind; auch als taxonomische Kategorie (im Sinne von Unterart) für eine solche Gruppe gebräuchlich'. Demnach sind sowohl ,Varietät' als auch ,Rasse' in der taxonomischen Hierarchie eindeutig unterhalb der ,Art' angesiedelt. Diese wiederum ist definiert als: ,Unmittelbar unterhalb der Gattung oder Untergattung angesiedelte biologische Klassifikationskategorie, die verwandte, untereinander potenziell fortpflanzungsfähige Organismen oder Populationen umfasst und durch ein Binomen benannt wird, das aus einem Gattungsnamen gefolgt von einem lateinischen oder latinisierten, mit Kleinbuchstaben beginnenden und grammatikalisch mit dem Gattungsnamen übereinstimmenden Substantiv oder Adjektiv besteht.' Beispiele für Arten sind Mus musculus (M. musculus), M. abbottii und M. caroli, wobei z. B. Mus musculus weiter unterteilt ist in Unterarten wie M. musculus domesticus und M. musculus bractianus. Die ,Gattung' ist wie folgt definiert: ,Zwischen der Familie und der Art angesiedelte biologische Klassifikationskategorie, die strukturell und phylogenetisch verwandte Arten oder eine isolierte Art mit einer ungewöhnlichen Differenzierung umfasst und durch ein lateinisches oder latinisiertes, mit Großbuchstaben beginnendes Substantiv im Singular benannt wird.' Ein Beispiel für eine Gattung wäre also Mus (Maus)."[402]

Eine weitere Aussage, welche Definition Anwendung finden sollte, trifft die Kammer nicht. Weiterhin stellt sie fest, dass die strenge Anwendung des Art. 177 Abs. 1 EPÜ der besagt, dass alle drei Sprachen des EPÜs genutzt werden können „zu dem absurden Ergebnis führen, dass der Ausgang des Einwands nach Art. 53b von der jeweiligen Verfahrenssprache abhinge, wobei die deutsche, die mit dem Begriff „Tierarten" von der höchsten taxonomischen Kategorie ausgeht, den breitesten Einwand zuließe."[403] Die fehlende verbindliche Definition des Begriffs „Tierrasse" wird von der Kammer als „nicht wünschenswerte Rechtsunsicherheit" eingestanden und nicht weiter diskutiert. Jedoch teilt sie vor dem Hintergrund des Fehlens eines Schutzinstruments für gewerbliche Schutzrecht

---

[402] Alle obenstehenden Definitionen stammen aus dem "Merriam-Webster Online Dictionary" und wurden in der *EPA*, Entsch. v. T 315/03 – Krebsmaus Harvard III angeführt, S. 20 f.

[403] *EPA*, Entsch. v. T 315/03, Nr. 11.7 Entscheidungsgründe.

die Erkenntnis, dass es Aufgabe des EPA sei, „die Frage der Auslegung des Art. 53b bezüglich des Begriffes „Tierarten" so zu lösen, dass ein Mittelweg gefunden wird zwischen dem Interesse des Erfinders an einem angemessenen Schutz für ihre Arbeit auf diesem Gebiet und dem Interesse der Öffentlichkeit, bestimmte Kategorien von Tieren vom Patentschutz auszuschließen."[404]

Schlussendlich stellt sie fest, dass die auf Tiere gerichteten Ansprüche – nichtmenschliche Säuger sowie Nagetiere – patentierbar sind, weil sie in eine taxonomisch höhere Kategorie über den Tierarten einzuordnen sind.[405]

3.5.2.4 Würdigung: Übertragbarkeit Pflanzensorte auf Tierrasse?

In diesem Abschnitt wurde analysiert, warum Tierrassen von der Patentierbarkeit ausgenommen wurden. Dies ist ebenfalls eng mit der Frage verknüpft, was eigentlich unter dem Begriff der „Tierrasse" zu verstehen ist, da sich ein Ausschluss sonst schwer begründen lässt. Die Analyse hat gezeigt, dass es in den internationalen, europäischen sowie nationalen Patentregelwerken keine eindeutige Definition des Begriffs der „Tierrasse" gibt. Es hat sich herausgestellt, dass die verschiedenen Sprachfassungen des EPÜ Begriffe aus verschiedenen Kategorien der zoologischen Systematik beinhalten, um den Begriff der „Tierrasse" zu benennen. Der Ursprung dieses „Begriffschaos" konnte auf Grundlage der Analyse der Entstehungsdokumente nicht genau ermittelt werden. Obwohl das EPA diese taxonomischen Unterschiede bestätigt hat[406] und die nicht existente Definition des Begriffs der Tierrassen als Rechtsunsicherheit einstuft, hat es in seinen Entscheidungen bisher keine Legaldefinition vorgelegt. Vielmehr hat es festgelegt, dass der Ausschluss von Tierrassen analog zum Aus-

404 *EPA*, Entsch. der technischen Beschwerdekammer 3.3.2. v. 3.10.1990 – T 19/90, Krebsmaus HARVARD II, EPA ABl. 1990, 476.

405 *EPA* ABl. 1992, 590. Mitteilung über die beabsichtigte Erteilung eines europäischen Patents v. 4.10.1991, Ziffer 2, siehe https://register.epo.org/application?documentId=EP8S4WVC2708227&number=EP85304490&lng= en&npl=false (28.1.2018).

406 Siehe Fn. 371 - T 315/03, Nr. 11.7 Entscheidungsgründe.

schluss von Pflanzensorten zu erfolgen hat. Somit geht die Rechtsprechung des EPA von einer Gleichsetzung der Begriffe Pflanzensorte und Tierrasse aus. Für die Tierart ist bisher keine Definition der Art in der Biologie vorhanden, die die theoretischen und praktischen Anforderungen aller biologischen Teildisziplinen gleichermaßen erfüllt. Es existieren vielmehr verschiedene Artkonzepte, die zu unterschiedlichen Klassifikationen führen. In den Kommentaren zum Patentrecht wird die Feststellung bestätigt, dass es keine gültige Definition der Tierrasse gibt und es sich bei den in unterschiedlichen Sprachfassungen verwendeten Begriff der Tierrasse (Tiervarietät, Tierart) um unterschiedliche Taxonomien handelt, denn

„…in der Zoologie und der Tierzüchtung wird entsprechend dem Grad der Verwandtschaft, der den gleichen oder ähnlichen Bauplan bestimmt, das Tierreich in absteigender Reihenfolge wie folgt klassifiziert: Art (= species), Rasse (=subspecies oder Unterart), Schlag, Stamm, Zucht (=Herde), Familie und Individuum. Eine Tierrasse ist somit eine Gruppe von Lebewesen, die sich durch gemeinsame Erbanlagen von anderen Artangehörigen unterscheiden."[407]

Problematisch ist jedoch, dass der Begriff der Rasse in den verschiedenen Tierarten unterschiedlich verwendet wird. Denn

„obwohl der Begriff der Rasse in der Tierzucht eine sehr wichtige Rolle spielt, muss jedem Tierzüchter klar sein, dass eine Rasse im genetischen Sinn nicht eindeutig definierbar ist, weil die Differenzierung in Rassen innerhalb einer Art zum Teil subjektiv und kulturell bedingt ist."[408]

Ob eine Legaldefinition vor diesem Hintergrund sinnvoll ist und welche Ansatzpunkte für eine solche zu wählen sind, wird in den Handlungsoptionen in Abschnitt 5.3.1. diskutiert. Es bleibt unklar, wie etwas ausgeschlossen werden kann, was bisher nicht klar definiert wurde. Der nicht zu vertretende Ausschluss wird auch dadurch untermauert, dass gemäß

[407] *Schulte/Moufang*, § 2a Rn. 28, unterschiedliche Taxonomien werden auch von *Busse/Keukenschrijver*, § 2a Rn. 29 sowie *Singer/Stauder* Art. 53 Rn. 52 beschrieben.

[408] *Willam/Simianer* 2011, S. 409

einer Auslegung nach dem TRIPS-Abkommen, Tiere von der Patentierbarkeit ausgenommen sind und Tierrassen patentierbar sein müssten.[409]

3.5.3 Ausschluss der im Wesentlichen biologischen Verfahren für die Züchtung von Tieren

Gemäß § 2a Abs. 1 Nr. 1 PatG[410] sind im Wesentlichen biologische Verfahren nicht patentierbar. Dieser Ausschluss ist besonders vor dem Hintergrund der Diskussion um den zunehmenden Einsatz biotechnologischer Verfahren in der Tierzucht von Bedeutung. Durch den Ausschluss wird eine Grenze gezogen zwischen Verfahren, die konventionelle Züchtungstechniken umfassen, und solchen, die technisch sind (beispielsweise zur Erzeugung von transgenen Pflanzen oder Tieren). Hier stellt sich die Frage, ob biologisch im Sinne von nicht technisch zu verstehen ist und wie genau eine Abgrenzung bei mehrstufigen Züchtungsverfahren, die aus verschiedenen konventionellen und technischen Schritten bestehen, erfolgt. Diese Fragen sollen in den folgenden Unterabschnitten geklärt werden. Aufgrund des Fehlens einer eigenen Rechtsprechung im Bereich der Tierzuchtverfahren wird zunächst die der Pflanzen untersucht (Abschnitt 3.5.3.1) Anschließend wird die Übertragbarkeit der Grundsätze auf die Tierzucht diskutiert (Abschnitt 3.5.3.2).

3.5.3.1 Entstehung und Zweck des Ausschlusses von im Wesentlichen biologischen Verfahren

Am Anfang der Diskussion um den Ausschluss der im Wesentlichen biologischen Verfahren steht die Frage, warum diese von der Patentierbarkeit ausgeschlossen wurden. Die Entstehung und der Zweck des Ausschlusses werden anhand von Entscheidungen des EPAs im Bereich der Pflanzenzuchtverfahren sowie der Entstehungsgeschichte des Art. 2 Abs. 2 und Regel 23b Abs. 5 der BioPatRL nachvollzogen.

---

[409] *Temmerman* 2012, S. 83.

[410] § 2a Abs. 1 PatG i.V.m. Art. 4 Abs. 1a BioPatRL, Art. 53b EPÜ und Regel 27 EPÜAO sowie Art. 27 Abs. 3b TRIPS.

3.5.3.1.1 Hybridpflanzen/Lubrizol – T 320/8

Die Frage, wann ein Verfahren im Wesentlichen biologisch ist, wurde erstmals im Patentverfahren Hybridpflanzen/Lubrizol[411] 1990 diskutiert. Das Patent beschreibt ein Verfahren zur raschen Entwicklung von Hybriden sowie die Erzeugung von Hybridsamen. In der Entscheidung geht die Kammer auf die Entstehung des Ausschlusses ein und stellt fest, dass der Begriff auf das StraÜ in Anlehnung an Art. 2b desselben zurückgeht. Den vorbereitenden Dokumenten sei kein Hinweis in Bezug auf das Verständnis des Begriffs im Wesentlichen biologisch zu entnehmen. Sie weist weiter daraufhin hin, dass bei der Verabschiedung die Entwicklung der heutigen Biotechnologie noch nicht abzusehen war.[412] Das EPA stellte weiter fest, dass die Einordnung eines im Wesentlichen biologischen Verfahrens *„unter Berücksichtigung des Gesamtanteils der menschlichen Mitwirkung und deren Auswirkung auf das erzielte Ergebnis beurteilt werden muss"* – also ein nicht im Wesentlichen biologisches Verfahren sich dadurch auszeichnet, dass es mindestens einen wesentlichen technischen Verfahrensschritt enthalte und dieser nicht ohne menschliches Zutun durchgeführt werden kann. Diese Mitwirkung stelle jedoch allein an sich kein Kriterium dafür dar, dass es sich um kein im Wesentlichen biologisches Verfahren handelt. Im Ergebnis stellte das EPA fest, dass das Verfahren zur Erzeugung von den beanspruchten Hybridpflanzen eine bestimmte Kreuzung darstellt, die wiederholbar ist, sowie unter kontrollierten Bedingungen abläuft und somit nicht in der Natur vorkommt.[413] Diese Ausführungen stellen jedoch noch keine zufriedenstellende Präzisierung für den Ausschluss von im Wesentlichen biologischen Verfahren dar.

---

[411] *EPA*, Entsch. v. 10.11.1988 – T 320/87, ABl. EPA 1990, 71 – Lubrizol.
[412] *EPA*, Entsch. v. 10.11.1988 – T 320/87, Hybrid Pflanzen/Lubrizol, Entscheidungsgründe Ziff. 5., ABl. EPA 1990, 71 – Lubrizol.
[413] *EPA* ABl. 1990, 71 (78) – Lubrizol.

3.5.3.1.2 Pflanzenzellen/Plant Genetic Systems – T 356/93

In der Plant Genetic Systems-Entscheidung fünf Jahre später ging es um einen Verfahrensanspruch zur Erzeugung einer Pflanze, indem Pflanzenzellen oder Pflanzengewebe mit einer rekombinanten DNA transformiert wurden, um aus diesen wiederum Pflanzen oder Vermehrungsmaterial zu generieren. Anschließend wurden die Pflanzen biologisch vervielfältigt. Mit Rückgriff auf die Lubrizol-Entscheidung sah die Kammer in der Transformation einen wesentlichen technischen Schritt und begründete so die Patentierbarkeit von glutaminsynthease-resistenten Pflanzenzellen.[414] Eine weitere Präzisierung des Begriffs der im Wesentlichen biologischen Verfahren erfolgte indes nicht. Bezüglich der Entstehungsgeschichte des Ausschlusses führte die Kammer in ihrer Entscheidung aus, dass die Verfasser des EPÜ, obgleich sie neue Pflanzensorten und Prozesse zu ihrer Herstellung von der Patentierung ausschlossen, einen Schutz für technische Pflanzenzuchtverfahren gewährleisten wollten. Es ging darum, nur die im Wesentlichen biologischen Prozesse wie beispielsweise Auslesezüchtung auszuschließen und somit von den technischen Verfahren zur Züchtung von Pflanzen abzugrenzen.[415]

3.5.3.1.3 Definition in der Biopatentrichtlinie

Mit der 1998 verabschiedeten Biopatentrichtlinie wurde eine neue Begriffsdefinition für im Wesentlichen biologische Verfahren eingeführt. Ein im Wesentlichen biologisches Verfahren zur Züchtung von Tieren oder Pflanzen liegt gemäß Art. 2 Abs. 2 und Regel 23b Abs. 5 der Richtlinie vor, wenn es vollständig auf natürlichen Phänomenen wie Kreuzung oder Selektion beruht.[416] In die Ausführungsverordnung des EPÜ wurde ein neues Kapitel aufgenommen, welches die neue Regel enthält.[417]

---

414 *EPA* Entsch.v. 21.2.1995 T 356/93 - EPA ABl. 1995, 445 (573).

415 *EPA*, T 356/93 Entscheidungsgrund 26.

416 Regel 26 Abs. 5 EPÜAO v. 7.12.2006, PatG § 2a Abs. 3; Art. 2 Abs. 2 Richtlinie.

417 Beschluss des Verwaltungsrates der EPO v. 16.6.1999, der am 1.9.1999 in Kraft trat, zur Angleichung des europäischen Patentrechts an die Biotechnologierichtlinie.

Die Entstehungsgeschichte des Art. 2 Abs. 2 zeigt, dass der Wortlaut der Vorschrift im Vorfeld der Verabschiedung mehrmals geändert wurde. Ursprünglich wurde in der ersten Fassung ein Verfahren, *„bei dem das Eingreifen des Menschen darüber hinaus geht, vorhandenes biologisches Material auszuwählen und es unter natürlichen Bedingungen eine ihm innewohnende biologische Funktion ausüben zu lassen"* als patentfähig angesehen.[418] In der zweiten Fassung hingegen sind im Wesentlichen biologische Verfahren zur Züchtung von Pflanzen und Tieren unter Verweis auf die Berücksichtigung des menschlichen Eingreifens „und die Wirkung eines solchen Eingreifens auf das gezielte Ergebnis" nicht patentierbar. Der zweite Satz präzisiert, dass ein Verfahren, *„das als Ganzes in der Natur nicht vorkommt und bei dem es sich um mehr als ein herkömmliches Züchtungsverfahren handelt,"* als patentierbar angesehen wird.[419] Die zweite Fassung steht im Lichte der Entscheidung zu Hybridpflanzen. In der dritten Fassung wird schließlich festgehalten, dass ein Verfahren als im Wesentlichen biologisch anzusehen ist, „wenn es auf Kreuzung oder Selektion beruht".[420] Die endgültige Fassung der Definition präzisiert, dass ein im Wesentlichen biologisches Verfahren „vollständig auf natürlichen Phänomen wie Kreuzung oder Selektion" beruhen muss, damit es von der Patentierbarkeit ausgeschlossen ist.[421] Die in der Biopatentrichtlinie vorgegeben Definition wirft einige Fragen auf. So geht sie davon aus, dass Verfahren „im Wesentlichen" – das bedeutet vorrangig aber nicht ausschließlich – biologisch sind, aber trotzdem vollständig auf natürlichen Phänomen beruhen. Hier besteht ein Widerspruch, denn wenn Verfahren auf natürlichen Verfahren beruhen, dann ist das im Sinne von „biologisch" zu verstehen. In der Folge wären nur Verfahren, die ausschließlich auf natürlichen Schritten bestehen, von der Patentierung ausgeschlossen. Die Züchtung macht sich jedoch natürliche Vorgänge zu Nutze und optimiert diese durch technische Schritte.

---

418 Art. 7 des ursprünglichen Vorschlags KOM (88) 496 endg. v. 20.10.1988, ABl. EG Nr. C 10/3 v. 13.1.1989.

419 Art. 6 des vom Rat am 7.2.1994 festgelegten Gemeinsamen Standpunkts (EG) Nr. 4/94 (ABl. EG Nr. C 101/65 v. 9.4.1994).

420 Art. 2 des geänderten Vorschlags v. 29.8.1997 (KOM (97) 446 endg.; ABl. EG 311/12 v. 11.10.1997.

421 Gemeinsamer Standpunkt des EG-Rates Nr. 19/98 – ABl. EG C 110/17 v. 8. 4. 1998.

Die als natürliche Phänomene beschriebenen Vorgänge der Selektion und Kreuzung beruhen immer auf der Einwirkung des Menschen, sind also nicht natürlich.[422] So wird deutlich, dass die vorgegebene Definition nicht zur Präzisierung der im Wesentlichen biologischen Verfahren beitrug, sondern nun zusätzlich die Frage im Raum stand, wann ein Prozess vollständig auf natürlichen Phänomenen wie Kreuzung und Selektion beruht und was genau darunter zu verstehen ist.

3.5.3.1.4 Transgene Pflanzen/Novartis – G 1/98

In der Novartis-Entscheidung[423] wurde der großen Beschwerdekammer sodann die Frage vorgelegt, ob ein Verfahren als im Wesentlichen biologisch eingestuft werden kann, wenn diese Pflanzensorten umfasst und somit nach Art. 53b erster Halbsatz EPÜ von der Patentierung ausgeschlossen ist. Hierauf untersuchte die Kammer in ihrer Vorlageentscheidung drei Konzepte, die sich mit der Definition der im Wesentlichen biologischen Verfahren auseinandersetzen.

In Analogie zur Rechtsprechung des Art. 53c EPÜ zum Ausschluss chirurgischer Verfahren umfasst ein im Wesentlichen biologisches Verfahren ausschließlich biologische Verfahrensschritte. Hierbei wird auf die einzelnen Verfahrensschritte abgestellt, so ist die Patentierbarkeit eines Verfahrens bereits ausgeschlossen, wenn ein Verfahrensschritt im Wesentlichen biologisch ist. Die Frage jedoch, wann ein Schritt im Wesentlichen biologisch ist, wurde nicht thematisiert. Nach dem zweiten Konzept der bereits beschriebenen Lubrizol- Entscheidung müsste der Gesamtanteil der

---

[422] Siehe dazu *Schulte/Moufang*, § 2a Rn. 35. Dies wurde auch von der Kammer in der Brokkoli-Entscheidung von 2007 festgestellt: „Der Wortlaut des Artikels 2 Abs. 2 der Biotechnologierichtlinie und der Regel 23b Abs. 5 EPÜ ist nach Auffassung der Kammer nicht ganz einfach zu verstehen. Einerseits gelten nur Verfahren, die vollständig auf natürlichen Phänomenen beruhen, als im Wesentlichen biologische Verfahren zur Züchtung von Pflanzen. Andererseits werden Kreuzung und Selektion als Beispiele für natürliche Phänomene angeführt. Dies scheint in sich ein gewisser Widerspruch zu sein, da die systematische Kreuzung und Selektion, wie sie bei der traditionellen Pflanzenzüchtung praktiziert wird, in der Natur ohne Zutun des Menschen nicht stattfinden würde." ABl. EPA 2007, 660.

[423] *EPA*, Entsch. GBK v. 20.12.1999, G 1/98- Transgene Pflanzen/ Novartis II.

menschlichen Mitwirkung und deren Auswirkung auf das erzielte Ergebnis in Betracht gezogen werden. Daraus ergibt sich, wie bereits zu T 356/93 erläutert, der Umstand, dass ein Verfahren für den Ausschluss nach Art. 53b zweiter Halbsatz EPÜ mindestens einen technischen Schritt enthalten müsse, der nicht ohne menschliche Mitwirkung auszuführen ist. Nach dem dritten im Entwurf der Biotechnologierichtlinie des Art. 2 Abs. 2[424] EPÜ enthaltenen Konzept müsse sich ein Verfahren neben vielen beliebigen im Wesentlichen biologischen Schritten mindestens einen nicht biologischen Verfahrensschritt aufweisen. Die Kammer favorisierte indes jedoch keinen der drei analysierten Konzepte und beließ es bei deren Erwähnung. Es wurde einzig seitens der Kammer festgestellt, dass das dritte Konzept, die Auslegung nach der Biopatentrichtlinie, das günstigste für den Anmelder wäre, jedoch die Beschwerdekammer von diesem Ansatz noch keinen Gebrauch gemacht hätten.[425]

3.5.3.1.5 Brokkoli/Plant Bioscience

In der Entscheidung Brokkoli/Plant Bioscience[426] wurde die durch Art. 2 Abs. 2 BioPatRL eingeführte Definition der im Wesentlichen biologischen Verfahren endlich diskutiert.

Das Patent EP 1069819 – Verfahren zur selektiven Erhöhung der Anticarcinogenen Glucosinate bei Brassica-Sorten – wurde 2002 an die britische Firma Plant Bioscience erteilt. In dem beanspruchten Verfahren werden Hybride zweier Brokkolisorten nach dem Kreuzen auf das Vorhandensein eines erhöhten Gehalts bestimmter Senfölglykoside mittels so genannter Markergene[427] untersucht. Die Pflanzen, die eine erhöhte Expression der Senfölglykoside aufweisen, werden weiter gekreuzt. Die Anmelderin begründete ihren Anspruch auf ein Patent unter anderem damit, dass allein

---

424 Siehe Fn. 420.

425 *EPA*, Entsch. GBK v. 20.12.1999, G 1/98, III.

426 *EPA* GRUR Int. 2008, 234 – Broccoli/Plant Bioscience.

427 Als Marker (deutsch „Markierung", auch Markergen oder molekularer Marker genannt) bezeichnet man in der Molekularbiologie z.B. eindeutig identifizierbare, kurze DNA-Abschnitte, deren Ort im Genom bekannt ist, z. B. SNP (Single Nucleotide Polymorphisms). Ausführlich siehe Anhang B27.

schon die notwendige Isolierung der Senfölglykoside mit Hilfe der molekularen Marker einem Verfahren widerspricht, welches auf natürlichen Phänomenen wie Kreuzung oder Selektion beruht.[428] Aufgrund der Rechtsprechung in der Lubrizol-Entscheidung und der neu eingeführten Definition in der Biopatentrichtlinie gibt es nach Auffassung der Kammer zwei unterschiedliche Ansätze zur Beurteilung der Frage, wann ein Verfahren patentierbar ist und nicht unter den Ausschluss der im Wesentlichen biologischen Verfahren fällt. Diese würden zu unterschiedlichen Ergebnissen führen. Würde der in Regel 23b Abs. 5 EPÜAO festgelegte Ansatz gewählt, so wäre ein Zuchtverfahren patentierbar, sofern es einen technischen Schritt enthalte, sodass es nicht mehr vollständig auf „natürlichen Phänomenen" beruhe, unabhängig davon, welchen Beitrag dieser technische Schritt zum Verfahren leistet. Die im Verfahren verwendeten molekularen Marker sind technischer Natur, jedoch bekannt (gehören zum Stand der Technik) und können so nach Ansicht der Kammer keinen wesentlichen Beitrag zur Erfindung leisten. Nach dem verfolgten Ansatz der Lubrizol-Entscheidung würde das Verfahren unter den Ausschluss fallen. Das vorliegende Verfahren wäre somit nach Anwendung der vorliegenden Rechtsprechung nicht patentierbar, aber unter Anwendung der Definition in der Richtlinie hingegen schon.[429] Schließlich wurde der großen Beschwerdekammer die Frage vorgelegt, ob „ein nicht mikrobiologisches Verfahren zur Züchtung von Pflanzen, dass die Schritte der Kreuzung und Selektion von Pflanzen umfasst, dem Patentierungsverbot des Art. 53 b allein schon deswegen entgeht, weil es als weiteren Schritt oder als Teil eines der Schritte der Kreuzung und Selektion ein zusätzliches Merkmal technischer Natur umfasst".[430] Auch im Fall um das Verfahren zum Züchten von Tomaten mit geringem Wassergehalt wurden der großen Beschwerdekammer Fragen vorgelegt, welche die Auslegung der im Wesentlichen biologische Verfahren nach Art. 53b EPÜ behandeln.[431] Das

---

[428] Patentanmeldung v. 17.5.1999 siehe https://register.epo.org/application?documentId=EAZZ9UPZINPPHID&number=EP99915886&lng=en&npl=false (28.1.2018).

[429] *EPA* ABl. 2007, 644 (667).

[430] *EPA* ABl. 2007, 644 (669).

[431] *EPA*, Entsch. v. 4.4.2008 – T 124/06 – Tomaten/Staat Israel, EPA ABl. 2008, 532.

Verfahren umfasst die Selektion und Kreuzung der Pflanzen, das Sammeln, Bestäuben, Züchten von Tomatenpflanzen sowie das Wiegen und Trocknen der Früchte, die über die normale Reife hinaus an der Pflanze verbleiben.[432] Es ist kein mikrobiologischer Schritt im Verfahren enthalten, es werden die „klassischen Züchtungsverfahren" beansprucht.[433] Die Tomaten werden ebenfalls beansprucht und über das Verfahren beschrieben. Das Vorlageverfahren G 1/08 wurde mit dem Vorlageverfahren des Brokkoli-Patents G 2/07 zusammengelegt. In ihrer Entscheidung zur Vorlagefrage vom 9.12.2010 stellt die große Beschwerdekammer fest, dass die Entstehungsgeschichte sowie der Normtext von Art. 2 Abs. 2 BioPatRL unklar und widersprüchlich sind,[434] sodass sie keinerlei Hilfe bei der Interpretation für im Wesentlichen biologische Verfahren bieten. Vielmehr müsse Art. 53b EPÜ für sich alleine ausgelegt werden.[435] Sie entschied, dass *„ein nicht mikrobiologisches Verfahren zur Züchtung von Pflanzen, das die Schritte der geschlechtlichen Kreuzung ganzer Pflanzengenome und der anschließenden Selektion von Pflanzen umfasst, oder aus diesen Schritten besteht, grundsätzlich von der Patentierbarkeit ausgeschlossen ist, weil es im Sinne des Art. 53b EPÜ im Wesentlichen biologisch ist."*[436] Allein die Hinzufügung eines technischen Schrittes, der lediglich dazu dient „die Ausführung der Schritte der geschlechtlichen Kreuzung oder Selektion zu unterstützen", reiche nicht aus um zu erreichen, dass ein Verfahren patentierbar ist. Wenn der zusätzliche technische Schritt hingegen „selbst ein Merkmal in das Genom der Pflanze einführt oder ein Merkmal in deren Genom modifiziert" und diese Änderung nicht „durch das Mischen der Gene der zur Kreuzung

---

432 Ansprüche des Patents EP 1211926 wurden v. EPA nach der Sachprüfung und einem Einspruch eingeschränkt, siehe http://worldwide.espacenet.com/publicationDetails/claims?CC=EP&NR=1026942 A1&KC=A1&FT=D&ND=3&date=20000816&DB=EPODOC&locale=en_EP. (28.1.2018). Ausführliche Beschreibung des Patents siehe Anhang B26.

433 Zwischenentscheidung der Einspruchsabteilung v. 29.5.2006, Entscheidungsgrund 1, S. 2-5. siehe https://register.epo.org/application?documentId=EKIRD0ZH8020FI4&number=EP00940724&lng=en&npl=false (28.1.2018).

434 Wie bereits in den zuvor analysierten Unterabschnitten 3.5.3.1.1-3.5.3.1.4 gezeigt.

435 Entscheidung GBK G 2/07 ABl. 12, 130 auch Tomaten-Entscheid, wortgleich – da zusammen verhandelt.

436 *EPA* ABl. 2012, 132 ff., Entscheidungsgrund 1.

ausgewählten Pflanze zustande kommt, dann ist das Verfahren nicht nach Art. 53b EPÜ von der Patentierbarkeit ausgeschlossen".[437] Nicht geklärt wurde in dieser Entscheidung die Frage nach der Patentierbarkeit der Pflanzen, die durch ein von der Patentierbarkeit ausgeschlossenes Züchtungsverfahren hergestellt werden. Dazu hat sich die Beschwerdekammer in ihrer Entscheidung „Brokkoli II" und „Tomate II"[438] Anfang 2015 geäußert.[439]

3.5.3.2 Übertragbarkeit auf Tierzuchtverfahren

Im Wesentlichen biologische Verfahren zur Erzeugung von Tieren wurden vom Bundespatentgericht zunächst als nicht patentfähig angesehen.[440] Seit der „Roten Taube"- Entscheidung durch den BGH[441] ist eine Patentierung jedoch grundsätzlich möglich. Die Voraussetzung dafür ist, dass das Züchtungsverfahren wiederholbar ist[442] und nicht auf einem zufälligen Ergebnis beruht.[443] Eine Definition, was genau unter einem im Wesentlichen biologischen Verfahren für die Erzeugung von Tieren zu verstehen ist, gibt es bisher nicht. Wie bereits in Abschnitt 3.5.2.3 gezeigt, geht das EPA davon aus, dass die Rechtsprechung für den Bereich der Pflanzenzucht auf die Tierzucht übertragbar ist.[444] Wird die Rechtsprechung für Pflanzenzüchtungen zu Grunde gelegt, so ist ein Verfahren im Wesentlichen biologisch, wenn es die Schritte geschlechtlichen Kreuzung ganzer Pflanzengenome und der anschließenden Selektion umfasst. In den folgenden Unterabschnitten wird anhand von Patentfällen in der Tierzucht der Frage nachgegangen, wann ein Tierzuchtverfahren als im

---

437 *EPA* ABl. 2012, 132 ff., Entscheidungsgründe 1-3.

438 Entscheidungen G 2/12 (Tomate II); G 2/13 (Brokkoli II) v. 25.3.2015.

439 Diese Frage wird unter der Thematik der „Product-by-Process"-Patente in Abschnitt 3.6.2.2 behandelt.

440 *BPatGE* 8, 121 ff.; *BPatG* 10, 1, 4. Verfahren zum Steuern des Geschlechts von Nachkommen.

441 bereits erläutert in Abschnitt 3.4.1.

442 *BGH* Beschl. v. 27.3.1969, *BGHZ* 52, 74-85, Entscheidungsgrund 14, zum Kriterium der Wiederholbarkeit siehe Abschnitt 3.4.1.4.

443 *BGHZ* 52, 74-85.

444 *EPA*, Entsch. GBK v. 20.12.1999 – G 1/98 – Transgene Pflanzen/Novartis II, siehe Abschnitt 3.5.2.3.

Wesentlichen biologisch anzusehen ist und wie die Abgrenzung von patentierbaren (bio)-technologischen Verfahren erfolgt.[445]

3.5.3.3 SMART-Breeding in der Tierzucht – „Schweine"- und „Milchkuhpatent"

Neuere Verfahren wie die Markergestützte Selektion (MAS[446]) auch „SMART-Breeding"[447] genannt, verfolgen keine Übertragung von Gensequenzen, sondern beschleunigen die klassischen Züchtungsverfahren durch molekularbiologische Methoden. Dies ermöglicht eine gleichzeitige Bearbeitung von mehreren Eigenschaften neuer Zuchtprodukte. Auch bei Tieren werden diese Verfahren zur Präzisionszucht[448] eingesetzt und fallen unter den Begriff der genomischen Selektion.[449]

Ein solches Verfahren wurde im sogenannten „Schweinepatent" (EP 1651777) beansprucht. [450] Das Patent bezog sich auf ein Zuchtverfahren, bei dem mit Hilfe eines Tests die Schweine auf eine natürlich vorkommende Genvariante des Leptin-Rezeptors untersucht werden, welcher für eine schnelle Gewichtszunahme und bessere Fleischqualität verantwortlich ist. Dieses Gen kommt natürlicherweise in der Hausschweinrasse „Schwäbisch-Hällisches Landschwein" vor. Die genetische Analyse soll zu einer geeigneten Zuchttierkombination führen.[451] Der Patentantrag bezog sich ebenfalls auf die aus dem Zuchtverfahren hervorgegangenen Schweine und die Gensequenz, die den Leptin-Rezeptor codiert.[452] Nach der ersten Prüfung des Europäischen Patentamtes blieben von ursprünglichen 30 Ansprüchen, die sich auf die Tiere als solches, DNS-Sequenzen

---

445 Zur Unterscheidung von konventionellen und biotechnischen Verfahren in der Tierzucht siehe 2.2.2.

446 Engl. für Marker Assisted Selection.

447 Engl. für Selection with markers and advanced reproductive Technologies.

448 Bestimmung von Tieren mit gewünschten Eigenschaften.

449 Siehe dazu Abschnitt 2.2.2.

450 Verwendung eines Einzelnukleotid-Polymphorphismus im codierenden Bereich des Leptinrezeptor aus Schwein zur Verbesserung der Schweinefleischproduktion, siehe Beschreibung in Anhang B7.

451 *EPA* 2009a.

452 Siehe Patentanmeldung EP 1651777 A1.

(Oligonukleotide) sowie auf das Testkit bezogen, zwölf Ansprüche übrig, die sich lediglich auf den Gentest bezogen. Nach Argumentation des EPAs waren die beanspruchten Schweine mit dem genannten Polymorphismus der Ansprüche 10, 11, 15 und 16 bereits existent und somit nicht neu nach Art. 54 Abs. 1 und 2 EPÜ. Im April 2009 legten mehr als 50 Verbände, 5.000 Privatpersonen, sowie die Hessische Landesregierung Einspruch ein.[453] Dieser stützte sich unter anderem[454] auf die Begründung, dass es sich bei dem Zuchtverfahren um ein im Wesentlichen biologisches handelt, welches nach Art. 52b EPÜ von der Patentierbarkeit auszuschließen sei. Die im Patent beschriebene Methode zur Auswahl von Schweinen[455] umfasse Verfahren zum Kreuzen und Selektieren und unterstütze lediglich den Vorgang der konventionellen Zucht.[456] Daraufhin widerrief der Patenthalter das Patent und es erfolgte keine weitere Kommentierung seitens des EPAs bezüglich der Beurteilung oder Definition von im Wesentlichen biologischen Verfahren für die Tierzucht.

Ein weiteres Patent mit dem Titel „Marker-unterstützte Auswahl von Rindvieh für verbesserte Milchproduktion unter Verwendung des Diacyl-Glycerin-Acyl-Transferase Gens DGAT1“ (“Milchkuhpatent”)[457] umfasst ein Verfahren zur Züchtung von Kühen, die mehr Milch oder Milch mit veränderten Inhaltsstoffen geben. Dies wird erreicht durch konventionelle Zucht oder den Einbau zusätzlicher Gene in das Genom der Tiere. Dabei wird ein Gen, das mit erhöhter Milchleistung bei Milchvieh in Verbindung gebracht wird, mit Hilfe eines DNA-Markers identifiziert und anschlie-

---

453 Sammeleinspruch v. 15.4.2009 siehe https://register.epo.org/application?documentId=EOQNPL4B 8493900&number=EP04778518&lng=en&npl=false (28.1.2018).

454 weitere Begründung: Es handelt sich nicht um eine Erfindung nach Art. 52 und 56 EPÜ, weil das beanspruchte Verfahren zur Zucht von Schweinen weder neu noch erfinderisch ist. Weiterhin ist das Patent nicht ausreichend technisch beschrieben gemäß Art. 83 EPÜ, es bleibt unklar, welche Gene genau geeignet sind, um Schweine mit einer verbesserten Mastleistung zu erzielen. Somit liege hier unzureichende Offenbarung vor, denn ein Fachmann kann die Erfindung nach der Patentbeschreibung nicht ausführen.

455 Zu finden in den Ansprüchen 3-4 der Patentschrift EP 4778518.

456 Sammeleinspruch v. 15.4.2009, S. 6.

457 Das Patent EP 1330552 hat in der Öffentlichkeit sehr viel Diskussion erfahren und so diesen Titel erworben. Ausführliche Beschreibung siehe Anhang B6.

ßend isoliert, um so die Zucht von Hochleistungsmilchkühen zu beeinflussen und zu beschleunigen. Das Verfahrenspatent erstreckt sich mittels des abgeleiteten Sachschutzes auch auf die mit dem Verfahren erzeugten Tiere (Ansprüche 14, 15 und 17) und ihre Nachkommen. Weiterhin werden Milch und die daraus hergestellten Produkte beansprucht (Ansprüche 18-22). Der Patentantrag erstreckt sich auch auf transgene Kühe (Ansprüche 44-50). Das Patent wurde 2007 an sieben belgische und neuseeländische Züchter erteilt.[458] Im Oktober 2007 erhoben Greenpeace sowie die Arbeitsgemeinschaft bäuerliche Landwirtschaft (AbL), Archer Warder, der Bundesverband deutscher Milchviehhalter, das gen-ethische Netzwerk sowie Misereor Einspruch. In ihrem Einspruch gegen EP 1330552 verwiesen die Einwender unter Führung von Greenpeace darauf, dass die beanspruchten Verfahren (Ansprüche 15-21) zum Feststellen der gentechnischen Hauptwerte eines Rindes sowie ein Verfahren zur Auswahl des identifizierten Rindes (mit erhöhter Milchleistung) auch im Wesentlichen biologisch sind. Dies resultiere aus dem Umstand, dass „biologische Überlegungen bei der Selektion und der Verstärkung bei der Züchtung angewandt werden".[459] Es handele sich bei den patentierten Verfahren um Auswahlverfahren zur Züchtung von Rindern und nicht um in-vitro-Verfahren. Der Patenthalter argumentierte daraufhin, dass sich die genannten Ansprüche nicht auf einen Prozess zur Erzeugung von Tieren richten und die Argumente der Einsprechenden somit unbegründet seien.[460] Das EPA argumentierte mit Verweis auf Regel 26 Abs. 5 EPÜAO, in der eine Definition der im Wesentlichen biologischen Verfahren erfolgt. Die beanspruchte Methode (Identifikation von Rindern mit dem K232A

---

458 Zu Patentanmelder siehe https://register.epo.org/espacenet/application?number=EP01992795&lng=en&tab=main (28.1.2018).

459 Einspruchsdokument v. 24.10.2007 (Sammeleinspruch), S. 5, siehe https://register.epo.org/application?documentId=EMK3GMVC4432900&number=EP01992795&lng=en&npl=false (28.1.2018).

460 *EPA*, Entsch. über Zurückweisung des Einspruchs v. 7.5.2010, S. 7, siehe https://register.epo.org/application?documentId=EP8SWKRA4031871&number=EP01992795&lng=en&npl=false (28.1.2018).

Polymorphismus[461] durch eine DNA-Analyse -Ansprüche 15, 17, 18) umfasse ein molekularbiologisches Verfahren und sei nicht im Wesentlichen biologisch. Somit liege kein Verstoß gegen Art. 53b EPÜ vor.[462]

Ein weiteres Verfahren zur genomischen Selektion wurde im Patent EP 1141418 „Auswahl von Tieren nach parental geprägten Merkmalen" beansprucht. Hier ging es um ein Verfahren zur Auswahl eines Haustiers, welches eine bestimmte Genvariante durch Vererbung erhält.[463] Gegen das erteilte Patent legte Greenpeace einen Sammeleinspruch ein mit der Begründung, dass es sich um ein im Wesentlichen biologisches Verfahren handelt.[464] Im Ergebnis wurde das Patent 2010 aufgrund mangelnder Offenbarung vom EPA widerrufen,[465] die Argumentation des Verstoßes gegen Art. 53 b wurde hingegen nicht thematisiert. In der Patentanmeldung für ein Verfahren für die genetische Verbesserung von Endebern („terminal boars")[466] hingegen stellt bereits die Prüfungsabteilung fest, dass die beschriebenen Züchtungsmethoden in den Ansprüchen 1-65 im Wesentlichen biologisch sind und keine technischen Schritte erkennen lassen. Die Anmeldung gilt seit 2009 vom Anmelder als zurückgenommen, da keine Antwort auf den Bescheid der Prüfungsabteilung erfolgte.[467] Ebenfalls als im Wesentlichen biologisch eingestuft, mit dem Verweis auf G 2/07 und G 1/08, wurde von der Prüfungskommission 2012 ein Verfahren zur Bestimmung eines Zuchtwertes auf Basis mehrerer genetischer Marker, die

---

461 Polymorphismus: Beteiligung vieler Gene an der phänotypischen Ausprägung, *Willam/Simianer* 2011, S. 122.

462 *EPA*, Entsch. über die Zurückweisung des Einspruchs v. 7.5.2010 S. 16. application?documentId=EP8SWKRA4031871&number=EP01992795&lng=en&npl=false (28.1.2018)

463 Ansprüche von EP 1141418 siehe http://worldwide.espacenet.com/publicationDetails/claims?DB=EPO DOC&ND=3&locale=en_EP&FT=D&date=20011010&CC=EP&NR=1141418A2&KC=A2&tree=false (28.1.2018), ausführliche Analyse siehe Anhang B11.

464 Einspruch v. 10.4.2008 siehe https://register.epo.org/espacenet/application?documentId=EM87QKRU0261J12&number=EP99969219&lng=en&npl=false (28.1.2018).

465 *EPA*, Entscheidungsgründe des Widerrufs der Kammer v. 12.8.2010, siehe https://register.epo.org/espacenet/application?documentId=EQMNYQVJ2407FI4&number=EP99969219&lng=en&npl=false (28.1.2018).

466 EP 1651030 – Genetische Verbesserung von Endebern, siehe Anhang B18.

467 *EPA*, Mitteilung der Prüfungsabteilung v. 2.3.2009, siehe https://register.epo.org/application?documentId=EOIN1VEI2713072&number=EP04757318&lng=de&npl=false (28.1.2018).

für die Merkmale Eutergesundheit, Fruchtbarkeit sowie weitere Gesundheitsmerkmale verantwortlich sind.[468]

3.5.3.4 Würdigung: Schwierige Übertragbarkeit durch pflanzenspezifische Begriffe

Die aufgeführten Patentfälle zur genomischen Selektion in Abschnitt 3.5.3.3 zeigen, dass diese Verfahren auf einer Kombination von Leistungsprüfung und Zuchtwertschätzung basieren und demzufolge vom EPA in Analogie zu den Entscheidungen im Fall „Brokkoli" und „Tomate" als im Wesentlichen biologisch eingestuft werden.

Dabei fällt auf, dass in den Einspruchsverfahren in den Fällen „Schweinepatent" und EP 1141418 der Ausschluss von im Wesentlichen biologischen Verfahren seitens der Einsprechenden thematisiert wurde, jedoch die Kammern des EPA nicht weiter auf die Argumentation eingingen.[469] Eine Definition der im Wesentlichen biologischen Verfahren für die Tierzucht findet sich indes in keiner der Entscheidungen. Somit wird die Übertragbarkeit des Konzepts der Pflanzen- auf die Tierzucht seitens des EPAs bekräftigt. Demnach handelt es sich in der Tierzucht um ein im Wesentlichen biologisches Verfahren, wenn es die Schritte der geschlechtlichen Kreuzung ganzer Tiergenome und der anschließenden Selektion umfasst. In der Tierzucht fällt unter den Begriff der Kreuzung lediglich die Paarung von Tieren verschiedener Linien oder Rassen. Die Paarung von Reinzuchttieren wird hingegen nicht als Kreuzung, sondern als Anpaarung bezeichnet.[470] Somit bezieht sich der Begriff der Kreuzung im Patentrecht lediglich auf Verfahren, welche die Paarung von Tieren verschiedener Rassen oder Linien umfasst. Reinzuchtverfahren,[471] die die Anpaarung Tieren einer Rasse umfassen, fallen demnach nicht unter die Definition der im Wesentlichen biologischen Verfahren. Diese sind jedoch die

[468] EP 2342665 Genetische Verbesserung von Endebern. Beschreibung siehe Anhang B18.

[469] Besonders eindrücklich zeigte sich die Umgehung der Diskussion in der Verhandlung zum Patent der Krykonservierung. Unveröffentlichte Notizen der Verfasserin zur teilnehmenden Beobachtung der Verhandlung v. 24.11.2012. Patent siehe Anhang B22.

[470] *Feindt/Fricke* et al. 2014, S. 12.

[471] In der praktischen Arbeit auch als Tierzucht/Herdbuchzucht bezeichnet.

am häufigsten angewendeten (biologischen) Zuchtmethoden für Nutztierarten und Rassen.[472] Die Entscheidung der großen Beschwerdekammer hat zudem neue Fragen aufgeworfen:

- Wie sind Patentansprüche zu bewerten, die sich lediglich auf das Auswahlverfahren beziehen (Selektion von Tieren vor einer Kreuzung)?
- Sind Verfahren patentierbar, die zusätzliche Schritte, wie Mutationszüchtung umfassen?

3.6 Schutzumfang für Züchtungsverfahren – Reichweite des Patentschutzes

Im Anschluss an die Voraussetzungen und Ausschlüsse der Patentierbarkeit sind im Folgenden die einzelnen Patentkategorien zu erörtern, die bei der Einordnung von Züchtungsverfahren eine Rolle spielen und mit denen unterschiedlichen Schutzwirkungen korrespondieren. Hierfür wird im ersten Unterkapitel der allgemeine Schutzumfang erläutert, um darauf aufbauend die Besonderheiten in der Tierzucht darzustellen und abschließend die Beschränkung des Schutzumfangs zur Sicherstellung des Zugangs zu tierzüchterischem Material zu diskutieren.

3.6.1 Überblick Schutzumfang von Patenten

Der Schutzumfang von Patenten wird gem. § 14 PatG durch den Inhalt der Patentansprüche bestimmt. Diese müssen gem. § 34 Abs. 3 Nr. 3, Art. 78 Abs. 1c i.V.m. Art. 82 EPÜ genau beinhalten, was unter Patentschutz gestellt werden soll. Grundsätzlich kann eine Erfindung für Produkte gem. § 9 Nr. 1 PatG, Art. 64 Abs. 1 EPÜ sogenannte Erzeugnis- oder Produktpatente oder Verfahren gem. § 9 Nr. 2 PatG, Art. 64 Abs. 2 EPÜ erteilt werden. Die Patentkategorie richtet sich nach dem Inhalt der technischen Lehre der Patentanmeldung.[473] Sie legt fest, welche Benutzungshandlungen dem Patentinhaber vorbehalten sind und welche Schutzwirkungen

---

472 *Willam/Simianer* 2011, S. 218.

473 *Benkard/Schäfers*, 2015 § 34 Rn. 72c.

dem Patent zukommen, ihr kommt demzufolge eine wichtige Systematisierungs- und Ordnungsfunktion zu.[474]

3.6.2 Besonderheiten in der Tierzucht

Im Unterschied zu technologischen Erfindungen besitzt biologisches Material (Eizellen und Spermien) die Eigenschaft sich selbst zu replizieren. Es ist also in der Lage, eine Kopie von sich selbst herzustellen, wie es beispielsweise bei der DNA-Replikation geschieht. Dies kann durch die Tiere selbst als auch durch die Reproduktion in einem biologischen System geschehen. Daraus ergibt sich die Herausforderung, dass biologisches Material als dynamisches System mit hoher Variabilität nicht in gleicher Weise durch den Menschen zu kontrollieren und abzubilden ist, wie rein technologische Erfindungen. Diesen Besonderheiten wurde im Zuge der Umsetzung der Biopatentrichtlinie mit der Einfügung der §9a bis c PatG Rechnung getragen, indem die zuvor erläuterten Schutzwirkungen von § 9 PatG auch auf biologisches Material ausgeweitet wurden.[475] Demnach erfährt der Schutzbereich eine vertikale Erweiterung durch § 9a Abs. 1 PatG i.V.m. Art. 8 Abs. 1 BioPatRL, die die Fortwirkung des Patentschutzes bei generativer als auch vegetativer Vermehrung festlegt, solange die mit der Erfindung bewirkten Eigenschaften noch in den Tieren vorhanden sind. Diese Regelung wird in § 9a Abs. 2 PatG auch auf Verfahrenspatente zur Gewinnung von biologischem Material übertragen. Demnach erstreckt sich der Schutz auf das mit dem Verfahren erzeugte biologische Material sowie jedes andere Material, welches mit denselben Eigenschaften ausgestattet ist und durch generative oder vegetative Vermehrung in gleicher oder abweichender Form gewonnen wird.

---

474 *Benkard/Schäfers*, 2015 § 34 Rn. 72a. Eine weitere Bedeutung der Patentkategorien liegt darin, durch die Wahl der zutreffenden Patentkategorie spätere Zweifel über den Schutzbereich des Patents zu vermeiden. Im folgenden Einspruchs- und Nichtigkeitsverfahren kann nur eine Änderung der Kategorie des erteilten Einspruchs erfolgen, wenn dies nicht eine unzulässige Erweiterung des Schutzbereichs des Patents zur Folge hat. Siehe *Schulte/Moufang*, Art., 52 EPÜ Rn. 167.

475 Umsetzung von Art. 8 und 9 der BioPatRL.

§ 9a Abs. 3 PatG enthält eine horizontale Erweiterung des Patentschutzes auf jedes Erzeugnis, das auf Grund einer Erfindung aus einer genetischen Information besteht oder sie enthält; in diesem Fall erstreckt sich der Patentschutz auch auf jedes Material, in das dieses Erzeugnis Eingang findet und in dem die genetische Information enthalten ist und ihre Funktion erfüllt. Der EuGH hat dazu in einem Urteil vom Juli 2010 festgestellt, dass der Patentschutz nicht für biologisches Material in verändertem Zustand gilt, wenn dieses die in dem Patent geschützte Eigenschaft nicht mehr enthält.[476] Für tierzüchterisches Material stellt sich im Zusammenhang mit dem Schutz von Erzeugnissen die Frage, inwieweit und in welchem Umfang sich der Schutz auf tierische Gensequenzen erstreckt (Abschnitte 3.6.2.1 und 3.6.2.2) und in welchem Umfang die Nachkommen durch die vertikale Patenterstreckung vom Schutzumfang erfasst sind (Abschnitt 3.6.2.3). Diesen Fragen soll in den nächsten Unterabschnitten nachgegangen werden.

3.6.2.1 Horizontale Patenterstreckung auf tierische Gensequenzen (Stoffansprüche auf tierische Gensequenzen)

Wird durch eine Erzeugniserfindung ein neuer Stoff erzeugt, der von anderen unterscheidbar zu definieren ist, so kann dieser als Stoffpatent geschützt werden. Doch was genau verbirgt sich hinter dem Begriff des Stoffpatents? Der Begriff des Stoffpatents ist bisher nicht präzise beschrieben worden, es gibt jedoch vereinzelte Definitionsversuche.[477] Diese haben gemeinsam, dass sie die stoffliche Beschaffenheit unabhängig von der äußeren Formgebung definieren und somit nicht die räumliche Struktur berücksichtigen, die jedoch maßgeblich die stoffliche Struktur prägen kann.[478] Eine die räumliche Struktur berücksichtigende Definition findet sich bei Uhrich/Zech. Demnach schützt ein Stoffpatent „ein Erzeugnis,

---

476 *EuGH*, Urt. v. 6.7.2010, C-428/08, Slg. 6761 Import-Soja.
477 *Schulte/Moufang*, PatG, § 1 Rn. 214.
478 *Uhrich* 2010, S. 142.

dessen Beschaffenheit unabhängig von seiner Formgebung auf makroskopischer Ebene ist".[479] Ein Stoffpatent umfasst also den entwickelten Stoff selbst, der durch bestimmte Eigenschaften im Patentanspruch beschrieben wird. Bei einem Stoff handelt es sich in Anlehnung an den Stoffbegriff der Chemie um Elemente, Verbindungen und Gemische.[480] Der Schutzumfang eines Stoffpatents wird unterschieden in den absoluten/unbeschränkten sowie den eingeschränkten/relativen Stoffschutz. Der absolute Stoffschutz ist weder auf ein bestimmtes Herstellungsverfahren noch auf eine bestimmte Verwendung beschränkt. So erstreckt sich der Schutz auf alle, auch die zum Zeitpunkt der Patentanmeldung vom Anmelder nicht erkannten Anwendungen.[481] Nach Auffassung des BGH wird der Stoffschutz für alle Verwendungen[482] unabhängig von der Art[483] und dem Zweck der Herstellung[484] – also unbeschränkt – gewährt. Ein Stoffpatent fällt unter die Kategorie der Erzeugnispatente, die vorbehaltenen Handlungen des Patentinhabers richten sich demzufolge nach § 9 S. 2 Nr. 1 PatG.[485] Im Gegensatz zur deutschen Rechtsprechung muss der Patentinhaber für die Erlangung eines europäischen Stoffpatents eine zielgerichtete Aufgabe des jeweiligen Stoffes in der Patentanmeldung angeben. Diese besteht in einer bestimmten Wirkung des bereitgestellten Stoffes.[486] Somit handelt es sich bei einer Stofferfindung um die Bereitstellung eines neuen Stoffes zu einem bestimmten Zweck.[487] In der europäischen Praxis werden hingegen, wie auch nach deutscher Rechtsprechung, Stoffpatente ohne beschränkenden Zusatz im Anspruch erteilt.[488] Somit besteht ein zweckgebundener Stoffschutz auf europäischer Ebene, der aber nicht immer in der Rechtsprechung des EPA umgesetzt wird.

---

479 *Uhrich/Zech* GRUR 2008, S. 768, (770).
480 *Uhrich* 2010, S. 141.
481 *BGH*, Beschl. v. 6.7.1971, GRUR 1972, 80 – Trionan.
482 *BGH*, Beschl. v. 27.2.1969, GRUR 1969, 265 – Disiloxan.
483 *BGH*, Beschl. v. 6.7.1971, GRUR 1972, 80 – Trioxan.
484 *BGH*, Beschl. v. 14.3.1972, GRUR 1972, 541 – Imidazoline.
485 Bereits erläutert in Abschnitt 3.2.1.
486 *EPA*, TBK 3.3.1 ABl. EPA 1996, 309, 324 = GRUR Int. 1998, 227, 231 f.
487 *Benkard/Jestaedt*, 2012 Art. 56 Rn. 140; *Schulte/Moufang*, § 1 EPÜ Rn. 343.
488 *EPA* GBK ABl. EPA 1990, 93, 104 = GRUR Int. 1990, 522, 525 – Reibungsverringernder Zusatz/ Mobil Oil III; Siehe *Uhrich* 2010, S. 169.

Im Bereich der biotechnologischen Erfindungen ist die Diskussion um den Umfang des Stoffschutzes vor allem für die Gewährung von Patenten auf DNA-Sequenzen[489] bedeutend. Eine DNA-Sequenz umfasst eine bestimmte Abfolge der Nukleotide[490] in einem DNA-Molekül.[491] Somit fällt sie sowohl in den Bereich der chemischen Verbindungen als auch in den Anwendungsbereich des Stoffschutzes.[492] Das EPA gewährt Stoffschutz für DNA-Sequenzen unter der Bedingung, dass die Funktion des durch die Gensequenz kodierten Proteins oder Enzyms im Hinblick auf die gewerbliche Anwendbarkeit in der Patentschrift offenbart wird.[493] Mit der Funktion ist nicht die biologische Funktion (DNA-RNA-Protein) gemeint, sondern die konkrete Aufgabe des isolierten Proteins, in dem die Gensequenz enthalten ist.[494] Fehlt die Funktionsangabe, so liegt keine technische Lehre vor.[495] Demzufolge ist es möglich, eine tierische DNA-Sequenz zu patentieren unter der Bedingung, dass die gewerbliche Anwendbarkeit, also die Funktion welche die Sequenz erfüllt,[496] angegeben wird. In der Tierzucht ergibt sich daraus die Problematik, dass ein bestimmtes Gen, welches eine bestimmte Eigenschaft codiert, sowohl in einem patentierten Erzeugnis als auch in der Natur vorkommen kann. So beispielsweise im Fall des „Schweinepatents“.[497] Das Patent umfasste ein Screening-Verfahren, mit dem Schweine auf das Vorkommen des Leptinrezeptor-Gens,

---

489 Träger genetischer Information eines biologischen Organismus Vgl. *Ensthaler/Zech* GRUR 2006, 529 (530).

490 Molekül, Grundbaustein der DNA und RNA, bestehend aus einer Phosphorsäure, einem Monosaccharid (Einfachzucker bzw. Pentose) und einer von fünf Nukleinbasen (Adenin (A), Guanin (G), Cytosin (C), Thymin (T) oder Uracil (U)).

491 Dies trifft allerdings nur zu, wenn eine vegetative Vermehrung stattfindet und ein Klon entsteht.

492 Die DNA ist weiterhin Träger der Informationen des biologischen Organismus. Die Diskussion um die Charakterisierung von DNA-Sequenzen als Stoff oder Information wird kontrovers geführt Vgl. *Schneider* 2010, S. 450 ff.

493 Richtlinien für die Prüfung Teil G Kap. III 4; Regel 29 Abs. 3 und 42 Abs. 1 f) EPÜAO.

494 Siehe Erwägungsgrund 24 BioPatRL.

495 Siehe Erwägungsgrund 23 BioPatRL; *EuGH*, Urt. v. 9.10.2001 – C-377/98, Slg. 7079.

496 Siehe Erwägungsgrund 23 BioPatRL.

497 EP 1651777 – Verwendung eines Einzelnukleotid-Polymorphismus im codierenden Bereich des Leptinrezeptors aus Schwein zur Verbesserung der der Schweinefleischproduktion („Schweinepatent“), wurde 2010 nach mehreren Einsprüchen widerrufen, siehe Abschnitt 3.5.3.3. sowie Anhang B7.

welches für eine schnelle Gewichtszunahme und bessere Fleischqualität verantwortlich ist, untersucht wurden. Dieses Gen kommt natürlicherweise in der Hausschweinrasse „Schwäbisch-Hällisches Landschwein“ vor. Der Patentantrag bezog sich neben dem Screening-Verfahren auf die aus dem Zuchtverfahren hervorgegangenen Schweine und die Gensequenz.[498] Für menschliche Gensequenzen regelt § 1a Abs. 2 PatG, dass ein isolierter Bestandteil auch dann eine Erfindung darstellt, wenn er mit dem natürlichen Bestandteil identisch ist. Die Patentierung von tierischen DNA-Sequenzen ist nicht gesondert geregelt. Die nicht explizite Regelung für tierisches Erbmaterial wurde mit der Tatsache begründet, dass „menschliche Gene nach den heutigen Erkenntnissen weitestgehend mit tierischen übereinstimmen und die dem Stoffschutz begrenzende Wirkung der Regelung ansonsten umgangen werden könnte, indem ein übereinstimmendes, z.B. tierisches Gen, für die Patentierung verwandt wird.“[499] Dies lässt sich zudem mit der Feststellung belegen, dass 97% des Erbgutes von Mäusen mit dem des Menschen übereinstimmen.[500] Somit sind DNA-Sequenzen auch dann schützbar, wenn sie in der Natur bereits vorkommen. Einzige Bedingung ist die Angabe der Funktion, die eine Sequenz erfüllt. Wenn beispielsweise eine Gensequenz, die besseres Fleischwachstum codiert, in ein Schwein eingeführt wird, und sich herausstellt, dass noch andere, vorher nicht bekannte, sich positiv auswirkende Eigenschaften mit dieser Gensequenz verbunden sind, so sind diese theoretisch nach deutscher Rechtsprechung ebenfalls geschützt. Die Gensequenz ist auch dann geschützt, wenn sie mit einer natürlich vorkommenden Sequenz übereinstimmt, vorausgesetzt, die Angabe der Funktion ist in der Patentanmeldung aufgeführt. Entgegen der deutschen

---

498 Die Ansprüche auf die Schweine und die Gensequenz sowie der Testkit wurden im Rahmen des Prüfungsverfahrens vor dem EPA als nicht patentfähig angesehen und aus dem Patent gestrichen, weil die Schweine mit dem genannten Polymorphismus bereits existieren und die Auswahl von Primern und Sonden eine Standardprozedur für den Fachmann darstellt. Ein Screeningverfahren wird als Arbeitsverfahren eingestuft. Der Schutzumfang von Arbeitsverfahren erstreckt sich nicht auf das Erzeugnis, sondern nur auf Verfahren; siehe Abschnitt 3.5.3.3.

499 Beschlussempfehlung und Bericht des Rechtsausschusses zum Umsetzungsgesetz der BioPatRL, BT-Drs. 15/4417 v. 1.12.2004, S. 9. BLPMZ 2005, 95, 101.

500 *Mural/Adams* et al. 2002, S. 1661.

Rechtslage hat der EuGH den absoluten Stoffschutz eingeschränkt und entschieden, dass nach Art. 9 der BioPatRL ein auf eine DNA-Sequenz gerichteter Anspruch nur dann verletzt wird, wenn die DNA-Sequenz in der angegriffenen Ausführungsform oder dem entsprechenden Produkt nicht mehr die patentgemäße Funktion erfüllt.[501] Dies gilt auch dann, wenn die patentgemäße Funktion nur in der Beschreibung offenbart ist. Somit gewährt der EuGH nur einen zweckgebundenen Stoffschutz und dehnt den Schutz nicht auf zum Zeitpunkt der Anmeldung noch unbekannte Wirkungen und Funktionen des zu patentierenden Stoffes in Form einer DNA-Sequenz aus. Also lehnt die Biopatentrichtlinie nach Auslegung des EuGH einen absoluten Stoffschutz, wie er nach dem deutschen Patentgesetz gewährt wird, ab. Demzufolge kann auch für Erfindungen, die tierische DNA-Sequenzen beanspruchen, kein absoluter Stoffschutz gewährt werden. Für das EPA hat die Entscheidung des EuGH lediglich wegweisenden Charakter, weil die Gerichte der supranationalen Behörde nicht an EU-Recht gebunden sind. Die Regelungen der Biopatentrichtlinie wurden jedoch in das EPÜ übernommen und aus diesem Grund darf der Stoffschutz auch auf europäischer Ebene nur zweckgebunden sein.

3.6.2.2 Sonderfall Stoffpatente: Product-by-Process-Patente

Es ist zu beobachten, dass besonders bei Anmeldungen, die ein SMART-Breeding-Verfahren anmelden, die Ansprüche nicht nur auf das Verfahren, sondern auch auf das Zuchtergebnis gerichtet sind.[502] Wie in Abschnitt 3.2.1 beschrieben, kann ein Patent erlangt werden, indem das zu schützende Produkt ganz oder teilweise über das Verfahren seiner Her-

---

501 *EuGH*, Urt v. 6.7.2010 – C-428/08, Slg. 6761 – Monsanto/Cefetra. Von Cefetra eingeführtes Sojamehl aus Argentinien in die Europäische Union beinhaltete eine aus Bakterien isolierte Gensequenz (eingebracht in Genom der Sojapflanze rief diese Resistenz gegen das Herbizid Roundup hervor), auf die Monsanto ein Patent hielt.

502 Ergebnisse der Patentanalyse im Biopatent-Projekt, siehe http://www.bmel.de/SharedDocs/Downloads/Ministerium/Veranstaltungen/Biopatente2013-FolienFricke.pdf?__blob=publicationFile (28.1.2018), Beispiele für Patente sind EP 1257168 (Kryokonservierung) EP 1069819 (Brokkoli), EP 1211926 (Tomate), EP 1330552 (Milchkuhpatent) sowie EP 1651777 (Schweinepatent).

stellung (Product-by-Process) beschrieben wird. Gekennzeichnet sind solche Ansprüche in den meisten Fällen durch die Formulierung „Produkt x erhältlich durch ein Verfahren" oder „hergestellt durch" jedoch ist die Wortwahl keine Bedingung.[503] Voraussetzung ist vielmehr, dass das Produkt neu und erfinderisch ist[504] und nicht hinreichend durch seine Zusammensetzung, Struktur oder andere nachweisbare Parameter bestimmt werden kann.[505] Dies ist beispielsweise der Fall, wenn das Erzeugnis durch das Herstellungsverfahren bestimmte Eigenschaften erhält, die sich nicht anhand von Merkmalen beschreiben lassen.[506] Der Schutzumfang eines PbP-Patents entspricht dem eines normalen Sachanspruchs.[507] In Deutschland[508] erstreckt sich die Reichweite von PbP-Patenten auf den geschützten Stoff, unabhängig davon, ob er tatsächlich mit dem im Patent angegebenen Verfahren hergestellt wurde.[509] PbP-Patente sind in der Chemiestoffpatentierung seit langem etabliert und auch für biologische Erzeugnisse zulässig.[510] Das EPA erkennt PbP-Ansprüche an, sofern die allgemeinen Patentierungs-voraussetzungen erfüllt sind.[511] Es sieht diese aber ähnlich der deutschen Rechtsprechung als Notlösung an, wenn eine

---

503 *Mes*, PatG § 14 Rn. 117, kritisch: Rogge Mitt. 2005, 145 (146).

504 *EPA* Entsch. v. 7.2.1984 -T 150/82, ABI. 1984, 309; *EPA* Entsch. v. 12.5.2000 - T 728/98, ABI. 2001, 319, (335), EPO Guideline C III. 4.12.; *Walter* GRUR Prax 2010, 329. BGH 122, (144, 155) Urt-v. 30.3.1993 – GRUR 1993, 651, (655) – Tetraploide Kamille.

505 *BGH* GRUR 1972, 80, 83 – Trioxan; GRUR 1993, 651, 655 – Tetraploide Kamille; EPA T 150/82, ABI. 1984, 309 Anspruchskategorien; *Grant/Smyth* 2010, S. 636.

506 *Mes*, § 14 Rn. 116.

507 *Mes*, § 14, Rn. 117.

508 Der Schutzumfang von PbP-Patenten ist in den Mitgliedsstaaten unterschiedliche ausgestaltet. In Großbritannien wird ein PbP-Anspruch lediglich auf ein Produkt gewährt, welches tatsächlich durch ein näher bestimmtes Verfahren gewonnen wurde. United Kingdom House of Lords, 21.10.2004 - Kirin- Amgen Inc. V. Hoechst. In den USA gestaltet sich die Rechtslage ähnlich *CAFC* v. 18.5.2009 - *Abbott Labs vs. Sandoz* vgl. Grant/Smyth 2010, S.637 und *Walter* 2010 GRUR Prax, 329 (331). Vertiefend dazu siehe: Metzger GRUR Int. 2016, 549 (552).

509 *BGH*, Urt. v. 30.3.1993, GRUR 1993, 651 – Tetraploide Kamille; BGH Urt. v. 25.2.2010, GRUR 2010, 414, 415 – Thermoplastische Zusammensetzung, vgl. *Walter* GRUR Prax 2010, 329 (331).

510 *BGH* GRUR 1993, 651 – Tetraploide Kamille, vgl. Walter GRUR Prax 2010, 329 (331).

511 *EPA* 2016, Teil C Kap. III 4.12.

genaue Beschreibung des beanspruchten Stoffs nicht möglich ist.[512] Product-by-Process-Ansprüche in Form von Tieren sowie daraus gewonnenes Vermehrungsmaterial wurden beispielsweise im „Schweinepatent“ [513] als auch im „Milchkuhpatent“[514] in der Anmeldung beansprucht. Für das Schweinepatent wurden die PbP-Ansprüche zurückgewiesen mit der Begründung, dass die beanspruchten Schweine mit dem genannten Polymorphismus der Ansprüche 10, 11, 15 und 16 bereits existent und somit nicht neu nach Art. 54 Abs. 1 und Abs. 2 EPÜ sind.[515] Zudem sind die Tiere sowie das daraus gewonnen Vermehrungsmaterial Ergebnis eines Screeningverfahrens, welches zum Ziel hatte, geeignete Tiere mit den geforderten Eigenschaften zu selektieren. Selektionsverfahren werden als Arbeitsverfahren eingestuft und begründen keinen Anspruch auf PbP-Patente.[516] Das Patentverfahren zur Kryokonservierung[517] von Samenzellen (EP 1257168) leitet aus einer ganzen Gruppe von Verfahren zur Kryokonservierung und Selektion von Sperma einen Anspruch auf das mit dem Verfahren behandelte Sperma und dessen Nutzung für Zwecke der künstlichen Insemination und der in-vitro-Befruchtung ab.[518] Es lässt sich aber argumentieren, dass lediglich ein Selektions- und damit ein Arbeitsverfahren patentiert wurde, bei dem nichts hergestellt wird. Der Anspruch

---

512 „the form for a claim as such defined in terms of a process of manufacture (i.e. product-by-process claim“) should be reserved for cases where the product cannot be satisfactorily defined by reference to its composition, structure or some other testable parameters“, *International Flavors*, zitiert nach: *Grant/Smyth* 2010, S. 636.

513 EP 1651777, siehe Abschnitt 4.4.3. Das Verfahrenspatent erstreckte sich mittels des abgeleiteten Sachschutzes auch auf die mit dem Verfahren erzeugten Tiere (Ansprüche 14, 15 und 17) und ihre Nachkommen. Weiterhin werden Milch und die daraus hergestellten Produkte beansprucht (Ansprüche 18-22). Der Patentantrag erstreckt sich auch auf transgene Kühe (Ansprüche 44-50).

514 EP 1330552: Ansprüche 10, 11, 15 und 16; siehe Abschnitt 4.4.3

515 Siehe Mitteilung der Prüfabteilung v. 29.8.2006, siehe: https://register.epo.org/application?documentId=EKV21OS90403FI4&number=EP04778518&lng=en&npl=false (23.1.2018).

516 Zum Verfahren des SMART-Breeding siehe Abschnitt 3.5.3.3; *Walter* GRUR Prax 2010, 331; In Anknüpfung an die Charakterisierung des Patentverfahrens geht man davon aus, dass Screeningverfahren – wie im Fall Brokkoli und Tomate – als Arbeitsverfahren charakterisiert werden, dann sind PbP-Ansprüche dieser Verfahren nicht zu gewähren, da sie nichts herstellen.

517 Siehe Fn. 109.

518 Ansprüche 29-32 des Patents; Ausführliche Beschreibung im Anhang B22.

auf abgeleiteten Stoffschutz erscheint daher nicht gerechtfertigt. Dennoch wurde das Patent 2004 erteilt.[519]

Im Fall des „Milchkuhpatents" wurden die PbP-Ansprüche bereits im Prüfungsverfahren durch das EPA nicht anerkannt und mussten vom Anmelder gestrichen werden.[520]

Im „Brokkoli"- und „Tomatenfall" hingegen wurden PbP-Ansprüche gewährt.[521] Das EPA hat am 25.3.2015 in zwei Folgeverfahren „Brokkoli II"/„Tomate II" entschieden, dass Pflanzen und Tiere, die aus einem im Wesentlichen biologischen Verfahren gewonnen wurden, patentiert werden können.[522] Somit konnte der Patentanmelder Patentansprüche auf Tiere deren Teile und deren Vermehrungsgut mit einem europäischen Patent schützen. In Deutschland hingegen stand ihm dieser Weg nicht offen, denn § 2a Abs. 1 Nr. 1 PatG legt seit April 2014 fest, dass Pflanzen und Tiere, die ausschließlich aus im Wesentlichen biologischen Verfahren gewonnen wurden, nicht patentierbar sind.[523] Davon umfasst ist auch das zu ihrer Erzeugung bestimmte Material wie Sperma, Eizellen und Embryonen.[524] Diese Einfügung erscheint nach Sinn und Zweck des Art. 4 der Biopatentrichtlinie als logischer Schluss, da sonst die Nichtpatentierbarkeit herkömmlicher Züchtungsverfahren umgangen werden könnte. Jedoch

---

519 Das Patent wurde 2010 aufgrund von Art. 123 Abs. 2 EPÜ widerrufen. Der Anmelder hatte während des Verfahrens immer wieder Änderungen oder neue Ansprüche eingereicht. Der Gegenstand der Änderungen und Ansprüche ging über den Inhalt der ursprünglich eingereichten Fassung hinaus. Siehe Protokoll zum öffentlichen Anhörungsverfahren v. 24.11.2011, siehe https://register.epo.org/application?documentId=ESITQAVA6749080&number=EP00980267&lng=en&npl=false (28.1.2018), sowie Protokoll der öffentlichen Anhörung und Entscheidung der Kammer v. 3.5.2012, siehe https://register.epo.org/application?documentId=ETG5DCMI6099146&number=EP00980267&lng=en&npl=false (28.1.2018).

520 Siehe vorläufiger Rechercheberich v. 9.12.2002, siehehttps://register.epo.org/application?documentId=EFWQP74QDHXBS05&number=EP01992795&lng=en&npl=false (28.1.2018).

521 zum Inhalt der Patente siehe Abschnitt 3.5.3.1.5.

522 *EPA* Entsch. der GBK v. 25.3.2015 – G 2/12, EPA Abl. 2016, A27 – Tomate II und EPA Entsch. der GBK v. 25.3.2015 – G 2/13, EPA Abl. 2016, A28 – Brokkoli II.

523 Gesetz zur Novellierung patentrechtlicher Vorschriften und anderer Gesetze des gewerblichen Rechtsschutzes v. 19.10.2013 BGBl. I S. 3830.

524 BT-Drs. 17/14222v. 26.6.2013, S. 3. *Schulte/Moufang*, §2a Abs. 1 Rn. 15.

sollen die aus Tieren abgeleiteten Erzeugnisse (beispielsweise Pflanzenöle) patentierbar bleiben, sofern sie die übrigen Patentierungsvoraussetzungen erfüllen.[525] Wird ein identisches Zuchtprodukt mit einem anderen Verfahren erzeugt, so stellt sich die Frage, wie dies unterschieden werden kann und wie sich der Patentschutz in so einem Fall gestaltet. Handelt es sich um Produkte, die ausschließlich mit im Wesentlichen biologischen Verfahren erzeugt wurden, so ist der Patentschutz, wie oben beschrieben, nach deutscher Rechtsprechung nicht zulässig, nach europäischer hingegen bis Juni 2017 schon.[526] Sind die Verfahren jedoch nicht im Wesentlichen biologisch, dann können die Zuchtprodukte vom Patentschutz in Form von PbP-Ansprüchen erfasst sein. Das Zuchtprodukt ist auch dann patentierbar, wenn es mit anderem Zuchtverfahren hergestellt worden ist, vorausgesetzt, es erfüllt die Patentierungskriterien (Neuheit, erfinderische Tätigkeit etc.). In ihrer Mitteilung („clarifying notice") vom November 2016[527] erklärte die Europäische Kommission hingegen, dass sie die Auffassung der großen Beschwerdekammer des EPA vom März 2015 nicht teile, sondern sich für eine Auslegung gemäß der Rechtslage in verschiedenen Mitgliedsstaaten, darunter Deutschland und Frankreich, ausspreche. Nach dem deutschen Patentgesetz sind Produkte, die durch im Wesentlichen biologische Verfahren entstanden sind, nicht patentierbar. Das EPA setzte daraufhin alle Verfahren vor den Prüfungs- und Einspruchsabteilungen, die sich mit einer Patentierbarkeit von Pflanzen und Tieren aus im Wesentlichen biologischen Verfahren befassten, von Amtswegen aus.[528] Im Juli 2017 änderte das EPA die Regeln 27 und 28 der Ausführungsverordnung des EPÜ[529] entsprechend, sodass die Patentierbar-

525 BT-Drs. 17/14222, S. 3.

526 Durch eine Mitteilung der Europäischen Kommission im Dezember wurden die Regelungen für die Auslegung im Juni 2017 dahingehend geändert, dass nun Produkte, die aus im Wesentlichen biologischen Verfahren hervorgehen, nicht patentierbar sind, Siehe Abschnitt 3.1.2 sowie 3.6.2.2.

527 C/2016/6997 – ABl. C 411 v. 8.11.2016, S. 3-14.

528 *EPA* ABl. 2016, A104.

529 *EPA* ABl. 2017, A56.

keit von Tieren und Pflanzen gemäß Art. 53b EPÜ, die durch ein im Wesentlichen biologisches Verfahren gewonnen werden, ausgeschlossen sind.

3.6.2.3 Vertikale Patenterstreckung auf Folgegenerationen

In der Tierzucht ergibt sich die Besonderheit, dass der Züchter mit biologischem Material arbeitet, welches sich selbst reproduziert und somit die entsprechende Information (genetisches Merkmal beispielsweise) in alle nachfolgenden Generationen Eingang findet. Somit stellt sich die Frage, ob sich der abgeleitete Sachschutz auf Erzeugnisse erstreckt, die unmittelbar mit einem biologischen Verfahren erzeugt wurden. Wird beispielsweise ein Verfahren patentiert, welches ein bestimmtes Gen zur Steigerung der Fleischzunahme in Schweine transferiert, so wird diese Eigenschaft im Rahmen der Vermehrung an die Nachkommen weitergegeben. Gemäß § 9a Abs. 1 PatG[530] erstreckt sich der Patentschutz für biologisches Material neben dem Herstellungsverfahren und dem Erzeugnis auch mittels des abgeleiteten Sachschutzes auf jedes biologische Material, das daraus durch generative Vermehrung in gleicher oder abweichender Form gewonnen wird und mit denselben Eigenschaften ausgestattet ist (sogenannte vertikale Patenterstreckung). Eine Folgegeneration umfasst dabei jede Generation, in die sich die patentgeschützte Eigenschaft weitervererbt hat. Die generative Vermehrung ist die geschlechtliche Fortpflanzung, die aufgrund von Rekombination der Allele genetisch verschiedene Individuen hervorbringt.[531] Somit wird die geschützte Eigenschaft im Vermehrungsgut unterschiedlich ausgeprägt. Hier stellt sich die Frage, welchen Übereinstimmungsgrad die ausgeprägte Eigenschaft aufweisen muss, damit sie in den Schutzbereich von § 9a Abs. 1 PatG fällt, der die Ausstattung des biologischen Materials mit denselben Eigenschaften fordert. Eine Identität der geschützten Eigenschaft liegt auch dann vor, wenn die Eigenschaft nicht voll identisch mit den Eigenschaften des patentierten

530 Umsetzung von Art. 8 BioPatRL.

531 *Schulte/Rinken/Kühnen*, § 9a Rn. 7.

Materials ist und das Vermehrungsgut zusätzliche Eigenschaften aufweist, „die aber die patentierten Eigenschaften in ihrer Wirkung unberührt lassen“.[532] Nicht eindeutig geklärt ist, ob die geschützte Eigenschaft, auf die die Erfindung zurückgeht, in der Patentschrift beschrieben sein muss.[533] Hierbei kann der Argumentation gefolgt werden, dass, auch wenn nicht in den Patentvorschriften festgehalten, es geboten scheint, in der Patentschrift die relevante Eigenschaft und ihre Herleitung aus der Erfindung zu beschreiben.[534] Der Patentschutz endet, wenn die patentgeschützte Eigenschaft nicht mehr in den Folgegenerationen ausgeprägt wird und nicht mehr die Funktion erfüllt.[535] Die Anwendung dieser Regelung wird in der Praxis von Tierzüchtern in Frage gestellt, weil der Nachweis mit welchem Verfahren ein Tier oder seine Vorfahren erzeugt wurden, nicht eindeutig erbracht werden kann. Dies ist nur bei transgenen oder geklonten Tieren möglich. [536]Ebenfalls nicht nachweisbar ist der Unterschied zwischen einem Merkmal (codiert durch eine Sequenz), welches sowohl natürlicherweise in Tieren vorkommt als auch durch Gentransfer in eine andere Population eingebracht wird.[537]

3.6.3 Beschränkungen des Schutzumfangs

Der Schutzumfang von Patenten ist räumlich und zeitlich begrenzt. Ein Patent gewährt dem Patentinhaber ein Monopol gegenüber Dritten für einen Zeitraum von 20 Jahren und ist auf das jeweilige Land, in dem das Patent angemeldet wurde, beschränkt. Zudem unterliegen die Rechte des Patentinhabers verschiedenen Beschränkungen, die es Dritten erlauben, die Erfindung trotz Patentschutz zu nutzen und bestimmte Handlungen vorzunehmen. Der erläuterte Schutzumfang von Patenten, wie er im vorigen Unterkapitel beschrieben wurde, wird beschränkt durch erlaubte

532 *Schulte/Rinken/Kühnen*, § 9a Rn. 10; *Mes*, § 9 Rn. 6.

533 Bejahend: *Busse/Keukenschrijver*, § 9a Rn. 4. Verneinend: *Schulte/Rinken/Kühnen*, § 9a Rn. 5; *Benkard/Scharen*, 2015 § 9a Rn. 2.

534 *Ischebeck* 2015, S. 169.

535 Vgl. EuGH, EuZW 2010, 627, 630 Rn. 63 – Monsanto/Cefetra.

536 *DGfZ* 2009, S. 9.

537 *DGfZ* 2009, S. 10.

Benutzungshandlungen nach § 11 PatG sowie staatliche Schutzrechtsbeschränkungen für Zwecke der Allgemeinheit in § 13 PatG und Zwangslizenzen nach § 24 PatG. Neben den speziellen Regelungen für biologisches Material wurden gemäß Art. 10 und 11 der BioPatRL, umgesetzt in § 9b-c PatG, zudem spezielle Ausnahmetatbestände geschaffen, die es Dritten ermöglicht, bestimmte erlaubte Handlungen vorzunehmen, wenn die Erfindung tierisches Material umfasst. Für biologisches Material wurde der sonst im Patentrecht geltende Erschöpfungsgrundsatz mit § 9b PatG aufgehoben. Weiterhin ist die Benutzung von patentgeschütztem Material für die Forschung und die Züchter unter bestimmten Voraussetzungen zulässig (Abschnitte 3.6.3.2-3.6.3.4). Auch wurde eine Regelung für die ungewollte Auskreuzung von patentiertem biologischem Material geschaffen (Abschnitt 3.6.3.5). Eine weitere Einschränkung des Schutzumfangs kann durch das Instrument der Zwangslizenz erfolgen (Abschnitt 3.6.3.5).

3.6.3.1 Erschöpfung von biologischem Material

Die Erschöpfung des Patentrechts tritt ein, sobald der patentgeschützte Gegenstand durch den Patentinhaber oder mit dessen Willen im Inland in Verkehr gebracht wurde.[538] Diese Regelung bezieht sich nur auf das aus einem Verfahren hervorgegangene Erzeugnis. In Bezug auf biologisches Material gilt der Grundsatz gem. § 9b PatG[539] nicht, wenn das Material zum Zwecke der Vermehrung in Verkehr gebracht wurde. Nicht unter den Zweck der Vermehrung fällt biologisches Material, welches für Konsumzwecke (Nahrungsmittel) und für die Schlachtvieherzeugung in Verkehr gebracht wird.[540]

Aus einem Patent auf eine tierische Keimzelle ergibt sich daher kein Anspruch auf die vom Landwirt erzeugten Tiere, wenn der Landwirt das patentgeschützte tierische Vermehrungsgut zum Zweck der Vermehrung erworben hat. Jedoch lässt § 9b Satz 2 den Patentanspruch wiederaufleben,

---

538 Vgl. *BGH* Urt. v. 14.12.1999, Rn. 9 Karate.
539 Umsetzung von Art. 10 der BioPatRL.
540 *Busse/Keukenschrijver*, § 9b Rn. 3.

wenn das auf diese Weise gewonnene Material anschließend für eine weitere generative oder vegetative Vermehrung verwendet wird. Demnach darf ein Landwirt einen Teil der vermehrten Tiere nicht für die Weiterzucht zurückbehalten. Damit soll sichergestellt werden, dass der Patentschutz für biologisches Material nicht verkürzt und wirtschaftlich entwertet wird.[541]

Für landwirtschaftliche Nutztiere und tierisches Vermehrungsmaterial hingegen sieht § 9c Abs. 2 eine Ausnahme von der Ausnahme vor, die besagt, dass der Landwirt unter bestimmten Voraussetzungen einen Teil der vermehrten Tiere für die Weiterzucht behalten darf.

3.6.3.2 Vermehrungsprivileg für Zuchtvieh – „Landwirteprivileg"

Gemäß Art. 11 Abs. 2 BioPatRL wird der Landwirt befugt, entgegen der Erschöpfungsregelung Zuchtvieh oder tierisches Vermehrungsmaterial, welches er durch Verkauf oder sonstiger Weise erworben hat, zu landwirtschaftlichen Zwecken zu nutzen. Es ist ihm zudem auch erlaubt, das vom Patentschutz umfasste Vieh und Vermehrungsmaterial Dritten zur Fortführung seiner landwirtschaftlichen Tätigkeit zu überlassen, sofern dies nicht mit dem Ziel oder im Rahmen einer gewerblichen Viehzucht erfolgt.[542] Die Voraussetzung hierfür ist das Inverkehrbringen von Tieren oder tierischen Vermehrungsmaterials durch den Patentinhaber oder einen Dritten mit Zustimmung des Patentinhabers im europäischen Wirtschaftsraum an einen Landwirt.[543] Der Landwirt wird demzufolge befugt, das Vermehrungsmaterial selbst zu nutzen oder an Dritte zu veräußern, wenn es zu landwirtschaftlichen Zwecken verwendet wird. Das bedeutet, dass der Landwirt beispielsweise eine Kuh zur Milchproduktion verwenden und sie vermehren darf. Letzteres ist jedoch nur zur Fortführung seiner landwirtschaftlichen Tätigkeit erlaubt. Die Regelung entstammt dem

541 Entwurf eines Gesetzes zur Umsetzung der Richtlinie über den rechtlichen Schutz biotechnologischer Erfindungen, BT-Drs. 15/1709, S. 12.
542 Vgl. Erwägungsgrund 50 BioPatRL.
543 *Schulte/Rinken/Kühne*, § 9c Rn. 28.

Sortenrecht und soll Landwirte und Züchter im Rahmen ihrer landwirtschaftlichen Tätigkeit vor Patentansprüchen schützen sowie die landwirtschaftliche Erzeugung sicherstellen.[544] Die Einführung der Regelung wurde begründet mit den hohen Kosten für Lizenzgebühren, die sich auch auf Verbraucher durch erhöhte Lebensmittel auswirken könnten.[545]

In Deutschland ist die Regelung mit § 9c Abs. 2 PatG umgesetzt worden und unter dem Begriff des „Landwirteprivileg" bekannt. Im Gegensatz zum Versuchsprivileg[546] ist der Landwirt befugt, nicht nur an sondern auch mit patentgeschütztem Material zu züchten.[547] Damit möglichst alle Tiere umfasst sind, die in der Landwirtschaft nicht nur zur Zucht Verwendung finden, hat der Gesetzgeber den weiteren Begriff der landwirtschaftlichen Nutztiere gewählt, so sind beispielsweise auch Arbeitstiere mit umfasst.[548] Bei tierischem Vermehrungsmaterial handelt es sich um „jedes Material, dass zur Hervorbringung eines Tieres geeignet ist wie Eier, Samen, Embryonen sowie Gewebekulturen".[549] Fraglich ist jedoch, für wen genau die Regelung in der Tierzucht gilt und was unter dem Begriff des Landwirts zu verstehen ist.

Der Begriff des Landwirts wird weder im Patentgesetz noch in der BioPatRL definiert. In Anlehnung an Art. 4 Abs. 2 der Verordnung (EG) Nr. 1768/95,[550] ist ein Landwirt, wer einen landwirtschaftlichen Betrieb auf eigene Verantwortung bewirtschaftet. In der Tierzucht erfolgt die Zucht jedoch zunehmend in Züchtervereinigungen sowie Zuchtunternehmen und wird so immer mehr aus den landwirtschaftlichen Betrieben ausgegliedert. Hierbei stellen Züchtervereinigungen Zusammenschlüsse von

544 Verordnung 2100/947/EU v. 27.7.1994 über den gemeinschaftlichen Sortenschutz, ABl. L. 227 v. 1.9.1994 S. 1-30, Erwägungsgrund 18.

545 Bericht des Europäischen Parlaments, PE 218.021/end. (A4-0222/97) v. 25.6.1997 zitiert nach *Ischebeck* 2015, S. 178.

546 Siehe folgendes Unterkapitel.

547 *Schulte*, § 11 Rn. 18.

548 *Schulte/Rinken/Kühne*, § 9c Rn. 25.

549 *Schulte/Rinken/Kühne*, § 9c Rn. 27.

550 Siehe Verordnung 1995/1768/EG v. 24.7.1995 über die Ausnahmeregelung gemäß Art. 14 Abs. 3 der Verordnung 2100/947/EU v. 27.7.1994 über den gemeinschaftlichen Sortenschutz, ABl. L. 173 v. 25.7.1995 S. 14-21.

Landwirten dar, die jedoch selbständig ihre Zuchtprodukte vermarkten. Somit sind Landwirte Mitglied der Züchtervereinigungen, bleiben rechtlich jedoch selbständig. Die Zuchtunternehmen hingegen haben Verträge mit Basiszucht- und Vermehrerbetrieben, die wiederum von Landwirten bewirtschaftet werden.[551] Fraglich ist, ob das Landwirteprivileg auch in diesen Strukturen Anwendung findet. Einerseits wird die Regelung weit ausgelegt, sodass sie generell für Tierzüchter gelten soll, solange die Zucht für landwirtschaftliche Zwecke erfolgt.[552] Andererseits wird eine enge Auslegung vertreten, die besagt, dass die aus dem landwirtschaftlichen Betrieb ausgegliederte Zucht nicht unter das Landwirteprivileg fällt. Diese Schlussfolgerung wird mit der Unterscheidung von Züchter und Landwirt gemäß Art. 2 Abs. 1 NachbauVO für den Sortenschutz begründet.[553] Diese Überlegung geht jedoch von der Nomenklatur der Pflanzenzucht aus, in der sowohl die Zuständigkeiten des Züchters als auch die des Vermehrers klar abzugrenzen sind. Ein Vergleich mit der Pflanzenzucht soll verdeutlichen, wo die Unterschiede zwischen dem Züchter in der Pflanzenzucht und einem Züchter in der Tierzucht liegen. In der Pflanzenzucht erfolgt die Zucht nach folgendem Ablauf:

Züchter -> Vermehrer -> Anbauer (Acker- oder Pflanzenbauer)

Die eigentliche Zucht erfolgt hier vom Züchter und der Vermehrer ist auch nur für die Erzeugung der Pflanzen zuständig. Bei der Zucht von landwirtschaftlichen Nutztieren ist der Ablauf ähnlich, und dominiert vor allem im Schweine- und Geflügelbereich:

Züchter (Nukleus) –> Vermehrer –> Landwirt (Tier- oder Viehhalter)

Die Züchtung von landwirtschaftlichen Nutztieren erfolgt in einem kleinen Nukleus ausschließlich durch den Züchter. Sowohl der Vermehrer als auch der Tierhalter (Landwirt) ist an der eigentlichen Zucht nicht beteiligt. Im Bereich der Rinderzucht hingegen ist ein großer Anteil der Kühe Be-

---

551 Siehe dazu die Strukturen in der Tierzucht Abschnitt 2.3.1.

552 *Schulte/Rinken/Kühne*, § 9c Rn. 10.

553 Vgl. *Ischebeck* 2015, S. 180.

standteil des Nukleus und die künstliche Besamung ersetzt weitestgehend die Arbeit des Vermehrers.[554] Eine Unterscheidung in Pflanzenbauer und Pflanzenzüchter gibt es in der Tierzucht nicht, Tierhalter ist auch Tierzüchter und Viehhalter wird als Tierzüchter bezeichnet. Aufgrund dieser Unschärfe der Begriffe ist nicht klar, für wen genau das Landwirteprivileg Anwendung findet.

3.6.3.3 Versuchs- oder Forschungsprivileg

Nach § 11 Abs. 2 PatG sind Handlungen zu Versuchszwecken, die sich auf den Gegenstand der patentierten Erfindung beziehen, erlaubt. Der Regelung liegt die Erkenntnis zugrunde, dass die Forschung und Fortentwicklung von Wissenschaft und Technik nur mittels Versuchen möglich sind, die auf den bestehenden Forschungsergebnissen aufbauen.[555] Das Forschungsprivileg ist durch das Bundesverfassungsgericht als gesicherter Teil des Patentrechts anerkannt.[556] Die Regelung gilt auch für Erfindungen, die biologisches Material umfassen.[557] Diese Regelung ist von besonderer Bedeutung für die Züchtung von Tieren, die für die Forschung genutzt werden.[558] Für die Zucht von landwirtschaftlichen Nutztieren hat diese Regelung insoweit Bedeutung, als sich die Erlaubnis auch auf die Forschung mit dem Gegenstand der patentierten Erfindung bezieht, wie es für die Tierzucht notwendig wäre. Denn, damit eine neue Zuchtlinie („Rasse“) gezüchtet werden kann, ist unter Umständen das patentierte Material als Ausgangsmaterial notwendig. Dies geht aus der Formulierung des Forschungsprivilegs jedoch nicht hervor.

---

554 Vgl. *Dempfle* in *Feindt/Fricke* et al. 2013, S. 149; *Weiß* 2005, S. 176.
555 BT-Drs. 15/1709, S. 9.
556 vgl. *BVerfG* Beschl. v. 10.5.2000, 1 BvR 1864/95; GRUR 2001, 43.
557 Schulte/*Moufang*, § 11 Rn. 15; Vertiefend zum Versuchsprivileg: *Holzapfel* 2004.
558 Wie beispielsweise Tiere für Versuchszwecke oder Tierzellkulturen. Siehe dazu: *Ischebeck* 2015, S. 202 ff.

3.6.3.4 Züchterausnahme (Züchterprivileg)

Eine weitere Ausnahme vom Schutzumfang des Patentrechts ist das Züchterprivileg, welches in Anlehnung an das im Pflanzensortenrecht verankerte Züchterprivileg in das Patentrecht übernommen wurde.[559] Gem. § 11 Nr. 2a PatG ist die Nutzung biologischen Materials zum Zweck der Züchtung, Entdeckung und Entwicklung einer neuen Pflanzensorte vom Patentschutz ausgenommen.[560] Diese Regelung soll sicherstellen, dass die Züchtung von Pflanzensorten nicht durch die Wirkung von Patenten unangemessen eingeschränkt wird.[561] Im Unterschied zum Versuchsprivileg ist der Züchter privilegiert, mit der Erfindung selbst zu forschen. Will der Züchter nach erfolgreicher Weiterentwicklung seine „neue" Sorte vermarkten und fallen ein oder mehrere patentierte Bestandteile der weiterentwickelten Sorte unter Patentschutz, hat der Patentinhaber die Möglichkeit, dem Züchter nach § 9a Abs. 3 PatG die Vermarktung zu untersagen oder aber Ansprüche auf Lizenzgebühren zu erheben. Eine vergleichbare Regelung zum Züchterprivileg gibt es für biologisches Material in der Tierzucht nicht. Anders als im Pflanzenbereich machen weder das deutsche Patentrecht noch das EPÜ oder das EPÜAO eine Aussage über ein Züchterprivileg für patentierte Tiere oder tierisches Vermehrungsmaterial. Bisherige Regelungsversuche scheiterten an dem Umstand, dass sich der Begriff der „Tierrasse" nicht in gleichem Maße zuverlässig bestimmen lässt wie der Begriff der „Pflanzensorte".[562] Es bleibt zu prüfen, unter welchen Umständen ein solches Instrument einzuführen ist. Da es kein Schutzrecht für Tierrassen gibt und diese von der Patentierbarkeit ausgeschlossen sind, besteht auch nicht die Gefahr eines doppelten Schutzes, wie es in der Pflanzenzucht möglich ist. Festzuhalten ist, dass aufgrund

---

559 Änderung des Patentgesetzes v. 21.1.2005 durch das "Gesetz zur Umsetzung der Richtlinie über den rechtlichen Schutz biotechnologischer Erfindungen".

560 Im Bereich der Pflanzenzüchtung sind die Rechte des Züchters in Art. 14 bis 19 der UPOV verankert. Dem Züchter wird in Art. 14 UPOV das Recht zugestanden, dass das von ihm gezüchtete Vermehrungsmaterial nur mit Zustimmung vermehrt, erzeugt, verkauft, ein- oder ausgeführt oder freigehalten werden darf.

561 Protokollerklärung der Deutschen Delegation im Binnenmarktrat am 27.11.1997, zitiert nach BT-Drs. 15/1709 S. 9.

562 Zur Bestimmung des Begriffs Tierrasse siehe Abschnitt 3.5.2.1.

der Unterschiedlichkeit der Verfahren in Tier- und Pflanzenzucht ein Züchterprivileg nicht analog zur Pflanzenzucht ausgestaltet werden kann.[563]

3.6.3.5 (Zufalls-) Auskreuzung von biologischem Material

Einen weiteren Ausnahmetatbestand für den Schutz der Arbeit des Landwirtes, der wohl unter dem Eindruck eines Rechtsstreits vor dem Supreme Court in Kanada in das Patentgesetz eingefügt wurde,[564] findet sich in § 9c Abs. 3 PatG. Vermehrungsmaterial, welches im Bereich der Landwirtschaft zufällig oder technisch unvermeidlich gewonnen wurde, ist vom Patentschutz ausgenommen. In diesem Zusammenhang spricht man von der sogenannten Auskreuzung. Diese Regelung soll den Landwirt vor einer aufgedrängten Bereicherung schützen,[565] die dadurch entsteht, dass er unwillentlich Tiere oder Vermehrungsprodukte mit einer patentgeschützten Eigenschaft erzeugt.[566] Die gute landwirtschaftliche Praxis soll hier als Maßstab gelten.[567] Diese Regelung gilt nach der Gesetzesbegründung auch für tierisches Vermehrungsmaterial, denn auch für „landwirtschaftliche Nutztiere ist eine zufällige, nicht beabsichtigte Vermehrung nicht auszuschließen".[568] Bei einer Zufallsauskreuzung nach § 9c Abs. 3 PatG können keine Unterlassungs- und Schadensersatzansprüche nach § 139 geltend gemacht werden. Für den Fall, dass der Landwirt sich eine Auskreuzung gezielt zu Nutze macht, liegt die Beweislast dafür beim Patentrechtsinhaber.[569] Doch ist der Nachweis einer Auskreuzung für tierisches

---

563 Siehe auch *Feindt/Fricke* et al. 2014, S. 25 ff.

564 SuprC Kanada Urteil v. 21.5.2004, GRUR Int. 2004, 1036 Monsanto vs. Schmeiser – Roundup.

565 BT-Drs. 15/1709, S. 15.

566 *Schulte/Rinken/Kühnen*, § 9c Abs. 3 Rn. 30.

567 Darunter zu verstehen ist nach Art. 28 VO (EG) Nr 1750/1999 - ABl. L 214 vom 13.8.1999, S. 31 der gewöhnliche Standard der Bewirtschaftung, die ein verantwortungsbewusster Landwirt in der betreffenden Region anwenden würde. Siehe BT-Drs. 15/1709, S. 15. Gesetzlich verankert ist die gute fachliche Praxis in der Landwirtschaft in § 5 des Bundesnaturschutzgesetzes (BNatSchG) und in § 17 des Bundes-Bodenschutzgesetzes (BBodSchG).

568 BT-Drs. 15/1709 S. 17; siehe auch *Walter* 2008, S. 359.

569 BT-Drs. 15/1709 S. 15.

Vermehrungsmaterial schwierig, denn der Patentinhaber muss nachweisen, dass die patentgeschützte Eigenschaft nicht in seinen Tieren vorkommt. Diese Regelung ist für die Vermehrung von tiergenetischem Material in der Landwirtschaft nicht so bedeutend, da eine Auskreuzung relativ unwahrscheinlich ist. Tiere werden im Stall oder auf einem abgegrenzten Außenbereich gehalten und können gut durch den Menschen kontrolliert werden.

3.6.3.6 Erteilung von Zwangslizenzen

Gemäß Art. 12 BioPatRL können Züchter von Pflanzensorten die Erteilung einer nicht ausschließlichen Zwangslizenz beantragen, soweit diese Lizenz für die Verwertung einer Pflanzensorte nötig ist. Die Voraussetzung dafür ist der Nachweis des Züchters, dass gem. Art. 12 Abs. 3 BioPatRL die Pflanzensorte einen „bedeutenden technischen Fortschritt von erheblichem wirtschaftlichen Interesse" gegenüber der patentgeschützten Sorte darstellt. Der deutsche Gesetzgeber hat mit § 24 PatG ebenfalls die Möglichkeit einer Zwangslizenz geschaffen. Diese kann beantragt werden, wenn der Lizenznehmer sich erfolglos um eine Lizenz beim Patentinhaber gem. § 24 Abs. 1 PatG bemüht hat und die Erteilung im Hinblick auf das öffentliche Interesse geboten ist. Sind diese Voraussetzungen erfüllt, wird der Patentinhaber auf Antrag des Patentgerichts zu einer Lizenzierung an den Lizenzsuchenden verpflichtet. Die Frage, wann ein öffentliches Interesse vorliegt, ist im Einzelfall zu klären. Zur Beurteilung dieses unbestimmten Rechtsbegriffs kommen technische, wirtschaftliche, sozialpolitische als auch medizinische Gründe in Betracht.[570] Für die Pflanzenzucht wird das öffentliche Interesse in der Notwendigkeit gesehen, den Markt mit Pflanzenmaterial zu versorgen oder auch den Anreiz zur ständigen Züchtung neuer Sorten aufrechtzuerhalten.[571] Der letztge-

---

570 *Benkard/Rogge*, 2015 § 24 Rn. 17.

571 Erwägungsgründe, Verordnung 2100/947/EU v. 27.7.1994 über den gemeinschaftlichen Sortenschutz, ABl. L. 227 v. 1.9.1994 S. 2.

nannte Grund könnte auch für die Tierzucht relevant sein, denn die Züchtung hängt von gutem Zuchtmaterial ab, welches ständig weiterentwickelt wird.

Für die landwirtschaftliche Tierzucht könnte eine Zwangslizenz auch von Bedeutung sein, wenn beispielsweise der Patentinhaber den Austausch von Zuchtmaterial unterbindet und der Betrieb dadurch in seiner Existenz gefährdet wäre.[572] In der Praxis wurde bisher nur eine Zwangslizenz aufgrund des öffentlichen Interesses vom Bundespatentgericht erteilt, die jedoch vom BGH wieder aufgehoben wurde mit der Begründung, dass ein Eingriff in den Schutz des Geistigen Eigentums verhältnismäßig sein muss und nicht gewährleistet ist, wenn das öffentliche Interesse auf eine andere Weise gewahrt werden kann.[573] Dies verdeutlicht die hohen Hürden bei der Anwendung des unbestimmten Rechtsbegriffs des öffentlichen Interesses.[574]

3.7 Ergebnis: Unzureichende Patentregelungen für die Förderung von Innovationen in der Tierzucht-legislatives Delta

Die Analyse des Rechtsrahmens und der Literatur hat eine erhebliche Anzahl an Problembereichen und Konfliktfeldern bei der Anwendung des Patentrechts in der Tierzucht identifiziert. Grundsätzlich können folgende Ergebnisse der juristischen Analyse festgehalten werden:

Voraussetzungen der Patentierung:

---

572 Vgl. *Ischebeck* 2015, S. 207; *RG* Urt. v. 11.3.1926. RGZ 113, 115, 120 ff.; Das Reichsgericht sah in der Einstellung des Betriebs und der daraus resultierenden Zunahme der Arbeitslosigkeit einen möglichen Rechtfertigungsgrund zur Erteilung einer Zwangslizenz.

573 *BGH* Urt. v. 11.7.1996, GRUR 1996, 190, (193) – Polyferon.

574 Siehe dazu auch die Diskussion um den ordre public in Abschnitt 3.5.1. Eine weitere Beschränkung des Schutzumfangs kann durch die Bundesregierung nach § 13 PatG angeordnet werden, wenn die Erfindung im Interesse der öffentlichen Wohlfahrt benutzt werden soll. Die Regelung wurde seit 1945 noch nicht angewendet, ihr wird jedoch eine psychologische Wirkung zugesprochen. Nach Kriegsende gab es nur einen praktischen Fall – OLG Frankfurt PMZ 49, 330.

- Offenbarung von biologischem Material: Hinterlegung schwierig bei Sperma etc., Genbanken nicht verfügbar oder nicht öffentlich zugänglich
- Wiederholbarkeit bei tierzüchterischen Verfahren nicht gegeben, da sie auf Mutation beruhen (Ausnahme: transgene Verfahren)

Ausnahmen von der Patentierbarkeit:

- Tierqualverfahren: wenige Entscheidungen, nicht genau geklärt aufgrund oftmals fehlender statistischer Beweise. EPA sieht sich nicht zuständig für eine Abwägung im Sinne des ordre public
- Gleichbehandlung von Pflanzensorten und Tierrassen wegen fehlender Legaldefinition bei der Auslegung der Ausnahmen der Patentierbarkeit
- Genaue Definition der im Wesentlichen biologischen Verfahren für die Tierzucht fehlt
- Begriff der Tierrassen bleibt unklar, Ausschlusstatbestand somit nur sehr eingeschränkt anwendbar
- Schutzumfang von tierzüchterischem Material:
- Horizontale Patenterstreckung auf tierische Gensequenzen unzureichend geregelt
- Sonderfall Stoffpatente: Product-by-Process-Patente nicht klar
- Vertikale Patenterstreckung auf Folgegenerationen / Nachkommen
- Abgrenzung zwischen Herstellungs- und Arbeitsverfahren unklar
- Forschungsprivileg nicht abschließend für die Tierzucht geregelt
- Landwirteprivileg nicht praktikabel für die Tierzucht
- Züchterausnahme besteht nicht für die Tierzucht

3.7.1 Voraussetzung der Patentfähigkeit: mangelnde Offenbarung und fehlende Wiederholbarkeit

Die Analyse der Voraussetzungen der Patentierbarkeit von tierzüchterischem Material ergibt, dass die Nacharbeitbarkeit (Wiederholbarkeit) von angemeldeten oder erteilten Erfindungen in der Tierzucht in vielen Fällen nicht gesichert ist. Die Nacharbeitbarkeit/Wiederholbarkeit einer Erfindung, die durch die vollständige Beschreibung (Offenbarung) oder Hinterlegung des entsprechenden biologischen Materials ermöglicht wird, ist jedoch Bedingung, um ein gültiges Patent zu erlangen. Die vollständige Beschreibung oder Hinterlegung ist notwendig, um das hinter der Erfindung stehende Wissen für die Weiterentwicklung auf dem jeweiligen Gebiet der Technik zu nutzen. Die begrenzte Verfügbarkeit von Wissen schränkt auch den Zugang zu züchterischem Material ein. Dass eine Erfindung nicht nachgearbeitet werden kann, bedeutet für die Tierzüchter, dass die notwendigen Informationen, beispielsweise welches Material wie eingesetzt wird, für den Züchtungsprozess nicht zur Verfügung stehen. Dies hat zur Folge, dass die neuen Erkenntnisse nicht in den Züchtungsprozess integriert werden können, um diesen zu verbessern.

Die momentane Anwendung der Tatbestandsmerkmale für eine Erfindung in der Prüfung führt dazu, dass ungenau geprüft wird, Aspekte der tierzüchterischen Praxis nicht mit einbezogen werden, höherer Kostenaufwand durch Einspruchsverfahren entstehen. Es werden Patente auf bereits bestehende Züchtungsverfahren und die daraus hervorgehenden Produkte angemeldet. Somit besteht Rechtsunsicherheit bei den Züchtern in Bezug auf den Schutzumfang. Es ist davon auszugehen, dass Züchter auf alternative Schutzmechanismen ausweichen oder aber gar keine Patente anmelden. Zuchtmaterial wird in privaten Genbanken untergebracht und der Allgemeinheit entzogen.

Die Analyse der Patenterteilungspraxis zeigt zudem, dass die mangelnde Beschreibung (Offenbarung) der Erfindung in vielen Fällen erst nach einem erfolgten Einspruch geklärt wird, also keinen Hinderungsgrund für die Erteilung eines Patents dargestellt hat. Fraglich ist, warum die Patentämter diesen Mangel nicht bereits bei der Anmeldung der Prüfung feststellen. Die Nichterfüllung der gesetzlichen Anforderungen an eine Erfindung führt zu Rechtsunsicherheiten seitens der Tierzüchter, denn das erteilte Patent könnte aufgrund des Mangels angreifbar sein.

3.7.2 Ausschlüsse und Zugangsinstrumente für Zuchtmaterial nicht ausreichend gestaltet

Die Juristische Analyse des Schutzumfangs zeigt auf, dass das Patentrecht Instrumente bereithält, welche die Verfügbarkeit von züchterischem Material für die Weiterzucht sicherstellen sollen. Hierzu zählen insbesondere die Regelungen des Landwirteprivilegs, des Versuchsprivilegs, des Züchterprivilegs sowie der Ausschluss von Tierrassen und im Wesentlichen biologischen Verfahren. Diese Instrumente entstammen dem Sortenschutz, einem Schutzrecht für Pflanzenzüchtungen. Die begriffliche Gleichbehandlung von pflanzenzüchterischem und tierzüchterischem Material in den Regelwerken und der Rechtsanwendung (durch das EPA), führt zu Widersprüchen und Rechtsunsicherheiten. Ursächlich hierfür ist die unzureichende Berücksichtigung der tierzüchterischen Strukturen, die in den mangelnden bis gar nicht vorhandenen tierzüchterischen Begriffen in den Regelungen zum Ausdruck kommt. So ist der Begriff der „Tierrasse“ an keiner Stelle im Gesetz definiert und die Analyse hat ergeben, dass selbst in den verschiedenen Tierarten kein einheitliches Verständnis einer Tierrasse existiert. Der Ausschluss von im Wesentlichen biologischen Verfahren wird in Analogie zu Pflanzensorten definiert und trägt den unterschiedlichen Strukturen in der Tierzucht in keiner Weise Rechnung. Ein Zuchtverfahren in der Pflanzenzucht ist nicht gleichzusetzen mit einem Verfahren in der Tierzucht aus den im vorangegangenen Kapitel dargestellten Gründen. Das Landwirteprivileg für die Tierzucht ist aufgrund der nicht eindeutig geklärten Begriffe für die Tierzucht nur schwierig anzuwenden. Ein Züchterprivileg, welches sicherstellen soll, dass der Züchter mit patentgeschütztem Material für die Entwicklung einer neuen Rasse züchten kann, ist für tiergenetisches Material nicht verankert. Somit verfehlen die vorgehaltenen Instrumente für die Ermöglichung des Zugangs zu Zuchtmaterial ihre Wirkung und führen zu Rechtsunsicherheiten für Patentprüfer und Tierzüchter. Doch „als Anreizfunktion für einen züchterischen Fortschritt kommt dem Patentschutz im Bereich der Tierzucht eine besondere Rolle zu, da in Deutschland ein dem Sortenschutzrecht vergleichbares Schutzrecht für die Tierzüchtung nicht besteht".[575] Daraus folgt, dass Innovationen in der Tierzucht, die vom Zugang zu züchterischem Material abhängen, gehemmt werden. Gemäß der normativen Zielsetzung des Patentrechts[576] sollen jedoch Innovation auf allen Gebieten der Technik gefördert werden.

3.7.3 Auswirkungen der unzureichenden Regelungen auf die Agrobiodiversität

Durch die unzureichende Ausgestaltung der patentrechtlichen Zugangsinstrumente ist auch die Agrobiodiversität in der Tierzucht als Voraussetzung für Innovationen gefährdet. Denn, wenn genetisches Material und das Wissen darüber nicht zur Verfügung steht, wird die Weiterzucht behindert.[577] Genetisches Material kann nur durch eine beständige Weiterzucht erhalten werden. Auf diese Weise kann eine Anpassung der Tiere und deren genetisches Material an die sich ändernden Umweltbedingungen erfolgen. Wenn das Wissen über tiergenetisches Material nur bestimmten Züchtern zur Verfügung steht, weil sie es geheim halten oder unzureichend offenbaren, entsteht die Situation, dass wenige Zuchtunternehmen über die Ausrichtung der Züchtung entscheiden. Daraus kann sich eine Marktmacht ergeben, die zur Folge hat, dass die Entwicklung von bestimmten Hochleistungsrassen gefördert wird und dadurch das genetische Material weniger hochleistungsfähiger Tierrassen am Markt verloren geht. Ist der Tierzüchter auf patentiertes Zuchtmaterial angewiesen, so muss er Lizenzen zahlen. Ein Züchterprivileg ist, wie bereits im vorigen

---

575 *Ischebeck* 2015, S. 198.
576 Siehe Abschnitt 2.1.
577 Siehe Abschnitt 2.3.2.

Abschnitt beschrieben, für die Tierzucht nicht verankert. Dieses soll sicherstellen, dass der Züchter für die Entwicklung einer neuen Rasse auf patentgeschütztes Material zurückgreifen kann und die Entwicklung neuer Sorten und Rassen nicht durch die Wirkung von Patenten unangemessen eingeschränkt wird. Nach den momentanen Regelungen ist der Tierzüchter verpflichtet Lizenzgebühren für die Nutzung zu zahlen. Somit können höhere Kosten für die Nutzung von tiergenetischem Material entstehen, die unter Umständen nicht gezahlt werden können. Die Agrobiodiversität wird eingeschränkt, wenn der Züchter nicht in der Lage ist seine Züchtung weiter zu verfolgen. Das Landwirteprivileg ist aufgrund der erläuterten begrifflichen Unschärfen[578] für die landwirtschafltiche Tierzucht ebenfalls nur eingeschränkt anzuwenden. Daraus folgt, dass Tierzüchter nicht das Recht haben Tiere für Vermehrungszwecke zurückzubehalten. Ähnlich wie beim Züchterprivileg wird der Zugang zu Zuchtmaterial dadurch behindert.

---

578 Siehe Abschnitt 3.6.3.2.

4 Präferenzen, Anreize und Hemmnisse

Das Kapitel 3 zeigt ein Delta zwischen den normativen Zielvorgaben und der Umsetzung in entsprechende Regelungen. In der Folge kommt ein unzureichend angepasstes Patentrecht in der Tierzucht zur Anwendung.

Es gilt im Einzelnen zu analysieren, wie die Akteure mit dem identifizierten Regelungsdefizit umgehen und welche Anreize und Hemmnisse bei der Anwendung der Patentregelungen im Rahmen des Patentverfahrens in der Tierzucht bestehen. Dies verlangt eine Beurteilung des gesamten institutionellen Kontexts, in dem sich die Akteure bewegen. In einem ersten Schritt sind die spezifischen Präferenzen der relevanten Akteure im Patentverfahren in den Blick zu nehmen (Abschnitt 4.1), um sodann weitere verhaltensbeeinflussende Faktoren aus dem Umfeld der Akteure aufzuzeigen (Abschnitt 4.2).

Den Betrachtungsrahmen bildet das Patentverfahren und die Rollen, die die jeweiligen Akteure darin einnehmen. Anhand der verschiedenen Stationen im Patenterteilungsverfahren werden die Anreize und Hemmnisse der Akteure bei der Anmeldung und Prüfung von Patenten in der Tierzucht herausgearbeitet (Abschnitt 4.4), um mögliche Ansatzpunkte für Handlungsoptionen zu identifizieren (Abschnitt 4.5).

4.1 Rollen und Präferenzen relevanter Akteure im Patentverfahren

Die maßgeblichen Akteure im Patentverfahren sind Patentjuristen, Patentvertreter, Patentprüfer sowie die Patentanmelder. Den Ablauf des Patentverfahrens beschreibt bereits Abschnitt 3.3. Kurz zusammengefasst besteht das Verfahren aus folgenden Stationen: der Patentanmeldung, der idealerweise eine Vorrecherche vorangegangen ist, dem Prüfungsverfahren, ob eine Erfindung vorliegt sowie der sich anschließenden Patenterteilung bzw. Ablehnung. Gegebenenfalls kommt es noch zu einem Einspruchsverfahren und/oder einem Beschwerdeverfahren. Auch eine Nichtigkeitsklage ist möglich. Das Patent wird vom Patentanmelder bei

Bedarf mit Unterstützung des Patentvertreters angemeldet und durchläuft anschließend die Prüfung, die Patentprüfer in den verschiedenen Abteilungen des Patentamts durchführen.

4.1.1 Patentanmelder (Erfinder)

Die Patentanmelder bestehen generell aus einem „heterogenen Ensemble von großen, inzwischen oft transnational agierenden Firmen und von individuellen Erfindern, von kleinen und mittleren Unternehmen sowie Start-Ups, sowie zunehmend auch von Universitäten, Forschungsinstituten oder Stiftungen unterschiedlicher öffentlicher, privater oder gemischter (public-private-partnerships) Trägerschaft".[579] Dabei reicht ihre Ausrichtung von Gemeinnützigkeit bis zu individueller Interessens- bzw. Profitorientierung, dementsprechend sind auch die individuellen Präferenzen der Akteure sehr unterschiedlich. Der gemeinsame Nenner ist jedoch die Erlangung eines Patents. Für die vorliegende Untersuchung stehen die Tierzüchter, die in Unternehmen und Züchtervereinigungen organisiert sind, im Vordergrund. Der Grad der Organisationsform gestaltet sich je nach Tierart unterschiedlich.[580]

4.1.1.1 Rolle im Patentverfahren

Im Patenterteilungsverfahren stehen die Patentanmelder außerhalb des Patentsystems, kooperieren aber mit den jeweiligen Patentvertretern, wenn es um weitere Spezifikationen oder Änderungen der Patentanmeldung sowie Stellungnahmen zum angemeldeten Patent geht. Im Vorfeld der Patentanmeldung sind die Patentanmelder zuständig für die Durchführung der sogenannten Vorrecherche, die die Prüfung der Erfindung durch Patent- und/oder Literaturrecherche umfasst. Ziel der Vorrecherche ist es, den Stand der Technik der Erfindung auf dem jeweiligen Gebiet

579 *Schneider* 2010, S. 203.
580 Ausführliche Beschreibung siehe Abschnitt 4.2.1 sowie Abschnitt 2.3.1.

zu erfassen und anhand dieser Informationen abzuschätzen, ob eine Anmeldung erfolgversprechend ist.[581]

Die Vorrecherche kann durch den Erfinder selbst erfolgen oder aber einem Recherchedienstleister oder einem Patentvertreter übertragen werden. Handelt es sich beim Patentanmelder um ein Unternehmen, so wird diese Recherche meist durch die jeweils auf das Fachgebiet spezialisierte (Patent-)Abteilung erfolgen. Züchtervereinigungen werden hier entweder ihr eigenes Fachwissen bündeln oder aber, um Ressourcen zu sparen, diese einem Fachmann übertragen (Recherchedienstleister oder Patentvertreter). Der Patentanmelder muss nicht zwingend Patenteigentümer sein, er kann die Erfindung durch Eigentumsübergang oder durch ein Übertragungs- bzw. Veräußerungsversprechen an Dritte übertragen. Kommt es zum Einspruchs- oder Beschwerdeverfahren, so kommuniziert der Patentanmelder über den entsprechend beauftragten Patentvertreter mit dem Patentamt.

4.1.1.2 Präferenzen

Die Patentanmelder sind in erster Linie daran interessiert, ein Patent zu erlangen. Bei der Anmeldung sind sie gewinnorientiert. Sie erhoffen sich durch die Lizenzeinnahmen eine Amortisierung der Kosten, die sie in die Entwicklung des neuen Zuchtverfahrens gesteckt haben. An dieser Stelle kommt die Anreiz- und Anspornungstheorie zum Tragen, die dem Patentrecht zugesprochen wird.[582] Denn neben der Motivation, Einkünfte zu erzielen, besteht für den Patentanmelder auch der Anreiz, den Fortschritt im eigenen Zuchtgebiet voran zu bringen und somit das eigene Ansehen im jeweiligen Zuchtsektor durch Innovationen zu steigern. Weiterhin hat er die eigene Reputation im Unternehmen und seine Aufstiegschancen im Blick. Auch die „Unternehmenskultur“ beeinflusst den Patentanmelder. Wird der Erfolg des Erfinders auch finanziell extra vergütet durch Prämien oder ähnliches, so wird er besonders motiviert sein, eine Erfindung

---

581 Siehe dazu Abschnitt 3.3.1.

582 Vertiefend dazu siehe Abschnitt 2.1.

zu machen und zum Patent anzumelden (anmelden zu lassen). Derartige Anreizstrukturen gibt es eher in größeren Unternehmen.

Der Patentanmelder wird auch vom Umfeld des Unternehmens beeinflusst. Grundsätzlich werden Patente von Unternehmen eingesetzt, um sich im Markt zu positionieren und Einfluss auszuüben. Eine reine Nutzen -Kosten-Abwägung ist dem Patentanmelder in den meisten Fällen nur schwer möglich. Je nach Forschungsgebiet gibt es bereits eine Vielzahl an Patenten, über die ein Überblick nötig ist, um eine Entscheidung treffen zu können. Die Beschaffung ausreichender Informationen erfordert finanzielle und personelle Mittel. Unternehmen mit einer eigenen Patentabteilung haben weniger finanziellen und personellen Aufwand für jede einzelne Patentanmeldung. Durch ihre Struktur ist entsprechend benötigtes Personal und Budget bereits vorhanden. Wenn KMU nicht über ausreichende Informationen verfügen und nicht die Ressourcen und finanziellen Mittel haben, sich diese in kurzer Zeit zu verschaffen, treffen sie auf dieser Grundlage ihre Entscheidung. Diese kann sich an früheren Entscheidungen orientieren oder sich am allgemeinen Prozedere einer Branche orientieren, wenn in dieser beispielsweise allgemein eher wenig Patente angemeldet werden (regelgebunden, habituell). Ebenfalls können auch emotionale Aspekte eine Rolle spielen, wenn beispielsweise eine persönliche Aversion gegen Patente vorliegt, oder aber persönliche Differenzen zwischen potentiellem Patentanmelder und Patentprüfer bestehen. In diesen Fällen könnte sich ein Unternehmen trotz vorliegender Erfindung für einen anderen Weg, beispielsweise die Publikation, entscheiden.

4.1.2 Patentprüfer

Patentprüfer, wie sie im Europäischen Patentamt arbeiten, haben eine natur- oder ingenieurswissenschaftliche Ausbildung. Für die Arbeit als Prüfer ist die Praxiserfahrung in der Forschung oder in einem Unternehmen keine Bedingung.[583]

583 *EPA*, Erforderliches Profil eines Patentprüfers, siehe https://www.epo.org/about-us/jobs/examiners/profile_de.html (28.1.2018).

4.1.2.1 Rolle im Prüfungsverfahren

Die Hauptaufgabe des Patentprüfers besteht darin beim EPA eingehende Patentanmeldungen zu recherchieren und zu prüfen. Die Recherche dient dazu den Stand der Technik, alle für die Erfindung relevanten früheren Veröffentlichungen, zu ermitteln und anhand dieser die Patentierbarkeit der Erfindung zu beurteilen. In der sich anschließenden Sachprüfung gehört es zur Aufgabe des Patentprüfers, den Anmelder (oder seinen Patentvertreter) auf mögliche Einwände zur Erteilung des Patents aufmerksam zu machen. Diese können dann im Schriftverkehr oder bei Bedarf auch in einer mündlichen Verhandlung ausgeräumt werden. Der Prüfer kann auch in einem Einspruchsverfahren beteiligt sein.[584] Die sogenannte Erstprüfung führt der Prüfer alleine durch. Kurz vor der Patenterteilung oder Zurückweisung werden zwei weitere Prüfer hinzugezogen, welche die Entscheidung des Erstprüfers diskutieren und durch ihre Unterschrift bestätigen. Die Recherche und Patentprüfung werden nicht von ein und demselben Prüfer durchgeführt. Für die Recherche ist die Rechercheabteilung in Den Haag zuständig und die Sachprüfung wird im Patentamt in München durchgeführt.

Das Patentamt ist eine Verwaltungsbehörde von besonderer Art und ähnelt vom Aufbau her einem Gericht. Aus diesem Grund agiert der Patentprüfer ähnlich wie ein Richter, indem er die Beweismittelaufnahme durchführt und im Laufe des Verfahrens Anhörungen und Vernehmungen anordnet.[585] Im Verfahren entscheidet der Prüfer unabhängig (wie ein Richter) und ist dabei nicht an die Direktiven des Obersten Organs (Präsident) des Patentamts gebunden. Er trifft keine Grundsatzentscheidungen im Rahmen des Patenterteilungsverfahrens. Er muss jedoch in seinen Entscheidungen die Konsistenz der früheren Entscheidungen des Amtes wahren. Er unterliegt zudem einem quasi-richterlichen Entscheidungszwang, weil die Annahme eines rechtsgültigen Antrags eines Patentan-

---

584 *EPA*, Aufgaben eines Patentprüfers, siehe https://www.epo.org/about-us/jobs/examiners/what_de.html (28.1.2018).

585 Siehe dazu Abschnitt 4.3.2.

melders nicht verweigert werden kann. In dieser Position kommt dem Patentprüfer eine herausragende Bedeutung zu, denn nur ihm obliegt in Rücksprache mit dem Anmelder, welche Referenzen offengelegt werden und endgültig in der Patentschrift veröffentlicht werden. Die für die Recherche und Prüfung zur Verfügung stehende Zeit ist begrenzt und erfordert eine effiziente Nutzung der zur Verfügung stehenden Informationsquellen. Als Entscheidungshilfe für die Sachprüfung, Recherche sowie das Einspruchs- und Beschränkungs- bzw. Widerrufsverfahren stehen dem Prüfer die Richtlinien der Prüfung[586] zur Verfügung.

4.1.2.2 Rolle der Angehörigen von Beschwerdekammern

Eine weitere Gruppe von Prüfern, die umfangreichere Befugnisse haben als die erstgenannte Gruppe, sind die Mitglieder der technischen und juristischen Beschwerdekammern.[587] Die Beschwerdekammern entscheiden über die Beschwerden in zweiter und letzter Instanz. Die technischen Beschwerdekammern setzen sich generell aus drei technischen sowie einem juristischen Mitglied zusammen. Die juristischen Mitglieder der Beschwerdekammern verfügen über eine juristische Ausbildung auf Masterniveau[588] und müssen zudem über eine langjährige Berufserfahrung im Patentwesen verfügen. Häufig gehörte der Erstprüfer ebenfalls der Beschwerdekammer an, wenn sein Fall beurteilt wird.[589]

---

586 *EPA* 2016, Teil A-G.

587 Siehe Abschnitt 4.3.2, Mitglieder und Vorsitzende werden für einen Zeitraum von fünf Jahren ernannt.

588 Stellenanzeige des EPA, siehe https://www.oepm.es/export/sites/oepm/comun/documentos_relacionados/sobre_oepm/Empleo/PRI_OJ_Ad_5218_01_12.pdf (28.1.2018).

589 Dies hat sich erst in den vergangenen Jahren verändert. „So wird etwa in einzelnen Biotechnologie-Abteilungen der erste Prüfer grundsätzlich ersetzt." *Schneider* 2010, S. 156. Hierzu sei noch angemerkt, dass gem. Art. 23 Abs. 2 EPÜ die Mitglieder der Kammern nicht den Prüfungsabteilungen angehören dürfen.

4.1.2.3 Präferenzen

Die Patentprüfer sind daran interessiert, das Verfahren zügig und problemlos mit so wenig Fehlern wie möglich in der vorgegebenen Frist abzuwickeln. Hierfür ist es erforderlich, dass der Prüfer eine rechtssichere Entscheidung trifft. Denn die von ihm getroffenen Entscheidungen sind durch die Beschwerdekammern des Amtes quasi gerichtlich überprüfbar.

Der Patentprüfer orientiert sich bei der Prüfung an den vom Europäischen Patentamt erstellten Prüfrichtlinien. Diese dienen dazu, einerseits den Patentanmelder über das Vorgehen zu informieren und auf der anderen Seite bieten sie dem Prüfer eine Art roten Faden, der ihn durch den gesamten Prozess der Prüfung führt. Die Anforderungen an die Arbeit des Patentprüfers werden in den Richtlinien wie folgt beschrieben:

„…das Verhalten des Prüfers ist sehr wichtig. Er muss stets versuchen, konstruktiv zu handeln und hilfsbereit zu sein. Es wäre natürlich völlig verfehlt, wenn ein Prüfer bei einer Anmeldung über größere Mängel hinwegsähe; er sollte alles in den richtigen Proportionen sehen und nicht auf unwesentliche Beanstandungen eingehen. (Er muss bedenken, dass der Anmelder oder sein Bevollmächtigter für die Abfassung der Beschreibung und der Ansprüche einer europäischen Patentanmeldung gemäß den Erfordernissen des EPÜ verantwortlich sind.)“[590]

Die formulierten Erwartungen an das Verhalten der Prüfer beschreiben die Herausforderung, die er bei der Arbeit zu bewältigen hat. Einerseits soll er die Anmeldung auf Mängel hin überprüfen andererseits aber nicht unnötig Arbeit generieren durch die Bearbeitung von unwesentlichen Beanstandungen. Die Prüfrichtlinien geben dem Prüfer Regeln vor, um ihm seine Entscheidung zu erleichtern. Jedoch spielt auch der Erfahrungshintergrund des Prüfers eine Rolle. Erfahrene Prüfer haben für sich pragmatische Regeln gefunden („das haben wir schon immer so gemacht und es hat zum Erfolg geführt“), die zum Teil auch schon in habituelles Verhalten übergegangen sein können. Nicht so routinierte Prüfer sind noch flexibler

[590] *EPA* 2016, Teil C Kap. I Nr. 2.

und werden sich an Entscheidungen orientieren, die sie zuvor schon einmal basierend auf einer Nutzen-Kosten-Analyse getroffen haben. Doch damit der Prüfer eine rechtssichere Entscheidung treffen kann, benötigt er alle Informationen über den Patentgegenstand, um ihn als Experte einschätzen zu können. Aufgrund der schlechten Dokumentation in der Tierzucht ist es ihm unter Umständen nur schwer möglich alle verfügbaren Informationen zu bekommen. Somit ist seine Entscheidung abhängig davon, wie gut er sich in der Tierzucht und in den einzelnen Zuchtgebieten auskennt und wie er mit seinem Wissensdefizit umgeht. Hinzu kommen die Rechtsunsicherheiten im materiellen Recht. Da er nicht beliebig lange Recherchen betreiben kann und die Prüfung in einem vorgegebenen Zeitrahmen zu erfolgen hat, ist er gezwungen eine Entscheidung zu treffen auf Basis des ihm vorhandenen Wissens. Doch durch das Zeitlimit können kognitive Grenzen entstehen, die den Prüfer veranlassen seine Entscheidungen ohne die erforderlichen Informationen zu treffen.

Der Patentprüfer ist zudem in das institutionelle Umfeld der Behörde eingebettet und muss bestimmte Abläufe einhalten.[591] Das Patentamt hat sich zur Aufgabe gemacht Innovationen, Wettbewerbsfähigkeit und Wirtschaftswachstum in Europa zu fördern (Grundverständnis). Dies soll erreicht werden durch eine hohe Qualität und effiziente Dienstleistungen im Rahmen der Vorgaben des Europäischen Patentübereinkommens.[592] Die grundlegende Einstellung kommt auch bei den Prüfern zum Tragen indem sie motiviert sind das Patentverfahren schnell abzuschließen, um auch die Reputation der Behörde aufrecht zu erhalten („wir schaffen das“). Diese Faktoren beeinflussen die Präferenzen des Prüfers als Behördenmitarbeiter. Die individuellen Präferenzen des Prüfers spielen auch eine Rolle und müssen nicht deckungsgleich mit denen der Behörde sein. Der Prüfer ist bestrebt seine Reputation innerhalb der Behörde sowie seine Aufstiegschancen zu erhöhen.

591 Siehe Abschnitt 3.3.

592 Siehe Auftrag und Vision des EPA, siehe https://www.epo.org/about-us/office_de.html (28.1.2018).

Emotionales Verhalten könnte mit Blick auf den Patentierungsgegenstand Tierzucht eine Rolle spielen, dies hängt stark vom eigenen Werte- und Erfahrungshintergrund des Prüfers ab. Die meisten sind Naturwissenschaftler und sind aufgrund ihrer Ausbildung eine sachliche Auseinandersetzung mit den Dingen gewöhnt. Zudem versteht sich das Patentamt als Überprüferin von Anmeldungen nach den vorgegebenen Regeln, die keine Abschätzung von sozioökonomischen oder sonstigen Auswirkungen beinhaltet und erwartet diese Einstellung auch von den Prüfern.[593]

Zusammenfassend lässt sich festhalten, dass das Verhalten der Patentprüfer bestimmt ist von ihrem Reputationsstreben. Jedoch haben sie aufgrund der komplexen Situation Regeln entwickelt, die sie je nach Erfahrungshintergrund rational oder habituell anwenden. Emotionales Verhalten spielt bei den Entscheidungen der Prüfer kaum eine Rolle.

4.1.3 Patentvertreter

Bei einem Patentvertreter handelt es sich um einen Naturwissenschaftler oder Ingenieur mit einer zweijährigen, juristischen universitären Ausbildung.[594] Um als Vertreter vor dem europäischen Patentamt zugelassen zu werden, muss er eine Eignungsprüfung ablegen. In dieser sind umfassende Kenntnisse des nationalen, europäischen und internationalen Patentrechts nachzuweisen.[595] Patentvertreter sind zumeist freiberufliche nationale Patentanwälte oder angestellte Patentfachleute. Ein Patentvertreter vertritt den Patentanmelder und seine Erfindung vor dem Patentamt und ggfs. auch vor dem Patentgericht. Ohne einen Patentvertreter kann der Erfinder kein Verfahren vor dem Europäischen Patentamt anstrengen.

Der Patentvertreter vertritt seinen Auftraggeber. Dies können Unternehmen, Züchtervereinigungen, NGOs oder Forschungseinrichtungen sein.

---

593 Experteninterview Nr. 18 v. 15.2.2012, S. 2.

594 In Kooperation der Patentanwaltskammer wurde an der FernUniversität Hagen am Kurt-Haertel Institut für Geistiges Eigentum ein Weiterbildungsstudiengang für angehende Patentanwälte eingerichtet.

595 *Stauder* 21.11.2000.

Seine Aufgaben bestehen in der Anmeldung der Erfindung (heutzutage meistens elektronisch, national und international), der Vertretung der Schutzrechtsanmeldung sobald das Patentprüfungsverfahren beginnt, der Beseitigung von formellen Einwänden, der Beantwortung der Bescheide des Patentprüfers sowie der Verteidigung der Erfindung gegenüber dem Patentamt[596] und Dritten, die die Erfindung unberechtigt nutzen. Ist ein Patent erteilt worden, so kann der Patentvertreter auch mit der Überwachung des Schutzrechts sowie der Verwaltung (beispielsweise Zahlung der Jahresgebühr) beauftragt werden. Auch bereits vor der Patentanmeldung kann der Patentvertreter vom Anmelder für die Vorrecherche beauftragt werden. Er ist ebenfalls am Abschluss von Lizenzverträgen beteiligt sowie an Patentnichtigkeitsklagen gegen Mitbewerber.[597] Seine Tätigkeit erfolgt sowohl freiberuflich als auch in Patentabteilungen von Unternehmen.

4.1.4 Einfluss von Wissenschaft, Forschung, NGOs, Verbänden und Kirchen

Neben den Patentprüfern und -anmeldern gibt es weitere Akteure, die Einfluss auf das Patentgeschehen nehmen. Das Verfahren können Dritte von außen beeinflussen, indem sie die Möglichkeit nutzen nach der Veröffentlichung der Patentschrift Einspruch gegen das Patent einzulegen.

4.1.4.1 Drittbeteiligte

Läuft das Einspruchsverfahren oder Beschwerdeverfahren[598] bereits, so können sich Dritte (Personen oder Organisationen) durch eine Stellungnahme am Verfahren beteiligen. Für die Beteiligung eines sogenannten Amicus curiae kann es verschiedene Gründe geben. Oftmals beteiligen

596 Vertretung vor dem Deutschen Patent- und Markenamt, dem Bundespatentgericht, dem Bundessortenamt, dem Europäischen Patentamt, dem Amt der Europäischen Union für Geistiges Eigentum und anderen internationalen Behörden des gewerblichen Rechtsschutzes, sowie in besonderen Fällen auch vor dem Bundesgerichtshof.

597 Patentanwaltskammer (o.D.), S. 1, sowie *Stauder* 21.11.2000.

598 Zum Beschwerdeverfahren siehe Abschnitt 3.3.6, zum Einspruchsverfahren siehe Abschnitt 3.3.4.

sich Personen und Organisationen, deren Interessen indirekt auch durch den Rechtsstreit und die Entscheidung betroffen sein könnten.[599] Besondere Bedeutung kommt im diesem Kontext den NGOs als Stellvertreter zu, welche die sozial-ökonomischen Auswirkungen des Patentrechts auf die Gesellschaft[600] thematisieren und sich zudem für den Schutz benachteiligter Akteure wie zum Beispiel kleinerer Unternehmen oder Landwirte in Entwicklungsländern einsetzen. Sie nehmen aber auch beratende Positionen ein, indem sie Berichte über die Auswirkungen von Patenten erstellen und veröffentlichen.

4.1.4.2 Fachbeiträge von Patentjuristen

Eine weitere wichtige meinungsbildende Gruppe sind Patentjuristen, die Artikel in Fachzeitschriften veröffentlichen und Rechtskommentare verfassen. Sie treiben die juristischen Diskussionen voran und nehmen so Einfluss auf die Patentauslegung. Hierbei ist zwischen Arbeiten, die im Rahmen wissenschaftlicher Arbeiten an Universitäten und anderen Forschungseinrichtungen entstehen sowie zwischen praxisbezogenen Arbeiten von Patentjuristen und -anwälten zu unterscheiden.[601] Diese Ausführungen aus Theorie und Praxis bilden zusammen mit der aktuellen Rechtsprechung die Grundlage für die Argumentation beispielsweise der Beschwerdekammern des EPA.

4.1.4.3 Verbände

Verbände spielen eine zentrale Rolle in der Bündelung und Vermittlung von Interessen, Informationen und darauf gestützten Wertungen. Besonders relevant sind im vorliegenden Zusammenhang die einzelnen Zuchtverbände der unterschiedlichen Tierarten. Das Ziel der Zuchtverbände

[599] Ein Beispiel dafür ist das Verfahren vor der großen Beschwerdekammer im Brokkoli-Fall, siehe dazu Abschnitt 3.5.3.1.5.

[600] Mit dem Bündnis „Kein Patente auf Leben" verfolgen verschiedene NGOs das Ziel, Anstoß zu Einsprüchen und Debatten für verschiedene Patente zu geben.

[601] Diese veröffentlichen entweder im Rahmen ihrer wissenschaftlichen Arbeit aber auch Patentanwälte haben eine Zeitung für Praktiker (Mitteilungen der deutschen Patentanwälte).

besteht in der Verbesserung einer oder mehrerer Rassen, hierfür wird ein Zuchtziel sowie ein darauf hinführendes Zuchtprogramm beschlossen. Um die Leistungen und Abstammungen der Tiere festzuhalten und zu analysieren werden Herdbücher („Zuchtstammbücher") geführt. Diese Informationen stehen den Mitgliedern des Zuchtverbandes zur Verfügung. Er ist somit für den Informationsaustausch unter den Mitgliedern verantwortlich sowie ebenfalls für die Vermarktung der Zuchttiere.

4.1.5 Ergebnis: zu betrachtende Akteure

Nach der Charakterisierung der Akteure und ihren Präferenzen ist festzuhalten, dass die Patentprüfer bezüglich der Auslegung des materiellen Patentrechts über den größten Handlungsspielraum verfügen. Im Gegensatz zu den anderen Akteuren sind sie beispielsweise als Mitglieder der Beschwerdekammer in der Lage das Patentrecht auszulegen. Gleichwohl die Europäische Patentorganisation als europäische Behörde nicht an europäisches Recht gebunden ist, hat ihre „Quasi-Gesetzgebung" großen Einfluss auf die Patentregelungen, denn alle europäischen Patente werden beim europäischen Patentamt angemeldet und verhandelt.[602] Zudem sind die Regelungen der Biopatentrichtlinie in die Prüfungsrichtlinien des EPA übernommen worden. Die zweite zu betrachtende Gruppe von Akteuren ist die Patentanmelderschaft. Hier steht die Betrachtung der Unternehmen im Fokus, weil diese gemeinsam mit den Industrieverbänden den größten Einfluss haben in der Patentanmelderschaft. Sie agieren über die in ihren Patentabteilungen angestellten Patentjuristen. Dieser Einfluss wird auch durch die Zusammensetzung des Ständig beratenden Ausschusses (SACEPO) beim europäischen Patentamt deutlich, welcher zur Hälfte aus Vertretern der Industrie besteht.[603] Zudem wird das Zuchtmaterial zunehmend von Unternehmen zur Verfügung gestellt, da sie aufgrund ihrer strukturfinanziellen Ressourcen eher in der Lage sind Patente anzumelden sowie Patentstrategien zu entwickeln als Züchtervereinigungen. Dies

602 Mit dem europäischen Einheitspatent gibt es wesentlichen Änderungen, zum aktuellen Stand siehe Abschnitt 3.1.2.

603 *Schneider* 2010, S. 205.

hat sowohl die Patentanalyse im Projekt Biopatente[604] als auch eine durchgeführte Analyse der WIPO[605] ergeben, die eine Vielzahl an Unternehmen sowie Forschungseinrichtungen in der Biotechnologie als Patentanmelder identifiziert haben. Züchtervereinigungen sind hingegen wenig bis gar nicht unter den analysierten Patenten vertreten. Diese Befunde lassen den Schluss zu, dass Unternehmen die Hauptakteure in der Patentanmelderschaft darstellen. Die beschriebenen Verhaltensweisen werden in der Praxis die Entscheidungen der Patentanmelder und -prüfer beeinflussen und dabei nicht genau voneinander zu trennen sein. Für die sich anschließende Analyse des Patentverfahrens ist es daher notwendig vereinfachende Annahmen zu treffen. Diese zielen darauf ab, die für die jeweilige Situation besonders relevanten Anteile zu identifizieren, um im Anschluss daran entsprechend angepasste Gestaltungsoptionen zu entwickeln.

Tabelle 5: Beteiligte Akteure und ihre Rollen im Verfahren.
(Quelle: eigene Darstellung)

Station	Beteiligte Akteure und ihre Rollen
S0: Vorentscheidung der Patentanmeldung	Patentanmelder (A): treffen eine Entscheidung, ob sie ein Patent anmelden. Hierfür benötigen sie die relevanten Informationen sowie personelle und finanzielle Ressourcen.
	Patentprüfer (P): – –
S1: Vorrecherche	A: führen Vorrecherche mit oder ohne Unterstützung durch und stellen alle erforderlichen Informationen zusammen
	P: – –
S2: Patentanmeldung und Rechercheberricht	A: geben alle ihnen verfügbaren Informationen in der Patentanmeldung an, die zuvor recherchiert wurde
	P: erstellen Recherchebericht und verorten Anmeldung im Forschungsfeld (Stand der Technik)

604 *Feindt/Fricke* et al. 2013, S. 124 sowie analysierte Patentfälle in Anhang B.
605 *Oldham/Hall* et al. 2014, S. 166 ff.

S3: Patentprüfung und -erteilung/ Ablehnung	P: Prüfen der Patentanmeldung anhand materieller und formeller Kriterien
	A: geben den Prüfern Auskunft bei Klärungsbedarf zu Angaben in Patentanmeldung
S4: Einspruchs- und Beschwerdeverfahren	P: Prüfen des Einspruchs/der Beschwerde unter Berücksichtigung der ihnen vorliegenden Unterlagen, Auffordern zu Stellungnahmen der Einsprechendenden bzw. des Patentinhabers, Anberaumung mündlicher Verhandlungen bei Bedarf
	A: reichen Stellungnahmen zum Einspruch/zur Beschwerde ein sowie weitere geforderte Informationen zur Klärung des Sachverhalts an den Patentprüfer

4.2 Institutioneller Kontext der jeweiligen Organisationen

Das institutionelle Umfeld stellt den Referenzrahmen der Handlungen der Akteure dar.

Die zu betrachtenden Akteure bewegen sich in ihrem Umfeld nicht losgelöst von den jeweiligen vorgegebenen Rahmenbedingungen. In Kapitel 2 wurden bereits die entsprechenden Rahmenbedingungen für die Tierzucht erläutert. In Kapitel 3 folgte sodann die Analyse der rechtlichen Normen. In diesem Unterkapitel schließt sich die Bestandaufnahme der jeweiligen externen Rahmenbedingungen an, in denen Patentprüfer und -anmelder handeln. Hierzu zählen der Aufbau, Struktur sowie interne Regelungen der Organisation.

Auch der institutionelle Kontext der jeweiligen Organisationen spielt für das Handeln der Akteure eine Rolle. Diese werden in den nächsten zwei Unterkapiteln näher beleuchtet.

4.2.1 Struktur und Organisation der Unternehmen in der Tierzucht

Die Organisationsstruktur ist in den verschiedenen Tierarten unterschiedlich. Nachfolgend soll die Unternehmens- und Organisationslandschaft der Tierzüchter (Patentanmelder) kurz dargestellt werden. Die Darstellung stützt sich im Wesentlichen auf die Unternehmenslandschaft in der Tierzucht, weil von Unternehmen die meisten Patente angemeldet werden.[606]

Die Geflügelzucht, zu der die Hühnerzucht gehört, ist im Wesentlichen privatwirtschaftlich durch international agierende Unternehmen geprägt. Zunehmende Konzentrationsprozesse haben dazu geführt, dass sich heute im Bereich der Legehennen und Masthähnchen nur noch vier Unternehmen den Markt aufteilen.[607] Eines der Tochterunternehmen der vier Unternehmen mit Sitz in Deutschland ist Lohmann Tierzucht mit einem Marktanteil von derzeit 70% weltweit. Es gehen ein Drittel der weltweiten Eierproduktion auf die Hühner dieses Unternehmens zurück.[608] Diese Entwicklung konnte auch im Wesentlichen stattfinden, weil im Tierzuchtgesetz keine Regelungen für die Geflügelzucht vorgesehen sind.

In der Schweinezucht sind ähnliche Konzentrationsprozesse zu beobachten. Jedoch ist sie in Europa nur zur Hälfte privatwirtschaftlich und zur anderen Hälfte genossenschaftlich organisiert. In den europäischen Ländern sind im Durchschnitt jeweils drei bis sechs Unternehmen tätig, in Deutschland sind es sieben Zuchtunternehmen.[609]

Die Rinderzucht hingegen ist zum großen Teil genossenschaftlich und zwar in regionalen Züchtervereinigungen organisiert.[610] Allerdings haben

---

606 Zur Definition des Zuchtunternehmens sowie der weiteren Struktur der Verbände und Züchtervereinigungen siehe Abschnitt 2.3.1.1.

607 *Gura* 2015, S. 1; *Preisinger* 2004, S. 398; dazu gehören Lohmann Erich Wesjohann Gruppe (Tochterunternehmen ist Lohmann Tierzucht), Hendrix Genetics sowie Groupe Grimaud und Tyson. Die Zucht von Geflügel ist nicht im Tierzuchtgesetz geregelt, weshalb auch die Erfassungen im Rahmen der Zentralen Dokumentation Tiergenetischer Ressourcen in Deutschland nicht erfolgt. Aus diesem Grund gibt es bis auf die angeführten Quellen wenige Daten über den Geflügelzuchtsektor.

608 Lohmann Tierzucht, siehe https://www.wer-zu-wem.de/firma/lohmann-zucht.html (5.12.2016).

609 Zentrale Dokumentation tiergenetischer Ressourcen in Deutschland, siehe https://tgrdeu.genres.de/organisationen/anerkanntezuechtervereinigungen/az/zuchtunternehmenschwein (28.1.2018).

610 Überblick der Genossenschaften in Deutschland, siehe https://tgrdeu.genres.de/organisationen/anerkanntezuechtervereinigungen/az/rind (16.2.2014).

sich durch die Einführung der künstlichen Besamung auch wettbewerbsfähige mittelständische Zuchtunternehmen etabliert.[611]

Tabelle 6: Organisation der Unternehmen in der Tierzucht
(Quelle: eigene Darstellung)

	Unternehmenslandschaft	Struktur/ Organisationsgrad	Konzentrationsgrad
Geflügel	4 große, global agierende Unternehmen	privatwirtschaftlich	sehr hoch
Schwein	3-6 agierende Unternehmen in Europa	privatwirtschaftlich/ genossenschaftlich	hoch
Rind	genossenschaftlich/ mittelständisch	privatwirtschaftlich/ genossenschaftlich	gering

Festzuhalten bleibt, dass in allen Tierarten Zuchtunternehmen eine Rolle spielen. In der Hühner- und Schweinezucht ist der Einfluss durch die Hybridzuchtprogramme groß bis sehr groß. In der Rinderzucht gewinnt der Einfluss an Zuchtunternehmen zunehmend an Bedeutung. Die Organisation in Zuchtunternehmen bringt zudem einige strukturelle Vorteile mit sich, die sich wiederum auf die Arbeit der Akteure auswirken.

Unternehmen sind erwerbswirtschaftlich ausgerichtet und typischerweise als Kapitalgesellschaften mit beschränkter Haftung (GmbH) oder Aktiengesellschaften (AG) eingetragen. Die gesetzlichen Bestimmungen für diese Rechtsformen erlauben die Errichtung von effizienteren Management- und Entscheidungsstrukturen im Vergleich zu genossenschaftlich organisierten Züchtervereinigungen.[612] Somit ist eine bessere Bündelung von finanziellen Ressourcen möglich, die wiederum für die Anmeldung eigener Patente sowie die Beratung durch Patentanwälte oder sogar den Aufbau einer eigenen Patentabteilung verwendet werden können. Entscheidend ist auch die Größe des Unternehmens. Die in der Rinderzucht vorherrschende Struktur besteht zu großen Teilen aus Kleinen- und Mittleren Unternehmen (KMU), wo hingegen in der Hühnerzucht große

---

611 *Henze* 1995, S. 140, wie beispielsweise die Rinderallianz, Masterrind.

612 *Henze* 1995, S. 140.

Unternehmen den Markt bestimmen. Der Markteinfluss steigt mit zunehmender Größe der Unternehmen und somit auch das „Interesse" an Patenten. Die zunehmende Konzentration des Wissens in wenigen Betrieben hat jedoch auch den Nachteil, dass unternehmerische Entscheidungen in der Tierzucht in der Hand einiger weniger Personen liegen. Die Gefahr von Fehlentscheidungen, die den gesamten Markt betreffen, ist somit größer. Das Verhalten der Patentanmelder wird auch durch die Unternehmenskultur geprägt. Die Unternehmenskultur umfasst die Werte und Normen sowie Einstellungen, die das Verhalten der Organisationsmitglieder mitbestimmen. Im Bereich der Innovationen ist die Patentstrategie und deren Kommunikation an die Mitarbeiter ein wichtiger Einflussfaktor. Beispielsweise können Anreize durch Erfindervergütung oder durch Beförderung gesetzt werden.

4.2.2 Organisation des Europäischen Patentamtes (EPA)

Das folgende Kapitel zeigt die Strukturen des Patentamts als Behörde auf und stellt die daraus resultierenden Einflussfaktoren auf die Entscheidungen der Prüfer dar. Hierzu werden im Folgenden die Aufgaben und der Aufbau des EPAs beschrieben.

4.2.2.1 Aufbau und Aufgaben des EPA

Die Europäische Patentorganisation ist die einzige patentrechtliche Behörde, die europäische Patente prüft und erteilt. Somit kommt ihr eine große Bedeutung in der Gestaltung des europäischen Patentrechts zu. Das Europäische Patentamt (EPA) ist das Exekutivorgan der Europäischen Patentorganisation (EPO). Es verfügt über 28 Beschwerdekammern, die in ihrer Spruchtätigkeit unabhängig sind. Diese unterteilen sich in 27 technische Beschwerdekammern (TBK), eine juristische Beschwerdekammer (JBK), eine Beschwerdekammer in Disziplinarangelegenheiten sowie die Große Beschwerdekammer (GBK), die über Rechtsfragen grundsätzlicher Bedeutung entscheidet. Die technischen Beschwerdekammern sind je nach entscheidender Stelle unterschiedlich besetzt (siehe Art. 21 EPÜ). So ist die Mitwirkung mindestens eines rechtskundigen Mitglieds erforderlich. Die juristische Beschwerdekammer setzt sich aus drei rechtskundigen Mitgliedern zusammen.[613] Die große Beschwerdekammer setzt sich für Verfahren gem. Art. 22 Abs. 1a und b EPÜ aus fünf rechtskundig und zwei technische vorgebildeten Mitgliedern zusammen oder für Verfahren nach Art. 22 Abs. 1c EPÜ aus drei oder fünf Mitgliedern zusammen. Den Vorsitz hat bei allen Verfahren ein rechtskundiges Mitglied inne. Die Beschwerdekammern des Amtes sind gem. Art. 23 EPÜ nicht an die Weisungen des Präsidenten des Patentamtes gebunden.[614]

Die Aufgabe des Europäischen Patentamtes (EPA) besteht in der Bearbeitung von europäischen Patentanmeldungen und der Erteilung von europäischen Patenten. Diese werden im Rahmen des Patentverfahrens in den Abteilungen der Eingangsstelle für die Eingangs- und Formalprüfung, in den Recherche- und Prüfungsabteilungen für die Sachprüfung bearbeitet. Außerdem wird in diesen Abteilungen die Entscheidung über Erteilung oder Zurückweisung einer eingereichten Patentanmeldung befunden.[615] Einsprüche gegen erteilte Patente, Entscheidungen bei Überprüfungsanträgen bei Verfahrensmängeln im Beschwerdeverfahren sowie Entscheidung über Rechtsfragen von den Beschwerdekammern werden in der Einspruchsabteilung bearbeitet. Die Tätigkeit des Amtes wird vom Verwaltungsrat überwacht. Dieser setzt sich aus Vertretern der EPO-Mitgliedsstaaten zusammen, in den meisten Fällen Direktoren der nationalen Patentämter.[616] Er überwacht die Arbeit des Patentamts, stellt den Haushalts-

---

613 Vgl. Art. 21 EPÜ, *Busse/Keukenschrijver*, Anhang § 65, Rn. 14 ff.

614 Im Rahmen des Einheitspatents wird es eine Umstrukturierung der Kammern geben, siehe dazu http://www.juve.de/nachrichten/namenundnachrichten/2015/06/beschwerdekammern-europaeisches-patentamt-verschiebt-strukturreform (28.1.2018).

615 Vgl. Organisationsstruktur: *EPA* 2009b, S. 68 f.

616 Vgl. Art. 26-28 EPÜ. Die Liste der aktuellen Repräsentanten siehe: ABl. EPA 2017, A93. Diese Vormachtstellung der nationalen Patentämter im Verwaltungsrat wird aufgrund von Interessenskonflikten und weitere sich daraus ergebende Probleme kritisiert. Siehe dazu: *Lévy/Jouyet* 2006, S. 145f.Stattdessen wird eine Zusammensetzung aus Vertretern der nat. Patentämtern als auch andere Interessenvertreter, große und kleine mittelständische Betriebe, Patentanwälte, Wissenschaftler, forschende Universitäten, Politiker und Verbraucherorganisationen vorgeschlagen. *Pottelsberghe* 2009, S. 46.

plan der Organisation auf und „ist Legislativorgan hinsichtlich der Ausführungsverordnung, der Finanzordnung, der Gebührenordnung und anderer EPÜ-festgelegter Materien".[617] Diese Anordnung spiegelt einen hohen Zentralisationsgrad wieder, bei dem die Entscheidungsfreiräume eng begrenzt sind.

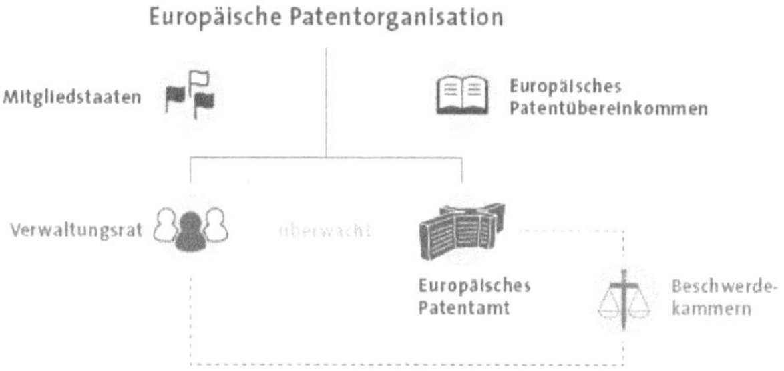

Abbildung 6: Organisation der europäischen Patentorganisation
(Quelle: https://www.epo.org/about-us/governance_de.html (5.10.2017))

4.2.2.2 Internationale Organisation mit eigenen „Spielregeln"

Obwohl das EPA eine derartige Stellung innehat, ist es als supranationale Organisation vollkommen unabhängig von der europäischen Rechtsprechung[618] und unterliegt der Immunität.[619] Die Befreiung von der nationalen und europäischen Gerichtsbarkeit und Vollstreckung der Organisation soll die Unabhängigkeit des Amtes stärken sowie die Einflüsse von

617 *Schneider* 2010, S. 156.

618 Siehe dazu vertiefend Abschnitt 3.1.2.3. Demzufolge unterliegt das Amt auch nicht dem deutschen Arbeitsrecht. Personalangelegenheiten sind mithin deren Gerichtsbarkeit entzogen, vgl. BayVGH GRUR Int. 1999, 69.

619 Gemäß Art. 3 Protokoll über die Vorrechte und Immunitäten der Europäischen Patentorganisation v. 5.10.1973, BGBl. 1976 II S. 985.

außen minimieren.[620] Die angestellten Prüfer sind frei in ihren Entscheidungen und unterliegen nur den Unterweisungen des Amtes. Ein Kontrollorgan außerhalb der Strukturen der europäischen Patentorganisation existiert somit nicht. Die supranationale Autonomie wird durch den Finanzierungsmechanismus zusätzlich gestärkt. Die Finanzierung des Amtes erfolgt über die durch das Verwaltungsverfahren eingenommenen Gebühren als auch über die Jahresgebühren für anhängige Patentanmeldungen. Durch eine hohe Erteilungsquote kann das Patentamt seinen finanziellen Spielraum erhöhen.

Als internationale Organisation ist die EPO befugt ihre inneren Verhältnisse autonom zu bestimmen. Diese Organisationsgewalt schließt auch die eigenständige Regelung der Rechtsverhältnisse mit ihren Bediensteten mit ein.[621] Die Bediensteten des Patentamts als internationale Organisation sind im Kernbereich auf statutarischer Grundlage als Beamte beschäftigt.[622] Die Stellung im internationalen öffentlichen Dienst ist mit dem nationalen Beamtenverhältnis vergleichbar. Die Beschäftigung von Vertragsbediensteten liegt im einstelligen Prozentbereich.[623] Somit ist davon auszugehen, dass die Patentprüfer in der Mehrheit stabile Arbeitsbedingungen haben. Aufgrund der Supranationalität findet der Kodex für europäische Verwaltungspraxis keine Anwendung. Die Bediensteten müssen sich jedoch an die Regeln und Verhaltensnormen halten, die im Beamtenstatut geregelt sind.[624] Diese Regeln enthalten gem. Art. 14a Beamtenstatut allgemeine Beamtenpflichten, Verhaltensnormen in Bezug auf den Status des Beamten sowie sein Umgang mit anderen Bediensteten innerhalb und außerhalb des Amtes. Neu eingefügt in das Beamtenstatut wurde Art. 14b mit Regelungen, die das Mobbing betreffen.[625] Die neu er-

---

620 Art. 19 Abs. 1 Protokoll über die Vorrechte und Immunitäten der Europäischen Patentorganisation v. 5.10.1973.

621 *Benkard/Joos*, 2012 Art. 4 Rn. 4.

622 *EPA* Beamtenstatut, v. 30.5.2015, in der Fassung v. 3/2017.

623 Art. 33 Abs. 2b EPÜ, *Ullrich* 2009, S. 222.

624 *EPA* Beamtenstatut, v. 30.5.2015, in der Fassung v. 3/2017, S. 20.

625 *EPA* Beschl. des Verwaltungsrates v. 26.9.2017 zur Änderung der Vorschriften Verhaltensnormen, Disziplinarverfahren und interne Beschwerden – CA/D7/17, S. 3-6.

lassenen Verhaltensnormen sind die Reaktion auf Probleme in der Organisation bezüglich des Führungsverhaltens und des Umgangs mit den Mitarbeitern durch das Präsidium in den letzten Jahren.[626] Diese Regelungen sowie Organisationsstrukturen prägen die Behördenkultur[627] des Europäischen Patentamts. Die Struktur des Amtes deutet darauf hin, dass es sich um eine Hierarchiekultur mit dem Fokus auf Abläufe und Strukturen handelt.[628] Eine solche Kultur ist geprägt von der Standardisierung der Abläufe, die sich in den Prüfrichtlinien zum EPÜ wiederspiegelt. Die Prüfer haben wenig eigenen Entscheidungsspielraum außerhalb der Prüfrichtlinien. Ihr Hauptinteresse dürfte deshalb darin bestehen, möglichst rasch und regelkonform zu entscheiden, wobei im Zweifelsfall ein Patentantrag positiv begutachtet wird.

4.3 Anreize und Hemmnisse im Patentanmeldungs- und Prüfverfahren

Dieser Abschnitt beschreibt die Anreiz- und Hemmnis-Situation der Beteiligten im Patentverfahren, wenn es zur Anmeldung und Prüfung von Patenten in der Tierzucht kommt. Die Patentprüfer müssen das materielle Patentrecht bei der Prüfung anwenden. Fraglich ist, wie die Prüfer und Patentanmelder mit den in Kapitel 3 identifizierten Defiziten umgehen und welche Faktoren der zuvor in Kapitel 4.3 erläuterten Rahmenbedingungen sie in ihren Entscheidungen beeinflussen Diese Analyse erfolgt entlang der jeweiligen Stationen im Patentverfahren. Zunächst ist die Entscheidung zu treffen, ob überhaupt ein Patent angemeldet werden soll. Das dann folgende Verfahren setzt sich aus den Schritten der Vorrecherche, der Patentanmeldung und der Erstellung des Rechercheberichts, der Patentprüfung, der Patenterteilung sowie der sich ggf. anschließenden Beschwerde-, Einspruchs- oder Widerrufsverfahren zusammen.[629]

---

626 Siehe dazu http://www.deutschlandfunk.de/europaeisches-patentamt-deutsches-arbeitsrecht-gilt-hier.724.de.html?dram:article_id=347579 (28.1.2018).

627 Behördenkultur, Wertevorstellungen, Normen und Verhaltensmuster werden durch sie erkennbar.

628 Beschreibung der verschiedenen Unternehmenskulturen nach *Cameron/Quinn* 2011, S. 41 ff.

629 Ausführliche Erläuterung in Abschnitt 3.3.

Je nach Verfahrensschritt sind entweder die Patentanmelder oder die Patentprüfer als Hauptakteure involviert. Ziel der Analyse ist herauszufinden, wie die Akteure mit den zuvor in Kapitel 3 festgestellten „Rechtsunsicherheiten" in der Tierzucht umgehen, und ob die Rahmenbedingungen so ausgestaltet sind, dass die Akteure, die von ihnen erwarteten Verhaltensbeiträge erbringen können. Hierfür werden Anreize und Hemmnisse im Prüfverfahren dargestellt. Die Analyse wird unterstützt durch Erkenntnisse der im Rahmen des Projekts „Biopatente in der Tierzucht" durchgeführten Interviews aus dem Frühjahr 2012.

4.3.1 Station S0: Entscheidung über das „Ob" der Patentanmeldung

Bevor eine Patentanmeldung durch die Patentanmelder überhaupt in Erwägung gezogen wird, erfolgt im Vorfeld eine klassische Nutzen-Kosten-Abwägung. Hierbei spielen die unterschiedlichen Strukturen in den verschiedenen Zuchtbereichen eine entscheidende Rolle. In den Interviews wird deutlich, dass Akteure unterschiedliche Strategien entwickelt haben, um den beschriebenen Rechtsunsicherheiten in der Tierzucht zu begegnen. In der Hühnerzucht werden so gut wie keine Patente angemeldet, weil der Sektor sich auf die Arbeit mit Betriebsgeheimnissen festgelegt hat.[630] Dies kann aus verschiedenen Gründen erfolgt sein. Einerseits sind die Patentverfahren sehr komplex und es lässt sich schwer abschätzen, wie lange es dauert bis ein Patent erteilt wird. Andererseits kann in einem solchen Fall die marktliche und technische Entwicklung dann schon so weit fortgeschritten sein, sodass sich die Investition in eine Patentanmeldung nicht lohnt.[631] Gehemmt werden die Hühnerzüchter auch durch die vorherrschenden Rechtsunsicherheiten im Bereich der Tierzucht, die ebenfalls zu Verzögerungen im Patenterteilungsprozess führen können.

Im Rinderbereich ließ sich beobachten, dass Zuchtunternehmen aufgrund ihrer mittelständischen Struktur oft nicht die finanziellen und personellen Ressourcen aufbringen, um sich überhaupt mit einer Patentanmeldung zu

---

630 Siehe dazu Abschnitt 2.3.1.

631 *Levin/Klevorick* et al. 1987, S. 794 f.

beschäftigen. Hinzu kommt der Umstand, dass dieser Zuchtbereich eine sehr auf Austausch basierende Gemeinschaft darstellt, die größtenteils durch genossenschaftlich organisierte Züchtervereinigungen geprägt ist.[632] Patente sind in der Rinderzucht bisher nicht so üblich bzw. anerkannt und werden nicht unbedingt als Schutzinstrument für Zuchterfolge gesehen. Diesen ungeschriebenen Regeln folgen die Akteure und aus diesem Grund werden wenig bis keine Patente angemeldet. Dieser Umstand ändert sich jedoch zunehmend, weil sich auch in der Rinderzucht die Unternehmensstrukturen weg von Züchtervereinigungen hin zu größeren Unternehmen verändern.[633] In der Schweinezucht gibt es vorrangig Zuchtunternehmen. Je nach Größe besitzen sie personelle und finanzielle Ressourcen für eine Patentanmeldung. Die Patentanmelder größerer Unternehmen sind motiviert Patente anzumelden, um gemäß ihrer Patentstrategie das Forschungsfeld abzustecken. Weitere Anreize für eine Patentanmeldung liegen darin Lizenzeinnahmen zu generieren und die Reputation der Forschenden zu erhöhen. Welchen Umfang diese Anreize annehmen, hängt wiederum vom Stellenwert der Patente innerhalb der Unternehmen ab. Die Entrichtung der Anmeldekosten (für ein europäisches Patent ca. 1.500 Euro)[634] hemmt die Akteure mit wenig finanziellen Ressourcen.

4.3.2 Station S1: Vorrecherche

Bereits die Vorrecherche kann den Anmelder aufgrund des erforderlichen Patent-Know-Hows (Recherche in Datenbanken und Einordnung in das Fachwissen) als auch zeitlich vor große Herausforderungen stellen. An diesem Punkt wirken sich bereits die unterschiedlichen Strukturen der Anmelder aus. Größere Zuchtunternehmen, wie sie beispielsweise in der

---

632 *Höhler* 2016, S. 17.

633 Die Anzahl der Züchtervereinigungen sank von 80 (1965) auf 40 (2001); *Idel/Claussen* et al. 2004, S. 20.

634 Für ein europäisches Patent sind im Schnitt 1.500 Euro zu entrichten, Gebührenordnung v. 20.10.1977, in der Fassung v. 7.12.2006, zuletzt geändert am 16.12.2015, siehe https://www.epo.org/law-practice/legal-texts/official-journal/2016/etc/se2/p1_de.html (28.1.2018).

Schweinezucht existieren, haben eigene Forschungsabteilungen, die mit dem jeweiligen Stand der Technik vertraut sind und dementsprechend die Vorrecherche im eigenen Hause durchführen können. Selbst wenn sie dies (aus welchen Gründen auch immer) nicht tun können, gibt es ausreichend finanzielle Ressourcen, aus denen ein Patentvertreter bezahlt werden kann. Kleinere und mittlere Unternehmen (KMU), wie sie in der Rinderzucht üblich sind, sind hingegen nicht mit einer eigenen Forschungs- und Patentabteilung ausgestattet. Sie verfügen über weniger Kapital und Personal, mit dem sie eine Patentrecherche in Auftrag geben können. Eine oft beobachtete und auch in den Interviews bestätigte Strategie besteht darin, das Patent erstmal beim DPMA anzumelden und den Recherchebericht abzuwarten. Denn im Gegensatz zu einer europäischen Anmeldung, die etwa 1.500 Euro kostet,[635] ist eine Anmeldung beim DPMA schon für 340 Euro möglich.[636] Stellt sich dann heraus, dass begründete Einwände gegen ein Patent bestehen, kann der Patentanmelder nachbessern oder von einer Anmeldung generell absehen. Diese Strategie nehmen große Unternehmen als auch KMU in Anspruch, wenn sie von einem situativ-nutzenmaximierenden Verhalten geprägt sind.

4.3.3 Station S2: Patentanmeldung und Recherchebericht

Die Patentanmeldung erfolgt auf Antrag seitens des Patentanmelders. Dabei muss er sich bereits entscheiden, auf welche Länder sich die Anmeldung erstrecken soll. Hierfür erhält der Anmelder Unterstützung in Form eines Leitfadens.[637] Der eingegangene Antrag wird auf Vollständigkeit geprüft. Anschließend erfolgt die Erstellung des europäischen Rechercheberichts, welcher alle relevanten Patente sowie einschlägigen Publikationen in Bezug auf die anzumeldende Erfindung beinhaltet. Dieser Recherchebericht kann sehr umfangreich ausfallen und stellt die Grundlage für eine erste Einschätzung des Prüfers für die sich anschließende Patentprüfung

---

635 Verzeichnis der Gebühren des EPA, siehe http://www.epo.org/law-practice/legal-texts/official-journal/2014/etc/se3/p1_de.html (28.1.2018).

636 Gebührenordnung DPMA, siehe https://www.dpma.de/service/gebuehren/index.html (28.1.2018).

637 *EPA* 2017.

dar. Die Patentprüfer, die für die Recherche zuständig sind, haben aufgrund ihrer Berufserfahrung die Möglichkeit die Patentanmeldung hinsichtlich des Rechercheaufwands einzuschätzen. Sie haben sich Strategien erarbeitet und wissen, in welchen Datenbanken sie nachschauen müssen, um entsprechend ähnliche Patente und Literatur dazu zu finden. Sie folgen den Regeln, die in der Behörde aufgestellt worden sind.[638] Diese erlauben ihnen, die Prüfung in dem vorgegebenen Zeitrahmen durchzuführen. Jedoch kann der Prüfer aufgrund seiner Ausbildung (es handelt sich zumeist um Chemiker oder Physiker in der Mehrzahl) in Bezug auf tierzüchterische Verfahren und daraus hervorgehende Produkte kognitiven Grenzen unterliegen, die dazu führen, dass er die Patentanmeldung nur unzureichend im Fachgebiet verorten kann. Der zeitliche Rahmen und sein Streben nach Reputation innerhalb der Behörde veranlassen ihn, seine Entscheidung schnell und ohne weitere Hilfe/Beratung zu treffen. Hinzu kommt der Umstand, dass Zuchtverfahren und -methoden in der Tierzucht nicht gut dokumentiert sind, obwohl sie in der Praxis bereits angewendet werden.[639] Somit ist dieses Wissen für den Prüfer nicht zugänglich und er kann es nicht in seine Entscheidungsfindung mit einbeziehen. Durch die bereits erläuterten Defizite im materiellen Recht sind die Patentanmelder dazu geneigt, sehr breite als auch komplexe Ansprüche bei der Anmeldung einzureichen. Dies konnte in den Interviews als auch in der Patentanalyse festgestellt werden. Diese Strategie konnte im Rahmen des beim Krebsmaus-Patent festgestellt werden, bei dem das Verfahren zuerst auf alle Säugetiere angemeldet wurde und letztendlich durch das Einspruchsverfahren auf Nagetiere begrenzt wurde.[640] Ähnlich breit stellte sich der Anspruch des Patents zur Kryokonservierung von Samenzellen dar, hier wurde das Sperma aller Säugetiere, Rinder, Pferde und Schweine beansprucht.[641] Dieser Strategie liegt ein situativ nutzen-

[638] Richtlinien für die Prüfung am europäischen Patentamt (*EPA* 2016), Teil B.

[639] Ein Beispiel hierfür ist das „Cornell-Patent“, siehe Anhang B8. Ein weiteres Beispiel ist EP 2342665, welches 2008 angemeldet wurde und erst 2013 durch Einwendungen Dritter, die die Anwendung der Methode mit Literatur aus 2003-2008 als bekannt belegen konnten, zurückgenommen wurde. Siehe dazu Anhang B5

[640] Zum Inhalt des Krebsmaus-Patents siehe Abschnitt 4.3.1.

[641] Siehe Patentbeschreibung des EP 1257168 in Anhang 0.

maximierendes Verhalten zu Grunde. Der Anmelder möchte für das Geld, was er für eine Patentanmeldung zahlt, möglichst viele Ansprüche durch die Prüfung bekommen („lieber zu viel anmelden als zu wenig"). Die zusätzlichen Rechtsunsicherheiten motivieren den Anmelder diese Strategie zu wählen („mal sehen was durchkommt"). Es ist auch hinlänglich bekannt, dass die Patentabteilungen von Unternehmen bei der Kalkulation die Lizenzzahlungen miteinrechnen, die von Patentnutzern an das Unternehmen gezahlt werden, wenn aufgrund der unsicheren Rechtslage erstmal ein Patent erteilt wird, welches später dann mit großer Wahrscheinlichkeit im Laufe der Einspruchs- und Beschwerdeverfahren widerrufen wird.[642]

4.3.4 Station S3: Patentprüfung und Patenterteilung/-ablehnung

Die materielle Patentprüfung obliegt dem Prüfer des Patentamts. Bei der Prüfung von Patenten handelt es sich immer um Einzelfallentscheidungen. Der Prüfer ist darauf angewiesen, „dass die Anmelder klar strukturierte und gut geschriebene Anmeldungen einreichen, die dem EPÜ genügen, denn nur so kann eine vollständige Recherche, eine gründliche Prüfung und eine aller Voraussicht nach hohe Rechtsbeständigkeit der erteilten Patente gewährleistet werden".[643]

Die erste Grundlage für die Entscheidung des Prüfers hinsichtlich der Patenterteilung bzw. -ablehnung wird durch den Recherchebericht geliefert. Häufig umfasst der Recherchebericht sehr viele Seiten (bis zu zwei Zentimeter dick) und der Prüfer ist aufgrund seiner zeitlichen Beschränkung nicht in der Lage alles durchzulesen. Aus diesem Grund hat es sich bewährt, dass der für die Recherche zuständige Prüfer bereits die entsprechenden Texte markiert hat, die einem Anspruch im Wege stehen könnten.[644] Umso mehr der Prüfer gute Erfahrungen mit der Verlässlichkeit der Prüfung durch die Rechercheabteilung gemacht hat, desto mehr wird er sich auf das Ergebnis verlassen („die haben meistens Recht gehabt") und

---

642 *Weber/Hedemann* et al. 2007, S. 122.
643 *EPA* 2007, S. 10.
644 *Rauner* 2013, S. 27.

die Entscheidung nicht nochmals überprüfen. Zu diesem Verhalten fordern ihn auch die Prüfrichtlinien auf, in denen es heißt, dass die Prüfungsabteilungen nicht versuchen sollen die Arbeit anderer Organe nochmals durchzuführen.[645] Gibt es bereits Patente, die der Erfindung entsprechen, oder Veröffentlichungen, welche die Erfindung beschreiben, so wird der Antrag abgelehnt. Ist dies nicht der Fall, so wird im Anschluss überprüft, ob die Erfindung neu ist, auf einer erfinderischen Tätigkeit beruht sowie gewerblich anwendbar ist.[646] Liegen die Voraussetzungen vor, muss ebenfalls geprüft werden, ob die Erfindung nicht unter die Ausschlusstatbestände fällt.[647] Die Patentprüfer haben die Präferenz, die ihnen vorliegenden Patentanträge fristgerecht bei allen ihnen vorliegenden Informationen zu prüfen. Sie müssen eine Abwägung treffen, wieviel Zeit sie auf welche Prüfschritte verwenden unter Einbeziehung der Rechercheergebnisse. Dabei kommt es auf das Fachgebiet des Prüfers an. Besitzt er einen Erfahrungshintergrund aus der Tierzucht, so wird es ihm leichter fallen eine Erfindung einzuschätzen. Aufgrund der geringen Anmeldezahlen im Vergleich zu anderen Bereichen[648] gibt es kein eigenes Fachgebiet für tierzüchterische Anmeldungen. In vielen Fällen werden die Anmeldungen von Prüfern begutachtet, die sich in der Pflanzenzucht auskennen.[649] Generell haben Prüfer aufgrund ihrer Berufserfahrung die Möglichkeit, eine ungefähre Einschätzung der Patentanmeldung hinsichtlich des Aufwands der Recherche zu treffen. Besitzen sie keinen Erfahrungshintergrund aus der Tierzucht, müssen sie Regeln entwickeln, wie sie zu einer Einschätzung einer Anmeldung in einer vorgegebenen Zeitspanne kommen. Hinzu kommen die bereits identifizierten Rechtsunsicherheiten, dass Begriffe im geltenden Rechtsrahmen nicht oder nur ungenau erläutert werden. Diese führen auch bei den Prüfern zu Unsicherheit. Die Strategie, die

---

645 *EPA* 2016, Allgemeiner Teil, 4.3.

646 Zu den Voraussetzungen einer Erfindung siehe Abschnitt 3.2.

647 Zu den Ausschlusstatbeständen siehe Abschnitt 3.3.

648 In 2014 wurden 156 Patentanmeldungen im Bereich der Biopatente für Nutztiere vom EPA veröffentlicht sowie 71 Patente erteilt. Dabei beruhen 50% der Anmeldungen und erteilten Patente auf der Herstellung oder Verwendung von genetisch veränderten Organismen. Vgl. *BMJV* 2016, S. 12 f.

649 Es gibt 16 Prüfer, die sich mit Virologie, Tieren und Gentherapie befassen, davon sind fünf in der Recherche in Den Haag tätig. *Experten*interview Nr. 18 v. 15.2.2012, S. 16.

Prüfer am Patentamt verfolgen, besteht darin, dass sie die Regelungen analog zu Pflanzensorten anwenden. Diese Regel wird von der großen Beschwerdekammer vorgegeben, die als letzte Instanz am Europäischen Patentamt Entscheidungen erlässt.[650] Bisher gibt es keinen Fall, indem eine Auslegung für die Tierzucht erfolgt ist. Die Prüfer orientieren sich an den vorgegebenen Regeln, weil eine andere Auslegung zu viel Zeit kosten würde, sie unter Erfolgsdruck stehen und zudem für sie mehr Arbeit entstehen würde, wenn sie einen neuen Weg in der Auslegung gehen würden. Zudem wollen sie ihre Kompetenz als Prüfer innerhalb und außerhalb des Amtes beweisen. Der Zeitdruck wird auch in den Interviews thematisiert. Demnach dauert eine Prüfung drei bis vier Tage. Die Interviewpartner geben an, dass seitens des Präsidiums Druck gemacht wird, damit Anträge in vorgegebener Zeit bearbeitet und schnell entschieden werden.[651] Zudem wird vom Prüfer erwartet, dass er sich an die Entscheidungen aus den Beschwerdekammern hält.[652] Das bedeutet, dass er für die Begutachtung von Patentfällen aus der Tierzucht die Argumentation aus den Entscheidungen der Pflanzenzucht analog auf die Tierzucht anwendet, weil es bisher keinen Präzedenzfall für die Tierzucht gibt.

Für die Entscheidung einer Patenterteilung bzw. -ablehnung lässt sich der Prüfer von seinem situativ-nutzenmaximierenden Verhalten leiten. Einen Anreiz zur Patenterteilung erhält der Prüfer durch die Regel, dass eine Patentablehnung detailliert begründet werden muss.[653] Wird ein Patent abgelehnt, so muss der Prüfer in 30% der Fälle mit einer Beschwerde des Anmelders rechnen sowie der Wiederaufnahme des Verfahrens.[654] Entscheidet sich der Prüfer hingegen ein Patent zu erteilen, so muss er keine detaillierte Begründung abliefern. Dies erspart ihm Arbeitsaufwand.

650 Siehe Abschnitt 3.5.3.

651 Die Produktivität eines Prüfers sinkt, je mehr Zeit er in die einzelne Akte investiert. Interview Nr. 14 v. 8.2.2012 S. 6.

652 *Experten*interview Nr. 18, 15.2.2012, S. 15.

653 *EPA* 2016, Teil C Kapitel V Nr. 14.

654 *IGEPA* 2008, S. 3.

Für Nachfragen tritt der Patentprüfer mit dem Anmelder sowie dessen Patentvertreter in Kontakt. Er kann den Patentanmelder zu Stellungnahmen bezüglich Änderung der Beschreibung, der Patentansprüche und Zeichnungen oder des Standes der Technik auffordern. Eine oftmals beobachtete Strategie der Anmelder besteht darin, die kritischen oder nicht den Anforderungen entsprechenden Ansprüche in einer Anmeldung „rauszuschneiden", damit die restlichen Ansprüche erteilt werden können. Die Patentanmelder handeln somit ebenfalls wie die Prüfer situativnutzenmaximierend.

4.3.5 Stationen S4 + S5: Einspruchs-und Beschwerdeverfahren

Jedermann kann Einspruch gegen eine Patenterteilung einlegen.[655] Der Patentinhaber kann motiviert sein, gegen Patente in seinem Feld vorzugehen und dafür das Einspruchsverfahren als Vorsichtsmaßnahme zu nutzen.[656] Die Einspruchsverfahren sind komplex und verlangen sehr gute Kenntnisse des EPÜs sowie Erfahrungen im Auftreten vor den Einspruchsabteilungen. KMUs werden Einspruchsverfahren abhängig von ihren finanziellen Ressourcen nutzen. Auch wenn durch ein Einspruchsverfahren relativ geringe Kosten[657] anfallen, können sie sich trotzdem aufgrund der im Schnitt zweijährigen Dauer sehr kostenintensiv gestalten, denn die Jahresgebühren für das noch gültige Patent müssen trotz des laufenden Verfahrens gezahlt werden.[658]

Die Analyse verschiedener Patentfälle zeigt, dass beispielsweise das Instrument des Einspruchs innerhalb des Patentverfahrens als Korrektiv für erteilte Patente fungiert und somit wichtige Fragen zur Auslegung des materiellen Rechts zumindest an dieser Stelle aufgeworfen werden. Diese

---

655 Zum Einspruchsverfahren siehe Abschnitt 3.3.

656 Teil einer defensiven Patentstrategie, siehe *Gassmann/Bader* 2016, S. 37.

657 Laut Gebührenordnung v. 20.10.1977 in der Fassung des Beschlusses des Verwaltungsrats der Europäischen Patentorganisation v. 7.12.2006, zuletzt geändert durch Beschluss des Verwaltungsrats v. 16.12.2015, EPA ABl. 2/2016, beträgt die Einspruchsgebühr 785 Euro.

658 Die Jahresgebühren sind gestaffelt und beginnen ab dem 3. Anmeldejahr (gerechnet vom Anmeldetag), siehe Art. 2 Gebührenordnung v. 20.10.1977 in der Fassung des Beschlusses des Verwaltungsrats der Europäischen Patentorganisation v. 7.12.2006, zuletzt geändert durch Beschluss des Verwaltungsrats v. 16.12.2015.

Einsprüche werden von anderen im Forschungsfeld tätigen Unternehmen oder aber NGOs eingereicht.

Die in den Einspruchsabteilungen arbeitenden Prüfer sind aufgrund der hohen Patenterteilungsquote sehr gefordert. Die Patentprüfer haben in relativ kurzer Zeit viele Patente erteilt. Somit steigt die Wahrscheinlichkeit eines Einspruchs.[659] Legt der Prüfer ein situativ-nutzenmaximierendes Verhalten an den Tag, so ist er daran interessiert, schnell zu einer Entscheidung zu gelangen, die aber auch keine Fehler enthalten soll (diese erfordern Mehrarbeit). Jedoch ist auch sein Streben nach Reputation innerhalb der Behörde miteinzubeziehen. Es hängt von der Persönlichkeit des Prüfers ab, welche Ziele ihm wichtiger sind. Wenn die Reputation im Amt eine wichtige Rolle für ihn spielt, so wird er versuchen eine Entscheidung zu treffen, die den Regeln entspricht. Aufgrund der hohen Auslastung muss er jedoch mitunter schnelle Entscheidungen treffen, die wiederum das Fehlerrisiko und die Einreichung von Beschwerden erhöhen. Zudem sind die Defizite im materiellen Patentrecht bezüglich der Tierzucht ein weiteres Hemmnis, zu einer Entscheidung ohne Fehlerrisiko zu gelangen. An dieser Stelle befindet sich der Prüfer in einem Konflikt, denn er folgt auch der Regelung der Strategie „raising the bar“, die darauf zielt die Patent- und Verfahrensqualität zu erhöhen.[660] Aufgrund seines regelgebundenen Verhaltens nutzt der Prüfer die Prüfungsrichtlinien, die ihn wiederum dazu bringen, eine der Regelungen aus der Pflanzenzucht auf die Tierzucht zu übertragen.

Gegen die Entscheidungen der Einspruchs- und Prüfungsabteilung gibt es in zweiter Instanz das Rechtsmittel der Beschwerde. Die Mitglieder der Beschwerdekammern sind nicht an die Weisungen des Amtes gebunden.[661] Sie sind allein dem Europäischen Patentübereinkommen unterworfen und den Entscheidungen der großen Beschwerdekammern aus letzter Instanz. Für die Mitglieder der Beschwerdekammern bedeutet es, dass sie sich theoretisch nicht an den Prüflinien für das EPA orientieren

659 Gegen 30% aller Patente wird Einspruch eingelegt, *Campenhausen* 2005, S. 65 ff.

660 *EPA* 2007, S. 8.

661 Zusammensetzung Beschwerdekammer siehe Abschnitt 4.1.2.

müssen. In der Praxis gestaltet sich dies jedoch anders, denn die Mitglieder der Beschwerdekammern werden vom Präsidenten des Patentamtes ernannt und waren zuvor auch Prüfer in den Prüfungs- und Einspruchsabteilungen desselbigen und haben dort die Prüfrichtlinien angewendet.[662] In der Praxis lässt sich beobachten, dass im Bereich der Tierzucht die Entscheidungen oftmals aufgrund technischer Mängel fallen und somit die eigentlichen, inhaltlichen Diskussionen um die Auslegung des materiellen Rechts nicht geführt werden.[663] Die Entscheidungen der Beschwerdekammer orientieren sich – auch wenn dies nicht erfolgen muss – an den Prüfrichtlinien.

Eine weitere zu beobachtende Strategie in Einspruchs- und Beschwerdeverfahren besteht darin, dass der Patentinhaber dessen Patent „angegriffen" wird, immer wieder neue Anträge in Form von neuen Ansprüchen recht kurzfristig in das Verfahren einbringt.[664] Somit ist es sowohl für die Kammer als auch für den Einsprechenden bzw. den Beschwerdeführer schwierig in der Kürze der Zeit die eingebrachten Dokumente zu analysieren. Im Fall des Patent EP 1257168 wurden die geänderten Ansprüche erst in der mündlichen Verhandlung eingereicht. In der Folge verlängert sich das Verfahren oftmals dadurch, weil die Kammer eine Vertagung der Verhandlung anordnet. Eine Vorgabe, wonach die Änderung von Ansprüchen im laufenden Verfahren untersagt oder an bestimmte Kriterien gebunden ist, existiert in den Prüfrichtlinien nicht.

---

662 Die fehlende Unabhängigkeit der Beschwerdekammern – sie sind kein eigenständiges Gericht sondern in das EPA integriert – wird im Rahmen des Einheitspatents diskutiert. Es wird eine Reform diskutiert, welche die defacto wahrgenommene Gerichtsfunktion stärkt. *Klos* (30.9.2016), siehe http://www.juve.de/nachrichten/namenundnachrichten/2016/09/epa-praesident-battistelli-im-interview-ich-gebe-kompetenzen-ab (28.1.2018).

663 Teilnehmende Beobachtung am EPA in München v. 8.11.2011; 24.11.2011; 3.5.2012 sowie die Patentanalyse siehe Anhang B.

664 So geschehen bei der Verhandlung zum Patent zur Kryokonservierung (EP 1257168), teilnehmende Beobachtung der Autorin der Verhandlungen v. 24.11.2011 und 3.5.2012 in München.

4.3.6 Würdigung der Anreiz- und Hemmnissituation

Betrachtet man die einzelnen Stationen des Patentprüfungsverfahrens, so ergibt sich für die Anreiz- und Hemmniskonstellation der Akteure folgendes Bild:

Bereits in der Station 0 zeigt sich, dass die analysierten Akteure unterschiedliche Strategien anwenden, um auf die Rechtsunsicherheiten aus Kapitel 3 zu reagieren. Besonders kleinere Unternehmen wie KMUs sind unsicher und entscheiden sich oftmals gar nicht erst Patente anzumelden. Die Alternativstrategien zeigen sich besonders im Bereich der Hühnerzucht, in der wenig bis keine Patente angemeldet werden. Hier haben sich die Züchter für ein Schutzsystem über Betriebsgeheimnisse entschieden. Entscheidender Nachteil dieses Systems ist die Geheimhaltung von Zuchtmaterial und der begrenzte Zugang dazu. Im Gegensatz zu einem Patent, bei dem das Wissen in der Patentschrift darzulegen ist, wird bei der Geheimhaltung das Wissen ausschließlich für das Unternehmen bereitgestellt. Zusätzlich wird das Zuchtmaterial über Hybride geschützt.[665] Aber auch Rinder- und Schweinezüchter aus mittelständisch geprägten Unternehmen entscheiden sich oft gegen die Patentanmeldung. Der Grund liegt hier in fehlenden Zeit- und Personalressourcen sowie der nicht abschätzbaren Dauer von Patentverfahren. Diese Hemmnisse bestimmen auch die Entscheidungen in der Vorrecherche (Station 1) und führen dazu, dass Patentanmelder erstmal durch eine Anmeldung beim DPMA einen Recherchebericht einholen und von dessen Ergebnis eine Patentanmeldung beim EPA abhängig machen. Anreize für eine Patentanmeldung im Bereich der Tierzucht liegen darin, sich in dem eigenen Forschungsfeld zu etablieren und Lizenzeinnahmen zu generieren, welche die Forschungskosten amortisieren.

Ist die Entscheidung für eine Patentanmeldung getroffen, erstellen die Prüfer der Rechercheabteilung den Recherchebericht. Hierbei sind ihre Handlungen von einem regelgebundenen Verhalten geprägt, welches von kognitiven Grenzen beeinflusst wird. Unter der Einhaltung der in den

---

665 Siehe Abschnitt 2.4.2.1.

Prüfrichtlinien vorgegeben Regeln müssen sie unter Zeitdruck eine Anmeldung in der Tierzucht bezüglich des Standes der Technik verorten, obwohl sie nicht über ausreichendes Expertenwissen in diesem Bereich verfügen.

In der anschließenden Prüfung durch die Prüfungsabteilung sind die Prüfer durch amtsinterne Regeln angehalten, in kurzer Zeit möglichst viele Patente zu erteilen. Aufgrund der „Lücken" im materiellen Recht und den unklaren Rechtsbegriffen, die in der Tierzucht verwendet werden („Tierrassen" „im Wesentlichen biologische Verfahren"), sowie der schlechten Dokumentation der praktischen Zuchtarbeit wird es ihnen erschwert, eine möglichst fehlerfreie Entscheidung zu treffen. Somit steigt die Wahrscheinlichkeit, dass nach einer Patenterteilung/-ablehnung ein Einspruch bzw. eine Beschwerde erfolgt.

Im Gegensatz zu den Prüfern der Prüfabteilungen sind die Prüfer der Beschwerdekammern nicht an die Weisungen des EPA gebunden und somit nicht an die Prüfrichtlinien. Dennoch verhalten sie sich regelgebunden und legen ihren Entscheidungen die Prüfrichtlinien zu Grunde. Dieses Verhalten ist nicht zuletzt auch der organisationalen Struktur des Amtes geschuldet, denn die Beschwerdekammern unterstehen ebenfalls dem Präsidenten des Patentamtes.

Die Analyse ergibt zusammenfassend, dass die Prüfer aufgrund der Rechtsunsicherheiten bei der Anwendung des Patentrechts in der Tierzucht dazu veranlasst werden, angreifbare Entscheidungen im materiellen Recht zu treffen. Die Strukturen im Europäischen Patentamt geben den Prüfern der Beschwerdekammern keine hinreichenden Handlungsspielräume, die Rechtsunsicherheiten mit Hilfe von Präzedenzfällen zu verringern. In Verbindung mit den Kosten, die im Zusammenhang mit den Patentwesen entstehen, führt dies bei den Tierzüchtern dazu, dass sie generell wenig Patente anmelden und dadurch das Wissen zurückgehalten (Betriebsgeheimnisse) oder es auch gar nicht erst beschrieben und somit nicht für die Fachwelt dokumentiert wird.

5 Anpassung der institutionellen Rahmenbedingungen

Die juristische Analyse in Kapitel 3 ergab Rechtsunsicherheiten in der Anwendung des Patentrechts auf tierzüchterisches Material.[666] Die sich anschließende Anreiz- und Hemmnis Analyse der Patentanmelder und -prüfer in Kapitel 4 fand heraus, dass Rechtsunsicherheiten sowie die institutionellen Rahmenbedingungen die Entscheidungen der vorgenannten in den verschiedenen Stationen des Patentverfahrens maßgeblich beeinflussen.[667]

Ziel von Kapitel 5 ist es, die institutionellen Rahmenbedingungen von Patentanmeldern und -prüfern so zu verändern, dass die Akteure zu biodiversitätsfördernden Innovationen in der Tierzucht beitragen und gleichzeitig ein ausreichender Zugang zu Zuchtmaterial besteht. Vor diesem Hintergrund entwickelt das vorliegende Kapitel Gestaltungsoptionen, die den Einsatz des Patentrechts in der Tierzucht ermöglichen ohne die landwirtschaftliche Vielfalt (Agrobiodiversität) einzuschränken.

Hierfür sind zunächst die jeweiligen Handlungsbedarfe zu identifizieren, die sich aus der Juristischen Analyse in Kapitel 3 und der Akteuranalyse in Kapitel 4 ergeben. Anschließend sind die Handlungsoptionen zusammenzuführen mit dem Ziel, Optionen auszuwählen, welche bestmöglich an die Anreiz-Hemmnis-Situation der Patentanmelder und -prüfer anknüpfen (Abschnitt 5.1).[668] Hierfür sind die Gestaltungsoptionen in rechtliche (Abschnitt 5.2) und institutionelle Rahmenbedingungen (Abschnitt 5.3) zu unterscheiden.[669] Die beschriebenen Gestaltungsoptionen bewertet Abschnitt 5.5 anhand der in Kapitel 2 entwickelten Anforderungen auf ihre Eignung, ein innovationsförderliches Umfeld in der Tierzucht zu schaffen. Unter Beachtung der Kriterien aus dem Grundsatz der Verhältnismäßigkeit (Abschnitt 5.5) ist schließlich eine Gestaltungsempfehlung

---

666 Siehe Kap. 3.7.

667 Siehe Abschnitt 4.4.6.

668 Beschrieben in Abschnitt 4.4.6.

669 Die hier beschriebenen Gestaltungsoptionen wurden im Rahmen des Projekts Biopatente in der Tierzucht entwickelt.

(Abschnitt 5.6) zu erarbeiten, die es erlaubt, die identifizierten Defizite möglichst schonend zu adressieren.

5.1 Anknüpfungspunkt für Gestaltungsoptionen

Der folgende Abschnitt analysiert die Handlungsbedarfe aus den Interviews sowie aus der Anreiz- Hemmnis- Analyse. Anschließend sind die Handlungsoptionen zusammenzuführen mit dem Ziel, Optionen auszuwählen, welche bestmöglich an die Anreiz-Hemmnis-Situation der Patentanmelder und -prüfer anknüpfen.

5.1.1 Handlungsbedarfe aus den Interviews

Im Rahmen der durchgeführten Experteninterviews mit den relevanten Akteuren aus der Tierzucht für die vorliegende Untersuchung (Staat, Unternehmen, Verband, Wissenschaft, Patentanwälte, Kirche/NGOs) entstanden eine Reihe von Lösungsvorstellungen, welche die identifizierten Rechtsunsicherheiten (materiellen Defizite) als auch prozeduralen Defizite adressieren. Die Interviewpartner wurden für diesen Teil der Erhebung gebeten ihre größten Bedenken im Hinblick auf „Biopatente" (Patente in der Tierzucht) zu nennen und wie sie, wenn es in ihren Händen läge, diese ausräumen würden.[670] Weiterhin sollten sie angeben, welche Widerstände in ihren Augen bestehen bei der Umsetzung ihrer Lösungsvorschläge. Die Angabe der Widerstände sind Hinweise auf die Anreize und Hemmnisse, denen die Akteure ausgesetzt sind. Die folgende Tabelle gibt einen thematisch gegliederten Überblick über die Antworten der jeweiligen Akteure:

[670] Abschnitt K Interviewleitfaden, siehe Anhang A2.

Tabelle 7: Lösungsvorstellungen der Interviewpartner
(Quelle: eigene Darstellung)

„Problembereich"/ Defizit	Lösungsvorstellung	Widerstände	Akteur
Unklare Rechtsbegriffe bzw. Unsicherheiten über deren Anwendung in der Tierzucht			
Änderung Biopatentrichtlinie – auf Landwirtschaft anpassen	Züchter-, sowie Landwirteprivileg konkretisieren	Verschiedene Interessen zwischen Tierzüchtern und Biotechnologieindustrie/ Pharmaunternehmen Es bedürfte Verbündeter in Europa um Änderung durchzusetzen	Verbände, Kirche/ NGO, Tierzüchter
Unklarheit über im Wesentlichen biologische Verfahren	Patentierung auf technische Verfahren eingrenzen; Definition der im Wesentlichen biologischen Verfahren konkretisieren; Anwendung des whole content Approach bei der Auslegung von Patenten	Es müsste eine Sensibilisierung politischer Entscheidungsträger sowie der Stakeholder in der Landwirtschaft erfolgen	Verband, Kirche/ NGO, Staat, Patentanwalt
Definition der Tierrassen konkretisieren; Begriff des Züchters definieren in verschiedenen Zuchtbereichen	Spezifikationen der Tierzucht in Patentrecht einarbeiten	-	Verband, Kirche/ NGO, Staat
Weitere Änderungen innerhalb des Patentrechts			
Ausschluss im Wesentlichen biologischer Verfahren + erzeugter (Nutz-)Tiere (PbP)	§ 9a PatG um Ausnahme ergänzen: wenn es sich nicht um Tiere handelt Entscheidung Tomaten-Fall	Erfordert viel Überzeugungsarbeit beim BMJ; Unternehmen mit viel Erfahrung im Patentrecht	Verband
	Änderung Biopatentrichtlinie; Konkretisierung Tierrasse sowie im Wesentlichen biologischer Verfahren	Mehrheit notwendig für Änderung der Biopatentrichtlinie; Öffentliche Diskussion zu Patenten in anderen Ländern geringer ausgeprägt, Konsens über Beschluss in der EU fraglich; Regelungsbereich Tierzucht auf EU-Ebene sehr komplex	Staat
Patentierung Folgeprodukte	Technische Verfahren eindeutig abgrenzen; Produkte im	-	Verband, Tierzüchter

„Problembereich"/ Defizit	Lösungsvorstellung	Widerstände	Akteur
	Wesentlichen biologischer Verfahren nicht patentierbar		
Wirkung von Stoffpatenten auf technischen Bereich beschränken	Beschränkung auf das Verfahren, was offenbart wurde bei PbP-Patenten; Klärung im Rahmen des Tomate-Falls	Abhängig von Beschwerdekammer	Tierzüchter, Staat
Ausschluss von komplexen Ansprüchen aus dem Patentschutz	Beobachtung Patente durch unabhängiges Gremium	-	Verband
Verbot der Patentierung von Tierzuchtverfahren, Tierzucht, Tierzuchtmaterial	Gesetzlich regeln; breite Auslegung der Verbote; Rechtsprechung EPA; Änderung der Ausführungsverordnung	Wirtschaftliche Interessen; Lobbyarbeit; Patentanmelder allgemein	NGO-Vertreter
Ausschluss der Nachkommen sowie der Produktion der Nachkommen von der Patentierung (Folgegenerationen)	Muss von Gesetzgeber geklärt werden	Lobbyarbeit verschiedener Gruppen	Verband
Ausschluss konventioneller Züchtungsverfahren		Tierzuchtsektor zu klein um Einfluss auszuüben; Zuchtbereich unbedeutend im Vergleich zu industriellem Anwendungsbereich	Wissenschaft
Ausschluss landwirtschaftlicher Nutztiere von der Patentierung	Entscheidung Tomate/Brokkoli abwarten; Gesetzliche Grundlagen ändern	Einfluss von Lobbyarbeit verschiedener Gruppen	Staatlicher Akteur, Verband
Ausschluss der Patentierung von Tieren und Pflanzen	Gesetzlich regeln	Einfluss von Lobbyarbeit verschiedener Gruppen	Verband, NGO
Ausnahmen im Wesentlichen biologischer Verfahren; Pflanzensorten/Tierrassen streichen	Neutrale lösungsorientierte Diskussion über richtige Balance zwischen Schutz und Zugriff	Fehlen des Weitblicks in der Politik; neu eingeführte Ausnahmen bleiben auf ewig erhalten; emotionsgeladene Diskussion	Patentanwalt
Begriff der Erfindungshöhe präzisieren	Vorrecherche durch EPA intensivieren	-	Kirche/NGO
	Für jedes einzelne Patent festlegen	-	Verband

„Problembereich"/ Defizit	Lösungsvorstellung	Widerstände	Akteur
Verfahrensgestaltung			
Fehlendes Know-how der Prüfer über die Tierzucht	Recherchetools verbessern; Fachliches Gremium Tierzucht; Schulung Prüfer; Einholung Sachverständigenurteile	-	Unternehmen/Staat, Wissenschaft, Verbände, Tierzüchter
Hohe Transaktionskosten	Unterstützung „einfacher" Erfinder außerhalb großer Unternehmen, Beispiel: Niedersächsisches Erfindungszentrum	Tierzuchtsektor zu klein um Einfluss auszuüben	Staat, Verband
	Ermöglichung von Verbandsklagen/Fonds für Einspruchsverfahren für Akteure im NGO-Bereich	-	Kirche/NGO
	Innovationsfonds einrichten	-	Verband/ Tierzüchter
	Kosten anteilig aufteilen auf Verfahrensparteien	-	Wissenschaft
Finanzielle Abhängigkeit des EPA von Anzahl der erteilten Patenten	Bezahlung in Abhängigkeit von eingereichten Patenten; - Änderung in Gebührenordnung	-	Staat
	Schaffung eines Kontrollgremiums; Öffentliche Finanzierung	-	NGO/Kirche
Fehlende Unabhängigkeit des Patentamtes (Beschwerdekammern)	Schaffung eines europäischen Patentgerichts; „Andockung" an EU	-	Verband
Dauer der Verfahren	Umstrukturierung Patentverfahren;	Europäisches Patentgericht	Verband, Kirche/Staat, Patentanwalt
Zulassung der Anträge im Rahmen des Beschwerdeverfahren nicht geregelt	Klare Regelung für Zulassung im laufenden Prüfverfahren	-	Züchter
Eingeschränkte Partizipation Dritter im Patenterteilungsverfahren	Umstrukturierung aktueller Verfahren	-	Staat
Breite Ansprüche	Schulung Patentprüfer	-	NGO
	Einschränkung durch Einsprüche	-	Kirche
Keine klare Unterscheidung zwischen	Bessere Definition durch Gesetzgeber Verpflichtung des	-	Verband

„Problembereich"/ Defizit	Lösungsvorstellung	Widerstände	Akteur
Arbeits-/Herstellungs-verfahren	EPA zur Festsetzung einer klaren Unterscheidung		
Unklare Formulierung der Ansprüche	Klare Formulierung; Guideline	-	Verband
	Begrenzung der Hauptclaims	-	Staat
Komplexität der Verfahren	Transparenz der Verfahren erhöhen	-	Unternehmen, Verband, Tierzüchter
Erteilung von Patenten für bekannte Verfahren	Schulung Prüfer; beratendes Gremium in der Tierzucht	-	Verband
Außerhalb des Patentrechts			
Kein Schutzinstrument in der Tierzucht	Ein Äquivalent zum Sortenschutz schaffen	Umsetzung und Definition schwierig aufgrund der Strukturen in der Tierzucht	Verband
	Patentierung von Zuchtlinien ermöglichen	Viele Nationen und juristische Auslegungen müssen zu einem Konsens gebracht werden	Unternehmen

5.1.2 Handlungsbedarfe aus der Anreiz-Hemmnis Analyse

Folgenden Anreize- und Hemmnisse wurden in den Stationen 0-5 im Patentverfahren identifiziert:

S0: Das „Ob" der Patentanmeldung

Für die Vorentscheidung gibt es keine rechtlichen Vorgaben oder Pflichten. Diese trifft der Patentanmelder abhängig von seinen finanziellen und personellen Ressourcen. Die Analyse der Strategien der Anmelder in den unterschiedlichen Zuchtbereichen zeigt, dass bereits in diesem frühen Stadium ein Anreizdefizit vorliegt. Aufgrund der zuvor identifizierten legislativen Defizite, neigt der Anmelder zu alternativen Schutzstrategien, weil er den Erfolg, Kosten und Dauer einer Patentanmeldung nicht überblicken kann. Die potentiellen Patentanmelder entscheiden somit auf Grundlage einer klassischen Kosten-Nutzen Abwägung, unterliegen dabei jedoch kognitiven Grenzen

S1: Vorrecherche

Die fehlenden Zeit- und Personalressourcen sowie die nicht abschätzbare Dauer von Patentverfahren bestimmten auch die Entscheidungen in der Vorrecherche. Diese ist nicht verpflichtend, erleichtert aber dem Patentprüfer die Recherche und verkürzt unter Umständen das Patentverfahren sowie kann die Erfolgschancen für die Erteilung eines Patents erhöhen.

S2: Patentanmeldung und Recherchebericht

Die kognitiven Grenzen der Prüfer bezüglich ihrer Expertise in der Tierzucht sowie die Anreize und Hemmnisse im institutionellen Kontext (Zeitdruck/ Reputation/schlechte Dokumentation tierzüchterischen Wissens) begünstigen ein Verhalten der Prüfer, welches dazu führt, dass sie nicht alle notwendigen Informationen in die Recherche mit einbeziehen und schneller Patente erteilen, die womöglich mit dem entsprechenden Wissen aus der Tierzucht abgelehnt worden wären.

Der Patentanmelder soll möglichst alle ihm verfügbaren Informationen an den Prüfer in der Phase der Patentanmeldung übermitteln. Wenn aber die Anmelder die Erfahrung machen, dass ihre Patente auch ohne die erforderlichen Informationen durchkommen, so versuchen sie die Informationen strategisch einzusetzen indem sie sehr komplexe Ansprüche einreichen oder die Informationen zurückhalten.

S3: Patentprüfung

In der Patentprüfung wirkt sich das legislative Delta sowie die kognitiven Grenzen der Prüfer auf die Qualität der Prüfung aus. Die Folge davon ist, dass Prüfer den Prüfungsmaßstab für Anmeldungen aus der Tierzucht analog zu denen aus der Pflanzenzucht anwenden und dadurch angreifbare Entscheidungen treffen. Dieses Verhalten der Prüfer wird verstärkt durch die institutionellen Anreiz- und Hemmnisstrukturen im Patentverfahren (Zeitdruck, Reputationsstreben, schlechte Dokumentation in der Tierzucht etc.).

Die Patentanmelder sind in dieser Station angehalten, auf Nachfrage der Prüfer Stellung zu nehmen sowie fehlende Informationen zu liefern. Sie sind aufgrund ihres situativ-nutzenmaximierenden Verhaltens und den institutionellen Rahmenbedingungen (es gibt keine Regelung, welche die Überarbeitung von Ansprüchen seitens des Anmelders regelt) angereizt ihren Arbeitsaufwand zu minimieren indem kritische Teile aus den Ansprüchen „rausgeschnitten" werden ohne das die gesamte Anmeldung erneut überprüft wird.

S4 + S5: Einspruchs- und Beschwerdeverfahren

Im Einspruchsverfahren wirkt sich das legislative Delta im materiellen Recht sowie die kognitiven Grenzen der Prüfer auf die Prüfung aus. Ebenso wie im Patentprüfungsverfahren erfolgen die Entscheidungen mit einem Prüfmaßstab, der auf die Pflanzenzucht zugeschnitten ist. Das Verhalten der Prüfer wird durch institutionellen Anreiz- und Hemmnisse (Zeitdruck, Reputation) verstärkt.

Die Prüfer der Beschwerdekammern werden durch ihr institutionelles Umfeld dazu angehalten, bei ihren Entscheidungen die Prüfrichtlinien zu Grunde zu legen, obwohl sie nicht an die Weisungen des Amtes gebunden sind. Somit unterfallen Patente aus der Tierzucht den Bewertungsmaßstäben der Pflanzenzucht, denn bisher gibt es keinen Präzedenzfall für die Tierzucht.

Zusammenfassung: Änderung rechtlicher Rahmenbedingungen und administrative Maßnahmen

Um einen besseren Überblick zu bekommen, werden die in Abschnitt 5.2 erläuterten Handlungsoptionen im nächsten Schritt nach ihrem Beitrag zur Änderung der rechtlichen Rahmenbedingungen innerhalb und außerhalb des Patentrechts sowie nach administrativen und organisatorischen Maßnahmen in nachstehender Tabelle zusammengefasst:

Tabelle 8: Kategorisierung der Handlungsoptionen
(Quelle: eigene Darstellung)

„Defizit"/„Instrumentenlücke"	Handlungsoptionen/Lösungen	Akteure, die durch ihr Verhalten Änderungen bewirken können
I. Änderung der rechtlichen Rahmenbedingungen		
a) Innerhalb des Patentrechts		
Nicht vorhandene und unklare Definitionen im Patentrecht für die Tierzucht (Rasse, Tierzüchter, Landwirt etc.)	Schaffung eines Präzedenzfalles zur Auslegung der Begriffe Begriffe konkretisieren durch Änderung BioPatRL	Patentprüfer / EPA Gesetzgeber
Patentierbarkeit Product-by-Process-Patente aus im Wesentlichen biologischer Verfahren[671]	Ausschluss in BioPatRL verankern Präzisierung der im Wesentlichen biologischen Verfahren Sachverständigen aus Tierzucht bei Prüfung hinzuziehen	Gesetzgeber
Züchterprivileg nicht existent für Tierzucht	Züchterprivileg definieren	Gesetzgeber
Landwirteprivileg unzureichend geregelt	Landwirteprivileg präzisieren, vor allem Begriffe wie Viehzucht und Landwirt in diesem Zusammenhang	Prüfer durch Auslegung, Gesetzgeber

671 Dieses Defizit wurde durch die Änderung des deutschen Patentgesetzes 2015 sowie durch die Anpassung der Regeln zum EPÜ im Sommer 2017 bereits behoben. Aus diesem Grund erfolgt keine weitere Betrachtung.

„Defizit"/„Instrumentenlücke"	Handlungsoptionen/Lösungen	Akteure, die durch ihr Verhalten Änderungen bewirken können
Ordre public-Klausel „wirkungslos" aufgrund von Umgehungsmöglichkeiten und unbestimmtem Rechtsbegriff – zu große Hürde	Neuen Tatbestand einfügen: Gefährdung der Agrobiodiversität als Verstoß gegen „ordre public"?	Gesetzgeber
Offenbarung durch Hinterlegung	Genaue Prüfung der Nacharbeitbarkeit der Erfindung durch Fachleute	Patentprüfer, Tierzuchtexperten
Wiederholbarkeit bei Tierzüchtungsverfahren nicht gewährleistet	Überprüfung des Kriteriums im Patentrecht für Tierzüchtungsverfahren	EPA
Keine klare Abgrenzung von Herstellungs- und Arbeitsverfahren aufgrund der starken Verschränkung in Tierzüchtungsverfahren	Erstellung einer Liste mit Einordnung verschiedener Zuchtverfahren Sachverständigen aus Tierzucht zur Prüfung hinzuziehen	Patentprüfer, Patentanwälte
	Zwangslizenzen: Anwendung verbessern oder neuen Tatbestand einfügen	Gesetzgeber
	Ein Privileg einführen, das den Ausschluss der Übertragung des Patentschutzes auf die Nachkommen zum Inhalt hat mit der Bedingung, dass die Nachkommen durch sexuelle Fortpflanzung entstanden sind	Gesetzgeber, bereits erfolgt durch Änderung des Patentgesetzes von 2015 sowie der Mitteilung der Kommission 2017

„Defizit"/„Instrumentenlücke"	Handlungsoptionen/Lösungen	Akteure, die durch ihr Verhalten Änderungen bewirken können
b) Außerhalb des Patentrechts		
Kein Äquivalent zum Sortenschutzrecht	Einführung eines Schutzinstruments für „Tierrassen" (registrierte Linie) Klare Unterscheidung Nomenklatur Pflanzen- und Tierzucht Begriff der (registrierten) Linie sollte Rasse ersetzen, jedoch sind tierartliche Unterschiede in der Anwendung des Begriffs zu beachten Schutzgestaltung abhängig ob Hybrid- oder Reinzuchttier	Tierzüchter generell – nicht in Funktion als Patentanmelder
Gefährdeter Zugang zu züchterischem Material generell	BiOS – Biological Open Source Lizenzen Patentpools/gegenseitige Lizenzvereinbarungen	Tierzüchter generell
Alternativen zum System des Patentschutzes	Verschiedene Lizenzsysteme, die für die Pflanzenzucht diskutiert werden Seed-wrap Lizenz /Open Source Material Transfer Agreement Creative Commons Lizenz General Public License for Plant Germplasm (GPL-PG) Lizenzen und Pledge der Open Source Seed Initiative (OSSI) Open Source Lizenz (Open Source Seeds)	NGOs, Staat
	Schutz von „Tierrassen" (livestock breeds) über Markenrecht und geographische Herkunftsangaben	Gesetzgeber

„Defizit"/„Instrumentenlücke"	Handlungsoptionen/Lösungen	Akteure, die durch ihr Verhalten Änderungen bewirken können
II. Administrative und organisatorische Maßnahmen		
a) Patenterteilungspraxis		
Unzureichendes tierzüchterisches Wissen bei Patentprüfern, verstärkt durch die abweichende Praxis der Dokumentation in der Tierzucht	Infoveranstaltungen und Seminare für Patentprüfer Regelmäßige Konsultationen zwischen Patentamt und Praktikern Außergerichtliche, öffentliche Fachprüfung durch unabhängiges Expertengremium Internetplattform als Forum für Bewertung von Patentanmeldungen durch Dritte mit spezialisiertem Fachwissen nach dem Vorbild der REACH-Konsultationen („third parties") Law Clinic zur Bewertung von Patentanträgen: Studenten der jeweiligen Fachbereiche erarbeiten in Zusammenarbeit mit Professor/unabhängigen Patentanwälten ein Dokument zur fachlichen Beurteilung der Erfindung	Patentprüfer, Patentamt, Tierzüchter
Anmeldung sehr breiter Patentansprüche durch die Anmelder	Untersuchung breiter Ansprüche auf Einheitlichkeit und ausreichende Offenbarung	Patentprüfer
Patentanmeldungen hauptsächlich durch große multinationale Unternehmen	Gewährung von Kostenbeihilfen für finanziell schwächer aufgestellte Unternehmen (KMU, etc.)	EPA

„Defizit"/„Instrumentenlücke"	Handlungsoptionen/Lösungen	Akteure, die durch ihr Verhalten Änderungen bewirken können
Anmeldung komplexer Ansprüche	Klar erkennbare Deklaration von Haupt- und Nebenansprüchen Änderung der Prüfrichtlinien durch das EPA bezüglich: Begrenzung der einzubringenden Einsprüche im laufenden Verfahren Anmelder komplexer Anmeldungen sollten ausschließlich begrenzt die Möglichkeit zur Umformulierung der Ansprüche haben	EPA
Keine klare Abgrenzung von biologischen und technischen Verfahren	Sonderregelung für Verfahren, die technische Verfahren und/oder Geräte mit biologischen Verfahren kombinieren: „Jedes technische Verfahren und/oder Gerät, das zur Durchführung eines biologischen Verfahrens dient, ist in der Kombination mit dem biologischen Verfahrensschritt nicht patentfähig" Als wesentliches Indiz der Patentfähigkeit müssen auch Technizität und Reproduzierbarkeit klar zu erkennen sein. In diesem Zusammenhang sollte generell geprüft werden, ob eine Patenterteilung durch „Product-by-process" für biotechnische Produkte auszuschließen ist, beziehungsweise anders als bei rein technischen PbPs das Verfahren ebenfalls patentfähig sein muss.	EPA
Lange Dauer der Patentverfahren, Schutzfrist in manchen Fällen schon abgelaufen	Zeitnahe Entscheidung über Patentanträge	Patentprüfer, EPA

„Defizit"/„Instrumentenlücke"	Handlungsoptionen/Lösungen	Akteure, die durch ihr Verhalten Änderungen bewirken können
Abhängigkeit der Prüfer durch die Finanzierung des EPAs über die Anzahl erteilter Patentanträge	Entkoppelung, Revision des Finanzierungsmechanismus des EPA Überarbeitung der Struktur des EPAs	EPA
Hohe Kosten Einspruchsverfahren	Kostenbeihilfen in Prüfrichtlinien verankern	EPA
Inkonsistenz zwischen EPA und nationaler Rechtsprechung	Clarifying notice der Kommission Dez. 2016 Übernahme in Prüfrichtlinien	EPA
b) Partizipation		
Beteiligung Dritter erfordert patentrechtliche Beratung bzw. spezielles, kostenintensives Know-How	Internetplattform als Forum für Bewertung von Patentanmeldungen durch Dritte mit spezialisiertem Fachwissen nach dem Vorbild der REACH-Konsultationen („third parties") Law Clinic zur Bewertung von Patentanträgen: Studenten der jeweiligen Fachbereiche erarbeiten in Zusammenarbeit mit Professor/unabhängigen Patentanwälten Dokument zur fachlichen Beurteilung der Erfindung	EPA als Behörde

5.2 Organisatorisch-administrative Gestaltungsoptionen

Die Anreiz- und Hemmnisanalyse in Kapitel 4 ergibt, dass die Patentprüfer aufgrund der identifizierten Rechtsunsicherheiten Entscheidungen im materiellen Recht treffen, die sich an den Regelungen der Pflanzenzucht anlehnen. Die Ursachen liegen einerseits in den unklaren Begriffen des Patentrechts als auch den institutionellen Rahmenbedingungen in Form von den Strukturen im Europäischen Patentamt sowie im fehlenden Fachwissen der Prüfer. Der folgende Abschnitt adressiert diese Hemmnisse und diskutiert verschiedene Änderungsvorschläge. Wie das tierzüchterische Fachwissen im Patentverfahren eingebracht und verbessert werden kann, wird in Abschnitt 5.2.2. diskutiert. Die Verkürzung der Entscheidungsdauer von Patentanträgen wird in Abschnitt 5.2.2 dargelegt. Patentanmelder sehen sich bei der Entscheidung über eine Anmeldung zusätzlich zu den erläuterten Rechtsunsicherheiten mit der Kostenfrage konfrontiert. Mögliche Kostenänderungsmodelle sind Gegenstand von Abschnitt 5.2.3.

5.2.1 Fachwissen im Patenterteilungsverfahren einbringen (1)

An vielen Stellen der Analyse hat sich bei der Einordnung und Beurteilung von patentrechtlichen Fragestellungen gezeigt, dass es den Akteuren an Fachwissen aus der Tierzucht mangelt. Besonders die Patentprüfer stehen vor der Herausforderung im Rahmen der Erstellung des Rechercheberichts (Station 2) als auch in der Patentprüfung (Station 3) den Stand der Technik einer neuen tierzüchterischen Erfindung in einer recht kurzen Zeitspanne einzuschätzen. Die Gestaltungsoptionen zielen deshalb darauf ab, Fachwissen in das Patenterteilungsverfahren an diesen Stellen einzubringen. Dies geschieht durch die Informationsvermittlung an den Prüfer selbst (5.2.1.1) als auch über eine externe Fachprüfung im Anschluss an die Veröffentlichung der Anmeldung durch ein Expertengremium (5.2.1.2) als auch durch die informierte Fachöffentlichkeit (5.2.1.4)

5.2.1.1 Informationsveranstaltung und Seminare für Prüfer (1a)

Eine Möglichkeit, um das Fachwissen der Prüfer zu erhöhen, sind spezifische Informationsveranstaltungen und Seminare. Ziel der Gestaltungsoption ist es, den Patentprüfern ein Verständnis für die Strukturen und Vorgänge in der Tierzucht zu vermitteln und für die Besonderheiten in den unterschiedlichen Tierarten zu sensibilisieren. Besonders wichtig erscheint hierbei die Einschätzung von biotechnischen Verfahren, die aus vielen Teilschritten bestehen und die durch die Erteilung eines einzelnen Patents blockiert werden können. Damit das Wissen der Prüfer auf dem aktuellen Stand der technischen Entwicklungen in der Tierzucht bleibt, sollten diese Veranstaltungen in regelmäßigen Abständen stattfinden. Denkbar ist die Gründung eines Netzwerks, indem Tierzuchtexperten (Praktiker) sich bereit erklären, regelmäßige Konsultationen mit den Prüfern des Patentamts individuell oder in der Gruppe durchzuführen. In den Interviews wurde bereits eine hohe Bereitschaft seitens der Tierzuchtexperten signalisiert, eine solche Beratung in Einzelfällen oder auch generell vorzunehmen.

5.2.1.2 Außergerichtliche, öffentliche Fachprüfung durch ein unabhängiges Expertengremium (1b)

Nach der Veröffentlichung der Patentanmeldung kann zusätzlich eine außergerichtliche, öffentliche Fachprüfung durchgeführt werden. Dies könnte durch ein unabhängiges Fachgremium erfolgen. Für die Prüfung gibt es unterschiedliche Ansatzpunkte, um tierzüchterisches Expertenwissen einzubringen. Zum einen kann durch einen Fachbeirat „Tierzucht" eine Prüfung der tatsächlichen Anmeldung erfolgen. Eine andere Möglichkeit besteht in der Prüfung der Richtlinien der Patenterteilung des EPA durch ein Ombuds-Komitee.

5.2.1.2.1 Fachbeirat „Tierzucht" (1b-i)

Die Prüfung der Patentanmeldungen könnte zusätzlich durch einen Fachbeirat Tierzucht geprüft werden. Durch den Fachbeirat besteht die Möglichkeit für die Patentprüfer, bereits vor dem Einspruchsverfahren einen Einblick in die Einschätzung anderer Akteure zu erlangen. Die Tierzüchter können auf diesem Weg ihr vorhandenes Wissen in den Fachbeirat einbringen und werden somit auch ihre unternehmerischen Ziele mit einbringen. Sowohl die Möglichkeit zur Mitwirkung wie zur Einflussnahmen sind – im Gegensatz zu offeneren Formaten – an die Mitgliedschaft in dem Fachbeirat geknüpft. Dies kann Anreize zur Mitwirkung entfalten. Problematisch wäre es, wenn die Mitglieder des Fachbeirats privilegierten Zugang zu Informationen von Antragstellern bekämen. Dem könnte dadurch begegnet werden, dass der Fachbeirat erst nach Veröffentlichung des Patentantrags um Stellung gebeten werden kann. Damit eine solche Prüfung durchgeführt werden kann, sollte im Vorfeld eine Art tierzüchterische Leitlinie für die Bewertung der Patentanträge vorgelegt werden.

5.2.1.2.2 Ombuds-Komitee für den Review (1b-ii)

Diese Handlungsoption sieht vor, dass die Richtlinien und die Patenterteilungspraxis in regelmäßigen Abständen durch ein unabhängiges externes Gremium im Hinblick auf die Berücksichtigung gesellschaftlicher Werthaltungen überprüft werden. Auf die Prüfungsabteilungen wird damit ein Druck ausgeübt, gesellschaftliche Sensibilitäten und Folgewirkungen im Rahmen des Ermessensspielraums stärker zu berücksichtigen. Für das Patentamt insgesamt entsteht eine Erwartung, die Beobachtungen und Empfehlungen des Ombuds-Komitees bei der laufenden Weiterentwicklung der Prüfungsrichtlinien zu berücksichtigen. Das Patentamt wäre auf diese Weise dazu angehalten, die Auslegung der Ermessenspielräume stärker zu begründen. Auf diese Weise würden die informalen Normen in der Patenterteilungspraxis systematisch in den Bereich der Transparenz, Begründungspflicht und Reflexion gezogen. Die vorgeschlagene Handlungsoption könnte auch dazu führen, dass die Prüfer sich auf die Prüfung durch das Ombuds-Komitee verlassen als zweite Instanz und dadurch schnellere Prüfungsentscheidungen treffen. Die Verbände sowie Züchter haben bei dieser Option wiederum die Möglichkeit, ihr Fachwissen in das Komitee mit einzubringen. Ob eine solche Maßnahme in jedem Fall ausreicht, um relevantes Vorwissen zu entdecken, ist jedoch fraglich, da das Projekt von der freiwilligen Beteiligung der Teilnehmer abhängt. Vorstellbar wäre, dass beispielsweise Universitätsseminare als Peer Reviewer agieren.

5.2.1.3 Internetplattform zur wissenschaftlichen Bewertung von Patentanmeldungen (1d)

Denkbar wäre die Schaffung einer Internetplattform, die Patentanmeldungen unmittelbar nach der Veröffentlichung auflistet, und die als Forum für die Bewertung von Patentanmeldungen durch spezialisiertes Fachwissen geeignet ist. Als Einstieg könnten hierzu die Ergebnisse des Biopatent-Monitoring[671] hervorragend genutzt werden. Interessierte Personen könnten sich registrieren lassen, falsche oder fehlende Informationen/Informationsquellen diskutieren und die Prüfer zum Beispiel auf die praktischen Konsequenzen einer Patenterteilung auf verbundene Verfahrensschritte hinweisen. Ein mögliches Vorbild wären die internetgestützten Konsultationen zu fachlichen Fragen, wie sie etwa die Europäische Chemikalienagentur im Rahmen von REACH durchzuführen hat, und bei denen interessierte Stakeholder („third parties") innerhalb bestimmter Fristen Stellungnahmen einreichen können.[672] Für das Patentrecht könnte ganz konkret ein internetbasiertes „Peer Review College" nach Art des

[671] Das Biopatent-Monitoring war ursprünglich eine Gestaltungsoption aus dem Projektbericht „Biopatente in der Tierzucht" in Anlehnung an ein Gutachten des Beirats für Biodiversität und Genetische Ressourcen von 2010 – Biopatente eine Gefährdung der Agrobiodiversität? Diese wurde realisiert durch das Biopatent-Monitoring Landwirtschaft durch das BMELV, erstmals vorgestellt auf der Abschlusstagung des Forschungsprojekt Biopatente in der Tierzucht am 24.4.2013, in Berlin. Präsentation siehe http://www.bmel.de/SharedDocs/Downloads/Ministerium/Veranstaltungen/Biopatente2013-Monnerjahn.pdf;jsessionid=B7660A99C821E13C2C9569A8BC4E55C6.2_cid385?__blob=publicationFile (28.1.2018).

[672] Portal der ECHA für die öffentliche Konsultation, siehe https://echa.europa.eu/public-consultations (28.1.2018).

Peer-to-Patent Projekts eingerichtet werden. Die Initiative „Peer to Patent“ wurde vom US-amerikanischen Patentamt (USPTO) in Zusammenarbeit mit der New York Law School entwickelt, um die Qualität der Patentprüfung durch Partizipation der Öffentlichkeit zu verbessern. Mittels eines Online-Formulars können Hinweise zum Stand der Technik übermittelt werden.[673]

5.2.2 Verkürzung der Entscheidung über Patentanträge (2)

Die lange Dauer der Patenterteilungen führen zu Rechtsunsicherheiten und erhöhten Kosten für die Beteiligten. Die bereits geschilderte Anreizsituation der Prüfer, Patentanträge eher zu erteilen als abzuweisen, trägt maßgeblich dazu bei, die Einspruchsquote zu erhöhen und somit verlängert sich der Zeitraum, in dem eine Entscheidung gefällt wird. Um eine zeitnahe Entscheidung der Patentanträge zu erreichen, gibt es verschiedene Handlungsschritte, die ineinandergreifen. Nach Ansicht vieler Befragter müssten mehr Prüfer eingestellt werden, umso mehr Zeit für die Bearbeitung eines Falls zu erhalten. Die Prüfer sollten über einen ausreichenden Erfahrungshintergrund verfügen. Stehen nur begrenzt Experten für die Bereiche der Tierzucht zur Verfügung, so schlägt ein Befragter ein zweistufiges Verfahren vor. Dieses sieht vor, dass im ersten Schritt nur auf Neuheit und Erfindungshöhe geprüft wird, bevor die nächsten erforderlichen Kriterien mit einbezogen werden.[674] Somit lässt sich eine Art verkürzte Prüfung einführen, welche die kritischsten Punkte einer Erfindung als erstes prüft.

5.2.3 Gewährung von Kostenbeihilfen (3)

Die Gewährung von Kostenbeihilfen soll vor allem KMU in der Tierzucht in die Lage versetzen, am Patentgeschehen in Form von Anmeldungen

673 *New York Law School*, 2018. *Ledford* 2007, S. 239.
Bewertung des Projekts siehe http://citeseerx.ist.psu.edu/viewdoc/download?doi=10.1.1.462.5747&rep=rep1&type=pdf (28.1.2018).

674 Experteninterview Nr. 5 vom 16.12.2011, S. 6.

und Einsprüchen zu partizipieren. Die Kostenbeihilfen können an unterschiedlichen Stellen eingesetzt werden. Einmal als eine Art Anschubfinanzierung, die überhaupt Patentanmeldungen ermöglicht. Und zum anderen zum Zeitpunkt des Einspruchsverfahrens durch die Erstattung der Kosten, Prozesskostenhilfe sowie der Kostenaufteilung. Die unterschiedlichen Modelle werden im Folgenden kurz erläutert.

5.2.3.1 Kostenerstattung in Verbindung mit Prozesskostenbeihilfe (3a)

Eine Kostenerstattung bei erfolgreichen Klagen gegen ungültige Patente im Zusammenspiel mit einer Prozesskostenbeihilfe ist nach Aussage vieler Akteure notwendig, um das Einspruchsverfahren für alle Betroffenen im Bereich der Tierzucht offen zu halten. Die Kostenerstattung könnte aus einem Fonds erfolgen, der aus den Überschüssen des EPA gespeist wird. Eine Kostenerstattung bei erfolgreichen Klagen könnte zum einen Anreizwirkungen entfalten, gegen zu Unrecht erteilte Patente vorzugehen. Die Aussicht auf Kostenerstattung könnte Betroffenen zudem neue Finanzierungsmöglichkeiten für Einspruchsverfahren eröffnen. Eine Prozesskostenbeihilfe setzt hingegen zeitlich früher an und ist nicht an den Ausgang des Verfahrens gebunden. Sie sollte wie im Zivilrecht an die Kriterien der Betroffenheit und Bedürftigkeit geknüpft sein. Außerdem muss begründete Aussicht auf Erfolg bestehen. Es wird eine Gebühr für die Prüfung der Erfolgsaussichten erhoben. Prozesskostenbeihilfen sollten aus dem Haushalt der nationalen Patentämter oder dem europäischen Patentamt auf Antrag gewährt werden.

5.2.3.2 Kostenaufteilung (3b)

Eine weitere Variante ist die Kostenaufteilung. Die Kosten des gesamten Einspruchsverfahrens werden aufgeteilt zwischen den am Verfahren beteiligten Parteien. Bereits heute hat das Europäische Patentamt die Möglichkeit, die Verfahrenskosten nach Billigkeit anzulasten. Eine generelle Kostenaufteilung ist jedoch nicht zielführend, da sie nicht zielgerichtet an Kriterien der Bedürftigkeit und Erfolgsaussicht geknüpft ist. Die Option der Aufteilung der Kosten löst bei den Züchtern in der Rolle der Patentanmelder unter bestimmten Umständen den Anreiz aus, wenig aussichtsreiche Verfahren weiter zu verfolgen und ein höheres unternehmerisches Risiko einzugehen.

5.2.4 Ergebnis

Im Folgenden sind die vorgeschlagenen Gestaltungsoptionen daraufhin zu beurteilen, wie sie das in Kapitel 4 identifizierte Anreiz-Hemmnis Delta überwinden können (Abschnitt 5.2.4.1) In einem weiteren Schritt ist zu prüfen, wie eine legislative Umsetzung der Optionen erfolgen kann (Abschnitt 5.2.4.2).

5.2.4.1 Überwindung des Anreiz-Hemmnis Delta durch die Gestaltungsoptionen (1)-(3)

Im Folgenden wird erläutert, wie die beschriebenen Optionen dazu beitragen, dass in Kapitel 4 identifizierte Anreiz-Hemmnis Delta zu verringern:

Fachwissen in Patenterteilungsverfahren einbringen:

Für das Einbringen von Fachwissen wurden verschiedene Gestaltungsoptionen analysiert. Diese Gestaltungsoptionen habe alle gemeinsam, dass die den Tierzüchtern die Möglichkeit eröffnen ihr Fachwissen in das Patentverfahren einzubringen. Die Prüfer des Patentamtes können durch den Fachbeirat in der Tierzucht bereits vor dem Einspruchsverfahren Einblicke in die Einschätzung anderer Akteure erlangen. Das Ombuds-Komitee, sowie die Internetplattform zur wissenschaftlichen Bewertung üben in unterschiedlicher Weise Druck auf die Patentprüfer aus, da einerseits Fehlentscheidungen aufgedeckt werden können sowie andererseits sie dazu angehalten werden, die Auslegung der Ermessenspielräume stärker zu begründen. Hinzu kommt der Umstand, dass durch eine bessere Beurteilung der Patente zusätzlich eine Kosteneinsparung erfolgt, weil davon auszugehen ist, dass weniger Einsprüche und Beschwerden eingereicht werden. Die Patentanmelder erhalten mehr Rechtssicherheit, weil zusätzliche Prüfungen der Anmeldung hinzukommen. Auch die Dauer der Verfahren kann durch eine bessere Recherche und die Beurteilung des Standes der Technik verkürzt werden.

Verkürzung der Entscheidung von Patentanträgen:

Diese Handlungsoption sieht zwei unterschiedliche Maßnahmen vor. Die Einstellung von mehr Prüfern mit dem geforderten Expertenwissen entlastet die momentan angestellten Prüfer. Somit besteht die Möglichkeit, dass die Prüfer mehr Zeit haben, sich mit den Patentanmeldungen zu befassen und dadurch sinkt auch das Risiko einer Fehlentscheidung. Dieses Risiko kann ebenfalls durch die Einführung eines zweistufigen Prüfverfahrens erfolgen. Es ist jedoch zu prüfen, wie diese zwei Stufen genau ausgestaltet werden können.

Gewährung von Kostenbeihilfen:

Die Gewährung von Kostenbeiträgen wurde in zwei verschiedenen Modellen diskutiert. Die Unterstützung durch Kostenerstattung in Verbindung mit Prozesskostenbeihilfe sowie die Kostenteilung. Dadurch sollen vor allem Patentanmelder aus KMU als auch Züchtervereinigungen die Möglichkeit erhalten, eigene Patentanmeldungen zu tätigen als auch Einsprüche vorzunehmen gegen Patente, die ihre züchterische Arbeit behindern oder beispielsweise dem Stand der Technik auf dem jeweiligen Gebiet entsprechen und somit nicht neu sind. Patente können dazu beitragen, dass Wissen in der Tierzucht beschrieben sowie zugänglich gemacht wird, und zum gesellschaftlichen Fortschritt beitragen. Dies erfordert jedoch ausreichend angepasste Zugangsregelungen im Patentrecht.[675] Zu erwarten ist, dass diese Gestaltungsoption den finanziellen Aufwand bei einem Einspruchsverfahren verringert. An dieser Stelle würde dies vor allem für die Verbände sowie die Züchter kleinerer und mittlerer Unternehmen die Möglichkeit der Beteiligung an Einspruchsverfahren oder Nichtigkeitsverfahren erhöhen. Dies hängt jedoch maßgeblich von den Gebühren für die Prüfung der Erfolgsaussichten im Vorfeld ab. Aufgrund der

675 Diese sind Gegenstand der rechtlichen Gestaltungsoptionen in Abschnitt 5.3.2 und 5.3.3.

kognitiven Grenzen der KMU bezüglich der Komplexität solcher Verfahren ist hierbei darauf zu achten, dass diese transparent gestaltet werden. Diese Option würde für die Prüfer eine höhere Arbeitsbelastung bedeuten – für den Fall, dass die Prozesskostenhilfe vermehrt in Anspruch genommen wird – und dadurch mehr Klagen eingereicht werden. Erhöht sich die Anzahl der Fälle, so muss der Prüfer mehr Entscheidungen in kürzerer Zeit treffen.

5.2.4.2 (Legislative) Umsetzung der Gestaltungsoptionen (1)-(3)

Damit die vorgeschlagenen Gestaltungsoptionen ihre Wirkung entfalten können, ist zu prüfen, wie diese zu verankern und welche Vorgaben dabei zu beachten sind. Eine Änderung der Biopatentrichtlinie ist für die Gestaltungsoptionen 1-3 nicht notwendig, da sich die BioPatRL mit der Konkretisierung und Harmonisierung des materiellen Rechts für biotechnologische Erfindungen befasst. Die Gestaltungsoptionen 1-3 umfassen hingegen institutionelle Änderungen. Die Optionen zur Einbringung von Fachwissen (1a-1d) setzen an unterschiedlichen Stellen an. Die Seminare für Prüfer (Option 1a) sind entweder freiwillig oder verpflichtend einzuführen. Eine Möglichkeit Seminare verpflichtend zu machen, könnte die Verankerung im Beamtenstatut des EPAs darstellen. Diese Regelung zöge eine umfassende Reform der Weiterbildung aller Prüfer nach sich und erfordert ergänzende Regelungen im Beamtenstatut. Gem. Art. 33 Abs. 2b EPÜ ist der Verwaltungsrat befugt das Beamtenstatut zu ändern. Für eine Änderung ist gem. Art. 35 Abs. 2 EPÜ eine Dreiviertelmehrheit der Vertragsstaaten des EPÜ erforderlich. Eine andere Möglichkeit ist die Arbeit mit einem Punkte- oder Zertifikatesystem, ähnlich wie es bei Weiterbildungsangeboten an Hochschulen für Veranstaltungen außerhalb des Curriculums angeboten wird. Bei erfolgreicher Teilnahme werden die jeweiligen Prüfer mit einem gesonderten Zertifikat ausgezeichnet, welches die erworbenen Kenntnisse bestätigt. Ein Expertengremium für die Tierzucht, wie es in Option 1b-i und 1b-ii vorgeschlagen wird, als auch die Überprüfung der Anmeldungen durch Option 1c und 1d bedürfen keiner Verankerung in den Regelungen des EPA, da sie auf freiwilliger Teilnahme beruhen. Die Gewährung von Kostenbeihilfen, Optionen 3a-b, verlangt hingegen eine Änderung der Regelwerke des EPA. Option 3b erfordert eine Änderung der Kostenfestsetzung im Einspruchsverfahren. Das Verfahren zur Kostenfestsetzung bei Einspruchsverfahren nach Art. 104 EPÜ regelt die Ausführungsverordnung zum EPÜ (EPÜAO). Die Änderung der Ausführungsverordnung bedarf nach Art. 33 EPÜ eines Beschlusses des Verwaltungsrats. Der Beschluss kann gefasst werden, wenn gem. Art. 35 Abs. 1 EPÜ die einfache Mehrheit der vertretenen Vertragsstaaten dafür stimmt. Erfolgt die Zustimmung zur Änderung, ist diese für die Anwendung der Prüfrichtlinien verbindlich. Für die Kostenerstattung der vorgeschlagenen Option 3a müssten zusätzlich Kriterien in der Ausführungsverordnung verankert werden, die eine Bedürftigkeit feststellen. Das Abstimmungsprozedere folgt demselben bereits für Option 3b erwähnten Ablauf. Durch die neuen Regelungen zum Einheitspatent wird eine neue Gerichtsbarkeit, der Unified Patent Court (UPC) geschaffen.[676] Wie eine Verankerung der Gestaltungsoptionen in diesen Strukturen möglich ist, bleibt zu prüfen.

5.2.4.3 Verbleibendes Anreiz-Hemmnis-Delta

Die in den Gestaltungsoptionen 1-3 betrachteten Maßnahmen helfen, die finanziellen Hemmnisse der Anmelder abzubauen sowie die Wissenslücken der Patentprüfer bezüglich der Tierzucht zu verringern. Diese Optionen allein helfen jedoch nicht, eine gewünschte Verhaltensänderung der Prüfer und Anmelder herbeizuführen, denn das Anreiz-Hemmnis Delta ist auf ein legislatives Delta, wie in Kapitel 3 beschrieben, zurückzuführen. Es stellt sich somit die Frage, wie das legislative Delta zu reduzieren ist. Mögliche rechtliche Gestaltungsoptionen erläutert der nächste Abschnitt.

---

676 Regelungen sind noch nicht in Kraft, Ratifizierung des Abkommens durch Großbritannien und Deutschland noch nicht erfolgt. Zu den Regelungen und dem aktuellen Stand des Einheitspatent siehe Abschnitt 3.1.2.4.

5.3 Rechtliche Gestaltungsoptionen

Im folgenden Abschnitt erfolgt die Entwicklung von rechtlichen Gestaltungsoptionen, die in der Lage sind, das in Kapitel 3 identifizierte legislative Delta zu verringern. Die in Abschnitt 5.1.1 identifizierten, zahlreichen Lösungsvorschläge geben Anhaltspunkte. Es sind jedoch nur diejenigen Gestaltungsoptionen für eine Analyse zu wählen, die durch die Anknüpfung an die Anreizsituation der Akteure die identifizierten Defizite verringern oder beheben. Die Interviewstudie mit Experten in Deutschland hat bezüglich der materiellen Rechtsfragen ergeben, dass die Konkretisierung der Begriffe „Tierrasse" sowie „im Wesentlichen biologische Verfahren" in der Biopatentrichtlinie als auch eine Konkretisierung des Züchter- und Landwirteprivilegs und die Präzisierung des Begriffs des „Züchters" von den befragten Akteuren als notwendig erachtet wird.[677] Die Ergebnisse der Akteuranalyse bestätigen dies ebenfalls. Aufgrund der durch fehlende Definitionen verursachten Rechtsunsicherheit werden Patente von Seiten der Tierzüchter erst gar nicht angemeldet.[678] Werden Patente angemeldet, so kommt es vermehrt zu angreifbaren Entscheidungen der Prüfer aufgrund u.a. der fehlenden Nomenklatur für die Tierzucht.[679] In den folgenden Abschnitten (5.3.1-5.3.6) sollen nun die Gestaltungsoptionen diskutiert werden, die versuchen diesem Defizit entgegenzuwirken.

5.3.1 Konkretisierung der tierzüchterischen Begriffe (4)

Das vorgesehene Instrument umfasst die Präzisierung der verschiedenen tierzüchterischen Begriffe im Patentrecht und soll dazu beitragen, mehr Rechtssicherheit für die Beteiligten Akteure im Patentverfahren herzustellen. Bisher werden die tierzüchterischen Begriffe in Anlehnung an die Begriffe in der Pflanzenzucht verwendet. Die Interviews haben ergeben, dass diese Analogie von Akteuren in der Tierzucht problematisch gesehen

---

677 *Feindt/Fricke* et al. 2013, S. 439.
678 Siehe Abschnitt 4.4.1.
679 Siehe Abschnitt 4.4.6.

wird und nach ihrer Auffassung zu Missverständnissen führt.[680] Die Akteuranalyse hat gezeigt, dass Patentprüfer aufgrund der fehlenden Begriffe andere Entscheidungen treffen als notwendig wären, wenn die tierzüchterischen Begriffe klar definiert wären.

5.3.1.1 Einfügung der Definition von „Tierrassen" im Gesetz bzw. Klärung des Begriffs (4a)

Wie bereits in Abschnitt 4.4.2 erläutert, findet sich der Begriff der „Tierrasse" in keinem Regelwerk auf internationaler, europäischer oder nationaler Ebene. Die Anlehnung des Rassebegriffs an den Begriff der Pflanzensorte im Sortenschutzrecht, wie er in Teilen der Literatur definiert[681] und auch vom EPA gebraucht wird, ist kritisch zu sehen, weil die Homogenität und Beständigkeit einer Tierrasse nicht im gleichen Umfang gewährleistet werden kann, wie es bei Pflanzensorten der Fall ist. Bei der Tierzüchtung handelt es sich um einen dynamischen Prozess, „bei dem mit einer polymorphen Population in jeder Generation (in jeder Zeiteinheit) genetische Veränderungen durch den Züchtungsprozess und durch zufällige Drift bewirkt werden".[682] Zudem haben die Interviews gezeigt, dass der Begriff von Fachleuten in der Tierzucht unterschiedlich gebraucht wird.[683] Es gibt keine einheitliche biologische Definition einer Rasse. Je nach Tierart kann der Rassebegriff demnach variieren.[684] In den Interviews wurden aufgrund des nicht einheitlichen Verständnisses keine Formulierungsvorschläge seitens der Experten vorgenommen. Ein weiterer (theoretischer) Lösungsansatz für einen Definitionsversuch fußt auf der Erkenntnis, dass die Begriffe Art und Rasse immer Gruppen von Individuen, sogenannte Populationen oder Populationsgruppen, beschreiben und deshalb nicht mit Pflanzensorten gleichzusetzen sind. Aus diesem Grund sollte bei der Beschreibung einer neuen Art von Tieren (die

---

680 *Feindt/Fricke* et al. 2013, S. 251.
681 Siehe dazu Abschnitt 3.5.2.
682 *Dempfle*, in *Feindt/Fricke* et al. 2013, S. 414.
683 *Feindt/Fricke* et al. 2013, S. 192 ff.
684 *Feindt/Fricke* et al. 2014, S. 12.

aus einem Verfahren hervorgeht) der Begriff der „Varietät" oder „Morphe" (= Phänotyp von Individuen einer Art) verwendet werden. Damit könnte das Begriffschaos aufgehoben und Konsistenz geschaffen werden.[685] Diese Option erweitert jedoch den Schutzbereich erheblich.

Im Gesetz über den Schutz von neuen Pflanzensorten und Tierrassen der Slowakischen Republik wird an diese Überlegungen angeknüpft und eine „Tierrasse" („breed") wie folgt definiert:

„a ‚breed' refers to an animal population derived from a single origin, with characteristic morphological and physiological features, capable of reproduction: besides ‚breed', this includes its lower taxons – races, strains and lines, as well as their hybrids and eventually also utility breeds of farm animals."[686]

Diese Definition basiert auf der von der FAO vorgegebenen Definition[687], welche eine Tierrasse als

"subspecific group of domestic livestock with definable and identifiable external characteristics that enable it to be separated by visual appraisal from other similarly defined groups within the same species or a group for which geographical and/or cultural separation from phenotypically similar groups has led to acceptance of its separate identity"

beschreibt. Beide Definitionen umfassen alle Tierarten und unterscheiden nicht zwischen ihnen. Die Zucht von Rindern unterscheidet sich jedoch erheblich von der Schweine- oder Hühnerzucht.[688] Damit eine präzise Anwendung des Begriffs möglich wird, müsste dieser für jede landwirtschaftlich genutzte Tierart spezifiziert werden. Die Spezifizierung kann nur durch die Hinzuziehung von Experten aus den jeweiligen Zuchtbereichen erfolgen.

---

685 Vgl. *Vossius* GRUR 1990, 333 (333ff.).

686 Article 2c, Law on the Legal Protection of New Varieties of Plant and Breeds of Animals, 15.11.1989, siehe http://www.wipo.int/edocs/lexdocs/laws/en/sk/sk045en.pdf (28.1.2018).

687 *FAO* 2007, S. 339.

688 Siehe Abschnitt 2.3.1.

5.3.1.2 Präzisierung der Begriffe Kreuzung, Landwirt, Züchter sowie Zuchtvieh (4b)

Es wurde festgestellt, dass die verwendeten Begriffe des Landwirts, des Züchters sowie der Kreuzung nur ungenügend für die Tierzucht definiert sind und aus diesem Grund eine Gleichsetzung mit den Begriffen in der Pflanzenzucht erfolgt. Der Tierzüchter ist allerdings im Gegensatz zum Pflanzenzüchter aktiv in den Zuchtprozess involviert.

Ein Vergleich mit der Pflanzenzucht soll verdeutlichen, wo die Unterschiede zwischen dem Züchter in der Pflanzenzucht und einem Züchter in der Tierzucht liegen. In der Pflanzenzucht erfolgt die Zucht nach folgendem Ablauf:

Züchter –> Vermehrer –> Anbauer (Acker- bzw. Pflanzenbauer)

Die eigentliche Zucht erfolgt hier vom Züchter und der Vermehrer ist auch nur für die Erzeugung der Pflanzen zuständig. Bei der Zucht von landwirtschaftlichen Nutztieren ist der Ablauf ähnlich und dominiert vor allem im Schweine- und Geflügelbereich:

Züchter (Nukleus) –> Vermehrer –> Landwirt (Tier- bzw. Viehhalter)

Die Züchtung von landwirtschaftlichen Nutztieren erfolgt in einem kleinen Nukleus ausschließlich durch den Züchter. Der Vermehrer als auch der Tierhalter (Landwirt) ist an der eigentlichen Zucht nicht beteiligt. Im Bereich der Rinderzucht hingegen ist ein großer Anteil der Kühe Bestandteil des Nukleus und die künstliche Besamung ersetzt weitestgehend die Arbeit des Vermehrers.[689] Obwohl die Züchtung ähnlichen Abläufen folgt, wird im allgemeinen Sprachgebrauch in der Pflanzenzucht eindeutig zwischen einem Pflanzenzüchter und einem Pflanzenbauer unterschieden. In der Tierzucht erfolgt die Unterscheidung jedoch nicht. So wird der Tierhalter als Tierzüchter bezeichnet und mit der Viehhaltung wird die Tier- bzw. Viehzucht beschrieben. Es ist auch dann von Vieh- bzw. Tierzucht

---

[689] Vgl. *Dempfle* in *Feindt/Fricke* et al. 2013, S. 149.

die Rede, wenn keine Reproduktion in dem jeweiligen Betrieb stattfindet.[690] Das bedeutet, dass die Begriffe in der Tierzucht sehr allgemein gehalten sind und nicht den tatsächlichen Gegebenheiten der unterschiedlichen Strukturen in der Tierzucht angepasst sind. Wird dieser Umstand berücksichtigt, so besteht nach der aktuellen Definition der Begriffe das Problem, dass keine klare Abgrenzung zwischen einem Tierzüchter und Vermehrer erfolgt. In diesem Zusammenhang ist der Begriff der gewerblichen Viehzucht, wie er in Art. 11 der BioPatRL verwendet wird, nicht eindeutig. Im nationalen Patentrecht wurde dieser Begriff in § 9c Abs. 2 S. 2 umgesetzt mit der Bezeichnung „Vermehrung zu Erwerbszwecken". Doch wenn nicht klar abgegrenzt ist, was unter einem Vermehrer zu verstehen ist, so ist auch nicht klar, was unter einer Vermehrung zu Erwerbszwecken zu verstehen ist, und wie die Abgrenzung zu landwirtschaftlichen Zwecken zur Fortführung einer landwirtschaftlichen Tätigkeit erfolgt, die dem Landwirt eine Vermehrung erlaubt (siehe Landwirteprivileg). In diesem Zusammenhang ist auch nicht genau definiert, was unter dem Begriff des Landwirts zu verstehen ist. Eine Definition für das Patentrecht liegt nicht vor. Der Begriff der Kreuzung entspricht ebenfalls nicht den Gegebenheiten in der Tierzucht, denn „in der Tierzucht wird die Paarung von Reinzuchttieren nie als Kreuzung, sondern als Anpaarung bezeichnet und nur die Paarung von Tieren verschiedener Linien oder Rassen wird als Kreuzung bezeichnet. Im Patentrecht wird jedoch nur der Begriff Kreuzung verwendet."[691] So wären nur Verfahren, die auf Kreuzung beruhen, also die Zucht von Tieren verschiedener Linien oder Rassen, von der Patentierbarkeit ausgeschlossen. Aus diesem Grund sollte festgelegt werden, dass der Begriff der Anpaarung dem Begriff der Kreuzung im Patentrecht gleichgestellt ist. Aus den oben dargestellten Grün-

690 Beispiele hierfür sind die folgenden Titel verschiedener Zeitungsartikel: ‚Studie kritisiert Geflügelzüchter – Zu viele Antibiotika in der Hähnchenmast' (Süddeutsche.de 28.10.2011). ‚Resistente Bakterien auf Geflügel – Gibt es Hoffnung auf Besserung? Wie stark tragen Antibiotika in der Tierzucht zur Ausbreitung resistenter Keime unter Menschen bei?' (Süddeutsche.de 10.1.2012). Weitere Beispiele siehe *Feindt/Fricke* et al. 2013, S. 149.

691 *Feindt/Fricke* et al. 2013, S. 149.

den wird es als notwendig erachtet, dass im Rahmen der Biopatentrichtlinie die tierzüchterischen Begriffe konkretisiert werden, damit die beschriebenen Defizite behoben werden können.

5.3.1.3 Präzisierung des Begriffs der im Wesentlichen biologischen Verfahren (4c)

Der Begriff der im Wesentlichen biologischen Verfahren wurde zuletzt 2010 von der großen Beschwerdekammer des EPA definiert als „ein nicht mikrobiologisches Verfahren zur Züchtung von Pflanzen, das die Schritte der geschlechtlichen Kreuzung ganzer Pflanzengenome und anschließenden Selektion von Pflanzen umfasst oder aus diesen Schritten besteht".[692] Wie bereits beschrieben, hat diese Definition nicht zu rechtlicher Klarheit geführt, sondern eine Reihe neuer juristischer Fragen aufgeworfen.[693] In den geführten Interviews wurde diese Sichtweise bestätigt.[694] Zudem wird eine auf die Tierzucht angepasste Definition der im Wesentlichen biologischen Verfahren gefordert.[695] In den Interviews sind verschiedene Lösungen genannt worden, um den Ausschluss der im Wesentlichen biologischen Verfahren zu konkretisieren. Diese werden in den beiden folgenden Abschnitten diskutiert.

5.3.1.3.1 Abgrenzung technische und biologische Verfahren

Damit sichergestellt wird, dass natürliche Züchtungsverfahren wirklich nicht unter ein Patent fallen, wurde vorgeschlagen, die Patentierung generell auf technische Verfahren einzugrenzen.[696] Dies würde allerdings bedeuten, dass alle Züchtungsverfahren, die biologische Schritte enthalten,

---

692 *EPA*, Entsch. v. 22.5.2007– T 83/05, EPA ABl. 2007, 669.

693 Siehe Abschnitt 4.4.1.3.5.

694 Experteninterview Nr. 5 vom 16.12.2011, S.13, 15; Experteninterview Nr. 5 v. 20.12.2011, S. 9; Experteninterview Nr. 28 v. 2.7.2012, S. 8. Ein weiteres Problem in Bezug auf die Definition von Begriffen sind die im Wesentlichen biologischen Verfahren, die von zwei Akteuren der Verbände sowie Unternehmen genannt werden. Diese sollten wie bereits in der Brokkoli-Entscheidung präzisiert, von der Patentierbarkeit ausgenommen werden. *Feindt/Fricke* et al. 2013, S. 251.

695 *DGfZ* 2009, S. 5. sowie Ergebnisse der Experteninterviews (Kirche/Staat/Verband).

696 Siehe Abschnitt 5.2.

von der Patentierung ausgeschlossen werden. Problematisch ist zudem die Abgrenzung von technischen und biologischen Verfahren, wie beispielsweise beim Spermasexing-Patent verdeutlicht wurde.[697] Die Patentierung der rein technischen Schritte könnte die Nutzung der biologischen Verfahren blockieren.[698] Aus diesem Grund sollte sichergestellt werden, dass „jedes technische Verfahren und/oder Gerät das zur Durchführung eines biologischen Verfahrens dient, in der Kombination mit dem biologischen Verfahrensschritt nicht patentfähig ist".[699]

5.3.1.3.2 Anwendung des whole content approach

In der Analyse von Patentfällen hat sich gezeigt, dass die Patentanmelder im Patentverfahren die kritischen Ansprüche nicht entsprechend der Anmerkungen durch das Patentamt ändern, sondern komplett „wegschneiden". Im Anschluss werden die einzelnen Ansprüche überprüft, es erfolgt aber keine neue Einordnung der Anmeldung im Hinblick auf die gesamte offenbarte technische Lehre. Somit erfolgt im Fall einer Beurteilung eines Züchtungsverfahrens eine Ausblendung der im Wesentlichen biologischen Aspekte einer Erfindung. Diese Aspekte sollten jedoch das ausschlaggebende Element bei der Patenterteilung darstellen, da sonst die Ausnahme der im Wesentlichen biologischen Verfahren umgangen werden kann. Bei der Beurteilung einer Erfindung sollte jedoch der „whole content approach"[700] angewendet werden. Dieser besagt, dass bei der Beurteilung, ob die Erfindung unter den Ausschlusstatbestand der im Wesentlichen biologischen Verfahren fällt, der gesamte Inhalt der offenbarten technischen Lehre zu berücksichtigen ist. Somit sind die Ansprüche nicht isoliert auf ihre Patentierbarkeit zu überprüfen, sondern im Rahmen der technischen Umgebung sowie der Folgen aus der technischen Lehre. Die

---

697 *Feindt/Fricke* et al. 2014, S. 34 f.

698 Siehe dazu Abschnitt 4.4.3.2.1.

699 *Feindt/Fricke* et al. 2014, S. 36.

700 Erstmals erwähnt in *Dolder* 1984, in Bezug auf die Entscheidungen „Brokkoli" und „Tomate" diskutiert in *Dolder* 2017 und in weiteren Stellungnahmen und Verfahren vor dem EPA vertreten, beispielsweise hier: http://no-patents-on-seeds.org/sites/default/files/news/fritz_dolder_rechtliche_stellungnahme_g2_12.pdf (28.1.2018) Gegensatz vom häufig angewendeten „claims-only-approach"

Umsetzung dieser Option erfordert die Einfügung eines Absatzes in Art. 53 EPÜ der besagt, dass bei der Beurteilung von Art. 53 EPÜ der gesamte Inhalt der offenbarten Lehre zu berücksichtigen ist und nicht nur die claims sowie die technische Umgebung und was aus der technischen Lehre folgt (breitere Fassung).[701] Somit ist dieser Auslegungsgrundsatz nicht nur für die im Wesentlichen biologischen Verfahren anzuwenden, sondern auch bei der Bewertung der Ausschlüsse nach Art. 53a und 53c EPÜ.[702]

5.3.1.4 Ersetzen des Begriffs der Tierrasse durch den Begriff der registrierten Linie (4d)

Im Forschungsprojekt Biopatente in der Tierzucht wurde ebenfalls festgestellt, dass die Präzisierung des Begriffs der Rasse angesichts der Heterogenität des Sprachgebrauchs wenig aussichtsreich erscheint.[703] Der Begriff der Rasse ist zu vielschichtig, er müsste für jede Tierart gesondert formuliert werden, wie bereits in Abschnitt 5.5.1.1 festgehalten. Aus diesem Grund wird die Einführung des Konzepts der „registrierten Linie" vorgeschlagen.[704] Diese ist gekoppelt an die Einführung eines Schutzsystems sui generis, welches an späterer Stelle als weitere Gestaltungsoption analysiert wird.[705] Der Begriff der registrierten Linie umfasst Tiere, die durch ein entsprechendes Fingerprinting[706] gekennzeichnet sind und so entsprechend einer Zuchtlinie zugeordnet werden können. Auch dieser Ansatz würde eine tierartspezifische Vorgehensweise erfordern.

5.3.1.5 Diskussion der Optionen 4a-4d

Die in Optionen 1a-d formulierten Vorschläge zielen generell darauf ab, eine bessere Anwendung der im Patentrecht verwendeten Begriffe zu gewährleisten und dadurch die identifizierten Rechtsunsicherheiten bei der

---

701 Experteninterview Nr. 15 v. 3.5.2012, S. 4.
702 Siehe Abschnitt 3.5.
703 *Feindt/Fricke* et al. 2014, S. 12.
704 weitere Ausführungen dazu in den Gestaltungsoptionen in Abschnitt 5.3.6.
705 Siehe Abschnitt 5.5.7.
706 Ein genetischer Fingerprint umfasst die DNA-Informationen des jeweiligen Tieres.

Auslegung durch die Prüfer als auch für die Patentanmelder zu verringern. Durch eine exaktere Prüfung können die Patentprüfer am Europäischen Patentamt Erfindungen von bloßen Entdeckungen besser abgrenzen und ungerechtfertigte Patente früher erkennen. Somit ersparen sie sich Arbeit und den Patentanmeldern unter Umständen weitere hohe Kosten, die ein Beschwerde- oder Einspruchsverfahren mit sich bringen würden.

Die Konkretisierung der tierzüchterischen Begriffe stellt also eine Grundbedingung dar, damit die im Anschluss erörterten rechtlichen Instrumente im Patentrecht – Optionen 5-7 – ihre entsprechende Wirkung in Bezug auf tierzüchterisches Material entfalten können. Die Definition von Tierrassen (Option 1a) ist jedoch kritisch zu sehen, da der Begriff nicht einmal unter den Tierzüchtern klar abzugrenzen ist (wurde auch in den Interviews bestätigt). Eine Begriffsfindung wird sich mit großer Wahrscheinlichkeit sehr aufwendig gestalten und müsste unter der Beteiligung von Experten aus der Tierzucht für jeden Bereich einzeln erfolgen. Die Präzisierung der anderen tierzüchterischen Begriffe (Option 1b) ist ebenfalls unter der Beteiligung von Tierzüchtern vorzunehmen, damit sinnvolle Definitionen erarbeitet werden können, die sich an der Praxis der Tierzucht orientieren. Die Einführung des Begriffs einer registrierten Linie (Option 1d) erscheint nicht passend für das Patentrecht, denn hierfür müsste ein eigenes System zur Erfassung der Tiere geschaffen werden und könnte daher Teil eines System sui generis sein. Diese Option wird deshalb in Abschnitt 5.3.6 diskutiert.

5.3.2 Gewährleistung des Landwirteprivilegs für Zuchtvieh (5)

Das Landwirteprivileg[707] ist eines der Instrumente, welches im Patentrecht geschaffen wurde, damit die landwirtschaftliche Erzeugung sichergestellt wird und die Züchtung von der Wirkung von Patenten nicht unangemessen beeinträchtigt wird.[708] Die juristische Analyse hat jedoch ergeben, dass

707 Siehe Abschnitt 3.6.3.
708 Erwägungsgrund 47 BioPatRL, 3. Teilsatz, siehe Abschnitt 4.5.3.2.

die Anwendung des Landwirteprivilegs für die praktische Tierzucht aufgrund der möglichen Existenz mehrerer Zuchtstufen[709] in einer Tierart und der nicht klar definierten Begriffe des Landwirts und der Zucht[710] problematisch ist. Anhand der Interviewstudie konnte ermittelt werden, dass es bisher keine genauen Lösungsvorstellungen gibt, die eine Gewährleistung des Landwirteprivilegs in der Tierzucht sicherstellen. In Erwägungsgrund 50 der Biopatentrichtlinie heißt es jedoch, dass für Landwirte eine Patentausnahme geschaffen werden sollte, damit sie geschütztes Vieh zu landwirtschaftlichen Zwecken benutzen dürfen. Aus diesem Grund scheint es sinnvoll, die Biopatentrichtlinie mit Art. 11 Abs. 2[711] wie folgt anzupassen:

„… das geschützte Vieh zu landwirtschaftlichen Zwecken zu verwenden. Diese Befugnis erstreckt sich auch auf die Überlassung des Viehs oder anderen tierischen Vermehrungsmaterials zur Fortführung seiner landwirtschaftlichen Tätigkeit.“[712]

Notwendig ist eine Abgrenzung im Sinne des Patentrechts zwischen „gewerblichen“ und „landwirtschaftlichen“ Zwecken, die den Gegebenheiten in der Tierproduktion und der landwirtschaftlichen Erzeugung von Tierprodukten gerecht wird. Es muss sichergestellt werden, dass die Intention des Landwirteprivilegs durch die Reichweite und die Modalitäten der Bestimmungen in den nationalen Gesetzen, Rechts- und Verwaltungsvorschriften und Verfahrensweisen hinreichend abgesichert ist.[713]

---

709 Es wird nicht nur in einer Zuchtstufe gezüchtet, wie es bei Pflanzen der Fall ist, sondern die Zuchtprodukte werden zur Weiterentwicklung von einer Stufe zur nächsten gegeben. *DGfZ* 2009. S. 10.

710 Siehe Abschnitt 5.5.1.2.

711 Art. 11 Abs. 2 BioPatRL lautet: „Diese Befugnis erstreckt sich auch auf die Überlassung des Viehs oder
anderen tierischen Vermehrungsmaterials zur Fortführung seiner landwirtschaftlichen Tätigkeit, jedoch nicht auf den Verkauf mit dem Ziel oder im Rahmen einer gewerblichen Viehzucht.“

712 *Feindt/Fricke* et al. 2014, S. 38.

713 *Feindt/Fricke* et al. 2014, S. 12, zur Umsetzung siehe Abschnitt 5.3.5.

5.3.3 Einführung eines Züchterprivilegs für landwirtschaftliche Nutztiere (6)

Wie bereits in Abschnitt 4.5.3.4 festgestellt, machen weder das deutsche Patentrecht noch das EPÜ eine Aussage über ein Züchterprivileg für Tiere oder tierisches Vermehrungsmaterial.[714] Bisher konnte kein Privileg eingeführt werden, weil dafür der Begriff der Tierrassen bestimmt werden müsste (siehe Option 4). Geht man nun davon aus, dass der Begriff und die weiter angeführten Begriffe hinreichend für die Tierzucht präzisiert werden können, wie in Option 1a und 1b beschrieben, dann kann die Einführung eines Züchterprivilegs erwogen werden. Für die Ausgestaltung der „Züchterausnahme", wie sie auch genannt wird, sollte vorab eine genaue Analyse für die unterschiedlichen Zuchtbereiche erfolgen, um eine angemessene Regelung anzustreben. Eine Analyse sollte die mehrstufige Zuchtarbeit in den verschiedenen Zuchtbereichen berücksichtigen als auch die unterschiedlichen Anforderungen in den Tierarten.

5.3.4 Abgrenzung zwischen Herstellungs- und Arbeitsverfahren in Tierzüchtungsverfahren spezifizieren (7)

Ziel dieser Option ist es, Kriterien für die Einordung von Züchtungsverfahren als Arbeits- oder Herstellungsverfahren bereitzustellen, die es dem Fachmann ermöglichen eine Unterscheidung vorzunehmen. Die Unterscheidung zwischen Arbeits- und Herstellungsverfahren in der Tierzucht ist bedeutend hinsichtlich des Schutzumfangs. Hierbei geht um die Feststellung, ob ein Verfahrens- oder ein Erzeugnispatent vorliegt. Das Verfahrenspatent ist wiederum in Arbeits- und Herstellungsverfahren zu unterscheiden.[715] Anders als bei einem Herstellungsverfahren ist es bei einem Arbeitsverfahren unmöglich, den Schutzumfang des Patents auf die

---

[714] Siehe Abschnitt 4.5.3.4.

[715] Siehe Abschnitt 3.3.

Nachkommen auszuweiten, weil keine Veränderung der behandelten Sache eintritt.[716] Die Abgrenzung technischer und im Wesentlichen biologischer Verfahren ist schwierig, wie bereits gezeigt werden konnte.[717] Besonders schwierig ist die Beurteilung, wenn mehrere abhängige Verfahrensschritte kombiniert werden. An dieser Stelle ist wiederum der gesamte Charakter der Erfindung, der sich in der Beschreibung und den Ansprüchen ausdrückt, bei der Beurteilung der Erfindung zu berücksichtigen („whole-content-approach").[718] Es bedarf eines hohen Sachverstands für eine solche Beurteilung. Aus diesem Grund ist es notwendig Kriterien festzulegen, die es dem Fachmann erlauben eine Einordnung der Verfahren vorzunehmen. Dies kann auf unterschiedliche Weise erreicht werden, wie in den nächsten beiden Abschnitten dargelegt wird.

5.3.4.1 Erstellung einer Liste mit verschiedenen Zuchtverfahren und deren Einordnung (7a)

Eine Möglichkeit, eine Unterscheidung zwischen Arbeits- und Herstellungsverfahren, die in den Interviews diskutiert wurde, ist eine Liste anzufertigen.[719] Diese soll die gängigen Zuchtverfahren in der Tierzucht und ihre Einordnung als Herstellungs- oder Arbeitsverfahren enthalten. Geklärt werden müsste, wer diese Liste erstellt und was genau sie enthalten soll. Eine Zusammenarbeit der Tierzuchtexperten und Patentprüfer ist hierfür Bedingung. Zu überlegen wäre auch, ob es möglich ist, diese Liste im Rahmen der EPA-Richtlinien zu verankern und einen Aktualisierungsmechanismus vorzusehen. Weitere zu klärende Fragen wären die Verbindlichkeit einer solchen Liste und, wie eine Auswahl der Experten erfolgt, die solch eine Liste verfassen sollen/können.

---

716 *DGfZ* 2009, S 6.
717 Siehe dazu Abschnitt 2.2.2.
718 Siehe Abschnitt 5.3.1.3.2
719 Experteninterview Nr. 4 v. 16.12.2011, S. 6.

5.3.4.2 Klärung durch Präzedenzfälle (7b)

Eine bessere Abgrenzung zwischen Arbeits- und Herstellungsverfahren könnte auch durch das Hinwirken auf mehr Präzedenzfälle für die Tierzucht erfolgen. Hierfür müsste in den entsprechenden laufenden Verfahren darauf abgezielt werden, dass eine entsprechende Abgrenzung diskutiert wird und diese Kriterien für andere Verfahren festgehalten werden. Eine wichtige Voraussetzung dafür ist, dass eine Abgrenzung zwischen Arbeits- und Herstellungsverfahren durch die Beurteilung von Zuchtverfahren für Tiere und nicht für Pflanzen erfolgt. Das nötige Wissen für die Tierzucht erfordert Fachwissen, welches von Tierzuchtexperten außerhalb des Patentamts eingebracht werden könnte in Form von Sachverständigen-Gutachten.

5.3.5 Einführung eines neuen Schutzinstruments (8)

Die unzureichend ausgestalteten Instrumente für die Anwendung des Patentrechts für die Tierzucht lassen die Frage aufkommen, warum es kein speziell an die Tierzucht angepasstes Schutzsystem gibt. Gemäß Art. 27b Satz 3 des TRIPS-Abkommens sind die Vertragsparteien befugt, Pflanzen und Tiere von der Patentierung auszuschließen. Jedoch müssen sie Pflanzensorten entweder durch Patente oder ein System sui generis (eigener Art) oder durch eine Kombination beider Systeme schützen.[720] Für Tiere wird eine solche Regelung nicht getroffen. In der Pflanzenzucht gibt es für Pflanzensorten, die auch deswegen von der Patentierbarkeit ausgenommen sind, den Sortenschutz. Tierrassen sind ebenfalls nicht patentierbar, aber es gibt kein spezielles Schutzsystem. Die folgenden Abschnitte widmen sich der Fragestellung, welche Aspekte bei der Ausgestaltung eines solchen Instruments beachtet werden müssen. Hierfür werden die Regelungen des Sortenschutzes auf ihre Übertragbarkeit hin analysiert sowie Anreize und Hemmnisse für die Nutzung eines solchen Instruments für

---

[720] Umstritten ist hierbei, ob es sich bei der International Union for the protection of New Varieties for Plants (UPOV) – Konvention zum Schutz von Pflanzenzüchtungen um ein System sui generis handelt, hierzu: Fn. 278, Abschnitt 3.5.

die Tierzucht dargelegt, um im Ergebnis Anforderungen für ein Schutzsystem zu formulieren.

5.3.5.1 Vorbild Sortenschutz?

In der Pflanzenzucht ist das zu schützende Produkt eine Sorte mit bestimmten neuen Eigenschaften, die sich unter anderem durch Homogenität, Beständigkeit, Unterscheidbarkeit und Neuheit auszeichnen muss.[721] Homogen ist eine Pflanzensorte nach § 4 Dt. Sortengesetz (SortSchG), wenn ihre Pflanzen, von wenigen Abweichungen abgesehen, in der Ausprägung der maßgebenden Merkmale hinreichend gleich (einheitlich) sind. Die Unterscheidbarkeit einer Sorte ist gegeben, wenn sich diese in der Ausprägung eines Merkmals von jeder anderen, zum Tag der Antragstellung, allgemein bekannte Sorte deutlich unterscheiden lässt. Das dritte Kriterium ist die Beständigkeit, d.h., dass die Sorte die für die Unterscheidung maßgeblichen Merkmale zuverlässig ausprägt. Die entsprechenden Merkmale müssen gem. § 5 SortSchG nach jeder Vermehrung oder im Falle eines Vermehrungszyklus', nach jedem Vermehrungszyklus unverändert vorliegen.[722] Hinzu kommt das Kriterium der Neuheit. Eine Pflanzensorte gilt als neu, wenn Pflanzen oder Pflanzenteile der anzumeldenden Sorte vor dem Antragstag nicht oder nur innerhalb von einem Jahr in der EU und außerhalb der EU vier Jahre zu gewerblichen Zwecken an andere abgegeben worden sind (§ 6 SortSchG). Die Abgabe der Pflanzen oder Pflanzenteile hat mit Zustimmung des Berechtigten zu erfolgen. Hier ist zu beachten, dass anders als im Patentrecht für die Neuheit nicht der Stand der Technik entscheidend ist. Die angemeldete Sorte wird also nicht mit anderen Sorten verglichen, sondern lediglich die Abgabe des Pflanzenmaterials ist entscheidend. Somit darf die Sorte zum Zeitpunkt der An-

---

721 Siehe dazu § 1 des Sortenschutzgesetzes. Weitere Kriterien sind die Neuheit sowie die Unterscheidbarkeit.

722 Zusätzlich zum Sortenschutz benötigt der Züchter eine Sortenzulassung, die separat geprüft wird. Vertiefend zum Sortenschutz: *Herring* 2013.

meldung bereits zu Versuchszwecken angebaut oder in einer Veröffentlichung beschrieben worden sein.[723] In der Tierzucht sind die Anforderungen der Homogenität, Beständigkeit und Neuheit nicht zu erfüllen. In der Tierzucht wird beispielsweise ein Bulle „produziert", der für die Vermehrung eingesetzt wird und möglichst gleiche Töchter produzieren soll. Diese sind jedoch immer unterschiedlich in der Ausprägung der Merkmale (also heterogen), da die Vererbung bei Tieren auf anderen Vorgängen beruht als in der Pflanzenzucht. Auch die Unterscheidbarkeit ist begrenzt, denn nicht alle Tiere sind generell erfasst. Somit sind die Anforderungen, die an den Schutz einer Pflanzensorte gestellt werden, nicht zu erfüllen. Zudem ist der Begriff der Sorte nicht mit dem der Tierrasse gleichzusetzen, gleichwohl diese Begriffe im Patentrecht äquivalent gebraucht werden. Der taxonomische Unterschied von Sorten und Rassen wurde bereits in Abschnitt 3.5.2 erläutert.

5.3.5.2 Anreize und Hemmnisse zur Nutzung des Instruments

In der Interviewstudie des Projekts Biopatente in der Tierzucht wurden die verschiedenen Akteure in der Tierzucht über die Vorstellung zu möglichen Vor- und Nachteilen eines äquivalenten Systems für die Tierzucht befragt.[724] Diese äußerten Unsicherheit bezüglich der Übertragbarkeit von der Pflanzenzucht auf die Tierzucht. Hierbei seien die Hemmnisse in der schwierigen Definition des Begriffs der Tierrasse und des Züchters als auch die mangelnde Homogenität der Zuchtprodukte zu sehen. Die weltweite Verteilung der Zuchttiere erschwere ebenfalls eine Regelung aus Sicht der Befragten. „Generell wird ein Äquivalent zum Sortenschutz nach Angabe von fünf Befragten aus dem Bereich der NGOs, den Verbänden (zwei) sowie einem Patentanwalt und dem Staat als nicht gewünscht eingeschätzt. Lediglich zwei der Befragten Akteure aus den Bereichen Staat

723 BT-Drs. V/1630 v. 13.4.1967, S.51.

724 Die hier erwähnten Ergebnisse stützen sich auf die Befragung in Deutschland. Es wurden 30 Akteure aus der Tierzucht befragt. Siehe dazu Abschnitt 1.3.

und ein Patentanwalt gaben an, dass sie ein Äquivalent des Sortenschutzes als notwendig erachten."[725] Dennoch gab es auch Argumente, die für einen Versuch der Etablierung eines solchen Zuchtinstruments sprechen.

5.3.5.3 Mögliche Anforderungen für eine Regelung in der Tierzucht

Ein an den Sortenschutz angelehntes Schutzsystem[726] kann nur entworfen werden, wenn begrifflich eine klare Unterscheidung zwischen der Pflanzen- und der Tierzucht erfolgt. Hierbei ist die Frage zu beantworten, was genau unter den Schutz fallen soll. Wie bereits in der juristischen Analyse gezeigt, ist der Begriff der Tierrasse aufgrund seiner verschiedenen Interpretationen nicht geeignet. Um einen dem Sortenschutz vergleichbaren Schutz für Zuchttiere zu etablieren, wäre am besten die Linie geeignet, wobei allerdings tierartlich deutliche Unterschiede in der Anwendung dieses Begriffs bestehen. Um die Anforderungen für ein Schutzsystem in der Tierzucht zu ermitteln, sollte zuerst ein Blick auf die Schutzkriterien im Sorten- und Patentrecht geworfen werden. Die folgende Tabelle stellt die verschiedenen Kriterien des Sorten- und Patentschutz gegenüber und gibt an, welche Kriterien für die Tierzucht relevant sein könnten.

Tabelle 9: Vergleich Kriterien Schutzrechte
(Quelle: Feindt/Fricke et al. 2013, S. 412)

Kriterien	Schutzrecht		
	Patentschutz	**Sortenschutz**	**Tierzucht**
Unterscheidbarkeit		√	√
Homogenität		√	
Beständigkeit		√	
Neuheit	√	√	
Erfinderhöhe	√		

[725] *Feindt/Fricke* et al. 2013, S. 240.

[726] Die Frage nach einem komplett anderem Schutzsystem, welches losgelöst von dem Aufbau der Sorten- und Patentschutzregelungen erfolgen könnte, wird an dieser Stelle nicht diskutiert. Vertiefend dazu die Diskussion um die Farmers Rights: *Andersen* 2009 sowie *Alkner/Heidhues* 2002.

Kriterien	Schutzrecht		
	Patentschutz	Sortenschutz	Tierzucht
Gewerblich-landwirtschaftliche Anwendbarkeit	√		√
Offenlegung	√		
Ausschluss	Züchtung[727]		
Privat	√	√	√
Versuche hinsichtlich der Erfindung	√	√	√
Landwirteprivileg	√	√	
Züchterprivileg	√[728]	√	
Lizenzen bzw. Zwangslizenzen	√	√	
Dauer des Schutzes (in Jahren)	20	20 bzw. 30	

Die obige Tabelle zeigt deutlich, dass sich die geforderten Kriterien für den Schutz von Patenten und Sorten bis auf die Neuheit völlig unterscheiden. Wie bereits gezeigt wurde, sind weder die Kriterien für den Sortenschutz noch die Kriterien des Patentschutzes für die Beschreibung des Schutzgegenstandes eines Schutzrechtes für die Tierzucht geeignet. Somit müssen andere Kriterien für ein Schutzrecht entwickelt werden. Die einzigen Kriterien, welche auch für die Tierzucht operationalisiert werden könnten, sind die Unterscheidbarkeit und die gewerbliche Anwendbarkeit. Welche weiteren Schutzkriterien relevant sind, bleibt zu prüfen. Wie eine Ausgestaltung erfolgen könnte, wurde im – für das Projekt Biopatente in der Tierzucht entwickelten – Vorschlag zur Einführung des Konzepts der registrierten Linie in einem ersten Ansatz diskutiert. Damit eine

727 Nicht patentierbar sind nach deutschen und europäischen Recht Pflanzensorten und Tierrassen sowie im Wesentlichen biologische Verfahren zur Züchtung von Pflanzen und Tieren.

728 Nach deutschem Patentrecht ist das Züchterprivileg für Pflanzen gegeben, nach EPÜ ist es nicht explizit erwähnt.

„registrierte Linie" von anderen Linien zu unterscheiden ist, wird ein entsprechendes genetisches Fingerprinting durchgeführt.[729] Die Ausgestaltung des Schutzumfangs richtet sich danach, ob es sich beim Schutzgegenstand um ein Reinzucht- oder Hybridtier handelt.

„Im ersten Fall dürfte es ausreichen, wenn die männlichen Nachkommen für einen bestimmten Zeitraum nicht oder nur gegen eine Lizenzgebühr eingesetzt werden dürften. Im zweiten Fall sollten die Linien geschützt sein, jedoch nicht die Hybriden, aus denen sich langfristig wieder neue Linien entwickeln lassen. Da die Nachkommen der Hybriden unter der Leistung der Hybriden liegen (Verlust an Heterosis), ist so die Zuchtarbeit des Züchters geschützt. Die Regelungen hierzu sollten vom Gesetzgeber vorgegeben werden, ihre Anwendung in Lizenzvereinbarungen aber freiwillig bleiben und der jeweiligen Vertragsgrundlage anzupassen sein."[730] Noch offen ist die Frage nach dem Schutzumfang, welchen Zeitraum der Schutz umfassen sollte, und bis zu welcher Stufe er greift.

5.3.6 Legislative Umsetzung der Optionen 4-8

Damit die Patentprüfer ihr Verhalten ändern, müssen die vorgeschlagenen Optionen an der Anreiz- und Hemmnissituation der Patentprüfer des Europäischen Patentamts und der Patentanmelder anknüpfen. Für die Patentprüfer als auch für die Patentanmelder kommt es auch darauf an, wie die legislative Umsetzung erfolgt: Werden lediglich die nationalen Spielräume genutzt und die Definitionen sowie Regelungen im deutschen Patentgesetz geändert, so ändert sich für die Prüfer am Europäischen Patentamt nichts und die Rechtsunsicherheit bezüglich der Begriffe und Regelungen in der Tierzucht bleiben auf europäischer Ebene bestehen. Eine Auslegung kann somit erst in den Patentverletzungs-verfahren vor den nationalen Gerichten erfolgen. Im Patenterteilungsverfahren würden weiterhin die aufgezeigten definitorischen Rechtsunsicherheiten bestehen. Damit eine Änderung in allen europäischen Mitgliedstaaten erfolgt und

729 Mögliche Methoden des genetischen Fingerprinting bei Rind und Schwein siehe: *Ostler* 2007.

730 *Feindt/Fricke* et al. 2013, S. 308f.

diese in das EPÜ übertragen wird, müsste für die Optionen 4-6 die Biopatentrichtlinie geändert werden. Eine Änderung der BioPatRL erfordert ein ordentliches Gesetzgebungsverfahren gemäß Art. 294 AEUV, bei dem Parlament und Rat gleichzeitig als Gesetzgeber auftreten. Somit müsste der Rat mit einer qualifizierenden Mehrheit gemeinsam mit dem Parlament einer Änderung zustimmen. Die Änderung der Biopatentrichtlinie ist seit langem in der Diskussion.[731] Für die Abgrenzung der Herstellungsverfahren von Arbeitsverfahren und der damit verbundenen Liste in Option 7a wäre eine Änderung der Richtlinien zum EPÜ erforderlich. Das dafür notwendige Prozedere wurde bereits in Abschnitt 5.2.4.2 erläutert. Die Umsetzung eines neuen Schutzinstruments kann generell entsprechend den Regelungen des TRIPS-Abkommen in Deutschland erfolgen.[732] Es ist jedoch zu prüfen, ob aufgrund der tierartbedingten Unterschiede bei den Züchtungsverfahren eine einheitliche Regelung getroffen werden kann und diese auch sinnvoll ist.[733]

5.4 Bewertung der Gestaltungsoptionen hinsichtlich ihres Beitrags für ein innovations- und biodiversitätsförderliches Umfeld

Neben der legislativen Umsetzung gilt es auch den Beitrag der einzelnen Gestaltungsoptionen zu einem innovations- und biodiversitätsförderlichen Umfeld in der Tierzucht zu prüfen. Die in Kapitel 2 dafür erarbeiteten Anforderungen dienen als Grundlage für die Einschätzung. Die Anforderungen umfassen die Diversität am Markt (A), die Diversität des Zuchtmaterials (B) sowie den Austausch und Zugang zu tierzüchterischem Wissen (C). Damit ein innovations- und biodiversitätsförderliches Umfeld geschaffen werden kann, muss die Diversität am Markt (A) erhalten bleiben. Hierfür sollte die Anzahl (A1) sowie das Kräfteverhältnis der Marktakteure (A2) ausgewogen sein, damit züchterische Entscheidungen

---

731 Siehe Fn. 145 Kap. 3.1.2.3. Gegen eine Änderung: Gesellschaft für Gewerblichen Rechtsschutz und Urheberrecht 2015; keine Änderung der Richtlinie - *VCI* 2017; Für eine Änderung: *Deutscher Bauernverband* 2015; *Bund Deutscher Pflanzenzüchter* 2015.

732 Siehe Abschnitt 3.1.1.1.

733 *Feindt/Fricke* et al. 2014, S. 395.

nicht in der Hand von einigen wenigen Züchtern liegen und somit „falsche“ Entscheidungen, die den Markt betreffen, abgefangen werden. Die Diversität am Markt ist ebenso anhand des Professionalisierungsgrads (A3) (Organisations- und Personalstruktur) der tätigen Organisationen in der Tierzucht zu beurteilen. Ein weiteres Kriterium stellen die finanziellen Ressourcen (A4) der jeweiligen Organisation dar. Dabei steht der Professionalisierungsgrad in enger Verbindung zum Umfang der zur Verfügung stehenden finanziellen Ressourcen der jeweiligen Organisation. Die Diversität des Zuchtmaterials (B) landwirtschaftlicher Nutztiere, eine weitere Anforderung, ist abhängig von der Anzahl der Zuchtlinien (B1) als auch dem Erhalt des Zuchtmaterials (B2). Eine weitere Anforderung für ein innovations- und biodiversitätsförderliches Umfeld stellt der Austausch und Zugang von und zu tierzüchterischem Wissen (C) dar. Die Grundvoraussetzung für den Austausch von Wissen ist die Generierung (C1) desselbigen durch die Erfassung der Diversität als auch deren Gefährdung sowie das Verständnis über die Wirkungen verschiedener Marktinstrumente. Der Austausch dieses Wissens wird erleichtert, wenn eine Dokumentation desselbigen erfolgt (C2). Dies kann durch die Beschreibung oder Publikation des Wissens erfolgen oder aber durch die Hinterlegung in Genbanken (C3). Der Erhalt der genetischen Vielfalt landwirtschaftlicher Nutztiere ist neben dem Austausch von tierzüchterischem Wissen von der Verfügbarkeit von tiergenetischem Material abhängig. Die folgenden Abschnitte analysieren, inwieweit die vorgeschlagenen Gestaltungsoptionen einen Beitrag zu den vorgenannten Kriterien für ein innovations- und biodiversitätsförderliches Umfeld leisten.

5.4.1 Einbringen von Fachwissen in das Patentverfahren (1)

Die diskutierten Gestaltungsoptionen 1a-1d in Abschnitt 5.2.1 tragen dazu bei, dass die Prüfer für die Besonderheiten in der Tierzucht sensibilisiert werden. Die Option 1a Informationsveranstaltung und Seminare für Prüfer trägt dazu bei, dass die Prüfer ihr Wissen bezüglich der Einordnung von Tierzuchtverfahren in den Stand der Technik erhöhen sowie mögliche Ansprechpartner vermittelt bekommen. Die außergerichtliche, öffentliche Fachprüfung durch ein unabhängiges Expertengremium Option 1b) trägt ebenfalls zu einem besseren Verständnis der Vorgänge in der Tierzucht bei

Somit wird durch die Umsetzung der Optionen die Generierung von Wissen (C1) und dessen Dokumentation (C2) in der Tierzucht unterstützt. Dies hat auch Einfluss auf den Erhalt des Zuchtmaterials. Durch die Sensibilisierung der Patentprüfer für tierzüchterische Besonderheiten können nicht ausreichend offengelegte Patente und bereits praktizierte Züchtungstechniken erkannt werden. Diese Erkenntnisse können ungerechtfertigte Patente auf bereits bekannte Verfahren und Zuchtprodukte verhindern und helfen so den Stand der Technik in der Tierzucht zu erkennen und demzufolge Zuchtmaterial freizuhalten (C4).

5.4.2 Verkürzung der Entscheidung über Patentanträge (2)

Die Verkürzung der Entscheidung über Patentanträge soll durch die Einstellung von mehr Prüfern, die über einen ausreichenden Erfahrungshintergrund für die Tierzucht verfügen oder aber durch Einführung eines zweistufigen Prüfungsverfahren erfolgen. Die Zeitersparnis, die aus beiden Maßnahmen resultiert, kann wiederum für Seminare und Weiterbildungen der Prüfer genutzt werden. Die vorgeschlagene Gestaltungsoption folglich die Generierung von Wissen über die Tierzucht (C1).

5.4.3 Gewährung von Kostenbeihilfen (3)

Die Gewährung von Kostenbeihilfen kann dazu beitragen, dass KMU und Züchtervereinigungen in die Lage versetzt werden aktiver am Patentgeschehen teilzunehmen und so ihre Marktposition durch Einsprüche oder eigene Patentanmeldungen zu stärken. Diese Aktivitäten können dazu beitragen, dass die Anzahl Akteure am Markt steigt (A1) und sich somit auf das Kräfteverhältnis am Markt auswirken (A2). Die unterstützten Akteure können zudem ihren Professionalisierungsgrad erhöhen (A3). Beteiligen sich KMU und Züchtervereinigungen vermehrt an Einsprüchen oder melden selbst Patente an, so führt dies zu einer Steigerung des für die Öffentlichkeit verfügbaren Wissens und dessen Dokumentation (C1-C3).

In der Folge kann dies eine bessere Verfügbarkeit von Zuchtmaterial bedeuten (C4).

5.4.4 Konkretisierung der tierzüchterischen Begriffe (4)

Die Konkretisierung der tierzüchterischen Begriffe im Patentrecht erlaubt eine bessere Anpassung an die Gegebenheiten in der Tierzucht und trägt zur Rechtsicherheit bei. Diese kann dazu führen, dass die Tierzüchter einen Anreiz haben Patente anzumelden und so das damit verbundene Wissen im Patentantrag dokumentieren. Dieser ist für alle zugänglich in der Datenbank des Europäischen Patentamtes. Somit wird der Austausch und Zugang durch die Generierung (C1) und Dokumentation (C2) sowie die Publikation des tierzüchterischen Wissens (C3) unterstützt. Die Abgrenzung von technischen und biologischen Verfahren kann dazu führen, dass eindeutig biologische Verfahren gar nicht erst patentiert werden können und so der Zugang zu diesem Material nicht durch Lizenzen beschränkt wird und für die Tierzüchter verfügbar bleibt (C4). Diese Wirkung tritt aber nur in Kombination mit der Implementierung der Zugangsinstrumente der Option 5 und 6 ein.

5.4.5 Gewährleistung des Landwirteprivilegs (5) und Einführung eines Züchterprivilegs (6)

Die Gewährleistung des Landwirteprivilegs als auch des Züchterprivilegs ermöglicht dem Tierzüchter mit dem für ihn notwendigen Zuchtmaterial zu arbeiten und dadurch neue oder verbesserte Züchtungen zu schaffen. Es ermöglicht ihm auch den Austausch von Zuchtmaterial mit anderen Züchtern, sofern dies nicht für gewerbliche Zwecke erfolgt. Diese Gestaltungsoption fördert somit den Zugang und Austausch von tierzüchterischem Material durch die Verfügbarkeit von Zuchtmaterial (C4). Durch den gewährleisteten Zugang zu Zuchtmaterial ist der Züchter in der Lage einen Beitrag zur Diversität des Materials (B) zu leisten, in Form von Erhaltung des Zuchtmaterials (B1) durch seine Arbeit als auch durch seinen möglichen Beitrag zur Schaffung neuer Zuchtlinien (B2).

5.4.6 Abgrenzung zwischen Herstellungs- und Arbeitsverfahren für die Tierzucht (7)

Die eindeutige Abgrenzung zwischen Herstellungs- und Arbeitsverfahren würde u.a. dazu führen, dass im Wesentlichen biologische Verfahren (Selektion und Anpaarung) als Arbeitsverfahren eingestuft werden könnten. Somit wäre kein Schutz auf die Nachkommen über das Verfahren möglich. In der Konsequenz fördert diese Option den Zugang und Austausch von Zuchtmaterial, denn das Material bleibt für die Zucht verfügbar (C4). Dies hat aber auch zur Folge, dass unter Umständen das Wissen über bestimmte Prozesse und Verfahren in der Tierzucht nicht dokumentiert wird.

5.4.7 Einführung eines neuen Schutzinstruments (8)

Eine genaue Bewertung der Auswirkungen eines Systems sui generis kann an dieser Stelle nicht abgegeben werden, weil noch kein System existiert und erst einmal die Anforderungen an ein solches System, wie bereits in Abschnitt 5.3.5 diskutiert, in einer Machbarkeitsstudie vertiefend geprüft werden müssen. Es kann jedoch festgehalten werden, dass eine speziell an die Tierzucht angepasste Regelung die Rechtsunsicherheiten abbaut, wenn die entsprechenden Begriffe (wie auch für das Patentrecht) entsprechend den Anforderungen für die Tierzucht formuliert werden. Es bleibt abzuwarten, ob eine solche Regelung in der Praxis zu mehr Diversität bezüglich des Marktes (A) sowie des züchterischen Materials (B) führen würde und ob der Austausch und Zugang tierzüchterischen Material (C) in einem angemessenen Maße erfolgen würde.

5.4.8 Zusammenfassende Würdigung der Gestaltungsoptionen

Die Analyse der Gestaltungsoptionen bezüglich der jeweiligen Anforderungen für ein innovations- und biodiversitätsförderliches Umfeld in der Tierzucht in der folgenden Tabelle zeigt, dass jedes Instrument eine andere Wirkung entfaltet. Es zeigt sich, dass die Zugangsregelungen des Landwirte- und Züchterprivilegs bei einer entsprechenden Ausgestaltung in der Lage sind, fast alle Anforderungen für ein innovations- und biodiversitätsförderliches Umfeld zu erfüllen. Um den Austausch und den Zugang von tierzüchterischem Wissen zu stärken (C), gilt es Fachwissen in den Patenterteilungsprozess entsprechend der vorgeschlagenen Optionen 1a-1d einzubringen. Die Gewährung von Kostenbeihilfen als auch die Konkretisierung der tierzüchterischen Begriffe unterstützen ebenfalls den Austausch und Zugang zu tierzüchterischem Material. Die Diversität am Markt (A) wird durch die Gewährung von Kostenbeihilfen, wie in Option 3 vorgeschlagen, gestärkt. Die Optionen 4c, 5 und 6 fördern die Diversität des tierzüchterischen Materials (B). Die Diversität am Markt (A) wird durch die Gewährung von Kostenbeihilfen als auch durch die Anpassung des Landwirteprivileg gefördert.

Tabelle 10: Überblick über die Gestaltungsoptionen: Erfüllung der Anforderungen
(Quelle: eigene Darstellung)

Gestaltungsoption	Ausgestaltung	Anforderungen									
		A1	A2	A3	A4	B1	B2	C1	C2	C3	C4
I Organisatorisch-administrative Änderungen											
(1) Einbringung Fachwissen in Patenterteilungsverfahren	(1a) Infoveranstaltung						(X)	X	X	X	(X)
	(1b) Außergerichtliche Prüfung						(X)	X	X	X	(X)
	(1d) Internetplattform						(X)	X	X	X	(X)
(2) Zeitnahe Entscheidung der Patentanträge								X			
(3) Gewährung von Kostenbeihilfen	(3a) Kostenerstattung	X	X	X				X	X	X	X
	(3b) Kostenaufteilung	X	X	X				X	X	X	X
II Änderung der rechtlichen Rahmenbedingungen											
A Innerhalb des Patentsystems											
(4) Konkretisierung der tierzüchterischen Begriffe	(4a) Einfügung der Definition von „Tierrassen" im Gesetz bzw. Klärung des Begriffs							X	X	X	X
	(4b) Präzisierung der Begriffe Kreuzung, Landwirt, Züchter sowie Zuchtvieh							X	X	X	X
	(4c) Präzisierung des Begriffs der im Wesentlichen biolog. Verfahren				X		X				
(5) Gewährleistung/ Anpassung Landwirteprivileg		X				X	X				X
(6) Einführung Züchterprivileg						X	X				X
(7) Abgrenzung Herstellungs-/ Arbeitsverfahren	(7a) Liste						(X)				X
	(7b) Präzedenzfälle						(X)				X
B Außerhalb des Patentsystems											
(8) System sui generis		Keine Anwendung									

5.5 Verhältnismäßigkeit der Gestaltungsoptionen

Die entwickelten Gestaltungsoptionen dürfen nicht gegen den Grundsatz der Verhältnismäßigkeit verstoßen. Der Verhältnismäßigkeitsgrundsatz stellt eine Ziel-Mittel-Relation her. Er besagt, dass die in einer rechtlichen Norm verankerten Mittel nicht nur geeignet, sondern auch erforderlich sein müssen, um den definierten Zweck zu erreichen. Außerdem darf die Einschränkung des Freiheitsgebrauchs, der von den Mitteln betroffenen Akteure, nicht in grobem Missverhältnis stehen zu den Gemeinwohlzielen und individuellen Belangen, die mit dem Zweck der Norm verfolgt werden (Verhältnismäßigkeit im engeren Sinne). Dabei gibt der Grundsatz der Verhältnismäßigkeit nicht eine Lösung als die einzige rechtlich zulässige Gestaltungsoption vor, sondern will dafür sorgen, dass der Staat nicht ohne „guten Grund" in die Grundrechte eingreift; treffender ist daher die Bezeichnung „Übermaßverbot".[734] In der verfassungsgerichtlichen Praxis hat das Kriterium der Erforderlichkeit die größte Bedeutung.[735] Erforderlich ist eine Regelung, wenn kein „milderes Mittel" mit gleichem Beitrag zur Zielerreichung verfügbar ist.[736] Demnach ist bei Vorliegen mehrerer geeigneter Maßnahmen, diejenige zu wählen, die am wenigsten belastend ist.[737]

Die vorgeschlagenen rechtlichen Gestaltungsoptionen knüpfen an unterschiedlichen Rechtsebenen an und besitzen unterschiedliche Eingriffstiefen. Die Option 3 Gewährung von Kostenbeihilfen erfordert eine Änderung der Ausführungsverordnung des EPÜ. Das EPÜ ist ein völkerrechtliches Abkommen. Dessen ungeachtet müssen die vorgeschlagenen Regelungen verhältnismäßig sein. Das Ziel der beschriebenen Optionen besteht darin, KMU in die Lage zu versetzen, eigene Patentanmeldungen zu

[734] *Pieroth/Schlink* 2005, S. 67 ff.

[735] *Bogdany/Nettesheim/Grabitz* Art. 3b EGV 1995, Rn. 51 ff. und sowie Pache NVwZ 1999, 1033 (1036) zur Spruchpraxis des Gerichtshofes der Europäischen Gemeinschaften.

[736] BVerfGE 30, 292 (316). Siehe auch BVerfGE 90, 145 (172), 91, 207 (222).

[737] *EuGH*, C-254/94 Slg. 1996, I-04235, Rn. 55 mwN – fattaria aunonoma tabachhi; siehe auch obige Fn.

tätigen und Einsprüche gegen Patente vorzunehmen, die ihre züchterische Arbeit behindern. Ein milderes Mittel, welches in gleicher Weise geeignet ist, die Partizipation von KMU für biodiversitätsfördernde Innovationen zu erhöhen, ist im Rahmen des bestehenden europäischen Patentrechts nicht ersichtlich. Ebenso besteht durch die Regelung kein grobes Missverhältnis zwischen den Rechten der Patentinhaber und den verfolgten Gemeinwohlzielen. Folglich ist kein Verstoß gegen den Grundsatz der Verhältnismäßigkeit anzunehmen.

Die vorgeschlagenen rechtlichen Gestaltungsoptionen 4-7 erfordern eine Änderung der Biopatentrichtlinie. Die Biopatentrichtlinie hat zum Ziel, eine einheitliche Anwendung der Patentierungsmöglichkeiten und -verbote im Zusammenhang mit biotechnologischen Erfindungen gemeinschaftsweit zu harmonisieren und damit gleiche Wettbewerbsbedingungen der Akteure im Binnenmarkt zu gewährleisten.[738] Auch für Eingriffe in die Grundfreiheiten gilt nach der Rechtsprechung des EuGH das Übermaßverbot.[739] Die EU-Verträge enthalten den Umweltschutz als Ziel.[740] Dieser umfasst auch den Schutz der Biodiversität. Der Schutz der Umwelt rangiert gleichrangig gegenüber den wirtschaftlichen Zielen mit dem Fokus der Sicherstellung eines funktionierenden Binnenmarktes und ist bei der Realisierung der Wirtschaftspolitik mit einzubeziehen.[741] Diese Schutzziele miteinander in Einklang zu bringen ist Aufgabe des Unionsgesetzgebers.

Die vorgeschlagene Änderung der Biopatentrichtlinie hinsichtlich der nicht geklärten Begriffe (Option 4) soll Rechtssicherheit herstellen. Die Herstellung von Rechtssicherheit ist förderlich für den Erhalt der gleichen Wettbewerbsbedingungen der Mitglieder. Somit stimmt die Zielsetzung

---

[738] Erwägungsgrunde 5-7 BioPatRL. Zur Zielsetzung siehe auch Abschnitt 3.1.2.2.

[739] *EuGH*, Urt. v. 11.7.1074- C-8/74, Slg. 837- Dassonville ; *EuGH*, Urt. v. 20.2.1979 – C-120/78, Slg. 649 – Cassis de Dijon.

[740] Art. 3 Abs. 3 Satz 2 EUV sowie Art. 191 AEUV. Besonderes Gewicht erhalten die „Erfordernisse des Umweltschutzes" durch die Querschnittsklausel aus Art. 11 AEUV, der betont, dass diese nicht nur bei der Festlegung, sondern auch bei der Durchführung der Unionspolitiken einzubeziehen sind und zwar „insbesondere zur Förderung einer nachhaltigen Entwicklung".

[741] Art. 11 AEUV.

der Option mit der Zielsetzung der Biopatentrichtlinie überein. Ein milderes Mittel, welches genauso geeignet ist, gemeinschaftsweit Rechtssicherheit bezüglich der Begriffe herzustellen, ist nicht ersichtlich. Es ist auch nicht erkennbar, dass diese Option ein grobes Missverhältnis bezüglich der Rechte der Patentinhaber und den verfolgten Gemeinwohlzielen hervorruft. Die Regelung verstößt folglich nicht gegen den Grundsatz der Verhältnismäßigkeit.

Die Verankerung des Züchterprivilegs (Option 5) als auch die Konkretisierung des Landwirteprivileg (Option 6) sind Optionen, die in die Schutzrechte des Patentinhabers eingreifen. Das Züchter- als auch das Landwirteprivileg verfolgen den Zweck, die Arbeit der Landwirte und Züchter und das dafür benötigte tierzüchterische Material vom Patentschutz freizuhalten, um so die Weiterentwicklung in der Zucht nicht zu behindern. Hierfür erfolgt ein Eingriff in das Verwertungsrecht des Patentinhabers. Dieser Eingriff ist nur mit einem gesteigerten öffentlichen Interesse gerechtfertigt.

Angesichts des hohen Stellenwerts von Umweltschutz und nachhaltiger Entwicklung im EU-Primärrecht gibt es auch keine Anzeichen dafür, dass diese Regelungen zu einem groben Missverhältnis zwischen den Rechten der Patentinhaber und dem verfolgten Ziel des Zugangs zu Zuchtmaterial führen würden. Ein milderes Mittel, welches in gleicher Weise geeignet ist dieses Ziel zu erreichen, ist nicht ersichtlich. Die Regelung verstößt folglich nicht gegen den Grundsatz der Verhältnismäßigkeit.

5.6 Beantwortung der Kernfrage

Die Kernfrage der vorliegenden Untersuchung lautet, ob der durch die Biopatentrichtlinie geschaffene Rechtsrahmen Innovationen in der Tierzucht anreizt und zugleich den Zugang zu züchterischem Material stärkt sowie – wenn dies nicht der Fall ist – welche Modifizierungen empfehlenswert sind. Hierfür erfolgte die Analyse des Rechtsrahmens der Patentregelungen in der Tierzucht in Kapitel 3. Diese ergab Defizite vor allem in den Zugangsregelungen im Patentrecht. Daraufhin wurde in Kapitel 4 festgestellt, dass die legislativen Defizite dazu führen, dass die Prüfer aufgrund der Rechtsunsicherheiten bei der Anwendung des Patentrechts in der Tierzucht dazu veranlasst werden, angreifbare Entscheidungen im materiellen Recht zu treffen. Die Strukturen im Europäischen Patentamt geben den Prüfern der Beschwerdekammern keine hinreichenden Handlungsspielräume, die Rechtsunsicherheiten mit Hilfe von Präzedenzfällen zu verringern. In Verbindung mit den Kosten, die im Zusammenhang mit dem Patentwesen entstehen, führt dies bei den Tierzüchtern dazu, dass sie generell wenig Patente anmelden und dadurch das Wissen zurückhalten und auf andere Schutzstrategien zurückgreifen. Somit beinhalten die bestehenden Regelungen ungenügende Anreize für die Schaffung von Innovationen in der Tierzucht. Der Zugang zu züchterischem Material wird durch fehlenden in Kapitel 3 analysierten Zugangsregelungen im Patentrecht für die Tierzucht nicht ausreichend gestärkt.

Die sodann in Kapitel 5 entwickelten organisatorisch-administrativen Gestaltungsoptionen helfen, die finanziellen Hemmnisse der Anmelder abzubauen sowie die Wissenslücken der Patentprüfer bezüglich der Tierzucht zu verringern. Diese Optionen allein helfen jedoch nicht, eine gewünschte Verhaltensänderung der Prüfer und Anmelder herbeizuführen, denn das Anreiz-Hemmnis Delta ist auf ein legislatives Delta, wie in Kapitel 3 beschrieben, zurückzuführen. Aus diesem Grund wurden rechtliche Gestaltungsoptionen entwickelt, welche die in Kapitel 3 identifizierten Defizite verringern sollen. Die entwickelten rechtlichen Gestaltungsoptionen sind erforderlich und ihrer Summe geeignet die adressierten Defizite zu verringern. Jedoch ergab die Analyse der legislativen Umsetzung, dass diese unterschiedliche Eingriffstiefen haben und auf verschiedenen Rechtsebenen zu implementieren sind. Zudem ergab die Bewertung hinsichtlich der Wirkung für ein innovations- und biodiversitätsförderliches Umfeld, dass keine der beschriebenen Gestaltungsoptionen alle Anforderungen erfüllt. Vielmehr kommt es darauf an, die Optionen auf eine Weise zu kombinieren, die es erlaubt, das beschrieben Spannungsverhältnis zu reduzieren. Aus diesem Grund wird folgendes Vorgehen empfohlen.

5.6.1 Gestaltungsempfehlung

Die Gestaltungsoptionen sind in einem Gefüge aus völkerrechtlichen als auch gemeinschaftsrechtlichen Regelungen zu verankern. Die systematisch kohärente Lösungsmöglichkeit wird im Folgenden erläutert:

I Anpassung der rechtlichen Rahmenbedingungen

1. Änderung der Biopatentrichtlinie

- Einfügung der Definition von „Tierrassen" (4a)
- Präzisierung der Begriffe Kreuzung, Landwirt, Züchter sowie Zuchtvieh (4b)
- Präzisierung des Begriffs der im Wesentlichen biologischen Verfahren (4c)
- Präzisierung des Landwirteprivileg für die Tierzucht durch Änderung des Art. 11 Abs. 2 BioPatRL (5)
- Einfügen einer Regelung zum Züchterprivileg (6)

2. Änderung des EPÜ sowie der Prüfrichtlinien:

- Anpassung der Prüfrichtlinien bezüglich der
- Gewährung von Kostenbeihilfen, dazu gehören die Optionen Kostenerstattung in Verbindung mit Prozesskostenhilfe (3a) sowie Kostenaufteilung (3b)
- Abgrenzung zwischen Herstellungsverfahren und Arbeitsverfahren (7) mit Hilfe einer von Tierzuchtexperten erarbeiteten Liste
- Begrenzung der Einbringung von Ansprüchen im laufenden Verfahren
- Verankerung von Schulungen und Seminaren für Prüfer (1a)
- Reform des Europäischen Patentsystems durch
- Überprüfung der Entscheidungen der Beschwerdekammern des EPA durch den EuGH ermöglichen

- Reform des Finanzierungsmechanismus des EPA

II Institutionelle Änderungen

Konsequente Prüfung der Patentkriterien (vor allem Neuheit, Erfinderische Tätigkeit) unter Berücksichtigung der tierzüchterischen Besonderheiten und unter Nutzung des zur Verfügung stehenden Wissens sowie Verkürzung der Entscheidungen über Patentanträge, unterstützt durch die folgenden Optionen:

1. *Einbringen von Fachwissen in den Patenterteilungsprozess durch*
   a. Eine außergerichtliche öffentliche Fachprüfung durch ein unabhängiges Expertengremium (1b)
      i. Fachbeirat Tierzucht (1b -i)
      ii. Ombuds-Komitee für die Überprüfung (1b-ii)
   b. Internetplattform zur wissenschaftlichen Bewertung von Patentanmeldungen
2. *Präzisierung des Begriffs der im Wesentlichen biologischen Verfahren*

   mit Hilfe einer Liste zur besseren Abgrenzung der Arbeits- sowie Herstellungsverfahren

Begleitend dazu wird eine Evaluation empfohlen, ob ein Schutzsystem sui generis für die Tierzucht eingeführt werden sollte, und wie die diskutierten Anforderungen aus Abschnitt 5.3.5 umzusetzen sind.

Anzumerken ist, dass die Öffnung der Biopatentrichtlinie mit einigen Schwierigkeiten verbunden sein könnte. Eine Änderung der Richtlinie erfordert ein ordentliches Gesetzgebungsverfahren.[742] Die damit verbundene Einigung im Rat und Parlament kann sich schwierig gestalten, denn die verschiedenen Akteure aller betreffenden Bereiche würden versuchen ihre unterschiedlichen Interessen bezüglich des Patentschutzes einzubringen. Diese Umstände sollten für die hier zu entwickelnden Gestaltungs-

742 Siehe Abschnitt 3.5.6.

optionen keine Rolle spielen. Jedoch würde ein sehr langer Umsetzungsprozess auch eine lange Zeit der ungeklärten Rechtsunsicherheiten bedeuten. Die Reform des Europäischen Patentsystems ist ebenfalls ein Vorhaben, welches einige Zeit in Anspruch nehmen wird. Aus diesem Grund wird neben der systematisch kohärenten, bereits dargestellten Vorgehensweise eine weitere Empfehlung vorgestellt, die möglicherweise eine schnellere Änderung ausgewählter Maßnahmen zur Folge haben könnte und somit einen längeren Zeitraum für Rechtsunsicherheiten während der Verhandlungsphase um die Änderungen der Biopatentrichtlinie vermeiden kann.

Als erstes wären die Maßnahmen umzusetzen, die keine rechtlichen Änderungen erfordern, dazu zählen die Optionen, die im ersten Lösungsansatz unter den institutionellen Änderungen (II) beschrieben wurden. Parallel dazu ist zu prüfen, welche Möglichkeiten bestehen, auf eine Mitteilung oder Empfehlung der Kommission hinzuwirken. Wie bereits im Fall der Patentierbarkeit von Produkten aus im Wesentlichen biologischen Verfahren erfolgt,[743] könnte eine Klarstellung der Kommission eine Übernahme der Regelungen in die EPÜ-Richtlinien zur Folge haben. Jedoch ist die Europäische Patentorganisation nicht verpflichtet, die Regelungen in die Prüfrichtlinien zu übernehmen, da sie als supranationale Organisation außerhalb des europäischen Rechtssystems agiert. In einer solchen Mitteilung könnten die bereits bestehenden Begriffe präzisiert werden (Optionen 4a-c) als auch die Klarstellung in Bezug auf eine verbesserte Regelung des Landwirteprivilegs erfolgen (Option 5). Diese Maßnahme umfasst jedoch keine Änderung der nationalen Patentregelungen, wie es bei der Änderung der Biopatentrichtlinie der Fall wäre. Aus diesem Grund sollte zur selben Zeit weiterhin geprüft werden, ob eine Änderung der Biopatentrichtlinie anzustreben ist.

[743] Siehe Abschnitt 3.5.3.1.5 sowie 5.3.5.

5.6.2 Verbleibendes Anreiz-Hemmnis Delta

Die vorgeschlagene Gestaltungsempfehlung umfasst Gestaltungsoptionen, die helfen sollen, Innovationen in der Tierzucht anzureizen und gleichzeitig den Zugang zu Zuchtmaterial zu stärken. Es bleibt jedoch empirisch zu prüfen, wie sich die vorgeschlagenen Lösungsansätze im vorangegangenen Kapitel auf das Innovationsverhalten in der Tierzucht auswirken darunter vor allem die Einführung eines Züchterprivilegs. Die Frage, ob ein alternatives Schutzrecht in der Tierzucht das Spannungsfeld, den Anreiz für Innovationen zu stärken und gleichzeitig einen besseren Zugang zu Zuchtmaterial zu schaffen, bleibt bestehen.

6 Zusammenfassung

Die freie Verfügbarkeit von Zuchtmaterial sowie Züchtungsprozessen und der Austausch von Zuchtmaterial sind Voraussetzungen, um Tiere an sich verändernde Umweltbedingungen anzupassen. Durch die sich veränderten Umweltbedingungen werden die verschiedenen Tierrassen vermehrt gestresst im Hinblick auf u.a. stark auftretende Krankheiten. Um die Zuchtziele diesen Entwicklungen anzupassen und auftretenden Krankheiten entgegenzuwirken, ist die genetische Variabilität in der Tierzucht von zentraler Bedeutung. Damit die Anpassung an veränderte Zuchtziele erfolgen kann, sind Innovationen in der Tierzüchtung unerlässlich, wofür ökonomische Anreize eine Bedingung sind. Der gewerbliche Schutz von Züchtungsverfahren für Tierzüchter kann zum heutigen Zeitpunkt nur durch das Patentrecht erfolgen. Das Patentrecht wurde für den Schutz von technischen Innovationen konzipiert. Durch die zunehmende Industrialisierung und der einhergehenden Technisierung der Landwirtschaft sind auch Zuchtverfahren für Nutztiere dem Patentrecht zugänglich. Vor diesem Hintergrund untersuchte die Arbeit die Frage, ob der durch die Biopatentrichtlinie geschaffene Rechtsrahmen Innovationen in der Tierzucht anreizt und zugleich den Zugang zu züchterischem Material stärkt, welcher essentiell ist für die genetische Variabilität. Sollte dies nicht der Fall sein, so hatte sich die Arbeit zur Aufgabe gemacht, herauszufinden, welche Modifizierungen notwendig sind.

Den Rahmen der vorliegenden Untersuchung bildeten die Regelungen der Biopatentrichtlinie und deren Anwendung im europäischen Patentverfahren. Im Mittelpunkt standen hierbei die Tierzüchter – in der Rolle der Patentanmelder – als auch die Patentprüfer. Ziel war es, etwaige Anreize und Hemmnisse bei der Anwendung der Patentregelungen auf tierzüchterisches Material zu identifizieren und im Anschluss daran Gestaltungsoptionen zu entwickeln, die es ermöglichen, Innovationen in der Tierzucht anzureizen bei gleichzeitiger Aufrechterhaltung eines angemessenen Zugangs zu Zuchtmaterial. Den methodischen Rahmen für die Untersuchung bildete die von Führ und Bizer entwickelte Methodik der interdisziplinären Institutionenanalyse, die in Kapitel 1 an den Untersuchungsgegenstand angepasst wurde. In Kapitel 2 wurde anhand einer Analyse der institutionellen Rahmenbedingungen für Tierzüchter ein Bewertungsrahmen erarbeitet, der Anforderungen für ein innovations- sowie biodiversitätsförderliches Umfeld enthält. Zuvor galt es den Begriff der Innovation für die vorliegende Untersuchung einzuordnen. Es wurde festgehalten, dass unter dem der Begriff der Innovation biodiversitätsförderliche Innovationen zu verstehen sind. Anschließend wurden die Strukturen in der Nutztierzucht, die Agrobiodiversität der unterschiedlichen Nutztiere als auch die Bedingungen für die Nutzung von tierzüchterischem Material untersucht, um die Anforderungen an ein innovations- und biodiversitätsförderliches Umfeld herauszuarbeiten. Im Ergebnis zeigte sich, dass eine zunehmend starke Unternehmenskonzentration in den verschiedenen Nutztierarten zu einer Reduktion der Marktakteure führt. Der dadurch zunehmende Verlust des Wettbewerbs hat wiederum den Rückgang der auf dem Markt existenten Zuchtlinien zur Folge. Für ein innovations- und biodiversitätsförderliches Umfeld in der Tierzucht sind demzufolge die Diversität am Markt, die Diversität des tierzüchterischen Materials sowie der Austausch und Zugang von und tierzüchterischem Material entscheidend. Im Anschluss daran wurde in Kapitel 3 die Anwendung des Patentrechts auf tierzüchterisches Material analysiert. Ziel des Kapitels war es zu prüfen, ob die patentrechtlichen Regelungen auf den Untersuchungsgegenstand des tierzüchterischen Materials angewendet werden können und welche Besonderheiten sich aufgrund der Eigenschaften von biologischen Material tierischen Ursprungs ergeben. Hierfür wurde anhand der Tatbestandsmerkmale Neuheit, erfinderische Tätigkeit, gewerbliche Anwendbarkeit und Ausschlusstatbestände analysiert, welche Voraussetzungen für eine Erfindung gegeben sein müssen und welche Herausforderungen sich bei der Anwendung dieser in der Tierzucht ergeben. Die Analyse der Voraussetzungen der Patentierbarkeit von tierzüchterischem Material ergab, dass die Nacharbeitbarkeit und Wiederholbarkeit von angemeldeten oder erteilten Erfindungen in der Tierzucht in vielen Fällen nicht gesichert ist. Die Nacharbeitbarkeit sowie

Wiederholbarkeit einer Erfindung, die durch die vollständige Beschreibung (Offenbarung) oder Hinterlegung des entsprechenden biologischen Materials erfolgt, ist jedoch Bedingung um ein gültiges Patent zu erlangen. Die vollständige Beschreibung oder Hinterlegung ist notwendig, um das hinter der Erfindung stehende Wissen für die Weiterentwicklung auf dem jeweiligen Gebiet der Technik zu nutzen. Die begrenzte Verfügbarkeit von Wissen schränkt auch den Zugang zu züchterischem Material ein.

Die Analyse der Patenterteilungspraxis zeigte zudem, dass die mangelnde Beschreibung (Offenbarung) der Erfindung in vielen Fällen erst nach einem erfolgten Einspruch geklärt wird, also kein Hinderungsgrund für die Erteilung eines Patents dargestellt hat. Fraglich ist hierbei, warum das EPA diesen Mangel nicht bereits bei der Anmeldung der Prüfung feststellten. Die juristische Analyse des Schutzumfangs hat zudem gezeigt, dass das Patentrecht Instrumente bereithält, welche die Verfügbarkeit von züchterischem Material für die Weiterzucht sicherstellen sollen. Hierzu zählen insbesondere die Regelungen des Landwirteprivilegs, des Versuchsprivilegs, des Züchterprivilegs sowie des Ausschlusses von Tierrassen und im Wesentlichen biologischen Verfahren. Diese Instrumente entstammen dem Sortenschutz, einem Schutzrecht für Pflanzenzüchtungen. Die begriffliche Gleichbehandlung von pflanzenzüchterischem und tierzüchterischem Material in den Regelwerken und der Rechtsanwendung durch das EPA führen zu Widersprüchen und Rechtsunsicherheiten. Ursächlich hierfür ist die unzureichende Berücksichtigung der tierzüchterischen Strukturen, die in den mangelnden bis gar nicht vorhandenen tierzüchterischen Begriffen in den Regelungen zum Ausdruck kommt. So ist der Begriff der „Tierrasse" an keiner Stelle im Gesetz definiert und die Analyse hat ergeben, dass selbst in den verschiedenen Tierarten kein einheitliches Verständnis einer „Tierrasse" existiert. Der Ausschluss von im Wesentlichen biologischen Verfahren wird in Analogie zu Pflanzensorten definiert und trägt den unterschiedlichen Strukturen in der Tierzucht nicht Rechnung. Ein Zuchtverfahren in der Pflanzenzucht ist aus den oben genannten Gründen nicht gleichzusetzen mit einem Verfahren in der Tierzucht. Das Landwirteprivileg für die Tierzucht ist aufgrund der nicht eindeutig geklärten Begriffe für die Tierzucht nur schwierig anzuwenden.

Ein Züchterprivileg, welches sicherstellen soll, dass der Züchter mit patentgeschütztem Material für die Entwicklung einer neuen Rasse züchten kann, ist für tiergenetisches Material nicht verankert. Somit verfehlen die vorgehaltenen Instrumente für die Ermöglichung des Zugangs zu Zuchtmaterial ihre Wirkung und führen zu Rechtsunsicherheiten für Patentprüfer und Tierzüchter. Daraus folgt, dass Innovationen in der Tierzucht, die vom Zugang zu züchterischem Material abhängen, gehemmt werden.

Im sich anschließenden Kapitel 4 wurde sodann analysiert, welche Auswirkungen die defizitären Regelungen im Patentrecht auf das Verhalten der Akteure in der Tierzucht haben und welche Strategien sie entwickeln, um mit dieser Situation umzugehen. Ziel war es, Anreize und Hemmnisse der Patentprüfer und -anmelder im Patentprüfungsverfahren zu ermitteln, um im Anschluss daran Gestaltungsoptionen zu entwickeln, die an dieser Anreiz-Hemmnis-Konstellation ansetzen und somit die zuvor identifizierten Rechtsunsicherheiten zu reduzieren. Den Untersuchungsrahmen bildeten das Patenterteilungsverfahren und die Rollen, die die jeweiligen Akteure darin einnehmen. Anhand der verschiedenen Schritte im Patenterteilungsverfahren waren die Verhaltensbeiträge zu ermitteln. Die Analyse der Anreiz- und Hemmnis-Konstellation der Prüfer und Patentanmelder ergab, dass die Prüfer aufgrund der Rechtsunsicherheiten bei der Anwendung des Patentrechts in der Tierzucht veranlasst werden, angreifbare Entscheidungen im materiellen Recht zu treffen. Die Strukturen im Europäischen Patentamt geben den Prüfern der Beschwerdekammern keine Handlungsspielräume, die Rechtsunsicherheiten durch Auslegung zu beheben. In Verbindung mit den Kosten für das Patentverfahren führt dies bei den Tierzüchtern dazu, dass sie generell wenig Patente anmelden und dadurch das Wissen zurückhalten (Betriebsgeheimnisse) oder es gar nicht erst beschreiben und somit nicht für die Fachwelt dokumentiert wird. Ziel im sich anschließenden Kapitel 5 war es sodann, die institutionellen Rahmenbedingungen von Patentanmeldern und -prüfern so zu verändern, dass die Akteure zu biodiversitätsfördernden Innovationen in der Tierzucht beitragen und gleichzeitig ein ausreichender Zugang zu Zuchtmaterial besteht. Vor diesem Hintergrund entwickelte das Kapitel

Gestaltungsoptionen, die den Einsatz des Patentrechts in der Tierzucht ermöglichen und den Zugang zu Zuchtmaterial in der Tierzucht stärken sollen. Hierfür wurden die Gestaltungsoptionen aus der Juristischen Analyse in Kapitel 3 und der Akteuranalyse in Kapitel 4 zusammengeführt, um eine Auswahl der Optionen zu treffen, die an der Anreiz- und Hemmnis-Situation der Patentprüfer und Patentanmelder anknüpft. Die entwickelten organisatorisch-administrativen umfassen verschiedene Vorschläge zur Einbringung von Fachwissen in das Patentverfahren, die Verkürzung von Entscheidungen durch eine angepasste Prüfung sowie verschiedene Optionen zur Gewährung von Kostenbeihilfen. Sie helfen die finanziellen Hemmnisse der Anmelder abzubauen sowie die Wissenslücken der Patentprüfer bezüglich der Tierzucht zu verringern. Diese Optionen allein helfen jedoch nicht, eine gewünschte Verhaltensänderung der Prüfer und Anmelder herbeizuführen, denn das Anreiz-Hemmnis Delta ist auf ein legislatives Delta, wie in Kapitel 3 beschrieben, zurückzuführen. Aus diesem Grund wurden rechtliche Gestaltungsoptionen entwickelt, welche die in Kapitel 3 identifizierten Defizite verringern sollen. Die Optionen umfassen

- die Konkretisierung der tierzüchterischen Begrifflichkeiten
- die Gewährleistung des Landwirteprivileg
- die Einführung eines Züchterprivilegs für landwirtschaftliche Nutztiere
- die Spezifikation der Abgrenzung zwischen Arbeits- und Herstellungsverfahren

Die Analyse aller Gestaltungsoptionen bezüglich der jeweiligen Anforderungen für ein innovations- und biodiversitätsförderliches Umfeld in der Tierzucht ergab, dass jedes Instrument eine andere Wirkung entfaltet. Es zeigt sich, dass die Zugangsregelungen des Landwirte- und Züchterprivilegs bei einer entsprechenden Ausgestaltung in der Lage sind fast alle Anforderungen für ein innovations- und biodiversitätsförderliches Umfeld zu erfüllen. Um den Austausch und den Zugang von tierzüchterischem

Wissen zu stärken, gilt es Fachwissen in den Patenterteilungsprozess entsprechend der vorgeschlagenen Optionen einzubringen. Die Gewährung von Kostenbeihilfen als auch die Konkretisierung der tierzüchterischen Begriffe unterstützen ebenfalls den Austausch und Zugang zu tierzüchterischem Material. Im Ergebnis erfüllt keine der geprüften Gestaltungsoptionen alle Anforderungen, vielmehr sind die Optionen so zu kombinieren, dass sie in der Summe geeignet sind das Spannungsverhältnis zwischen Innovationen und Zugang zu Zuchtmaterial zu verringern. Bei der Implementierung ist zudem der Grundsatz der Verhältnismäßigkeit nach Art. 5 Abs. 4 EUV zu wahren. Somit müssen die vorgeschlagenen Gestaltungsoptionen nicht nur geeignet, sondern auch erforderlich sind im Sinne der Zweck – Mittel Relation. Die Analyse der legislativen Umsetzung der Gestaltungsoptionen ergab, dass diese unterschiedliche Eingriffstiefen haben und auf verschiedenen Rechtsebenen zu implementieren sind. Aus diesem Grund schlägt die Arbeit zwei Lösungsmöglichkeiten vor, eine systematisch kohärente Lösung, die alle institutionellen Maßnahmen und rechtlichen Maßnahmen umfasst, die dazu beitragen das Innovationen in der Tierzucht angereizt werden und der Zugang zu züchterischem Material gestärkt wird. Die zweite Lösungsmöglichkeit sieht vor, nur die Optionen umzusetzen, die an den wichtigsten Defiziten ansetzen und keine aufwendige rechtliche Implementierung erfordern. In einem weiteren Schritt wird die empfohlen zu prüfen, welche Möglichkeiten bestehen, auf eine Mitteilung oder Empfehlung der Kommission hinzuwirken. Wie bereits im Fall der Patentierbarkeit von Produkten aus im Wesentlichen biologischen Verfahren erfolgt,[744] könnte eine Klarstellung der Kommission eine Übernahme der Regelungen in die EPÜ-Richtlinien zur Folge haben. Jedoch ist die Europäische Patentorganisation nicht verpflichtet, die Regelungen in die Prüfrichtlinien zu übernehmen, da sie als supranationale Organisation außerhalb des europäischen Rechtssystems agiert. In einer solchen Mitteilung könnten die bereits bestehenden Begriffe präzisiert werden (Optionen 4a-c) als auch die Klarstellung in Bezug auf eine verbesserte Regelung des Landwirteprivileg erfolgen (Option 5).

[744] Siehe Abschnitt 3.5.3.1.5 sowie 5.3.5.

Diese Maßnahme umfasst jedoch keine Änderung der nationalen Patentregelungen, wie es bei der Änderung der Biopatentrichtlinie der Fall wäre. Aus diesem Grund sollte zur selben Zeit weiterhin geprüft werden, ob eine Änderung der Biopatentrichtlinie anzustreben ist.

Literatur- und Quellenverzeichnis

Adametz, Leopold (2014): Lehrbuch der allgemeinen Tierzucht, Wien.

Ahlborn, Holger (2005): Haltung und Zucht bedrohter Nutztierrassen. Uhrviecher – Klasse statt Masse. siehe http://www.nordwestreisemagazin.de/urviecher/index.html (20.1.2018).

Alkner, Daniel; Heidhues, Franz (2002): Farmers' rights and intellectual property rights Reconciling conflicting concepts. Universität Hohenheim, Stuttgart.

Andersen, Regine (2009): Information paper on Farmers' Rights submitted by the Fridtjof Nansen Institute, Norway, based on the Farmers' Rights Project. Input paper submitted to the Secretariat of the Plant Treaty 19 May 2009. (IT/GB-3/09/Inf. 6 Add. 3). siehe http://www.farmersrights.org/pdf/GB3Inf6a3.pdf (29.10.2017).

Barth, Regine; Bilz, Melanie; Brauner, Ruth; Clausen; Jens; Dross, Miriam, Heineke, Corinna; Idel, Anita; Isele, Judith; Kohlschlütter, Niels; Mathes, Maite; Meyer, Annette, Petchow, Ulrich; Walter, Sabine, Rudi, Vögel; Wissen, Markus; Wolff, Franziska; Wunderlich, Ulrike (2004): Rechtliche und politische Rahmenbedingungen Kapitel 6. Projekt Agrobiodiversität entwickeln! Handlungsstrategien für eine nachhaltige Tier- und Pflanzenzucht. Institut für Ökologische Wirtschaftsforschung, Öko-Institut, Schweisfurth-Stiftung. Berlin. siehe http://www.agrobiodiversitaet.net/download/6RechtPolitik1.pdf (28.1.2018).

Barton, Tanja (2004): Der "Ordre public" als Grenze der Biopatentierung. Konkretisierung und Funktion der Vorbehalte zum "ordre public" und zum menschlichen Körper in der EG-Biopatent-Richtlinie einschließlich der Umsetzung ins deutsche Recht, Berlin.

Beier, Friedrich-Karl (1970): Die herkömmlichen Patentrechtstheorien und die sozialistische Konzeption des Erfinderrechts: GRUR Int., S. 1-6.

Beier, Friedrich-Karl (1989): Die Rechtsbehelfe des Patentanmelders und seiner Wettbewerber im Vergleich: GRUR Int., 1-14.

Beier, Friedrich-Karl; Crespi, R. Stephen; Strauss, Joseph (1985): Biotechnolgy and Patent Pro-tection, OECD, Paris.

Beirat für Biodiversität und Genetische Ressourcen beim BMELV (2006): Agrobiodiversität sichert Innovationsfähigkeit von Landnutzung und Agrarwirtschaft. siehe https://beirat-gr.genres.de//fileadmin/SITE_GENRES/downloads/docs/Beirat-GR/Gutachten_Stellungnahmen/innovationspapier_endfassung.pdf (28.1.2018).

Benkard, Georg (2012): Europäisches Patentübereinkommen. Beck'sche Kurzkommentare. 2. Auflage. München.

Benkard, Georg (2015): Patentgesetz, Gebrauchsmustergesetz, Patentkostengesetz. 11., neubearbeitete Auflage. Begründet von Claus Dietrich Asendorf und Georg Benkard. München.

Berner, Georg; Köhler, Gerd Michael; Käß, Robert (2010): Polizeiaufgabengesetz. Handkommentar, 20. Aufl. Heidelberg.

Bizer, Kilian; Führ, Martin; Hüttig, Christoph (Hg.) (2002): Responsive Regulierung. Beiträge zur interdisziplinären Institutionenanalyse und Gesetzesfolgenabschätzung, Tübingen.

Bizer, Kilian; Gubaydullina, Zulia (2007): Das Verhaltensmodell der interdisziplinären Institutionenanalyse in der Gesetzesfolgenabschätzung. In: Martin Führ/Kilian Bizer/Peter H. Feindt (Hg.): Menschenbilder und Verhaltensmodelle in der wissenschaftlichen Politikberatung. Möglichkeiten und Grenzen interdisziplinärer Verständigung, S. 37-51.

Bizer, Kilian; Führ, Martin (2014): Praktisches Vorgehen in der interdisziplinären Institutionenanalyse. Ein Kompaktleitfaden. Reihe sofia-Diskussionsbeiträge zur Institutionenenanalyse 14-7, Darmstadt.

BLE (2017): Einheimische Nutztierrassen in Deutschland und Rote Liste gefährdeter Nutztierrassen2017.siehe https://www.genres.de//fileadmin/SITE_GENRES/content/Dokumente/Downloads/infos/vern/pdf/Roteliste_2017_web.pdf (28.1.2018).

BMUB/BfN (2016): Informationen zur Naturbewusstseinsstudie v. 27.4.2016, siehe http://www.bmub.bund.de/fileadmin/Daten_BMU/Download_PDF/Naturschutz/naturbewusstseinsstudie_2015_infopapier_bf.pdf (12.2.2017). S. 141-150.

Brandi-Dohrn, Matthias (o.D.): The Unduly Broad Claim, siehe http://www.brandi-dohrn.de/veroeff/claim.html (23.1.2013).

Brem, Gottfried; Brenig, Bertram; Müller, Matthias; Springmann, Knut und Horst Kräusslich (1990): Genetische Vielfalt von Rinderrassen. Historische Entwicklung und moderne Möglichkeiten zur Konservierung, Stuttgart.

Busche, Jan; Stoll, Peter-Tobias: TRIPS Kommentar, Köln, 2.Auflage.

Bucher, Stephanie (2008): Der Schutz von genetischen Ressourcen und indigenem Wissen in Lateinamerika. Eine Untersuchung am Beispiel der Andengemeinschaft, Brasiliens und Costa Ricas. Univ., Diss., Ludwig-Maximilians-Universität München, 2007. Baden-Baden.

Bundesrechtsanwaltskammer (2018): Zur Verfassungsbeschwerde des Herrn I.B.S. gegen das Gesetz zu dem Übereinkommen vom 19.2.2013 über ein Einheitliches Patentgericht i.V.m. dem Übereinkommen über ein Einheitliches, 2BvR 739/17. Stellungnahme Nr.1 vom Januar 2018, siehe http://www.brak.de/zur-rechtspolitik/stellungnahmen-pdf/stellungnahmen-deutschland/2018/januar/stellungnahme-der-brak-2018-01.pdf (30.1.2018).

Bundesministerium der Justiz und für Verbraucherschutz (BMJV) (2016): 2. Bericht der Bundesregierung über die Auswirkungen des Patentrechts im Bereich der Biotechnologie unter anderem hinsichtlich ausreichender Technizität sowie Auswirkungen im Bereich der Pflanzen- und Tierzüchtung. siehe http://www.bmjv.de/SharedDocs/Downloads/DE/Fachinformationen/zweiter_Biopatentbericht.pdf?__blob=publicationFile&v=1 (28.1.2018).

Bund deutscher Pflanzenzüchter (2015): BDP Position zur Ausgestaltung des Patentschutzes in der Pflanzenzüchtung, siehe http://www.bdp-online.de/de/Ueber_uns/Our_positions/ 2015-05-20_BDP-Positionspapier_Patent-Sortenschutz.pdf (28.1.2018).

Busse, Rudolf; Keukenschrijver, Alfred; Baumgärtner, Thomas (2013): Patentgesetz. Kommentar. 7. Aufl. Berlin.

Calame, Thierry (2001): Öffentliche Ordnung und gute Sitten als Schranken der Patentierbarkeit gentechnologischer Erfindungen. Eine Untersuchung des Europäischen Patentübereinkommens und des Schweizerischen Patentgesetzes unter Berücksichtigung des internationalen Rechtsumfelds, Basel.

Cameron, Kim S.; Quinn, Robert E. (2011): Diagnosing and changing organizational culture. Based on the competing values framework. San Francisco, 3th edition.

Campenhausen, Harald von (2005): Konsequenzen der Umsetzung der Biopatentrichtlinie für den Stoffschutz bei Erfindungen im Bereich humaner Gensequenzen, in: VPP-Rundbrief 2005, S. 65-67.

CBD, COP Decision V/5 (15-26.5.2000) Annex Arbeitsprogramm für Agrobiodiversität, Nairobi. siehe http://www.cbd.int/decision/cop/default.shtml?id=7147 (28.1.2018).

Correa, Carlos M. (1994): The GATT Agreement on Trade Related Aspects of Intellectual Property Rights: new standards for patent protection, European Intellectual Property Review, Vol. 16, No. 8. Oxford, S.327-335.

Deutscher Bundestag (1987): Bericht der Enquete-Kommission „Chancen und Risiken der Gentechnologie". Deutscher Bundestag; 10. Wahlperiode. Bonn (BT-Drs. 10/6775).

Deutscher Bauernverband (2015): Stellungnahme Änderung Biopatentrichtlinie, siehe http://www.bdp-online.de/de/Ueber_uns/Our_positions/2015-05-20_BDP-Positionspapier_Patent-Sortenschutz.pdf (17.11.2015).

Deutscher Bundestag (2001): Gesetzentwurf zur Umsetzung der Richtlinie über den rechtlichen Schutz biotechnologischer Erfindungen, BT-Drs. 14/5642 v. 23.3.2001.

DGfZ (2009): Stellungnahme der DGfZ-Arbeitsgruppe „Patente in der Tierzucht", Züchtungskunde 81 (5), S. 301-311. siehe http://www.zuechtungskunde.de /artikel.dll/DGfZ_MTE2ODE1NA.PDF (28.1.2018).

Dolder, Fritz (1984): Schranken der Patentierbarkeit biotechnologischer Erfindungen nach dem europäischen Patentübereinkommen. In: MittdtPatA 75 (1), S. 1-7.

Dolder, Fritz (2009): Stellungnahme zu BT-Drucksache 16/11604 v. 14.1.2009.siehe http://www.bundestag.de/bundestag/ausschuesse/a06/anhoerungen/Archiv/53_Biopatent/04_Stellungnahmen/Stellungnahme_Dolder.pdf.

Dolder, Fritz (2017): Die Anwendung von Patentierungsausschlüssen nach dem whole content approach: methodische Bemerkungen zu G 2/13 (Broccoli 2) und G 2/12 (Tomato 2), Mitteilungen der deutschen Patentanwälte (108), 1, S. 1-15.

Ensthaler, Jürgen; Zech, Herbert (2006): Stoffschutz bei gentechnischen Patenten Rechtslage nach Erlass des Biopatentgesetzes und Auswirkung auf Chemiepatente, GRUR, S. 529-536.

EPA (2007): Jahresbericht. siehe http://documents.epo.org/projects/babylon/eponet.nsf/0/c28c40c897908eebc12574670053fed0/$FILE/epo_annual_report_2007.pdf (28.1.2018).

EPA (2009a), Im Blickpunkt: Patent auf Schweinezucht. siehe http://www.epo.org/news-issues/press/releases/archive/2009/20090409_de.html (30.8.2011).

EPA (2009b): Jahresbericht 2009. siehe http://documents.epo.org/projects/babylon/epo net.nsf/0/afbc07d9e3b95f12c125770d0055a883/$FILE/epo_annual_report_2009.pdf (28.1.2018).

EPA (2016): Richtlinien für die Prüfung. Fassung v. 2016.siehe: http://documents.epo.org/projects/babylon/eponet.nsf/0/D94333C1A028BC0AC12581C90057921F/$File/guidelines_for_examination_2017_hyperlinked_showing_modifications_de.pdf (17.3.2018) EPA (2017): Leitfaden für Anmelder: der Weg zum europäischen Patent, 2017. siehe http://www.epo.org/applying/european/Guide-for-applicants/html/d/index.html (28.1.2018).

Europäische Kommission (2010): Biotechnologie. Eurobarometer 73.1, Brüssel. siehe http://ec.europa.eu/commfrontoffice/publicopinion/archives/ebs/ebs_341_de.pdf (12.5.2015).

Europäisches Parlament (1992): Dritter Bericht des Ausschusses für Recht und Bürgerrechte A3-0286/92, PE 201.664.

Europäisches Parlament (2015): Parlament für strenges Klonverbot: Ausweitung auf alle Nutztiere sowie Importe. siehe: http://www.europarl.europa.eu/news/de/press-room/20150903IPR91517/parlament-fur-strenges-klonverbot-ausweitung-auf-alle-nutztiere-sowie-importe (21.1.2018).

EWSA (1989): Stellungnahme des Europäischen Wirtschafts- und Sozialausschuss zu KOM (88) 496 endg. v. 26.6.1989. in: ABl. C 159, S.10-13.

FAO (2007): The State of the World's Animal Genetic Resources for Food and Agriculture, edited by Barbara Rischkowsky & David Pilling, Rom. siehe ftp://ftp.fao.org/docrep/fao/010/a1250e/a1250e.pdf (28.1.2018)

FAO (2015): The Second Report of the State of the World's Animal Genetic Resources for Food and Agriculture, edited by B.D, Scherf & D. Pilling, Rom. siehe http://www.fao.org/3/a-i4787e.pdf (28.1.2018).

Feindt, Peter H.; Beirat für Biodiversität und Genetische Ressourcen beim BMELV (2010): Biopatente – eine Gefährdung der Agrobiodiversität? Stellungnahme des Beirats für Biodiversität und genetische Ressourcen. BMELV. siehe www.bmelv.de/SharedDocs/Downloads/Landwirtschaft/Tier/TierzuchtTierhaltung/Gutachten-Biopatente.pdf?__blob=publicationFile (9.8.2011).

Feindt, Peter Henning; Fricke, Claudia; Dempfle, Leo; Führ, Martin; Rath Detlef; Baulain, Ulrich (2013): Biopatente in der Tierzucht- Anwendbarkeit des Patentrechts und Empfehlungen zur Weiterentwicklung der Rechtssetzung. Abschlussbericht. Darmstadt/ Cardiff / München / Mariensee. siehe https://service.ble.de/ptdb/index2.php? detail_id=21009&site_key=145&foerdrkz=%25HS%25&stichw=biopatent&zeilenzahl_zaehler=1&pId=21009&dId=110379 (28.1.2018).

Feindt, Peter Henning; Fricke, Claudia; Dempfle, Leo; Führ, Martin; Rath Detlef; Baulain, Ulrich (2014): Patentrecht und landwirtschaftliche Tierzucht. Grundlagen, Problembereiche, Handlungsempfehlungen; gemeinsame Stellungnahme des Forschungsprojekts "Biopatente in der Tierzucht" und des Friedrich-Löffler-Instituts für Nutztiergenetik. Darmstadt.

Feindt, Peter H., Volkmar Wolters, Gunter Backes, Enno Bahrs, Leo Dempfle, Eve-Marie Engels, Johannes Engels, Andreas Graner, Ulrich Hamm, Matthias Herdegen, Johannes Isselstein, Monika Konnert, Stefan Schröder, Hermann Schulte-Coerne, Sven Wagner, Frank Wätzold, Helmut Wedekind, Wissenschaftlicher Beirat für Biodiversität und Genetische Ressourcen beim BMEL (2015): Gründung der Deutschen Genbank landwirtschaftlicher Nutztiere. Kurzstellungnahme des Wissenschaftlichen Beirats für Biodiversität und Genetische Ressourcen beim Bundesministerium für Ernährung und Landwirtschaft, siehe: https://beirat-gr.genres.de/fileadmin/SITE_GENRES/downloads/docs/Beirat-GR/Gutachten_Stellungnahmen/beirat_09_2015.pdf

Forabasco, F.; Löhmus, M; Rydhmer, L; Sundström, L.F. (2013): Genetically modified farm animals and fish in agriculture: A review in: Livestock Science, 53 (1-3) Mai 2013, S.1-9.

Fricke, Claudia (2011): Current developments on the revision of the „Biopatent"-Directive 98/44/EC, elni review 2/2011, S. 81-82.

Friedrich-Löffler-Institut: Alte Rassen und genetische Vielfalt bei Nutztieren erhalten. Pressemitteilung v. 24.3.2016. siehe https://www.fli.de/de/presse/pressemitteilungen /presse-einzelansicht/alte-rassen-und-genetische-vielfalt-bei-nutztieren-erhalten (24.1.2018).

Führ, Martin (2003): Eigen-Verantwortung im Rechtsstaat, Tübingen.

Führ Martin (2010): Qualitätstandards für die Gesetzesfolgenabschätzung, in: Hensel;, Stefan; Bizer, Kilian; Führ, Martin; Lange, Joachim (Hrsg) (2010): Gesetzesfolgenabschätzung in der Anwendung, Reihe interdisziplinäre Studien zu Recht und Staat, Bd. 48, Baden-Baden.

Gassmann, Oliver; Martin A., Bader (2016): Patentmanagement. Innovationen erfolgreich nutzen und schützen. 4. Aufl., Berlin, Heidelberg.

Geldermann, Hermann; Bartenschlager, Heinz (2005): Tier-Biotechnologie. 115 Tabellen, Stuttgart.

Gibbs, Wayt (2003): Unseen Genome: Scientific American, November 2003 S. 48-53.

Godt, Christine (2003): Streit um den Biopatentschutz: Stoffschutz, Patente auf Leben und Ordre Public. Nationaler Gestaltungsspielraum bei der Umsetzung der Biopatentrichtlinie. siehe http://www.zerp.uni-bremen.de/streamfile.pl?mod=publication&area=files/&file=1256731150_29385_0&mime=application/pdf&id= (13.12.2010).

Godt, Christine (2007): Eigentum an Information. Patentschutz und allgemeine Eigentumstheorie am Beispiel genetischer Information, Tübingen.

Gold, E. Richard; Gallochat, Alain (2001): The European Biotech Directive: Past as Prologue, European Law Journal 7 (3), S. 331-366.

Grabitz, Eberhard ; Hilf, Meinard (1995): Das Recht der europäischen Union. München.

Grant, Gregor; Smyth, Darren (2010): The Protection Conferred by Product-by-Process Claims: European Intellectual Property Review, S. 635-642.

GRUR (2015): Stellungnahme Änderung der Biopatentrichtlinie, v. 10.7.2015, siehe http://www.grur.org/uploads/tx_gstatement/2015-07-10-GRUR_Stn_Schreiben_BMEL.pdf (28.1.2018).

Gruss, Daniel (2011): Patentrechtliche Abhängigkeit und funktionsgebundener Stoffschutz bei biotechnologischen Erfindungen. München, Hamburg.

Gura, Susanne (2007): Livestock Genetics Companies Concentration and proprietary strategies of an emerging power in dht global food economy. League for Pastoral Peoples and Endogenous Livestock Development. Ober-Ramstadt, Germany. siehe http://www.pastoralpeoples.org/docs/livestock_genetics_de.pdf (28.1.2018).

Gura, Susanne: Das Tierzucht-Monopoly – ein Update. In: Kritischer Agrarbericht 2015, S. 227-231. siehe http://www.kritischer-agrarbericht.de/fileadmin/Daten-KAB/KAB-2015/KAB2015_227_231_Gura.pdf (28.1.2018).

Haedicke, Maximilian Wilhelm; Timmann, Henrik; Bühler, Dirk (2012): Handbuch des Patentrechts, München.

Henze, Arno (1995): Auswirkungen biotechnischer Neuerungen in der Tierzucht. Auswirkungen fortpflanzungsbiologischer und molekulargenetischer Neuerungen in der Tierproduktion auf den gewerblichen Rechtsschutz, die Organisationsstruktur der Tierzucht und Tierhaltung, die Tierzuchtforschung sowie die Wettbewerbsfähigkeit im internationalen Vergleich, Münster.

Herring, Eva-Maria (2013): Biopatentierung und Sortenschutz. Komplementäres Schutzregime oder konfliktträchtiges Spannungsverhältnis, Frankfurt am Main.

Holzapfel, Henrik (2004): Das Versuchsprivileg im Patentrecht und der Schutz biotechnologischer Forschungswerkzeuge. München, Univ., Diss., 2003., Baden-Baden.

Hope, Janet (2008): Biobazaar. The open source revolution and biotechnology. Cambridge.

Höhler, Julia (2016): Züchtervereinigungen - Innovationsmotor der deutschen Milchviehzucht? Eine explorative Analyse der Organisationsstrukturen und Veränderungen: Zeitschrift für Agrarpolitik und Landwirtschaft 94 (1). DOI: 10.12767/buel.v94i1.96.

Hörstgen-Schwark, Gabriele (Hrg.) (2004): Wissenschaftliches Kolloquium Nutztierzüchtung im Wandel der Zeit anlässlich der Emeritierung von Prof. Dr. Peter Glodek, Professor für Haustiergenetik am Institut für Tierzucht und Haustiergenetik der Georg-August-Universität Göttingen. 9. 12. 2002, Hörsaal des Max-Planck-Instituts für Biophysikalische Chemie, Göttingen-Nikolausberg; Tagungsband. Unter Mitarbeit von Peter Glodek. Wissenschaftliches Kolloquium Nutztierzüchtung im Wandel der Zeit, Göttingen.

Idel, Anita; Claussen, Jens; Isele Judith, Wunderlich, Ulrike; Aigner, Susanne, Mathes, Maite (2004): Fallstudie Rind in: Institut für ökologische Wirtschaftsforschung, Öko-Institut e.V., Schweisfurth-Stiftung, Freie Universität Berlin, Landesanstalt für Großschutzgebiete (Hrsg.): Agrobiodiversität entwickeln! Handlungsstrategien für eine nachhaltige Tier- und Pflanzenzucht. Endbericht. Berlin 2004. (siehe www.agrobiodiversitaet.net (28.1.2018)).

Idel, Anita; Mathes, Maite (2004): Warum die Tierzucht ökologisiert werden muss. In: Der Kritische Agrarbericht 2004. Hrsg. Agrarbündnis, Hamm, S. 197-202.

Internationale Gewerkschaft im Europäischen Patentamt (IGEPA) (2008): Interview mit Dr. Heiner Flocke, patentverein.de e.V., vom 16.9.2008, siehe http://www.patentverein.de/files/presse/igepa_08103cpd.pdf (28.1.2018),

Ischebeck, Gregor (2015): Die Patentierung von Tieren. Der Schutz geistigen Eigentums für Erfindungen in der Tierzucht im Rahmen der Biopatentrichtlinie 98/44/EG. Tübingen.

Jaeger, Thomas (2013): System einer Europäischen Gerichtsbarkeit für Immaterialgüterrechte. Grundlagen – Struktur – Verfahren. Berlin, Heidelberg.

Jefferson, Richard (2006): Science as Social Enterprise. The CAMBIA BiOS Initiative. In: Innovations: Technology, Governance, Globalization 1 (4), S. 13-44. siehe http://www.mitpressjournals.org/doi/pdf/10.1162/itgg.2006.1.4.13 (28.1.2018).

Jenkins, N. (2005): Biotechnology inventions - practice and procedure, in J. Fysh, A. Roughton, and et al. (eds.), The Modern Law of Patents. London, pp. 567-92.

Kewitz, Pascale (2008): Der gemeinschaftsrechtliche Patentschutz für biotechnologische Erfindungen. Die RL 98/44/EG im System des europäischen Erfindungsschutzes. Zugl.: Osnabrück, Dissertation, Göttingen.

Kinkeldey, Ursula (1993): Die Patentierung von Tieren: GRUR Int. (5), S. 394-399.

Kochinka, Alexander (2010): Beobachtung. In: Mey, Günther; Mruck, Katja: Handbuch qualitative Forschung in der Psychologie. Wiesbaden: Verlag für Sozialwissenschaften.

Kotschi, Johannes; Rapf, Klaus (2016): Befreiung des Saatguts durch open source Lizensierung. Arbeitspapier. AGRECOL. Guggenhausen.

Klos, Mathieu (2016): EPA-Präsident Battistelli im Interview: „Ich gebe Kompetenzen ab“: Juve Nachricht Rechtv. 30.9.2016. siehe https://www.juve.de/nachrichten/namenund-nachrichten/2016/09/epa-praesident-battistelli-im-interview-ich-gebe-kompetenzen-ab (28.1.2018).

Kraßer, Rudolf; Bernhardt, Wolfgang (2009): Patentrecht. Ein Lehr- und Handbuch zum deutschen Patent- und Gebrauchsmusterrecht, europäischen und internationalen Patentrecht. 6., neu bearb. Aufl. München.

Kräußlich, Horst (1987): Neue Entwicklungen auf dem Gebiet der Tierzucht und deren wirtschaftliche Bedeutung: GRUR Int., 340ff.

Kreuzt, Heike (2012): Kryokonservierung eröffnet neue Perspektiven für die Tierzucht, 15.6.2012. siehe http://www.vet-magazin.com/wissenschaft/grosstiermedizin /Kryokonservierung.html (28.1.2018).

Lampe, Inken (2010): Biopatente- Erwartungen und Befürchtungen der Landwirte. Wem gehört das Schwein? Patente auf Lebewesen? Evangelische Akademie Loccum. Loccum, 22.6.2010.

Landwirtschafskammer Niedersachsen (2016), o.V.: Besamung von Sauen durch den Tierhalter? Welche Bestimmungen sind zu beachten? siehe http://www.lwk-niedersachsen.de/index.cfm/portal/1/nav/2045/article/24130.html (28.1.2018).

Ledford, Heidi (2007): Patent examiners call in the jury, Nature 448 (7151), S.239.

Lenhard, Konstanze (2011): Patentierung in der Pflanzenzüchtung: BIOspektrum 17 (1), S. 120,

Lesser, William (1993): Animal Variety Protection: A Proposal for US Model Law: Journal of the Patent and Trademark Office Society 76, S. 697–715.

Levin, Richard C.; Klevorick, Alvin K.; Nelson, Richard R.; Winter, Sidney G. (1987): Appropriating the Returns from Industrial Research and Development: Brooking Papers on Economic Activity Heft 3. S. 783-831. siehe https://www.brookings.edu/wp-content/uploads/1987/12/1987c_bpea_levin_klevorick_nelson_winter_gilbert_griliches.pdf (28.1.2018).

Lévy, Maurice; Jouyet, Jean-Pierre (2006): L'économie de l'immatériel. Rapport de la commission sur l'économie de l'immateriel, Paris, 23.12.2006, siehe: www.abhatoo.net.ma/content/download/3534/40273/version/1/file/L%E2%80%99%C3%A9conomie+de+l%E2%80%99immat%C3%A9riel.+La+croissance+de+demain.pdf (16.3.2018).

Lind, Bianca (2011a): Patente zur genomischen Selektion. unveröffentlichtes Dokument. Bonn.

Lind, Bianca (2011b): Patentanmeldung „Whole genome based genetic evaluation and selec-tion process". unveröffentlichte Notiz.

Lochen, Tobias (2007): Die völkerrechtlichen Regelungen über den Zugang zu genetischen Ressourcen. Dissertation. 2006. Tübingen.

Looser, Jürgen (1986): Zur Diskussion um ein gewerbliches Schutzrecht in der Tierzüchtung: GRUR, S. 27-30.

Machlup Fritz (1958): An economic review of the patent system. Washington. siehe https://mises.org/sites/default/files/An%20Economic%20Review%20of%20the%20Patent%20System_Vol_3_3.pdf (28.1.2018).

Machlup, Fritz (1961): Die wirtschaftlichen Grundlagen des Patentrechts – 1.-3. Teil, GRUR Ausl., S. 373-537.

Malafosse, A. (1993): Ein Patentrecht allein genügt nicht: Der Tierzüchter, Heft 9.

Mes, Peter (2015): Patentgesetz, Gebrauchsmustergesetz. Kommentar. 4., neu bearb. Aufl. München.

Metzger, Axel (2016): Der Schutzumfang von Patenten auf Pflanzen nach den EPA-Entscheidungen "Brokkoli II" /"Tomate II": GRUR Int., S. 549-555.

Meuwissen, T (2001): Genomic selection: the future of marker assisted selection and animal breeding. siehe: http://www.fao.org/biotech/docs/Meuwissen.pdf (21.1.2018).

Meyer, Annette; Matthes, Maite (2004): Entwicklung von Agrobiodiversität und Zucht bei Pflanzen und Tieren (Kapitel 2) in: Institut für ökologische Wirtschaftsforschung, Öko-Institut e.V., Schweisfurth-Stiftung, Freie Universität Berlin, Landesanstalt für Großschutzgebiete (Hrsg.): Agrobiodiversität entwickeln! Handlungsstrategien für eine nachhaltige Tier- und Pflanzenzucht. Endbericht. Berlin 2004. (siehe www.agrobiodiversitaet.net (28.1.2018)).

Mural, Richard J.; Adams, Mark D.; Myers, Eugene W.; Smith, Hamilton O; Miklos, George L. Gabor; Halpern, Ron Wides; Aaron; Li, Peter W.; Sutton, Granger G.; Nadeau, Joe; Salzberg, Steven L.; Holt, Robert A.; Kodira, Chinnappa D.; Lu, Fu; Chen, Lin; Deng, Zuoming; Evangelista, Carlos C.; Gan, Weiniu; Heiman, Thomas J.; Li, Jiayin; Li, Zhenya; Merkulov, Gennady V.; Milshina, Natalia V.; Naik, Ashwinikumar K.; Qi, Rong; Shue, Bixiong Chris; Wang, Aihui; Wang, Jian; Wang, Xin; Yan, Xianghe; Ye, Jane; Yooseph, Shibu; Zhao, Qi; Zheng, Liansheng; Zhu, Shiaoping C.; Biddick, Kendra; Bolanos, Randall; Delcher, Arthur L.; Dew, Ian M.; Fasulo, Daniel; Flanigan, Michael J.; Huson, Daniel H.; Kravitz, Saul A.; Miller, Jason R.; Mobarry, Clark M.; Reinert, Knut; Remington, Karin A.; Zhang, Qing; Zheng, Xiangqun H.; Nusskern, Deborah R.; Lai, Zhongwu; Lei, Yiding; Zhong, Wenyan; Yao, Alison; Guan, Ping; Ji, Rui-Ru; Gu, Zhiping; Wang, Zhen-Yuan; Zhong, Fei; Xiao, Chunlin; Chiang, Chia-Chien; Yandell, Mark; Wortman, Jennifer R.; Amanatides, Peter G.; Hladun, Suzanne L.; Pratts, Eric C.; Johnson, Jeffery E.; Dodson, Kristina L.; Woodford, Kerry J.; Evans, Cheryl A.; Gropman, Barry; Rusch, Douglas B.; Venter, Eli; Wang, Mei; Smith, Thomas J.; Houck, Jarrett T.; Tompkins, Donald E.; Haynes, Charles; Jacob, Debbie; Chin, Soo H.; Allen, David R.; Dahlke, Carl E.; Sanders, Robert; Li, Kelvin; Liu, Xiangjun; Levitsky, Alexander A.; Majoros, William H.; Chen, Quan; Xia, Ashley C.; Lopez, John R.; Donnelly, Michael T.; Newman, Matthew H.; Glodek, Anna; Kraft, Cheryl L.; Nodell, Marc; Ali, Feroze; An, Hui-Jin; Baldwin-Pitts, Danita; Beeson, Karen Y.; Cai, Shuang; Carnes, Mark; Carver, Amy; Caulk, Parris M.; Center, Angela; Chen, Yen-Hui; Cheng, Ming-Lai; Coyne, My D.; Crowder, Michelle; Danaher, Steven; Davenport, Lionel B.; Desilets, Raymond; Dietz, Susanne M.; Doup, Lisa; Dullaghan, Patrick; Ferriera, Steven; Fosler, Carl R.; Gire, Harold C.; Gluecksmann, Andres; Gocayne, Jeannine D.; Gray, Jonathan; Hart, Brit; Haynes, Jason; Hoover, Jeffery; Howland, Tim; Ibegwam, Chinyere; Jalali, Mena; Johns, David; Kline, Leslie; Ma, Daniel S.; MacCawley, Steven; Magoon, Anand; Mann, Felecia; May, David; McIntosh, Tina C.; Mehta, Somil; Moy, Linda; Moy, Mee C.; Murphy, Brian J.; Murphy, Sean D.; Nelson, Keith A.;

Nuri, Zubeda; Parker, Kimberly A.; Prudhomme, Alexandre C.; Puri, Vinita N.; Qureshi, Hina; Raley, John C.; Reardon, Matthew S.; Regier, Megan A.; Rogers, Yu-Hui C.; Romblad, Deanna L.; Schutz, Jakob; Scott, John L.; Scott, Richard; Sitter, Cynthia D.; Smallwood, Michella; Sprague, Arlan C.; Stewart, Erin; Strong, Renee V.; Suh, Ellen; Sylvester, Karena; Thomas, Reginald; Tint, Ni Ni; Tsonis, Christopher; Wang, Gary; Wang, George; Williams, Monica S.; Williams, Sherita M.; Windsor, Sandra M.; Wolfe, Keriellen; Wu, Mitchell M.; Zaveri, Jayshree; Chaturvedi, Kabir; Gabrielian, Andrei E.; Ke, Zhaoxi; Sun, Jingtao; Subramanian, Gangadharan; Venter, J. Craig (2002): A Comparison of Whole-Genome Shotgun-Derived Mouse Chromosome 16 and the Human Genome, Science 269 (5573), S.1661-1671.

Müller-Stoy, Tilman; Schwitulla, Arnim (2017): Das EU-Einheitspatent – Ein System mit Zukunft. Legal Tribune Online v. 20.2.2017, siehe https://www.lto.de/recht/hintergruende/h/eu-einheitspatent-system-vorteile-verzoegerung-brexit/2/ (28.1.2018).

North, Douglass Cecil (1992): Institutionen, institutioneller Wandel und Wirtschaftsleistung, Tübingen.

No patents on seeds (2011): Patente auf Zucht von Tieren., siehe http://www.alt.no-patents-onseeds.org/index.php?option=com_content&task=view&id=81&Itemid=20&lang=de. (13.2.2018).

Oldham, Paul; Hall, Stephen; Barnes, Colin (2014): Patent Landscape Report on Animal Genetic Resources. Hsrg. v. WIPO. siehe http://www.wipo.int/publications/en/details.jsp?id=3394 (28.1.2018).

Osterrieth, Christian (2007): Patentrecht, 3. Aufl. München.

Ostler, Stefanie (2007): DNA-basierte Rückverfolgbarkeit beim Schwein unter Einbeziehung von Abstammungsinformationen am Beispiel des Produktionssystems der Interessengemeinschaft für Zertifizierung GbR. München, Technische Universität, Dissertation. siehe https://mediatum.ub.tum.de/doc/624559/624559.pdf (28.1.2018).

Overwalle, Geertrui van (2007): Reshaping bio-patents: measures to restore trust in the patent system. In: Han Somsen (Hg.): The regulatory challenge of biotechnology. Human genetics, food and patents. Cheltenham, UK, Northampton, MA: Edward Elgar (Biotechnology regulation series), S. 238-256.

Pache, Eckhardt (1999): Der Grundsatz der Verhältnismäßigkeit in der Rechtsprechung: Neue Zeitschrift für Verwaltungsrecht 1999, S.1033-1040.

Patentanwaltskammer (o.D.): Tätigkeiten der Patentanwälte. siehe https://www.patentanwalt.de/files/pak/pdf/pa/berufsbild/16_03_Mehr_zu_den_Taetigkeiten_der_PAs.pdf (28.1.2018),

Paul, Benjamin (2013): Patentrecht und Umweltschutz. Berlin, Jena.

Petschow, Ulrich; Idel, Anita (2004): Das globale Huhn: Zeitschrift für kritische Sozialwissenschaft 34 (135), S. 263-285. siehe http://www.agrobiodiversitaet.net/ download/DasGlobaleHuhn.pdf (28.1.2018).

Pfanner, Klaus (1962): Vereinheitlichung des materiellen Patentrechts im Rahmen des Europarats: GRUR Int., S. 545-554.

Pieroth, Bodo; Schlink, Bernhard (2011): Grundrechte. 27., neu bearb. Aufl. Heidelberg.

Pottelsberghe, Bruno van (2009): Lost property. The European patent system and why it doesn't work. Brussels: Bruegel (Bruegel blueprint series, 9).

Preisinger, Rudolf (2004): Internationale Tendenzen der Tierzüchtung und die Rolle der Zuchtunternehmen: Züchtungskunde 76 (6), S. 395-402.

Qualset, C.; McGuire, P.; Warburton, M.: Agrobiodiversity (1995): key to agricultural productivity, California agriculture 49 (6): 45-49,

Rath, Detlef (2002): Einsatz von gesextem Sperma im Rinderzuchtprogrammen: Landbauforschung Völkenrode Sonderheft 242, S. 37-42. siehe http://literatur.ti.bund.de/digbib_extern/zi029605.pdf (28.1.2018).

Rauner, Max (2013): Thermodynamik für Patentamt. Physiker im Patentwesen brauchen Berufserfahrung und etwas Jura: Physikalische Blätter 56 (3), S. 26-28.

Rogge, Rüdiger (2005): Die Schutzwirkung von „Product-by-Process"-Ansprüchen, Mitt. 2005, S.145-149.

Roßnagel, Alexander (2010): Innovation als Gegenstand der Rechtswissenschaft. In: Hof, Hagen; Wengenroth, Ulrich (Hrsg.) Innovationsforschung, Ansätze, Methoden, Grenzen und Perspektiven, Hamburg, 2. Auflage 2010, S. 9-22.

Rothschild, M.F; Plastow, G.; Newman, S. (2004): Patenting in animal breeding and genetics. In: WAAP book of the year. 2003. Wageningen, S. 269-278.

Santilli, Juliana (2012): Agrobiodiversity and the law. Regulating genetic resources, food security and cultural diversity, Abingdon England, New York NY.

Schaeffer, L.R. (2006): Strategy for applying genome-wide selection in dairy cattle. Journal of animal breeding and genetics,(123), S. 218 - 223.

Schmidt, Olaf (2017): Genetik und Molekularbiologie, Berlin, Heidelberg.

Schneider, Ingrid (2010): Das Europäische Patentsystem. Wandel von Governance durch Parlamente und Zivilgesellschaft, Frankfurt am Main.

Schreider, Claudia (2014): Die Anwendbarkeit von Open Source-Lizenzen auf Pflanzenzüchtungen. Rechtsgutachten im Auftrag von Agrecol e.V., Frankfurt am Main.

Schulte (2013): Patentgesetz mit Europäischem Patentübereinkommen. Kommentar auf der Grundlage der deutschen und europäischen Rechtsprechung. 9. Aufl. Begründet von Rainer Schulte, Köln, München.

Schumpeter (1939): Business Cycles: A theoretical, historical and statistical analysis of the capitalist process, New York, London.

Schumpeter (1950): Kapitalismus, Sozialismus und Demokratie. 2.Aufl.,Bern.

Siebrasse, Norman (2010): Intellectual Property Protection for Higher Life Forms: Current Law and Policy Issues, The Integrated Assessment Journal (IAJ) 10 (1), S. 23-39.

Singer, Margarete; Stauder, Dieter (2010): Europäisches Patentübereinkommen EPÜ, Kommentar, 5.Aufl.

Singh; Poonam Jayant (2008): Animal genetic resources: sui generis options for protection. siehe http://www.turin-ip.com/research-papers/papers-2008/singh-final-pdf (

Spranger, Tade Matthias (2004): Das Rechtsinstrument der Patentierung im Zusammenhang der Biotechnologie. Grundlagen und Grenzen. In: Jahrbuch für Wissenschaft und Ethik (9), S. 263-278. siehe http://books.google.de/books?id=LEt9s-ELB1AC&printsec=frontcover&source=gbs_ge_summary_r&cad=0#v=onepage&q=Erw%C3%A4gungsgr%C3%BCnde&f=false (28.1.2018).

Stauder, Dieter: Wissenschaft und Ausbildung – Die Qualifikation zum europäischen Patentanwalt – Informationstechnologie und Recht: Rechtswissenschaft im Wettbewerb mit Politik und Praxis". ZAR Karlsruhe. Karlsruhe, 21.11.2000. siehe http://www.zar.kit.edu/DATA/~recht/veranst/eroeff/stauder/vortrag.html (28.1.2018).

Straus, Joseph (1990): Ethische, rechtliche und wirtschaftliche Probleme des Patent- und Sortenschutzes für die biotechnologische Tierzüchtung und Tierproduktion, GRUR Int. 1990, S. 913-929.

Tappeser, Beatrix; Hoffmann, Ann-Kathrin (2004): Das überholte Paradigma der Gentechnik. Zum Zentralen Dogma der Molekulargenetik 50 Jahre nach der Entdeckung der DNA-Struktur. In: Agrarbündnis (Hg.): Der Kritische Agrarbericht 2004. Hamm, S. 220-226.

Temmerman, Michelangelo (2012): Intellectual property and biodiversity. Rights to animal genetic resources. Alphen aan den Rijn.

Then, Christoph; Tippe, Ruth (2009a): The future of seeds and food under the growing threat of patents and market concentration, siehe http://no-patents-on-seeds.org/sites/default/files/news/report_future_of_seed_en.pdf (23.1.2018)

Then, Christoph; Tippe, Ruth (2009b): Neue Runde im Tiermonopoly: Patente auf Kuh, Schwein, Milch und Schnitzel? Hg. v. Greenpeace. siehe http://docplayer.org/14647492-Neue-runde-im-tier-monopoly-patente-auf-kuh-schwein-milch-und-schnitzel.html (24.1.2018).

Thor, Marta (2014): Ein Machtmittel der Industrie. Der Unternehmer Dr. Heiner Flocke will deutsches und europäisches Patentrecht verändern, Allgemeine Zeitung v. 6.11.2014. siehe http://www.allgemeine-zeitung.de/lokales/mainz/vg-bodenheim/bodenheim/ ein-machtmittel-der-industrie_14752140.html (28.1.2018).

Tilmann, Winfried (2013): Endlich: Entscheidungen zum Einheitspatent und zum Europäischen Patentgericht, GRUR, S. 157-159.

Tilmann, Winfried (2016): The future of the UPC after Brexit, GRUR 118 (8), S. 753-755.

Tvedt, Morten Walloe; Finckenhagen, Magnus (2008): Scope of Process Patents in Farm Animal Breeding, The Journal of World Intellectual Property 11 (3), S. 203-228. siehe http://onlinelibrary.wiley.com/doi/10.1111/j.1747-1796.2008.00343.x/abstract (28.1.2018).

Tzschoppe, Dieter (2014): Das Europäische Patentamt, Überblick über das EPA und das europäische Patentsystem. EPA, 8.5.2014. siehe http://docplayer.org/8815170-Das-europaeische-patentamt-ueberblick-ueber-das-epa-und-das-europaeische-patentsystem-dr-dieter-tzschoppe-europaeisches-patentamt-duesseldorf-08-05.html (28.1.2018).

Uhrich, Ralf (2010): Stoffschutz. Tübingen, Bayreuth.

Uhrich, Ralf; Zech, Herbert (2008): Patentierung von Nanomaschinen – Stoffschutz versus Vorrichtungsschutz: GRUR, S. 768-771.

Ullrich, Gerhard (2009): Das Dienstrecht der Internationalen Organisationen, Institutionelles Völkerrecht, Recht und Praxis. Berlin.

Umweltinstitut 2017, o.V.: Fragen und Antworten Gentechnik. siehe http://www.umweltinstitut.org/fragen-und-antworten/gentechnik.html (21.11.2017).

VCI (2017): Biopatente. Argumente und Positionen Änderung der Biopatentrichtlinie Stellungnahme v. 30.11.2017, siehe https://www.vci.de/vci/downloads-vci/top-thema/argumente-positionen-biopatente.pdf (10.1.2018).

Vossius, Volker (1990): Patentschutz für Tiere; "Krebsmaus/HARVARD": GRUR (5), S. 333-337.

Walter, Doris (2008): Rechtliche Grundlagen der Biopatentierung. Vortrag auf dem Kolloquium des BMELV am 17.6.2008, siehe http://www.bmelv.de/cae/servlet/contentblob /375934/publicationFile/ 22424/VortragBiopatenteWalter.pdf (28.1.2018).

Walter, Doris (2010): Klassische und markergestützte Zuchtverfahren – Noch kein Patentrezept für Tomaten und Brokkoli, GRUR-Prax, S. 329-349.

Weber, Georg; Hedemann, Gerd A.; Cohausz, Helge B. (2007): Patentstrategien. Köln: Heymann.

Westermayer, Isabel (2013): Die Patentierung gentechnisch veränderter Tiere im Hinblick auf die Schranke der öffentlichen Ordnung und der guten Sitten, Berlin, Speyer.

Weiß, Jürgen (2005): Tierproduktion. 199 Tabellen. 13., überarb. Aufl. Stuttgart.

Wiesenthal, H. 1997: Methodologischer Individualismus als Akteurtheorie, in: Benz, A./ Seibel, W. (Hrsg.), Theorieentwicklung in der Politikwissenschaft – eine Zwischenbilanz. Baden-Baden.Willam, Alfons; Simianer, Henner (2011): Tierzucht. Stuttgart.

WIPO (2006): Bioethics and Patent Law: The Case of the Oncomouse. World Intellectual Property Organisation Magazine (3). siehe http://www.wipo.int/wipo_magazine /en/2006/03/article_0006.html (28.1.2018).

Wood, David; Lenné, Jillian M. (Hrsg) (1999): Agrobiodiversity. Characterization, utilization and management. Wallingford.

WWF Deutschland (2016): Living Planet Report 2016. Deutsche Kurzfassung. siehe http://www.wwf.de/fileadmin/fm-wwf/Publikationen-PDF/WWF-LivingPlanetReport-2016-Kurzfassung.pdf (13.1.2018).

Zintler, Mathias (2002): Die Biotechnologierichtlinie. Frankfurt am Main, Hamburg.

ANHANG A: Durchgeführte Experteninterviews

Interviews

Experteninterview Nr. 1 mit Patentanwalt, München: 24.11.2011.

Experteninterview Nr. 2 mit NGO-Vertreter, München: 25.11.2011.

Experteninterview Nr. 3 mit Verbandsvertreter Pflanzenzucht, Bonn: 12.12.2011.

Experteninterview Nr. 4 mit Verbandsvertreter Tierzucht, Bonn: 16.12.2011.

Experteninterview Nr. 5 mit Verbandsvertreter Tier- und Pflanzenzucht, Berlin: 20.12.2011.

Experteninterview Nr. 6 mit Kirchenvertreter, Mainz: 12.1.2012.

Experteninterview Nr. 7 mit Vertreter der Forschung, Mariensee: 17.1.2012.

Experteninterview Nr. 8 mit Verbandsvertreter Tierzucht, Verden: 18.1.2012.

Experteninterview Nr. 9 mit Vertreter der Rinderzucht, Herbertingen: 23.1.2012.

Experteninterview Nr. 10 mit Vertreter aus der Pferdezucht, telefonisch: 31.1.2012.

Experteninterview Nr. 11 mit Vertreter der Rinderzucht, Münster: 1.2.2012.

Experteninterview Nr. 12 mit Vertreter der Rinder- und Schweinezucht, Neustadt: 3.2.2012.

Experteninterview Nr. 13 mit Vertreter Landesministerium (Staat), München: 7.2.2012

Experteninterview Nr. 14 mit Vertreter des Deutschen Patent- und Markenamt, München: 8.2.2012.

Experteninterview Nr. 15 mit NGO-Vertreter, München: 9.2.2012.

Experteninterview Nr. 16 mit Vertreter Staat, München: 9.2.2012.

Experteninterview Nr. 17 mit Patentanwalt, München: 14.2.2012.

Experteninterview Nr. 18 mit fünf Vertretern des Europäischen Patentamts, München: 15.2.2012.

Experteninterview Nr. 19 mit Vertreter Tierzuchtunternehmen, telefonisch: 22.2.2012.

Experteninterview Nr. 20 mit Vertreter Pflanzenzuchtunternehmen, telefonisch: 28.2.2012.

Experteninterview Nr. 21 mit Vertreter Tierzuchtunternehmen, Schleswig: 2.3.2012.

Experteninterview Nr. 22 mit Verbandsvertreter Tierzucht, Grub: 22.3.2012.

Experteninterview Nr. 23 mit Vertreter Tierzuchtunternehmen, Senden: 27.3.2012.

Experteninterview Nr. 24 mit Patentanwalt, München: 23.4.2012.

Experteninterview Nr. 25 mit Patentanwalt, Berlin: 4.5.2012.

Experteninterview Nr. 26 mit Verbandsvertreter Tierzucht, schriftlich: 23.5.2012.

Experteninterview Nr. 27 mit Vertreter der Forschung, Göttingen: 24.5.2012.

Experteninterview Nr. 28 mit Vertreter des Staates, Berlin: 2.7.2012.

Interviewleitfaden

Der Interviewleitfaden wurde im Rahmen des Projekts Biopatente in der Tierzucht entwickelt und bildete die Grundlage für die zuvor aufgeführten Experteninterviews.

Tabelle 11: Interviewleitfaden
(Quelle: Feindt/Fricke et al. 2013)

Abschnitt	Thema/Frage	Hinweise und weiterführende Fragen	Hintergrund
A. Einführung 3 Minuten	Vorstellen Bedanken für Gesprächsbereitschaft Erwähnen, dass dies eines von ca. 30 Interviews mit Schlüsselakteuren im Bereich Tierzucht und Patente in Deutschland ist ⇨ Einverständnis für Tonbandmitschnitt abholen. Auf Vertraulichkeit hinweisen, sichere Datenaufbewahrung erläutern	Entscheidungshilfevorhaben für des BMELV Durchgeführt von Hochschule Darmstadt, Cardiff University und Prof. Dempfle, TU München Im Mittelpunkt des Projekts: mögliche Konfliktpunkte zwischen patentrechtlichen Begriffen und der Tierzucht; Handlungsbedarf und Handlungsmöglichkeiten identifizieren; möglichen Regelungsbedarf benennen Ziel der Interviews: Problemwahrnehmungen, Sichtweise und Lösungsvorstellungen der Akteure (Tierzüchter, Patentanwälte, Patentämter, landwirtschaftliche Verbände, NGOs, Kirchen, engagierte Firmen aus der Pflanzenzucht) Außerdem im Projekt: Analyse des Rechtsrahmens, Analyse von Patentanträgen und erteilten Patenten, Interviews in Großbritannien, den USA und den Niederlanden, Erarbeitung von Handlungsoptionen	Für Rückfrage: Interessantes Thema, Kontroverse Punkte genauer verstehen. Könnte die Wettbewerbssituation von (konventionellen) Tierzüchtern durch das Patentrecht gestärkt werden; wenn ja, dann in welcher Ausformung

Abschnitt	Thema/Frage	Hinweise und weiterführende Fragen	Hintergrund
B. **Erfahrungen mit Biopatenten** 7 Minuten (10)	Können Sie mir sagen, unter welchen Umständen Sie zuletzt mit einem Biopatent zu tun gehabt haben?	Ggf. auf ein Biopatent aus der Tierzucht einschränken oder nachfragen Auf Umstände und Problembereiche achten und ggf. nachfragen Achtung: Nicht als Interviewer einen positiven oder negativen Ton setzen.	Relevanz der Thematik, Problembereiche
C. **Bedeutung von Biopatenten** 5 Minuten	Nun einmal ganz allgemein: Welche Bedeutung haben Biopatente derzeit für Ihr Unternehmen/Ihre Organisation?	Achtung: bei komplexen Organisationen genau klären, auch welchen Teil sich die Antwort ggf. bezieht Auf Beispiele achten, ggf. nachfragen Art der Betroffenheit klären Werden Patente gehalten? Werden Lizenzen genutzt und bezahlt? Wird die eigene Arbeit durch Patente Dritter behindert? Wurden Patente angefochten?	Relevanz der Patentproblematik insgesamt und der bisher im Projekt identifizierten Problembereiche
C2 3 Minuten	Auf welche Weise schützt Ihr Unternehmen einen züchterischen Erfolg?	Bei Befragten aus Nicht-Unternehmen: Was sind nach Ihrer Erfahrung effektive Strategien für Unternehmen in der Tierzucht, um züchterische Erfolge zu schützen? Welche Probleme bestehen? Gibt es Lücken?	

Abschnitt	Thema/Frage	Hinweise und weiterführende Fragen	Hintergrund
		Wird ein Äquivalent zum Sortenschutz für die Tierzüchtung gewünscht?	
C3 2 Minuten	Welche Bedeutung haben Biopatente derzeit aus Ihrer Sicht für die deutsche Rinder-/Schweine-/Hühner-/Pferdezucht?	Bei Befragten, die nicht spezifisch aus einer Branche kommen: für die verschiedenen Bereiche der deutschen Tierzucht?	
C4 2 Minuten (22)	Und für die internationale Rinder-/Schweine-/Hühner-/Pferdezucht?	Darauf achten, welche Patentkreise genannt werden. Bei Befragten mit internationaler Expertise genau nach Entwicklungen nachfragen, die Auswirkungen auf die deutsche Tierzucht bzw. deren Wettbewerbsposition haben können	
D. **Erwartete Bedeutung von Biopatenten** 2 Minuten	Welche Bedeutung werden Biopatente in zehn Jahren für Ihr Unternehmen haben?	Interviewer achten auf: Welche Trends? Welche züchterischen Bereiche/Technologien?	Erwartungen für die Zukunft von Patentierung und Tierzüchtung
D2 2 Minuten	Welche Bedeutung werden Biopatente in zehn Jahren für die deutsche Rinder-/Schweine-/Hühner-/Pferdezucht haben?	Interviewer achten auf: Welche Trends? Welche züchterischen Bereiche/Technologien?	
D3 2 Minuten	Und wie wird das in zehn Jahren international aussehen?	Interviewer achten auf: Welche Trends?	

Abschnitt	Thema/Frage	Hinweise und weiterführende Fragen	Hintergrund
(28)		Welche züchterischen Bereiche/Technologien? Welche Patentkreise werden genannt? Bei Befragten mit internationaler Expertise genau nach Entwicklungen nachfragen, die Auswirkungen auf die deutsche Tierzucht bzw. deren Wettbewerbsposition haben können	
E. **Praxis der Patenterteilung** 5 Minuten	In den vergangenen Monaten und Jahren ist viel über die Praxis der Patenterteilung diskutiert worden. Welche Erfahrungen haben Sie persönlich / Ihre Organisation mit der Praxis der Patenterteilung gemacht?	Achten auf: Zuverlässigkeit Kompetenz Dauer der Verfahren Transparenz Transaktionskosten Prüfrichtlinien Beispiele nennen lassen Bei EPA: Genau erfragen, welche Prüfrichtlinien genutzt werden und wie diese in dem relevanten Fall gehandhabt wurden	Überprüfung bisher identifizierter und Benennung ggf. weiterer Problembereiche
E2 3 Minuten	Wo bestehen aus Ihrer Sicht die wichtigsten Problembereiche im Bereich der Patenterteilung?	Antworten auf Kärtchen notieren; (in verkürzter Form: Problembereich und was ist problematisch)	Bsp.: Unzureichend offenbarte Patente;

Abschnitt	Thema/Frage	Hinweise und weiterführende Fragen	Hintergrund
			Patente ohne Neuheit
E3 2 Minuten	Können Sie mir auch gute Erfahrungen bei der Prüfung und Erteilung von Biopatenten nennen?	Dito: Weitere Kärtchen; siehe oben Achtung: Die „Ursache" für die positive Erfahrung muss deutlich werden.	
E4 3 Minuten (41)	Noch einmal zurück zu den Problembereichen, die Sie genannt haben. Haben Sie Vorschläge, wie diese Probleme gelöst werden könnten?	Kärtchen durchgehen	
F. **Biopatente und Tierzucht** 2 Minuten	Jetzt möchte ich gerne mit Ihnen ganz spezifisch über die Kompatibilität von Patentrecht und tierzüchterischer Praxis sprechen. Welches sind aus Ihrer Sicht die drei größten Vor- und Nachteile der Biopatentierung im Bereich der Rinder-/Schweine/Hühner-/Pferde-/Tierzucht?	Ggf. Probleme genau nachfragen	
F2 2 Minuten	Wird Ihrer Meinung nach das Patentrecht der Praxis im Bereich der Rinder-/Schweine/Hühner-/Pferde-/Tierzucht gerecht, oder gibt es da Probleme?	Interviewer: Ggf. genannte Probleme auf Kärtchen notieren	
F3 2 Minuten (47)	Haben Sie Vorschläge, wie diese Probleme gelöst werden könnten?	Kärtchen durchgehen	
G.	GGF. BLOCK ZU SPEZIFISCHEN ERFAHRUNGEN	EPA; Patentanwälte	

Abschnitt	Thema/Frage	Hinweise und weiterführende Fragen	Hintergrund
H. **Problemgewichtung** 5 Minuten (52)	In der Diskussion werden eine Reihe von Problembereichen im Zusammenhang mit der Biopatentierung genannt, und einige davon haben wir ja bereits angesprochen. Mich interessiert im Folgenden, wie wichtig die folgenden Problembereiche aus Sicht Ihres Unternehmens/Ihrer Organisation sind. Bitte sagen Sie mir jeweils, ob die folgenden Problembereiche für Ihr Unternehmen/Ihre Organisation sehr wichtig, wichtig, weniger wichtig oder unwichtig sind, und warum das so ist. 3 = Sehr wichtig, 2 = wichtig, 1= weniger wichtig, 0 = unwichtig	Liste mit den bisher identifizierten Problembereichen durchgehen. Antwort jeweils kurz erläutern lassen, nicht nur bloße Benotung	Sortieren und Kommentieren ggf. in einem Prozess
I. **Good Practice** 5 Minuten	Können Sie mir Beispiele für exemplarisch gut formulierte Patente im Bereich der Tierzucht nennen, die eine Erfindung präzise beschreiben und deren Ansprüche präzise benannt sind?	Genau erläutern lassen, worin die gute Praxis besteht Achten auf: Technologiebereich Kriterien Ggf. Prüfschemata Rolle von Ansprüchen, Hintergrundwissen und Beschreibung der Erfindung War das Patent von Anfang an gut beschrieben, oder erst als Ergebnis von Nachfragen oder Einsprüchen?	Hier ggf. in die Diskussion gehen. Gibt es konstruktive Antworten von Patentkritikern?

Abschnitt	**Thema/Frage**	**Hinweise und weiterführende Fragen**	**Hintergrund**
I2 5 Minuten (62)	Und können Sie mir umgekehrt ein besonders schlechtes Beispiel für ein Patent oder einen Patentantrag im Bereich der Tierzucht nennen?	Ggf. nachfragen, warum dies ein besonders schlechtes Beispiel ist	
J. **Rechtsrahmen** 5 Minuten	Eine weiter gehende Diskussion betrifft den rechtlichen Rahmen der Biopatentierung, insbesondere die Biopatentrichtlinie und ihre Übersetzung in das deutsche Patentgesetz, die Europäische Patentkonvention und die Richtlinien des Europäischen Patentamts. Ist aus Ihrer Sicht der derzeitige Rechtsrahmen zufriedenstellend, oder sehen Sie Änderungsbedarf? Wo bestehen aus Ihrer Sicht die wichtigsten Problembereiche?	Achten auf und ggf. nachfragen: Antworten notieren	Überprüfung bisher identifizierte und Benennung ggf. weiterer Problembereiche
J2 5 Minuten (70)	Haben Sie Vorschläge, wie diese Problembereiche angegangen werden können?	Antworten durchgehen	
K. **Lösungsvorstellungen** 4 Minuten	Nun einmal angenommen, Sie wären König und könnten das Patentrecht für den Bereich der Tierzucht so verändern, wie Sie es für richtig halten. Welche Änderungen würden Sie vornehmen?	Interviewer: Lösungsvorschläge auf Kärtchen notieren Achten auf und ggf. nachfragen: was? wer? wie? wann? Ggf. nachfragen: Weitere?	Gestaltungswünsche und Vorstellungen zu Lösungsansätzen

Abschnitt	**Thema/Frage**	**Hinweise und weiterführende Fragen**	**Hintergrund**
K2 1 Minute	Mögen Sie Ihre Vorschläge nach Wichtigkeit sortieren?	Interviewer: dem Befragten die Kärtchen überreichen und sortieren lass, Kommentare ermuntern	
K3 2 Minuten	Mögen Sie Ihre Reihenfolge kommentieren?		
K4 2 Minuten	Zurück ins wirkliche Leben: Was müsste passieren, damit die von Ihnen vorgeschlagenen Änderungen realisiert werden?	Interviewer: Vorschläge der Wichtigkeit nach durchgehen. Achten auf: was? wer? wie? wann?	Gestaltungswünsche und Vorstellungen zu Lösungsansätzen
K5 2 Minuten (84)	Wo sehen Sie die größten Hinderungsgründe und Widerstände gegen Ihre Vorstellungen?	Interviewer: Vorschläge der Wichtigkeit nach durchgehen. Achten auf: was? wer? wie? wann?	
K6	Wäre ein Äquivalent zum Sortenschutz für die Tierzüchtung wünschenswert? Gibt es Vorstellungen und Ideen, wie dieses ausgestaltet sein sollte?	Frage nur stellen, wenn das Thema noch nicht angesprochen wurde.	
L. **Ausblick** 2 Minuten	Zum Abschluss: Wo sehen Sie im Bereich der Biopatentierung in den nächsten Jahren die wichtigsten Aufgaben?		
1 Minute	Welche Erwartungen haben Sie spezifisch an das BMELV bzw. die Bundesregierung?		Erwartungen an das BMELV/die Bundesregierung
M. **Abschluss** 3 Minuten	Gibt es noch wichtige Punkte im Zusammenhang mit Biopatenten in der Tierzucht, die wir noch gar nicht angesprochen haben?		Möglichkeit, am Ende des deliberativen Prozesses

Abschnitt	**Thema/Frage**	**Hinweise und weiterführende Fragen**	**Hintergrund**
			noch einmal Schlussfolgerungen zu formulieren
	Gibt es Gesprächspartner, die Sie uns noch empfehlen würden?		
	Gibt es noch etwas, das Sie dem Projekt abschließend noch mit auf den Weg geben möchten?		
N. **Dank und Möglichkeit zu Rückfragen**	Bedanken! Anbieten, dass wir bei Interesse gerne Ergebnisse aus dem Projekt zusenden (vorbehaltlich der Freigabe durch das BMELV), zumindest aber die finale Stellungnahme zusammen mit dem FLI		

ANHANG B: Analysierte Patentfälle

Verfahren zur Schätzung eines Zuchtwertes für einen Organismus ohne bekannten Phänotyp

Patentnummer:	EP 2118793
Anmelder:	Stichting Dienst Landbouwkundig Onderzoek (NL)
Anmeldetag:	9.1.2008
Rechtsstand:	zurückgewiesen nach Sachprüfung durch EPA
Problembereiche:	bereits bekanntes Verfahren Erfindungshöhe, mangelnde Offenbarung
Einsprüche:	Kein Einspruch erfolgt
Verhandlung:	Nach der Verhandlung am 11.5.2011 wurde das Patent am 16.6.2011 zurück gewiesen aufgrund des Fehlens der Erfinderischen Tätigkeit gemäß Art. 52 EPÜ

Zusammenfassung:

Das Patent beansprucht eine Methode zur Schätzung eines Zuchtwertes für einen Organismus ohne bekannten Phänotyp. Der Zuchtwert wird berechnet indem von anderen Organismen Referenzzuchtwerte für eine Vielzahl von Haplotypen (habloider Gentyp) geschätzt werden, deren Phänotyp sowie Genotyp bekannt sind. Anschließend werden die Zuchtwerte für die Haplotypen festgestellt/errechnet. In einem nächsten Schritt wird ein Zuchtwert für den ersten Organismus – ohne bekannten Zuchtwert – anhand eines Genotyps geschätzt. Die geschätzten Werte werden zusammen mit den weiteren Haplotypinformationen gesichert.

Weitere Ansprüche des Patents betreffen ein Zuchtprogramm und die Produktion von Nachkommen mittels der oben beschriebenen Methode sowie ein Computerprogramm mit den benötigten Formeln und Daten für die Berechnung.

Juristische Analyse:

Die Patentanmeldung wurde von ASG Veerhouderij B. V. (NL) eingereicht und anschließend von Stichting Dienst landbrouwkunding Onderzoek (NL) übernommen. Im ersten Recherchebericht vom 10.5.2008 stellten die Prüfer des EPA den erfinderischen Schritt der Ansprüche 1 -32 der Patentanmeldung in Frage. Darüber hinaus wiesen die Prüfer darauf hin, dass „klassische Züchtungsmethoden beschrieben werden und die beanspruchte Methode zur Zuchtwertschätzung gängige Praxis sei."[745] Anschließend änderte der Anmelder die Ansprüche auf 15, einige Ansprüche wurden gelöscht, wobei andere Anspruchsgegenstände kombiniert wurden[746] Nach einer erneuten Stellungnahme des EPA erfolgte eine weitere Änderung der Ansprüche auf 10. Dabei wurde Anspruch 1 aus einer Kombination der vorherigen Ansprüche 1, 4 und 6 gebildet. Das Patent EP 2118793 wurde nach der mündlichen Verhandlung am 11.5.2011, die in Abwesenheit des Anmelders stattfand, aufgrund des Fehlens der Neuheit vom EPA am 16.6.2011 zurückgewiesen.[747] Von Frau Lind wurde in Übereinstimmung mit den Prüfern angemerkt, dass die zum Patent angemeldete Erfindung nicht ausreichend offenbart wurde, da sie einem Fachmann die Nacharbeitung der darin beschriebenen Methode nicht ermöglicht.[748]

---

745 Annex zum Prüfverfahren des EPAs, siehe https://register.epo.org/espacenet/application?documentId=EPIYBJQC3903FI4&number=EP08705085&lng=en&npl=false (19.8.2011).

746 Entscheidungsgründe in der EPA Datenbank siehe https://register.epo.org/espacenet/application?documentId=ERT5LFWK3959FI4&number=EP08705085&lng=en&npl=false. (22.9.2011).

747 Entscheidung in der EPA Datenbank siehe https://register.epo.org/espacenet/application?number=EP08705085&tab=main (23.7.2011).

748 *Lind* 2011a.

Die Ansprüche, wie sie nach der zweimaligen Änderung vorlagen, dienten als Entscheidungsgrundlage für die mündliche Verhandlung:

Anspruch 1	Methode zur Schätzung des Zuchtwertes für einen Organismus ohne bekannten Phänotyp
Anspruch 2+3	Vorausberechnung + Speicherung der Vergleichszuchtwerte
Ansprüche 4- 7	Definition und Speicherung einer eingefügten IBD-matrix
Anspruch 8	Methode für selektive Zucht und Nachkommenauswahl aufgrund des Zuchtwertes
Anspruch 9:	Ergebnis einer Berechnung eines Computer Programms („a computer program product comprising code means that perform, when executed on a data processing system"), sowie eine Methode erwähnt in den Ansprüchen 1-7
Anspruch 10:	elektronisch lesbares Medium mit einem Computer Programm aus Anspruch 9

Verfahren zur Verbesserung eines Genmarker-Index von Milchtieren und -produkten

Patentnummer:	(EP 2178363 / WO 2009011847
Anmelder:	Pfizer Inc. (vorher Monsanto Technology LLC)
Anmeldetag:	15.7.2007

Rechtsstand:	Anmeldung gilt als zurückgenommen / Akte wurde am 25.10.11 geschlossen
Problembereiche	bereits bekanntes Verfahren, Erfindungshöhe, Folgeprodukte, bio-ethische Ausnahmen (ordre public), mangelnde Offenbarung
Einsprüche	Kein Einspruch erfolgt
Verhandlung	keine

Zusammenfassung:

Dieses Patent beansprucht ein Verfahren zur Verbesserung des Gen-Marker Index bei Milchrindern. Es wird eine Methode beansprucht, die vorsieht ein Rind anhand seines Genmarker–Index zu bestimmen. Dabei wird der Geno-Typ anhand von 10 oder mehr SNP bestimmt.

Darüber hinaus werden Methoden für die Auswahl bzw. Identifikation von Tieren für vorgegebene Zwecke, Auswahl von Elterntieren für die Züchtung sowie für die Produktion von Milchprodukten beansprucht.

Juristische Analyse:

Die Patentanmeldung EP 2178363 wurde von Monsanto Technology LLC 2007 angemeldet und anschließend von Pfizer übernommen. In der ersten Bewertung durch das EPA wurden der Erfindung die Neuheit und Erfindungshöhe ausfolgenden Gründen abgesprochen: Die Erfindung umfasst nach Ansicht des EPA mathematische Formeln, Tierrassen (animal varities), „shemes rule, methodes that involve pure mental acts" und „mere presentation of information". Der Recherchebericht des EPAs vom 18.6.2010 resümiert weiterhin, dass es schwierig ist der Anmeldung irgendein patentierfähiges Material zu entnehmen und die aufgezeigten Mängel als unabänderlich angesehen werden. Die Patentanmeldung stellt eine Kombination der klassischen Index-Theorie mit der genomischen Selektion dar. Diese wurden bereits bei Meuwissen et al. (2001) und Schaeffer (2006) beschrieben.[749] Es ist davon auszugehen, dass diese Veröffentlichungen stark gegen eine Patentierung sprechen.[750] Weiterhin wird in den Produktansprüchen des angemeldeten Patents seitens des EPAs die Verletzung des ordre public gesehen. Es erfolgte eine anschließende Änderung der Ansprüche durch den Anmelder, das erneute Prüfverfahren vor dem EPA wurde angestrengt. Bezüglich der geänderten Ansprüche bezweifelt das EPA in seiner Prüfung, dass diese eine erfinderische Tätigkeit belegen. Die Marker Assisted Selektion (MAS) ist gemäß der Veröffentlichungen D1 sowie D3-D6 Stand der Technik. Die Besonderheit, das sich die MAS auf speziell vorgegebene 121 Marker beziehe, sei nicht ausreichend, um eine erfinderische Tätigkeit zu begründen, da kein technischer Effekt zwischen den Markern und der erwünschten Eigenschaften bei Kühen nachgewiesen werden kann. Weiterhin wäre ein Fachmann nicht in der Lage die angegebene Erfindung nachzuvollziehen. Hinzu kommt, dass die Ansprüche 1-7 in den Bereich der gedanklichen Tätigkeiten fallen (Art. 52 EPÜ), die nicht patentierbar sind. Darüber hinaus wird den beschriebenen Methoden in den Ansprüchen 1-7 die gewerbliche Anwendbarkeit abgesprochen[751] Auf diesen Prüfungsbescheid erfolgte seitens des Anmelders keine Antwort. Daraufhin gilt die Anmeldung seit dem 13.7.2011 als zurückgenommen.[752]

---

749 Ergänzender Europäischer Recherchebericht, siehe https://register.epo.org/espacenet/application?documentId=EQERXV2M5628FI4&number=EP08794502&lng=de&npl=false (17.1.2018).

750 *Lind* 2011a.

751 Anlage zum Bescheid der Prüfungsabteilung v. 27.1.2011, siehe https://register.epo.org/espacenet/application?documentId=ERAOY12R8708FI4&number=EP08794502&lng=de&npl=false (22.9.2011).

752 Siehe https://register.epo.org/espacenet/application?documentId=ERXX0GB03195353&number=EP08794502&lng=de&npl=false (24.8.2011).

Verfahren zur künstlichen Auswahl von Reagenzien

Patentnummer:	EP 2120543 / WO 2008074101
Anmelder:	AGRICULTURE VICTORIA SERV PTY [AU]
Anmeldetag:	21.12.2006
Rechtsstand:	Prüfungsverfahren läuft (Stand 22.1.2018)
Problembereiche	transgene Tiere, Erfindungshöhe, bereits bekannte Verfahren
Einsprüche:	keine
Verhandlung:	keine

Zusammenfassung:

Die Patentanmeldung beansprucht eine Methode zur Auswahl eines einzelnes Gens oder eines Locus. Dies geschieht durch die Methode der Genotypisierung eines Individuums in einer aktuellen Population, um herauszufinden, ob eine oder mehrere informative Marker in einem Chromosomensegment vorhanden sind. Anschließend werden die Marker anhand eines bei den Vorfahren oder Foundertieren ermittelten Marker auf Übereinstimmung überprüft. Daraus wird ein Zuchtwert für die genetischen Informationen geschätzt. Es wird weiterhin eine computerbasierte Methode zur Datenverarbeitung und Schätzung des Zuchtwertes sowie die Verwendung dieser Methode zur Auswahl von Individuen und deren Verwendung zur Zucht, künstlichen Besamung, in vitro Fertilisation, Embryotransfer und transgenen Methoden beansprucht.[753]

---

[753] *Lind* 2011a.

Juristische Analyse:

In der ersten Begutachtung der Anmeldung weisen die Prüfer des Europäischen Patentamtes darauf hin, dass die meisten Ansprüche die Neuheit, die zur Erlangung eines Patentes notwendig ist, vermissen lassen. Des Weiteren wird für die Ansprüche der erfinderische Schritt angezweifelt.[754] Die Ansprüche wurden daraufhin von 42 auf 18 Ansprüche reduziert.

Nach der Stellungnahme zum europäischen Recherchebericht vom Dezember 2009 lassen die Ansprüche 4-13 und 18 die erfinderische Tätigkeit vermissen (Art. 56 EPÜ), weil in der Mehrzahl Ausführungen beschrieben sind, die dem Fachmann bekannt sind. Weiterhin wird keine der angegebenen Ausführungen mit einem technischen Effekt assoziiert, die einem Fachmann nicht bekannt sind.[755] Zwischenzeitlich galt die Anmeldung als zurück genommen[756] Am 8.11.2011 hat der Patentinhaber als Reaktion auf den Prüfungsbescheid geänderte Ansprüche eingereicht[757] Hierauf gab es einen erneuten Prüfbericht des EPAs, der dem Anmelder nahe legt, einen neuen Anspruch mit Berücksichtigung der erwähnten Punkte zu formulieren.[758] Daraufhin wurden geänderte Ansprüche vom Anmelder eingereicht[759] Dies geschah jedoch nicht in der vom EPA gesetzten Frist woraufhin die Anmeldung gemäß Art. 94 (4) EPÜ als zurück genommen galt. Der Patenthalter beantragte hierauf eine Verlängerung der Frist, die ihm eingeräumt wurde. Der Prüfbe-

754 *Lind* 2011a.

755 Europäischer Recherchebericht v. 29.12.2010 verfügbar siehe https://register.epo.org/espacenet/application?documentId=EQ5182758830FI4&number=EP07855371&lng=en&npl=false (14.7.2011).

756 Siehe https://register.epo.org/espacenet/application?number=EP07855371& tab=main.

757 Siehe https://register.epo.org/espacenet/application?documentId=ESFTJTER8114FI4&number=EP07855371&lng=en&npl=false (9.11.2012).

758 siehe https://register.epo.org/espacenet/application?documentId=ESLS987N0154FI4&number=EP07855371&lng=en&npl=false (9.11.2012).

759 siehe https://register.epo.org/espacenet/application?documentId=ETDOYMK74657FI4&number=EP07855371&lng=de&npl=false (15.1.2013).

richt der eingereichten Ansprüche ergab, dass die Ansprüche 2-14 sowie 17-21 nach Art. 56 EPÜ nicht neu sind, weil diese nicht mit einem technischen Effekt assoziiert sind, die einem Fachmann nicht bekannt sind.[760] Daraufhin wurden vom Anmelder die abgeänderten Ansprüche eingereicht.[761] Eine Einwendung Dritter Juni 2017 stellt die erfinderische Tätigkeit nach Art.56 EPÜ der angegebenen Ansprüche in Frage. Die Erfindung basiere auf „well-known an established principles and ideas".[762] Daraufhin hat der Anmelder die überarbeiteten Patentansprüche im November 2017 eingereicht. Diese befinden sich noch im Prüfverfahren.[763] Zwischenzeitlich erfolgten im März 2018 Einwendungen von Dritten.[764]

Auf dem ganzen Genom basierende genetische Bewertungs- und Auswahlverfahren

Patentnummer:	WO 2008025093
Anmelder:	INNOVATIVE DAIRY PRODUCTS PTY [AU]; RAADSMA HERMAN [AU]; TIER BRUCE [AU]; WOOLASTON ALEXANDER FREDERICK [AU]; MOSER GERHARD CHRISTIAN [AU]
Anmeldetag:	31.8.2007
Rechtsstand:	Patent gilt als zurück genommen aus formalen Gründen seit dem 25.12.2009

760 Mitteilung der Prüfungsabteilung, siehe https://register.epo.org/espacenet/application?documentId=ESLS987N0154FI4&number=EP07855371&lng=en&npl=false (15.1.2013).

761 Siehe https://register.epo.org/application?documentId=EZL00VLH2254DSU&number=EP07855371&lng=de&npl=false (29.1.2018).

762 Einwendungen Dritter v. 8.6.2017, Akte 07855371.6, siehe https://register.epo.org/application?documentId=E0I6QMCL3187DSU&number=EP07855371&lng=de&npl=false (29.1.2018).

763 Stand: 22.1.2018.

764 Einwendungen Dritte v. 13.3.2018 siehe: https://register.epo.org/application?documentId=E1MXDIHK2409DSU&number=EP07855371&lng=de&npl=false

Problembereiche:	breite Ansprüche
Einsprüche:	kein Einspruch erfolgt
Verhandlung:	keine

Zusammenfassung:

Die Erfindung beanspruchte eine Methode oder ein Verfahren zur Schätzung des genetischen und phänotypischen Gewinns von Individuen mit Hilfe von genomweiten Markerinformationen.

Juristische Analyse:

Nach Einschätzung von Frau Lindgibt es – trotz der Tatsache, dass SNPs für das gesamte Genom bestimmt werden können – keine Methode die genomischen Daten auf der Grundlage des gesamten Genoms zu verarbeiten.[765] Die Erfinder haben eine Methode zur Schätzung von Zuchtwerten und phänotypischen Leistungen auf der Basis von SNP-Daten entwickelt. Dafür wird die genomweite Variation in den SNP-Daten genutzt, um die Abweichungen der Zuchtwerte des Phänotyps zu errechnen (integrating dimension reducing, SNP selection to reduce the number of dimensions in the original SNP data, optimize model selection for maximum predictive accuracy) Weiterhin führte sie aus, dass die verwendeten Methoden zeigen, dass eine Auswahl von Markern ausreicht, um einen großen Anteil der Variation in einem bestimmten Merkmal in der Population zu erklären. Im vorläufigen internationalen Rechercheberichtvom 10.3.2009 wird festgestellt, dass lediglich die Ansprüche 1, 2, 13-61, 65 den Kriterien einer Erfindung gemäß Art. 35 Abs. 2 PCT entsprechen.[766] Daraufhin hat es keine Erwiderung Änderungen diesbezüglich seitens des Anwenders gegeben. Das Patent gilt

[765] *Lind* 2011b.

[766] Internationaler vorläufiger Prüfbericht siehe https://register.epo.org/espacenet/application?documentId=EOKTR6R81768FI4&number=EP07800233&lng=en&npl=false (29.1.2018).

seit dem 25.12.2009 als zurückgenommen, weil die Gebühren nicht gezahlt wurden.[767]

Verfahren zur Bestimmung eines Zuchtwertes auf der Basis mehrerer genetischer Marker

Patentnummer:	EP 2342665/ WO 2010020252
Anmelder:	VIKING GENETICS FMBA [DK]; UNIV AARHUS [DK];
Anmeldetag:	19.8.2008
Rechtsstand	Patent wurde zurückgenommen am 13.9.2013
Problembereiche	sehr breite Ansprüche, Erfindungshöhe, bereits bekannte Verfahren
Einsprüche	Kein Einspruch erfolgt
Verhandlung:	keine

Zusammenfassung:

Die Patenanmeldung EP 2342665 wurde von Viking Genetics FMBA und der Aarhus Universität eingereicht. Es wird ein Verfahren zur Ermittlung individueller Effekte beansprucht, welches mit Hilfe von einer Vielzahl von Markern für die Merkmale Eutergesundheit, Fruchbarkeit sowie weitere Gesundheitsmerkmale durchgeführt wird. Hierfür werden 100 Referenztiere mit ihrem genetischen Material sowie ihren Gesundheitsmerkmalen (Eutergesundheit, Fruchbarkeit etc. bereitgestellt. Es wird der individuelle Effekt der genetischen Marker auf die o.g Merkmale der Referenztiere ermittelt.[768]

767 siehe https://register.epo.org/espacenet/application?number=EP07800233&lng=en&tab=main (29.1.2018).

768 Vgl. *Lind* 2011a.

Weiterhin wird eine „Methode zur Schätzung von genomischen Zuchtwerten beansprucht, in dem die zuvor beschriebene Methode auf Tiere mit wenigen phänotypischen Informationen angewandt wird".[769] Darüber hinaus wird ein Computerprogramm für die oben beschriebene Methode beansprucht.

Nach Einschätzung von Frau Lind ist die Patentanmeldung sehr weitreichend, da neben den Ansprüchen auf die Ermittlung genomischer Zuchtwerte für die Gesundheitsmerkmale alle Methoden (BayesA, BayesB, MA-BLUP) zur Berechnung mit beansprucht werden und sich ein Anspruch auf die Verwendung der SNPs von dem Illumina Bovine SNP50 BeadChip bezieht.[770]

Juristische Analyse:

Nach dem internationalen vorläufigen Bericht über die Patentierbarkeit entsprechen die Ansprüche 1-34 nicht den Neuheitskriterien (Art. 33 Abs. 2 PCT) da schon vergleichbare Methoden zur Zuchtwertschätzungen in anderen Patenten enthalten sind (WO2008/074101; WO 2007/090397; WO 2008/ 025093; WO2007/112490; WO 2007090399; EP 953658) Weiterhin wird der Erfindung in den Ansprüchen 1-34 die erfinderische Tätigkeit abgesprochen.[771] Als Reaktion auf den Prüfbericht hat der Anmelder am 21.11.2011 geänderte Ansprüche eingereicht.[772] Daraufhin erwiderte die Prüfungskommission, dass die Ansprüche 1 - 15 nicht neu sind, da die beschriebenen genetischen Marker bereits in Publikation D13 beschrieben werden. Darüber hinaus beinhaltet Anspruch 10 ein Verfahren zur markgestützten Züchtung. Diese ist nach der Entscheidung zu Brokkoli (G 2/07) und Tomate (G 1/08) als im Wesentlichen biologisch zu sehen und dementsprechend von der Patentierung ausgeschlossen. Abschließend teilt die Prüfungskommission mit,

---

[769] *Lind* 2011a, S. 4.

[770] *Lind* 2011a.

[771] Vorläufiger internationaler Report der Patentierbarkeit v. 10.3.2011, siehe https://register.epo.org/espacenet/application?documentId=ERG5GNG67599FI4&number=EP09776262&lng=en&npl=false (19.8.2011).

[772] Siehe https://register.epo.org/espacenet/application?documentId=ESHOXLHG6682FI4&number=EP09776262&lng=en&npl=false (29.1.2018).

dass keine Grundlage für neue Ansprüche in den alten Ansprüchen gesehen wird und dies ein Indiz für die Zurückweisung der Anmeldung nach Art. 54 EPÜ darstellt.[773] Anschließend erfolgte die Einreichung geänderter Ansprüche durch den Anmelder: Anspruch 13 wurde gestrichen, Anspruch 10 bezieht sich nun auf „selecting bovine subjects for breeding puposes" und bezieht nach Aussagen des Anmelders nicht mehr auf sexuelle Kreuzung von Genomen. In Bezug auf D13 gab der Anmelder zu bedenken, dass sich die beschriebene Methode nicht auf das Merkmal der Eutergesundheit bezieht, wie in vorliegender Anmeldung es der Fall ist.[774] Die in Bezug auf die eingereichten Änderungen anberaumte mündliche Verhandlung fand, wegen zuvor getätigter Einwendungen Dritter im August 2013, nicht statt. Die Einwendungen belegten, dass die verwendete Methode bereits genutzt wird (verschiedene Veröffentlichungen von 2003- 2008 aus den USA und einem Patent in Neuseeland) und somit die erfinderische Tätigkeit nach Art. 56 EPÜ nicht vorliegt.

Die Publikationen lagen bereits zum Anmeldezeitraum vor und wurden demnach nicht im Recherchebericht erfasst. Der Anmelder nahm das Patent am 13.9.2013 zurück.[775]

Marker-unterstützte Auswahl von Rindvieh für verbesserte Milchproduktion unter Verwendung des Diacyl Glycerin-Acyl- Transferase Gens DGAT 1 ("Milchkuhpatent")

Patentnummer:	EP 1330552

[773] Mitteilung der Prüfungskommission v. 5.7.2012, siehe https://register.epo.org/espacenet/application?documentId=ETC0HKWZ5863FI4&number=EP09776262&lng=en&npl=false (29.1.2018).

[774] Antwort des Anmelders v. 15.11.2012, siehe https://register.epo.org/espacenet/application?documentId=ETW4OOFU2531FI4&number=EP09776262&lng=en&npl=false (29.1.2018).

[775] Siehe https://register.epo.org/application?documentId=EU10PYDM6490FI4&number=EP09776262&lng=en&npl=false (29.1.2018).

Anmelder:	GEORGES MICHEL ALPHONSE JULIEN [BE]; COPPIETERS WOUTER HERMAN ROBER [BE]; GRISART BERNARD MARIE-JOSEE JE [BE]; SNELL
Anmeldetag:	31.10.2001
Rechtsstand:	Patent erteilt am 24.1.2007, Einspruch zurückgewiesen in Verhandlung; Patent widerrufen am 9.10.2015
Problembereiche	sehr breite Ansprüche; Folgegenerationen, transgene Tiere, Produktansprüche, Tierqualzucht
Einsprüche	Einspruch von Greenpeace am 24.10.2007 wurde abgelehnt, Beschwerdeverfahren anhängig T 1589/10
Verhandlung	Verhandlung vor der Einspruchskammer am 3.3.2010, Patent wurde im Wesentlichen bestätigt

Zusammenfassung:

Das Patent EP 1330552 umfasst ein Verfahren zur Züchtung von Kühen, die mehr Milch oder Milch mit veränderten Inhaltsstoffen geben. Dies wird erreicht durch konventionelle Zucht oder den Einbau zusätzlicher Gene in das Genom der Tiere. Dabei wird ein Gen, das mit erhöhter Milchleistung bei Milchvieh in Verbindung gebracht wird, mit Hilfe eines DNA-Markers identifiziert und anschließend isoliert, um so die Zucht von Hochleistungsmilchkühen zu beeinflussen/zu beschleunigen. Das Patent bezieht sich hier nicht auf eine bestimmte Rinderrasse sondern umfasst die gesamte Tierart Rind, woraus sich ableiten lässt, dass das Verbot für Tierrassen nach Regel 27b EPÜ hier nicht wirksam wird. Das Verfahrenspatent erstreckt sich mittels des abgeleiteten Sachschutz auch auf die mit dem Verfahren erzeugten Tiere (Ansprüche 14, 15 und 17) und ihre Nachkommen. Weiterhin werden Milch und die daraus hergestellten Produkte beansprucht (Ansprüche 18-22). Der Patentantrag erstreckt sich auch auf transgene Kühe (Ansprüche 44-50). Das Patent wurde 2007 an sieben belgische und neuseeländische Züchter erteilt.[776]

Juristische Analyse:

Die erste Prüfung durch das EPA wies den Anmelder darauf hin, dass die Ansprüche7, 14-22, die auf den Ansprüchen 1-6 und 8-12 aufbauen/von ihnen abhängig sind, Verfahren oder Methoden umfassen, die im Ergebnis Informationen „produzieren". Die Ansprüche definierten Methoden, welche die Genotypen von Kühen charakterisieren und „produzieren" somit im Ergebnis Informationen über die Genotypen und keine Kühe. Die Kühe, beansprucht in Ansprüchen 7 und 14-22, stellen keine Produkte der beschriebenen Methode dar, sondern sind fungieren lediglich als bereits vorhanden (präexistente) Kühe deren Genotypen weitergehend charakterisiert wurden im Zusammenhang mit DGAT-1.[777] Die Reichweite des Patentes steht besonders in der Kritik und wird auch seitens des BMELV kritisiert.[778] Im Oktober 2007 erhoben Greenpeace sowie die AbL, Archer Warder, der Bundesverband deutscher Milchviehhalter, das gen-ethische Netzwerk sowie Misereor Einspruch. In ihrem Einspruch gegen EP 1330552 verwiesen die Einwender unter Führung von Greenpeace auf zwei Dokumente mit allgemeinem Bezug zur Thematik – eine Buchpublikation von 1991 und ein undatiertes Dokument der Firma Boehringer Ingelheim. Notwendig wäre hingegen ein statistischer Beweis über signifikant erhöhte Vorkommen der von den Einwendern inkriminierten Phänomene – Totgeburten, Stoff-

776 Patentanmelder sind zu finden unter https://register.epo.org/espacenet/application?number=EP01992795&lng=en&tab=main (29.1.2018).

777 Siehe International preliminary examination report unter https://register.epo.org/application?documentId=EFWQP74QDHXBS05&number=EP01992795&lng=en&npl=false (29.1.2018).

778 Siehe http://www.bmelv.de/SharedDocs/Standardartikel/Landwirtschaft/Tier/Tierhaltung/BiopatenteHintergrund.html (3.9.2011).

wechselerkrankungen, Euterentzündungen und anderer Krankheitssymptome – in der mit dem patentierten Verfahren gezüchteten Population im Vergleich zu anderen Rinderpopulationen.

Die Einwender bezweifelten, dass das Patent auf einer erfinderischen Tätigkeit beruht; weiterhin wurde die Patentfähigkeit nach Art. 52 bis 57 bestritten.[779] Insbesondere berief sich der Einspruch auf Regel 28 (d)[780] EPÜ (in Verbindung mit Art. 53a EPÜ), wonach Verfahren zur Veränderung der genetischen Identität von Tieren, die geeignet sind, Leiden dieser Tiere hervorzurufen, von der Patentierbarkeit ausgeschlossen sind. Das Leiden der Tiere ist nur gerechtfertigt, wenn dem ein wesentlicher medizinischer Nutzen für Mensch oder Tier gegenüber steht.[781] Das EPA wies den Einspruch am 7.5.2010 zurück, da der Einwand nicht ausreichend belegt sei, dass die patentierte Erfindung bei Tieren "Leiden ohne wesentlichen medizinischen Nutzen den Menschen oder das Tier" hervorrufe. Daraufhin wurde seitens Greenpeace am 1.7.2011 Beschwerde eingelegt (T 1589/10).[782] In dieser erfolgte die Forderung, dass entweder die Ansprüche 12-14 oder aber das gesamte Patent zu widerrufen sind. Daraufhin wurde eine mündliche Verhandlung anberaumt, die jedoch nicht stattfand, weil der Anmelder sein Patent nicht aufrechterhalten wollte. Das Patent wurde am 9.10.2015 widerrufen.[783]

---

779 Einspruch durch Greenpeace v. 24.10.2007, siehe https://register.epo.org/espacenet/application?documentId=EMK3GMVC4432900&number=EP01992795&lng=en&npl=false (4.9.2011).

780 Regel 28 (d) EPÜ: „Verfahren zur Veränderung der genetischen Identität von Tieren, die geeignet sind, Leiden dieser Tiere ohne wesentlichen medizinischen Nutzen für den Menschen oder das Tier zu verursachen, sowie die mithilfe solcher Verfahren erzeugten Tiere".

781 Einspruch v. 24.10.2007, siehe https://register.epo.org/espacenet/application?documentId=EMK3GMVC4432900&number=EP01992795&lng=en&npl=false (3.9.2011).

782 Die Beschwerdebegründung ist zu finden unter https://register.epo.org/espacenet/application?documentId=EQQXUIMS1012232&number=EP01992795&lng=de&npl=false (29.1.2018). Der gesamte Verlauf der Beschwerde und die Dokumente sind unter https://register.epo.org/espacenet/application?number=EP01992795&lng=de&tab=doclist (29.1.2018).

783 Siehe https://register.epo.org/application?documentId=EX1AUSRK7206DSU&number=EP01992795&lng=en&npl=false (29.1.2018).

Verwendung eines Einzelnukleotid-Polymphorphismus im codierenden Bereich des Leptinrezeptor aus Schwein zur Verbesserung der der Schweinefleischproduktion („Schweinepatent")

Patentnummer:	EP 1651777
Anmelder:	MONSANTO TECHNOLOGY LLC [US]
Anmeldetag:	16.7.2004
Rechtsstand:	Patent widerrufen nach Einspruch 29.4.2010 (erteilt am 16.7.2008)
Problembereiche:	Mangelnde Offenbarung, Erfindungshöhe, bereits bekannte Verfahren, im Wesentlichen biologische Zuchtverfahren, Folgegeneration
Einsprüche:	1-12 Einsprüche von Privatpersonen 13 Verband katholisches Landvolk, 14-17 Privatpersonen, 18 BUND, (1-18 gelten nicht als eingereicht); 19 Dt. Bauernverband; 20 Land Hessen, 21 Greenpeace; 22 Siegfried Göpper
Verhandlung:	keine

Zusammenfassung:

Das bereits 2004 angemeldete Patent bezieht sich auf ein Zuchtverfahren, welches die Auswahl von Zuchtschweinen auf der Grundlage von natürlich vorkommenden Genvarianten beschreibt. Die Schweine werden mit Hilfe eines Tests auf das Vorkommen des Leptin-Rezeptor-Gen untersucht, welches für eine schnelle Gewichtszunahme und bessere Fleischqualität verantwortlich ist Dieses Gen kommt natürlicher Weise in der Hausschweinrasse „Schwäbisch-Hällisches Landschwein" vor. Die genetische Analyse soll zu einer geeigneten Zuchttierkombination führen.[784] Der Patentantrag bezog sich ebenfalls auf die aus dem Zuchtverfahren hervorgegangenen Schweine und die Gensequenz.

Juristische Analyse:

Das Patent EP 1651777 wurde am 18.7.2008 an die Firma Newsham Choice Genetics in Europa erteilt Nach der ersten Prüfung des Europäischen Patentamtes blieben von ursprünglichen 30 Ansprüchen, die sich auf die Tiere als solches, DNS-Sequenzen (Oligonukleotide) sowie auf den Testkit bezogen 12 Ansprüche übrig, die sich lediglich auf den Gentest bezogen. Die Argumentation des EPAs stützte sich auf die Grundlagen des anzuwendenden Patentrechts nach dem EPÜ. Die Anforderungen des Art. 52 Abs. 2 EPÜ waren demnach nicht erfüllt, da nach Art. 54 Abs. 1 und 2 EPÜ die Neuheit für die Ansprüche 10, 11, 15 und 16 nicht gegeben war, da Schweine, die den genannten Polyphormismus besitzen bereits existieren und das Allel durch konventionelle Züchtung und die Auswahl der erwünschten Erbeigenschaften angereichert werden kann. Die Ansprüche 6-8 entsprachen ebenfalls nicht den Kriterien der Neuheit. Weiterhin waren die Anforderungen des Art. 52 (2) nicht erfüllt, da der Gegenstand der Ansprüche 1-12 keine erfinderische Tätigkeit nach Art. 56 EPÜ darstellt. Die Gründe dafür sind, dass die Auswahl von Primern und Sonden eine Standardprozedur für den Fachmann darstellt und somit keine erfinderische Tätigkeit darunter zu subsumieren ist, dieselbe Begründung gilt für Anspruch 4. Des Weiteren war die Klarheit gemäß Art. 84 EPÜ[785] in Verbindung mit Regel 29(1) und (3) EPÜ nicht gegeben, die besagt, dass jeder unabhängige Anspruch alle technischen Merkmale/Eigenschaften enthalten muss,

---

784 *EPA* 2009a.

785 Eine ausführliche Begründung der Prüfung des EPAs ist zu finden unter https://register.epo.org/espacenet/application?documentId=EKV21OS90403FI4&number=EP04778518&lng=en&npl=false (19.8.2011).

die für die Erfindung notwendig sind.[786] Daraufhin wurden die Ansprüche vom Patentinhaber entsprechend geändert.[787] Nach einem Einspruch von mehr als 50 Verbänden, 5000 Privatpersonen, sowie der Hessischen Landesregierung im April 2009 wurde das Patent ein Jahr später widerrufen. Der Einspruch stütze sich auf folgende Begründung:

Das Patent erstreckt sich auf im Wesentlichen biologische Verfahren, die nach Art. 52 b EPÜ von der Patentierbarkeit auszuschließen sind. Es handelt sich nicht um eine Erfindung nach Art. 52 und Art. 56 EPÜ, da das beanspruchte Verfahren zur Zucht von Schweinen weder neu noch erfinderisch ist. Weiterhin ist das Patent nicht ausreichend technisch beschrieben gemäß Art. 83 EPÜ, es bleibt unklar, welche Gene genau geeignet sind, um Schweine mit einer verbesserten Mastleistung zu erzielen. Somit liegt hier unzureichende Offenbarung vor, denn ein Fachmann kann die Erfindung nach der Patentbeschreibung nicht ausführen.[788]

Verwaltungsverfahren für Rinderherde („Cornell-Patent")

Patentnummer:	EP 0637200
Anmelder:	CORNELL RES FOUNDATION INC [US]
Anmeldetag:	15.2.1994
Rechtsstand:	Patent widerrufen nach Einspruch am 19.6.2009 (erteilt am 2.5.2002)

786 Communicaiton of the examining division, siehe https://register.epo.org/espacenet/application?documentId=EKV21OS90403FI4&number=EP04778518&lng=en&npl=false (24.7.2011).

787 Geänderte Ansprüche zu finden unter https://register.epo.org/espacenet/application?documentId=ELFRNP8S8877900&number=EP04778518&lng=en&npl=false (24.7.2011).

788 Sammeleinspruch v. 15.4.2009, siehe https://register.epo.org/espacenet/application?documentId=EOQNPL4B8493900&number=EP04778518&lng=en&npl=false (19.8.2011).

Problembereiche:	bekanntes Verfahren, Erfindungshöhe
Einsprüche:	1 Arbeitsgemeinschaft deutscher Rinderzüchter e.V. am 31.1.2003
Verhandlung:	Das Patent wurde nach der Verhandlung am 24.1.2005 widerrufen

Zusammenfassung:

Das erteilte Patent bezieht sich auf ein Verfahren zur Auswertung von züchterischen Daten in der Zucht von Milchkühen. Es handelt sich um statistische computertaugliche Verfahren. Dabei stützt sich die Erfindung auf eine dynamisch mathematische Technik zur Analyse und Erweiterung von Einzelmilchproduktion Datenbanken. Das erklärte Ziel ist die Erhöhung der Milchproduktion. Es werden dabei die besten laktierenden Kühe für die Weiterzucht bestimmt. Die Rinder die nicht den Kriterien entsprechen werden gemerzt, um so die Herdproduktion zu maximieren. Mit der Nutzung von Datenbanken verschiedener Herden kann Zuchtwertschätzung betrieben werden, um die primären A1 Zuchtbullen zu identifizieren. Um die Effizienz zu steigern gibt es die Möglichkeit unterschiedliche Datenbanken von Herden bundesweit zu vernetzen. Das Patent erstreckt sich auf Verfahren, die bei deutschen Züchtern längst üblich sind [789]

Juristische Analyse:

Der Hauptanspruch des Patents (Anspruch 1) ist der Folgende:

Verfahren zur Verwaltung einer Rinderherde enthaltend die folgenden Schritte:

- Sammeln von Daten über die Milchproduktion jedes Mitglieds einer Herde auf einer Routinebasis;

[789] *Then* 2009a, S. 6.

- Verwendung eines mathematischen Herdenverwaltungsmodells zur Modifizierung der Daten, um die aktuelle Produktivität jeder Kuh in der Herde festzustellen;
- Einrichten einer Datenbank für jedes Mitglied der Herde, basierend auf den modifizierten Daten von Schritt (b) und
- Kontinuierliches Aktualisieren der Datenbank

Gekennzeichnet durch:

- Durchführen von physischen Änderungen an der Herde basierend auf Informationen in der Datenbank, um die Milchproduktivität der Herde zu erhöhen

Die Arbeitsgemeinschaft deutscher Rinderzüchter legte im Januar 2003 Einspruch gegen das Patent ein. Sie beriefen sich auf das Fehlen der erfinderischen Tätigkeit nach Art. 56 EPÜ mit der Begründung, dass dem Fachmann dieses Verfahren zur Verwaltung einer Rinderherde wie in Anspruch 1-10 beschrieben, bereits bekannt ist. Weiterhin merkten sie an, dass die Ansprüche 8-10 Art. 123 Abs. 2 EPÜ[790] verletzen sowie nicht den Voraussetzungen nach Art. 53b, wonach im wonach im Wesentliche biologische, Pflanzensorten und Tierrassen von der Patentierung ausgenommen sind.[791] Durch das Widerspruchsverfahren hat sich herausgestellt, dass das zum Patent angemeldete Verfahren bereits genutzt wird und somit keine Neuheit mehr darstellt. Das Patent wurde am 19.6.2009 vom EPA widerrufen. Das gesamte Einspruchsverfahren kostete etwa Euro 100.000.[792]

790 Art. 123 Abs. 2 EPÜ. Eine europäische Patentanmeldung und ein europäisches Patent dürfen nicht in der Weise geändert werden, dass ihr Gegenstand über den Inhalt der Anmeldung in der ursprünglich eingereichten Fassung hinausgeht.

791 Die Einspruchsschrift ist verfügbar unter https://register.epo.org/espacenet/application?documentId=EFQQSYIAMNPHX10&number=EP94910727&lng=de&npl=false (19.8.2011).

792 *Lampe* 2010.

Polyphormismus des IGF2-Gens und verbesserte Produktionseigenschaften

Patentnummer:	EP 1660675 ; WO 2005007881
Anmelder:	UNIV SASKATCHEWAN [CA]
Anmeldetag:	20.7.2004
Rechtsstand:	Patent erteilt am 31.12.2008
Problembereiche:	(bereits bekannte Verfahren?)
Einsprüche:	Kein Einspruch innerhalb der Frist eingelegt
Verhandlung:	keine

Zusammenfassung

Die Universität hält das Patent EP 1660675, das sich mit Verfahren und Genen zur Auswahl von Kühen mit hoher Milchleistung erstreckt. Die Patentansprüche erstrecken sich auf spezielle Verfahren zur Erhöhung der Milchleistung. Auszug aus den Ansprüchen:

- Verfahren zum Identifizieren eines Phänotyps bei Rindern, wobei das Verfahren umfasst: erkennen eines Polymorphismus, der der in dem IGF2 Gen an Position 150 der Sequenz ID Nr. 1 vorhanden ist
- Verfahren nach Anspruch 1, wobei das Erkennen des Polymorphismus umfasst: Isolieren einer genomischen DNA-Probe von Rindern

Juristische Analyse:

Nach der Einschätzung von Frau Lind, sind die Ansprüche gut umschrieben und umfassen nicht zu viel. Das IGF2 Gen sei zwar bekannt, aber die Verbindung zwischen IGF2 und den Merkmalen scheint neu zu sein. Es wurde explizit ein Polymorphismus genannt.[793] (Nach vorläufiger Einschätzung ist die Benennung einer Verbindung zwischen dem IGF2-Polymorphismus und den züchterischen erwünschten Merkmalen tatsächlich neu.[794]) Die Patentinhaber haben das Patent nur in ausgewählten Staaten des EPÜ aufrecht erhalten, in zahlreichen kleineren Staaten gilt das Patent wegen Nichtzahlung der Gebühren als erloschen.[795]

Verbesserung der Embryonalentwicklung und des Überlebens von Embryonen

Patentnummer:	WO 2006078535, EP 1845772
Anmelder:	UNIV TENNESSEE RES FOUNDATION [US]; SCHRICK
Anmeldetag:	13.1.2006
Rechtsstand:	das Patent gilt als zurück genommen (Erneuerungsgebühr wurde nicht entrichtet), closing of application 16.12.2011
Problembereiche:	unvollständige Offenbarung; breite Ansprüche
Einsprüche:	keine
Verhandlung:	keine

Zusammenfassung:

In diesem Patent wird ein PGF2α Antagonist gegen das Prostaglandin F2alpha beansprucht. Das natürlich vorkommende PGF2α ist geeignet,

793 *Lind*, unveröffentlichtes Dokument und Email v. 29.7.2011.
794 *Lind*, unveröffentlichtes Dokument und Email v. 29.7.2011.
795 Dokument siehe http://worldwide.espacenet.com/publicationDetails/inpadoc?CC=EP&NR=1660675A2&KC=A2&FT=D&date=20060531&DB=EPODOC&locale=en_EP (4.9.2011).

bei Säugetieren die Einnistung des befruchteten Eis im Uterus zu verhindern. Der im Patent beanspruchte Antagonist soll den Embryo davor schützen, bei der Einnistung abgestoßen zu werden. Der Anspruch wird daher auf die Verbesserung der Embryonalentwicklung und des Überlebens von Embryonen erhoben.[796]

Juristische Analyse:

Nach Einschätzung von Frau Lind, ist hier als Problem zu sehen, dass ein PGF2α Antagonist beansprucht wird, dies aber nicht genauer beschrieben ist. Daher würden alle Stoffe, die dem PGF2α entgegen wirken, vom Patent umfasst sein. Aus der Sicht von Frau Lind ist hier nicht genug offenbart, da sie es als Fachperson nicht nacharbeiten könnte, und auch viel zu breit beansprucht.[797] Das Patent gilt seit dem 6.9.2011 als zurück genommen aufgrund der Nichtentrichtung der Erneuerungsgebühren.

Auswahl von Tieren nach parental geprägten Merkmalen

Patentnummer:	EP 1141418
Anmelder:	UNIV LIEGE [BE]; MELICA HB [SE]; SEGHERSGENTEC N V [B]
Anmeldetag:	16.12.1999
Rechtsstand:	Patent wurde widerrufen am 12.8.2010
Problembereiche:	breite Ansprüche, Erfindungshöhe, bereits bekannte Verfahren, konventionelle Züchtungsverfahren
Einsprüche:	1 Sammeleinspruch von Greenpeace, Nach der mündlichen Verhandlung wurde das Patent widerrufen.

796 Lind, unveröffentlichtes Dokument und Email v. 29.7.2011.

797 Lind, unveröffentlichtes Dokument und Email v. 29.7.2011.

Verhandlung:	Beantragt für den 29.6.2010 jedoch wieder abgesagt, schriftliche Fortführung der Verhandlung

Zusammenfassung:

Das Patent EP 1141418, am 11.7.2007 für die Universität Liège erteilt, beanspruchte in Anspruch 1 ein „Verfahren zum Auswählen eines Haustieres, so dass dieses gewünschte genotypische Eigenschafen aufweist, bei dem man das Tier auf das Vorhandensein eines elterlich bedingten Quantitativen Trait Locus (QTL) testet"[798]. Dieser Anspruch bezieht sich auf Züchtung bei allen Haustieren, die irgendeine dieser Genvarianten vererbt bekommen. In den weiteren Ansprüchen werden Merkmale, die vor allem mit der Mastleistung von Schweinen in Verbindung stehen, beansprucht. Nach Then geht das Patent von der allgemeinen Beobachtung aus, dass gleiche Gene eine unterschiedliche Ausprägung besitzen abhängig davon, ob sie von der Mutter oder dem Vater vererbt werden. Dieser Effekt wird mit „imprinting" beschrieben und im Patent an bereits bekannten Genen demonstriert.[799]

Juristische Analyse:

Fraglich ist hier, worin die erfinderische Tätigkeit, die Voraussetzung für die Patenterteilung ist, liegen soll. Anspruch 1 beschreibt lediglich ein Auswahlverfahren nachdem man Tiere nach gewünschten Merkmalen auswählt (Selektion). Dieses wird in der Praxis schon lange angewendet und gehört zu den bereits bekannten Verfahren (Stand der Technik). Ein weiteres Ausschlusskriterium der Erfindung von der Patentierbarkeit könnte sich auf Art. 52b EPÜ stützen, wonach konventionelle Züchtungsverfahren von Pflanzen und Tieren von der Patentierbarkeit ausgeschlossen sind. Am 10.4.2008 reichte Greenpeace einen

798 Ansprüche siehehttp://worldwide.espacenet.com/publicationDetails/claims?DB=EPODOC&ND=3&locale=en_EP&FT=D&date=20011010&CC=EP&NR=1141418A2&KC=A2&tree=false (29.1.2018).

799 *Then/Tippe* 2009b.

Sammeleinspruch ein und beantrage den Widerruf des gesamten Patents. Im Einspruch wurde angeführt, dass die Ansprüche keine erfinderische Tätigkeit erkennen lassen (Art. 100b EPÜ), nicht ausreichend offenbart wurden (Art. 100b EPÜ) sowie das im Wesentlichen biologische Züchtungsverfahren beansprucht werden, die gemäß Art. 53 (b) von der Patentierbarkeit ausgeschlossen sind.[800] Daraufhin wurde vom Patentinhaber die mündliche Verhandlung beantragt. Diese sollte am 29.6.2010 vor der Einspruchsabteilung des EPA in München stattfinden. Auf Antrag des Patentinhabers wurde die mündliche Verhandlung abgesagt und die Kammer entschied sich für die schriftliche Fortsetzung der Verhandlungen. Am 12.8.2010 wurde sodann das Patent EP 1141418 widerrufen. Der Widerruf stützt sich im Wesentlichen auf die mangelnde Offenbarung gemäß Art. 83 EPÜ der Erfindung des Hauptanspruchs sowie der Ansprüche des Hilfsantrags 1-4.[801]

System für die Tierzucht

Patentnummer:	EP 1059840
Anmelder:	KRISTOFFER LARSEN INNOVATION A [DK]
Anmeldetag:	2.3.1999
Rechtsstand:	Erteilt am 21.8.2003
Problembereiche:	Kombination bereits bekannter Verfahren (komplexe Ansprüche)
Einsprüche:	kein Einspruch erfolgt

800 Einspruch v. 10.4.2008, siehe https://register.epo.org/espacenet/application?documentId=EM87QKRU0261J12&number=EP99969219&lng=en&npl=false (29.1.2018).

801 Entscheidungsgründe des Widerrufs v. 12.8.2010, siehe https://register.epo.org/espacenet/application?documentId=EQMNYQVJ2407FI4&number=EP99969219&lng=en&npl=false (29.1.2018).

Verhandlung:	keine

Zusammenfassung:

Das Patent EP 1059840 erstreckt sich auf verschiedene bauliche Anlagen zur Schweinezucht. Die 65 Ansprüche des Patentes bestehen aus einer Kombination bereits üblicher Einrichtungen, wie zum Beispiel Schweinehütten, Zäune, Verfahren zur automatischen Registrierung der Tiere etc.[802]

Juristische Analyse:

In diesem Patent wird die Problematik der Kombination bereits bekannter Verfahren besonders deutlich. Es stellt sich hier die Frage, ob diese Kombination den Neuheitskriterien standhalten kann. Das Patent wurde erteilt, es ist kein Einspruch erfolgt.[803]

Markergestützte Rinderauswahl für verbesserte Milchzusammensetzung

(MARKER ASSISTED SELECTION OF BOVINE FOR IMPROVED MILK COMPOSITION)

Patentnummer:	EP 1608773
Anmelder:	BLOTT SARAH [BE]; KIM JONG-JOO [BE]; SCHMIDT-KUNTZEL ANNE [BE]; CORNET ANNE [BE]; BERZI
Anmeldetag:	16.8.2002

802 *Then/Tippe* 2009a, S. 5.

803 Die Patentschrift und weitere Dokumente siehe https://register.epo.org/espacenet/application?number=EP99907327&tab=main (19.8.2017).

Rechtsstand:	Patent erteilt am 20.2.2008
Problembereiche:	Produktansprüche; Folgegenerationen
Einsprüche:	Keiner – Einspruchsfrist abgelaufen
Verhandlung:	keine

Zusammenfassung:

Die vorliegende Erfindung umfasst ein Verfahren zur Genotypisierung (Feststellung der genetischen Hauptmerkmale) von Rindern hinsichtlich Milchzusammensetzung und des Milchvolumens. Dies geschieht durch die Bestimmung der Somatotropin-Rezeptoren (GHR), deren Gene und Polymorphismen mit einer verbesserten Milchleistung in Zusammenhang gebracht werden.

Juristische Analyse:

Die Erfindung umfasste die aus mit dem Verfahren der Genotypisierung ausgewählten Tiere (Anspruch 8, 17-19). Weiterhin wurden Milch und Samen und die aus der Milch hergestellten Produkte beansprucht. Die ursprünglichen Ansprüche wurden nach der ersten Prüfung durch das EPA von 25 auf 20 reduziert.[804] Das am 20.2.2008 erteilte Patent bezieht sich nun nur noch auf das Auswahlverfahren, die Nutzung der dabei verwendeten Gensequenzen und eines Analysewerkzeugs.[805] Nach Ablauf der Einspruchsfrist wurde das Patent EP 1608773 am 20.2.2008 erteilt. Das Patent ist gültig in Großbritannien, Frankreich, Irland und Deutschland. In den anderen angemeldeten Staaten ist es erloschen.

---

804 Die ursprünglichen sowie abgeänderten Ansprüche der Erfindung sind zu finden unter https://register.epo.org/espacenet/application?number=EP02768190&lng=en&tab=doclist (19.8.2017).

805 Die ursprünglichen sowie abgeänderten Ansprüche der Erfindung sind zu finden unter https://register.epo.org/espacenet/application?number=EP02768190&lng=en&tab=doclist (19.8.2017).

Verfahren zur kombinatorischen Optimierung von Pflanzen und Tierzucht

Patentnummer:	EP 1129615
Anmelder:	OM PARTNERS HORTICA [BE]
Anmeldetag:	1.3.2000
Rechtsstand:	Patent erloschen aufgrund nicht gezahlter Gebühren/ nicht eingereichter Übersetzungen am
Problembereiche	im wesentliche biologische Züchtungsverfahren; Erfindungshöhe (mathematische Formeln), Kombination von bereits bekannten Verfahren
Einsprüche	Kein Einspruch innerhalb der Frist eingelegt
Verhandlung	keine

Zusammenfassung:

Das Patent EP 1129615 der Firma OM Partners Hortica beschreibt ein Verfahren zur kombinatorischen Optimierung von Pflanzen- und Tierzucht. Dazu werden Computerprogramme verwendet, mit deren Hilfe ausgewählte genetische Merkmale von Elterntieren beim Nachwuchs maximiert werden sollen.

Juristische Analyse:

Das Patent erstreckt sich auf die Zucht von Tieren und Pflanzen Nach Then handelt es sich um ein Patent, dass auf alle Größen passt.[806]Fraglich ist hier worin die Erfindung dieses Patents liegt. Es werden hier verschiedene bereits bekannte Züchtungsmethoden beschrieben.

[806] Then/Tippe 2009b.

Das patentierte Verfahren umfasst mehrere Einzelschritte, die für sich genommen nicht patentierbar sind, insbesondere mathematische Formeln und Algorithmen als Grundlage der statistischen Auswertung von Züchtungsdaten sind, wobei mathematische Methoden nach Art. 52 Abs. 2 EPÜ von der Patentierbarkeit ausgeschlossen sind. Weiterhin sind im Wesentlichen biologische Züchtungsverfahren in den Ansprüchen enthalten. Der Umstand, dass das mittlerweile erloschene Patent im Jahr 2003 erteilt wurde, wirft die Problematik auf, dass hier mehrere Verfahrensschritte, die für sich genommen jeweils ausdrücklich von der Patentierbarkeit ausgenommen sind, als Teil eines mehrschrittigen Verfahrens patentiert wurden.

Das Patent wurde 2003 erteilt, ist jedoch mittlerweile erloschen. Die Gründe in den jeweiligen Ländern sind einerseits nicht abgegebene Übersetzungen der Ansprüche oder nicht gezahlte Gebühren.

System und Verfahren zur Identifikation von erwünschten Merkmalen bei Tieren

Patentnummer:	WO 2007149455
Anmelder:	BOVIGEN LLC [US]; CASTELLON VICTOR [US]; GUNTER CALVIN
Anmeldetag:	19.6.2007
Rechtsstand:	Patent gilt als zurück genommen seit dem 19.6.2009, keine Entrichtung der filing/ search fee
Problembereiche:	Erfindungshöhe , bekannte Verfahren
Einsprüche:	keine
Verhandlung	Keine

Zusammenfassung

Das Patent WO 2007149455 beansprucht Computerprogramme zur Auswertung von Zuchtdaten bei Kühen, Schweinen, Pferden, Fischen, Hühnern, Krebsen und Muscheln.

Juristische Analyse:

Fraglich ist hier die Patentierung von Computerprogrammen, den ein Algorithmus zugrunde liegt und die aus diesem Grund nach Art. 52 EPÜ von der Patentierbarkeit ausgeschlossen sind. Somit sind die Voraussetzungen zum Vorliegen einer Erfindung nicht erfüllt. Im vorläufigen internationalen Bericht zur Patentfähigkeit vom 15.1.2009 wird allen 9 Ansprüchen der Erfindung die erfinderische Tätigkeit und die Neuheit abgesprochen, da die aufgeführten Methoden bereits beschrieben wurden.[807] Der Patentantrag wurde aus formalen Gründen zurückgewiesen (Nichtentrichtung der Gebühren).

Genetische Marker und Methoden zur Verbesserung der Genetik von Schweinen

Patentnummer:	WO 2008024227
Anmelder:	MONSANTO TECHNOLOGY LLC [US]; CLUTTER ARCHIE C [US]; DU FENGXING [US]; GRAPES LAURA [US]; GROSZ MICHAEL D [US]; TAO NENGBING [US]
Anmeldetag:	13.8.2007

[807] Siehe https://register.epo.org/espacenet/application?documentId=EOD4U2GI6328FI4&number=EP07845200&lng=en&npl=false (24.7.2011).

Rechtsstand:	Patent gilt als zurück genommen, (Gebühren nicht bezahlt) seit dem 6.8.2010
Problembereiche	Erfindungshöhe, bekannte Verfahren
Einsprüche	Keine
Verhandlung	Keine

Zusammenfassung:

Die vorliegende Erfindung umfasst Zusammensetzungen und Verfahren für die Bestimmung des Genotypes eines Tieres und die Auswahl von Tieren mit einem gewünschten Genotyp. Dafür beansprucht die Erfindung isolierte Nukleinsäuremoleküle und analytische Kits, die bei der Bestimmung eines Genotyps bei Tieren Verwendung finden.

Juristische Analyse:

Gemäß dem Rechercheberich waren alle Kriterien eines Patentes nach PCT erfüllt (erfinderische Tätigkeit, Neuheit, gewerbliche Anwendbarkeit). Aufgrund der nicht entrichteten Gebühren wurde das Patent zurück genommen.[808]

Es gibt eine zweite Patentanmeldung unter der Nummer WO2009055805 vom gleichen Anmelder mit demselben Titel (Genetische Marker und Methoden zur Verbesserung der Genetik von Schweinen)und Ansprüchen Diese gilt ebenfalls als zurück genommen. Dort wurden im internationalen Bericht über die Patentierbarkeit den Ansprüchen 1-4, 6-9, 11-14, 16-21, 23-42, 44 die erfinderische Tätigkeit abgesprochen. Die Ansprüche 30, 31, 38 wurden als nicht neu angesehen.[809]

808 Schlussverfügung EPA siehe https://register.epo.org/espacenet/application?documentId= EQLSX66L7613838&number=EP07811306&lng=de&npl=false (30.8.2011).

809 Internationaler Bericht über die Patentierbarkeit, siehe https://register.epo.org/espacenet/application?documentId=EP9YYYBO7102FI4&number=EP08843306&lng=en&npl=false (24.7.2011).

Beschleunigungsverfahren der Entwicklung von Saugferkeln

Patentnummer:	EP 2179743
Anmelder:	BIOCHEFA
Anmeldetag:	13.7.2009
Rechtsstand:	Patent erteilt am 2.8.2012
Problembereiche:	mangelnde Offenbarung
Einsprüche:	keine
Verhandlung:	keine

Zusammenfassung:

Das Patent EP 2179743 umfasst ein Verfahren, um die Entwicklung und Verbesserung der Gesundheit bei Saugferkeln zu beschleunigen. Dieses beinhaltet die Verabreichung eines Prolactin-Präparates in Form einer isotonischen Lösung an neugeborene Ferkel.

Juristische Analyse

Die Patentanmeldung umfasst lediglich einen Anspruch:

„Beschleunigungsverfahren der Entwicklung und Verbesserung der Gesundheit von Saugferkel, das in Anwendung der aufweisenden Prolaktin-Präparate besteht, gekennzeichnet dadurch, dass man einmalig durch den Mund den eintägigen Ferkeln das aufweisende Prolaktin-Präparat der wässrige-isotonische Lösung, in Menge von 0,001 mg. bis

1,0 mg. vorteilhaft von 0,1 mg. bis 0,4 mg. auf ein Kilogramm der Körpermasse anwendet."[810]

Im europäischen Recherchebericht vom 15.2.2010 wurden keine einschlägigen Dokumente gefunden, die gegen die Neuheit sprechen.[811] Nach einem Schriftwechsel mit der Prüfungskommission erfolgte eine kleine Änderung des Anspruchs bezüglich der Bezeichnung des Verfahrens „Beschleunigungsverfahren der Entwicklung von Saugferkeln"[812] Am 2.8.2012 wurde das Patent erteilt.

Genetische Verbesserung von Endebern

Patentnummer:	EP 1651030
Anmelder:	Monsanto Technology LLC, USA
Anmeldetag:	26.7.2004
Rechtsstand:	Patentanmeldung gilt als zurückgenommen, Schließung der Anmeldung am 18.6.2009
Problembereiche	Im Wesentlichen biologische Verfahren, Neuheit, Erfindungshöhe, product-by-process
Einsprüche	keine
Verhandlung	keine

Zusammenfassung:

[810] Anspruch siehe http://worldwide.espacenet.com/publicationDetails/claims?CC=EP&NR=2179743A1&KC=A1&FT=D&ND=3&date=20100428&DB=EPODOC&locale=en_EP (29.1.2018).

[811] Europäischer Recherchebericht v. 15.2.2010, siehe https://register.epo.org/espacenet/application?documentId=EPY1XNAQ7344FI4&number=EP09460028&lng=de&npl=false (29.1.2018).

[812] Geänderte Ansprüche, siehe https://register.epo.org/espacenet/application?documentId=ERYTD7HX0658936&number=EP09460028&lng=en&npl=false (29.1.2018).

Die Patentanmeldung EP 1651030 umfasste ein Verfahren zur Herstellung von Endebern. Darüber hinaus wurde eine Herde beansprucht, die mit den Methoden des Anspruches 1 oder 33 hergestellt worden ist.

Juristische Analyse:

Die Anmeldung umfasst 69 Ansprüche. Die Mitteilung der Prüfungsabteilung stellt fest, dass die Züchtungsmethoden in den Ansprüchen 1-65 im Wesentlichen biologischen sind und keine technischen Schritte erkennen lassen. Die Ansprüche 43-61 der Anmeldung sind nicht neu, weil die beschriebenen Herden nicht von den Schweineherden zu unterscheiden sind, die bereits in verschiedenen Dokumenten genannt werden (D1-D4). Darüber hinaus merkt die Prüfungsabteilung an, dass die zuvor genannten Ansprüche Produkte beschreiben, die über ihre Herstellung beschrieben werden, es sich also um sogenannte „Product-by-Process"-Ansprüche handelt.Die PbP-Ansprüche sind ein Hilfskonstrukt, welches Anwendung findet, wenn es keine anderen Informationen in der Anmeldung über die Komposition, die Struktur oder andere geeignete Parameter gibt, um die Produkte zu beschreiben. Die Produkte müssen jedoch unabhängig vom Verfahren den Kriterien der Neuheit entsprechen.

Seitens des Patentinhabers erfolgte keine Erwiderung oder Änderung der Ansprüche. Daraufhin wurde die Anmeldung zum 18.6.2009 geschlossen.

Methode zur Verbesserung der Tierzüchtung

Patentnummer:	EP 1506316
Anmelder:	MARQUESS FOLEY LEIGH SHAW [CA]
Anmeldetag:	21.5.2002
Rechtsstand:	Patent erteilt am 16.1.2008, widerrufen am 12.9.2012

Problembereiche:	Breite Ansprüche
Einsprüche:	15.10.2008 Greenpeace / Misereor / Dr. C. Then / Dr. R. Tippe
Verhandlung:	Verhandlung am10.8.2012 Den Haag

Zusammenfassung:

Das Patent EP 1506316 wurde am 16.1.2008 für Züchter aus Kanada erteilt und beansprucht eine Methode zur Verbesserung der Ausbeute in der konventionellen Tierzucht. Hierzu werden Tiere auf das Vorhandensein eines Gens, welches in Verbindung mit Fettzunahme steht, selektiert und anschließend so miteinander gekreuzt, dass eine optimale Kombination der Allele vorliegt. In der Anmeldung werden insbesondere Rinder und Schweine genannt (Anspruch 12 und 13) [813]

Juristische Analyse:

Das Patent EP 1506316 umfasste insgesamt 27 Ansprüche, die die Auswahl der Tiere und die Einteilung in Untergruppen sowie die Anpaarung der Tiere beanspruchten. Der erste Anspruch bezog sich auf ein „Verfahren zur Erzeugung von Viehuntergruppen der gleichen Art (...) wobei die Tiere jeder Untergruppe ähnliche Körperfett-Prädispositionen aufweisen“[814] Anspruch 8 umfasste die Verpaarung der in Gruppen eingeteilten Tiere. Es wird ein Verfahren beansprucht indem„man potentielles männliches Elternvieh und potentielles weibliches Elternvieh der gleichen Art (...) zusammenbringt, um die Propagierung von Nachkommenschaft zu ermöglichen." In einer ersten Mitteilung weißt das EPA in Anlehnung an den internationalen Prüfbericht daraufhin, dass

[813] No patents on seeds (2011): Patente auf Zucht von Tieren., siehe http://www.alt.no-patents-on-seeds.org/index.php?option=com_content&task=view&id=81&Itemid=20&lang=de (13.2.2018).

[814] Patentschrift siehe https://data.epo.org/publication-server/pdf-document?pn=1506316&ki=B1&cc=EP (29.1.2018).

die Ansprüche 1-20 nicht den Anforderungen nach Art. 52 Abs. 1 EPÜ genügen, weil diese keinen erfinderischen Schritt erkennen lassen (Art. 56 EPÜ). Zudem sind Ansprüche 1, 10 und 17 nicht klar beschrieben, weil der Genotyp nach dem die Tiere ausgesucht werden in den beschriebenen Methoden nicht enthalten ist.[815] Der Patentinhaber ändert daraufhin die Ansprüche 1, 10 sowie 17. Die Ansprüche 20-25 werden gestrichen.[816] Das Patent wird mit 13 Ansprüchen am 16.1.2008 erteilt. Daraufhin legen Greenpeace und Misereor am 15.10.2008 Einspruch ein. Sie stützen sich auf folgende Gründe: Das Patent verwendet ein bekanntes Gen sowie bereits vorher beschriebenen Verfahren zur Tierzucht und ist somit nicht neu (Art. 52 (1)). Es ließe weiterhin die erfinderische Tätigkeit gemäß Art. 56 EPÜ vermissen, weil das benannte Gen in der Patentschrift („ob-Genotyp") bereits in Patent US 6297027 beschrieben worden ist und die Verwendung in der Zucht bereits in Hossner 1998 auf Seite 496 vorgeschlagen wird. Weiterhin beschreibe die Veröffentlichung von Buchanan den Einsatz des Gens bei Rindern. Darüber hinaus wird in Minton 1998 bereits der Zusammenhang genannten Gen und der Fleischqualität von Rindern beschrieben. Das im Patent beschriebene Verfahren sei im Wesentlichen biologisch und damit von der Patentierung auszuschließen gemäß Art. 53 (b).[817] In der mündlichen Verhandlung am 10.8.2012 wurde das Patent widerrufen. Die technische Beschwerdekammer des EPA. Der Patentinhaber hatte 3 zusätzliche Ansprüche im Laufe des Verfahrens eingebracht nachdem die Kammer den geänderten Hauptanspruch als mangelnd offenbart angesehen hatte gemäß Art. 84 EPÜ. Daraufhin wurde im Haupanspruch „producing" durch „managing" ersetzt und zwei weitere Hilfsanträge

[815] Mitteilung der Prüfungsabteilung v. 24.5.2005, siehe https://register.epo.org/espacenet/application?documentId=EI10TI244744LEI&number=EP03732887&lng=en&npl=false (29.1.2018).

[816] Änderung der Ansprüche durch den Anmelder v. 9.3.2006, siehe https://register.epo.org/espacenet/application?documentId=EJ72VFF94085FI4&number=EP03732887&lng=en&npl=false (29.1.2018).

[817] Einspruch v. 15.10.2008, siehe https://register.epo.org/espacenet/application?documentId=ENZ2OJIG5900J11&number=EP03732887&lng=en&npl=false (29.1.2018).

mit Ansprüchen eingereicht, was jedoch letztendlich nichts an der Meinung der Kammer änderte. Anschließend wurde erneut ein geänderter Hauptanspruch sowie weitere und zwei weitere Hilfsanträge mit Ansprüchen eingereicht. Der geänderte Hauptanspruch konnte nicht bestehen, da dieser nach Ansicht der Kammer gegen Art.56 EPÜ verstößt. Daraufhin wurden die in den Hilfsanträge beschriebenen Ansprüche erneut angepasst, die jedoch im Anschluss ebenfalls als nicht erfinderisch eingestuft wurden. Daraufhin wurde das Patent mit Hinweis auf die vielen Änderungen des Patentinhabers während des Einspruchsverfahrens widerrufen.[818]

Verfahren zur Bestimmung des allelischen Zustandes am 5'- Ende des Alpha-S1-KaseinGens

Patentnummer:	EP 1540016
Anmelder:	Justus-Liebig Universität Gießen
Anmeldetag:	15.8.2003
Rechtsstand:	Patent erteilt am 17.12.2008
Einsprüche:	Kein Einspruch innerhalb der Frist erfolgt
Verhandlung:	In der Verhandlung am 18.7.2008 konnten die Bedenken der EPA-Prüfungsabteilung durch den Anmelder entkräftet werden.

Zusammenfassung:

Die Erfindung betrifft einen genetischen Marker am 5'-Ende des alphaS1-Kaseingens (CSN1S1) und des Kaseingen-Komplexes sowie ein Verfahren zur alters- und laktationsunabhängigen Typisierung von

818 Protokoll der mündlichen Verhandlung v. 4.9.2013, siehe https://register.epo.org/espacenet/application?documentId=ETLY8IQX2272FI4&number=EP03732887&lng=en&npl=false (29.1.2018).

Rindern durch Bestimmung des allelischen Zustands in diesem Bereich sowie die Verwendung dieses Verfahrens zur Auswahl von Organismen mit einem bevorzugten Allel, beispielsweise in der markergestützten Selektion.[819]

Verfahren und Zusammenstellungen zur Identifizierung von genetisch resistenten Schweinen gegen F18 E coli assoziierte Krankheiten

Patentnummer:	EP 0985052
Anmelder:	BIOTECHNOLOGY RES & DEV [US]; US AGRICULTURE [US]; SWISS FED INST OF TECH ZUERICH [CH]
Anmeldetag:	20.5.1998
Rechtsstand:	Patent erteilt am 6.8.2003
Problembereiche:	
Einsprüche:	Es wurde kein Einspruch innerhalb der Frist eingelegt
Verhandlung	keine

Zusammenfassung:

Das Patent EP 985052 beschreibt ein Verfahren zur Identifizierung und Zusammenstellung von Schweinen, die gegen mit F18 E coli assoziierte Krankheiten resistent sind.

[819] Zusammenfassung des Patents siehe http://worldwide.espacenet.com/publicationDetails/biblio?FT=D&date=20050615&DB=worldwide.espacenet.com&locale=en_EP&CC=EP&NR=1540016A2&KC=A2&ND=4 (29.1.2018).

Verfahren zur Kryokonservierung von Samenzellen

Patentnummer:	EP 1257168
Anmelder:	XY, LLC
Anmeldetag:	22.11.2000
Rechtsstand:	Patent erteilt am 23.12.2004, Patent am 3.5.2012 aus technischen Mängeln EPÜ 123 widerrufen
Problembereiche	Breite Ansprüche, mangelnde Offenbarung, im wesentliche biologische Züchtungsverfahren, fehlende Neuheit
Einsprüche:	1 Greenpeace, 2 Monsanto Company (zurückgezogen) 3 Breyer, Hildtrud (2005) – Beschwerde eingelegt am 17.6.2008
Verhandlung:	Das Patent wurde in der Verhandlung vom 30.1.2008 im Wesentlichen bestätigt. Es wurde Beschwerde eingelegt (T 1199/08) In der mündliche Verhandlung vom 24.11.2011, wurde die Fortführung der Verhandlung auf den 3.5.2012 verschoben. (Bewertung der Neuheit), Patent wurde widerrufen

Zusammenfassung:

Das Patent EP 1257168 beansprucht eine Methode der Kryokonservierung für nicht menschliches Spermata (Anspruch 1), ein Sampel für gefrorenes gesextes nicht-menschliches Sperma (Anspruch 24) sowie eine Methode bei der das Sperma Sample für in-vitro-Befruchtung und künstliche Insemination genutzt wird (Ansprüche 29 und 30). Dabei erstrecken sich die Ansprüche 29-32 auf das Sperma aller Säugetiere, Rinder, Pferde und Schweine, das mit dem patentierten Verfahren behandelt wurde.[820]

Juristische Analyse:

Das Patent EP 1257168 leitet aus einer ganzen Gruppe von Verfahren zur Kryokonservierung und Selektion von Sperma einen Anspruch auf das mit dem Verfahren behandelte Sperma (Ansprüche 29-32) und dessen Nutzung für Zwecke der künstlichen Insemination und der in-vitro-Befruchtung ab.[821] Es lässt sich allerdings argumentieren, dass lediglich ein Selektions- und damit ein Arbeitsverfahren patentiert wurde, bei dem nichts hergestellt wird. Der Anspruch auf abgeleiteten Stoffschutz erscheint daher nicht gerechtfertigt. Dennoch wurde das Patent 2004 erteilt. Der Einspruch der grünen Europaabgeordneten Hiltrud Breyer (3) aus dem Jahr 2005 wurde in der mündlichen Verhandlung vom 30.1.2008 abgelehnt, daraufhin legte sie Beschwerde ein. Weitere Einsprechende waren Greenpeace (1) und Monsanto (2). Die Beschwerdebegründung stützt sich im Wesentlichen auf die Einspruchsgründe. Hinzugefügt wurde Art. 123 Abs. 2 EPÜ.

Die Beschwerde (T 1199/08-3308) vom 17.6.2008 stützt sich auf die folgenden Argumente:Die beanspruchten Sachverhalte waren nicht patentierbar gemäß Art. 52 Abs. 4, Art. 53a, Art. 53c, Art. 54 Abs. 2, Art. 56 und Art. 57 EPÜ. Die Erfindung entsprach nicht den Kriterien der vollständigen Offenbarung gem. Art. 83 und Art. 100b EPÜ Der Anspruchsgegenstand ging über die ursprüngliche Anmeldung hinaus (Art. 123 Abs. 2 EPÜ) Zusammen mit der Beschwerdebegründung vom 28.8 beantragte der Patentinhaber eine Hauptanfrage (Ansprüche 1-38). Beide Parteien antworteten auf die jeweilige Beschwerdebegründung der anderen Partei. Der Einsprechende fügte einen Widerspruch gemäß Art.

820 Siehe http://worldwide.espacenet.com/publicationDetails/claims?CC=EP&NR=1257168A1&KC=A1&FT=D&date=20021120&DB=&locale=en_ep (5.9. 2011).

821 Siehe http://worldwide.espacenet.com/publicationDetails/claims?CC=EP&NR=1257168A1&KC=A1&FT=D&date=20021120&DB=&locale=en_ep (23.9.2011).

123 Abs. 2 EPÜ gegen die Ansprüche des Anmelders hinzu. Die Kommentare der Beschwerdekammer zur bevorstehenden mündlichen Verhandlung werden im Folgenden kurz aufgeführt: Das Argument des Einsprechenden, dass der Umfang von Anspruch 1 weiter gefasst ist als im praktischen Teil beschrieben, scheint unhaltbar zu sein. Der Anspruch ist im Einklang mit Art. 123 Abs. 2 EPÜ. Es ist unklar, was der Begriff „viable“ (lebensfähig), verwendet in Anspruch 24, beinhaltet. Ausgehend vom gesamten Patent versteht es sich, dass der Erfinder eine Methode entwerfen wollte, welche die Lebensfähigkeit von Sperma am besten erhalten kann. Dies drückt sich jedoch nicht in Anspruch 24 aus und aus diesem Grund ist dieser nicht hinreichend klar beschrieben wie gem. Art. 84 EPÜ („Lack of claritiy“) für eine Patentschrift gefordert wird. Weiter führte die Beschwerdekammer aus, dass es sich bei Anspruch 1 um eine mehrstufige Methode handelt bei der jeder Schritt nur sehr vage beschrieben ist. (hinzufügen von/ „cooling“/ „freezing“). Dies stellt einen Verstoß gegen Art. 83 EPÜ dar.

Der Methode der Kryokonservierung wurde kein spezifisches Auswahlkriterium zugrunde gelegt („any non-human mammalian sperm“). Es gibt nur eine Beschreibung mit klaren Auswahlkriterien für „flow-sorted bovine spermatoza“. Es ist klar aus der Beschreibung zu erkennen, dass jedes Kriterium und jeder Parameter entsprechend unterschiedlich ist für verschiedene Tierarten. Aber für einen Fachmann ist nicht klar, welche Parameter und Auswahlkriterien bei Sperma von anderen Tierarten (außer beim Rind) anzulegen sind. Aus diesem Grund sind alle Ansprüche des Patentes nicht ausreichend offenbart. Weiter merkt die Beschwerdekammer an, dass es klare Rechtsprechung sei, dass nicht nur für die angeführten Beispiele alle Informationen offenbart werden müssen, sondern die gesamte Erfindung beschrieben sein muss, damit ein Fachmann sie ausführen kann.

Art. 53a und Art. 53c EPÜ

Die Argumentation des Einsprechenden, dass sich die Ansprüche der Kryokonservierung auch auf menschliches Sperma beziehen und somit gegen Art. 53a und Art. 53c verstoßen, wird als unhaltbar angesehen, da die sich alle Ansprüche auf „non-human mammalian sperm" beziehen. Keine der Ansprüche 1, 24, 29 (wie oben beschrieben) bezieht sich auf eine Tierrasse (Art. 53b) und Ansprüche 1, 24 und 30 stellen auch keine Tierzüchtungsverfahren dar. In Bezug auf die Methode zur Verwendung von gefrorenem, gesexten Sperma für die in-vitro-Befruchtung (Anspruch 29) gilt es in der Verhandlung zu klären, ob diese Methode ein im Wesentlichen biologisches Verfahren für die Tierzüchtung gemäß Art. 53b EPÜ darstellt. Hierbei soll auch die Brokkoli-Entscheidung (G 1/08) vom Dezember 2010 mit einbezogen werden. Des Weiteren wird die Beschwerdekammer darüber entscheiden, ob die Fragen der Einsprechenden Partei (siehe oben) in Anlehnung an die Brokkoli Entscheidung beantwortet werden können. Außerdem wird die Beschwerdekammer prüfen, ob die fehlende Neuheit gem. Art. 54 EPÜ von Anspruch 24 im Zusammenhang mit Dokument D6 gegeben ist (D6 besagt, dass gefrorenes gesextes Sperma bereits vor dem Anmeldungstag der Erfindung hergestellt wurde). Weiterhin ist die Beschwerdekammer der Auffassung, dass die Kryokonservierung Anwendung findet bei der Präparation von gesextem Sperma für die künstliche Befruchtung und somit kein Verstoße gegen Art. 57 EPÜ (gewerbliche Anwendbarkeit) vorliegt.[822]

In der mündlichen Verhandlung vom 24.11.2011 wurden abgeänderte claims in Form von 13 Auxilary Requests (Hilfsantrag) vom Patenthalter eingereicht. Der Main Request wurde durch den 3rd Auxiliary Request ersetzt. Kurz vor der Verhandlung war eine Veröffentlichung des Patenthalters zur Thematik aufgetaucht, die sich jedoch nicht als neuheitsgefährdend herausstellte. Das Patent wurde hinsichtlich der Art. 123 Abs. 2 und 3, Art. 84 und 83, Art. 54 sowie Art. 53b und Art. 53c

822 Ladung zur mündlichen Verhandlung mit Anlagen v. 19.5.2011, siehe https://register.epo.org/espacenet/application?documentId=ERQN6AYO1296080&number=EP00980267&lng=de&npl=false (20.9.2011).

diskutiert. Hier sah die Kammer keine Widersprüche. Die Diskussion um die Erfindungshöhe hat die Einspruchskammer auf den 3.5.2012 vertagt. Bis zu einem Monat vor der Verhandlung können erneut „written submissions“ eingereicht werden. Der Patenthalter wurde jedoch darauf hingewiesen, dass weitere Hilfsanträge seiner Seite sehr geringe Erfolgschancen eingeräumt werden Es wurden die vom Anmelder in der Verhandlung vom 24.11.2011 eingereichten Auxiliary Requests (1-9) und der Main Request bezüglich des Art. 56 überprüft (obviousness, improvement). Die beiden Hauptdiskussionspunkte in diesem Rahmen waren die Auswahl der Puffersubstanz TRIS (was ist das, ausschreiben!) und die Reihenfolge der Verfahrensschritte insbesondere der „cooling step“. Das vor der letzten Verhandlung aufgetauchte Dokument D30 („Seidel-document“) wurde hier als closest prior art für die Verhandlung von beiden Seiten definiert. Der Einsprechende argumentierte, dass vorgebrachte Ansprüche nie vorher Bestandteil der Anmeldung waren und sprach in diesem Zusammenhang vom „Moving-target-Syndrom“. Er führte weiter an, dass das betreffende Dokument aus dem engsten Forscherkreis des Patentanmelders stammt und es unklar ist, warum dies nicht eher eingereicht wurde. In Bezug auf die Erfinderische Tätigkeit analysierte er die vorliegenden Tests auf ihre Repräsentativität und ging hier sehr ins Detail, naturwissenschaftlich als auch statistisch. Der Patentinhaber begründete sodann die Erfinderische Tätigkeit mit den verschiedensten Dokumenten (wirkte sehr konfus), um dann umzuschwenken, dass es sich bei seinem Patent nicht um eine Verbesserung, sondern um eine alternative Methode handele. Somit wurde die Argumentation des Einsprechenden hinfällig.

Die Einspruchkammer erklärte sodann den Main Request für nicht erfinderisch. Anschließend wurden die Auxiliary Requests 1-9 auf Art. 123 Abs. 2 und Abs. 3 sowie Art. 84/83 EPÜ geprüft. Bereits beim 1 Hilfsantrag wurde ein Verstoß gegen Art. 84 (clarity) festgestellt. Daraufhin stellte der Patentinhaber einen Antrag, alle Produktansprüche und Ansprüche in denen dieses verwendet wurde zu streichen, um so nur noch die Method claims zu erhalten. Dem Antrag wurde nicht stattgegeben, mit der Begründung, dass nun schon bereits zum fünften Mal eine erhebliche Änderung der Ansprüche vorgenommen werde. Daraufhin wurde das Patent aufgrund Art. 123 Abs. 1 und 2 EPÜ widerrufen. Der Einsprechende hatte bereits in der letzten Verhandlung auf eine Behandlung des Art. 53b gedrängt und auch gestern in der Verhandlung nochmals darauf hingewiesen, jedoch ohne Erfolg. Es schien, dass die Kammer diesen Sachverhalt auf keinen Fall verhandeln wollte und sich aus diesem Grund lieber den technischen Mängeln des Patents zuwandte. (Beobachtungen während der Verhandlungen)

Systeme und Verfahren zur Vorhersage eines Vieh-Marketingverfahrens

Patentnummer:	EP 2191427
Anmelder:	Merial Limited
Anmeldetag:	21.8.2007
Rechtsstand:	Patent wurde zurückgenommen am 23.4.2012
Problembereiche:	bereits bekannte Verfahren, mangelnde Offenbarung
Einsprüche:	keine
Verhandlung:	keine

Zusammenfassung:

„Merial beansprucht ein computer-basiertes Verfahren um die Erträge einer Methode zur Viehvermarktung zu ermitteln. Diese Methode umfasst die Ermittlung des Genotyps eines Tieres oder einer Gruppe von

Tieren mit Hilfe der Identifizierung von mindestens zwei Polymorphismen. Anschließend werden diese Daten in einem Computerprogramm verwendet, in dem Schätzwerte für Schlachtkörper und Marktpreise hinterlegt sind. Unter Verwendung dieser Daten wird ein erwarteter Ertrag für die Vielzahl der Genotypen kalkuliert. Es werden unterschiedliche Vermarktungsformen (Premiumsegment, Discountsegment) berücksichtigt."[823]

Juristische Analyse

Das Patent EP 2191427 wurde am 21.8.2007 beantragt. Der vorläufige internationale Bericht über die Patentierbarkeit vom 4.9.2009 stellt fest, dass die Ansprüche 1-16 keine erfinderische Tätigkeit nach Art. 33 Abs. 3 EPÜ, aufweisen. Die beanspruchten Methoden in den Ansprüchen 1-16 werden bereits in den Patenanmeldungen von Jiang et al. (US 2007/0065843 A1) und Kriesel et al. (US 2005/0257748 A1) beschrieben.[824] Im europäischen Recherchebericht vom 21.7.2011 stellt das EPA fest, dass ein Prüfungsverfahren der Ansprüche nicht möglich ist, da diese nach Art. 52 Abs. 2 und 3 von der Patentierbarkeit auszuschließen sind. Die beschriebenen Ansprüche beschreiben keinen technischen Aufbau sondern nur die auszuführenden Programme („While the establishment of genetic properties of an animal may involve the use of technical methods, these methods are not subject of the present application".[825]) Die Ursache ist entweder, dass hier eine mangelnde Offenbarung vorliegt oder diese Methode bereits bekannt sind und somit nicht aufgeführt werden müssen. In beiden Fällen wären die Patentertei-

---

823 *Lind* 2011a.

824 Vorläufiger internationaler Bericht über die Patentierbarkeit, siehe https://register.epo.org/espacenet/application?documentId=EP0YK9AU8558FI4&number=EP08798395&lng=en&npl=false (22.9.2011).

825 Erklärung, dass eine Recherche nicht möglich ist, siehe https://register.epo.org/espacenet/application?documentId=ER0XF3VG3748FI4&number=EP08798395&lng=en&npl=false (22.9.2011).

lungskriterien nicht erfüllt. Der Anmelder wurde seitens des EPA aufgefordert, die bereits kommunizierten Defizite der Patentanmeldung zu beheben, um so die Anmeldung aufrechtzuerhalten.[826] (Stand 9.1.2012).

Das Prolactin-Rezeptorgen als genetischer Marker für eine Wurfgröße bei Schweinen

Patentnummer:	EP 958376
Anmelder:	Iowa State University Research Foundation, Inc.
Anmeldetag:	30.6.1997
Rechtsstand:	Patent erteilt am 16.2.2005
Problembereiche:	
Einsprüche:	Es wurde kein Einspruch innerhalb der Frist eingelegt.
Verhandlung:	Keine

Zusammenfassung:

Das Patent EP 958376 umfasst „ein Verfahren zum Screenen von Schweinen, um diejenigen zu bestimmen, die mit größerer Wahrscheinlichkeit einen größeren Wurf erzeugen“[827] Dabei wird eine Probe mit genetischen Material eines Schweins auf das Vorliegen eines Polymorphismus mit dem Prokaltin-Rezeptorgen getestet. Dieses wird mit einer zunehmenden Wurfgröße in Verbindung gebracht.

Juristische Analyse:

---

826 Siehe https://register.epo.org/espacenet/application?documentId=ER215NP48421FI4&number=EP08798395&lng=en&npl=false (22.9.2011).

827 Übersetzung der Ansprüche, siehe https://register.epo.org/espacenet/application?documentId=EIF1TUQH0083J14&number=EP97931521&lng=en&npl=false (22.9.2011).

Das Patent EP 958376 wurde nach mehrmaliger Korrektur der Ansprüche am 16. 2.2005 erteilt.

Verfahren zum Füttern von Schweinen und Produkte , die nützliche Fettsäuren enthalten ("Schnitzelpatent")

Patentnummer:	EP 9705801
Anmelder:	Monsanto Technology
Anmeldetag:	29.1.2009
Rechtsstand:	Anmeldung wurde zurückgenommen
Problembereiche:	Neuheit
Einsprüche:	keine
Verhandlung:	Keine

Die Patentanmeldung EP 9705801[828], das sogenannte „Schnitzelpatent", umfasste ein Verfahren zur Fütterung von Schweinen mit einer gentechnisch veränderten Pflanze (u.a. Sojabohnen, Mais). Diese Pflanzen sind durch eine gentechnische Veränderung reicher an Omega-3-Fettsäuren. Diese Fettsäuren sollen sich im Fleisch der Tiere anreichern, woraus wiederum Fleischprodukte gewonnen werden. Der Konsum der Fleischprodukte soll sich positiv auf die menschliche Gesundheit auswirken. Das Patent wurde aufgrund der Zweifel an der Neuheit nicht erteilt.

Verfahren zur Zucht von Tomaten mit niedrigem Wassergehalt und Produkt dieses Verfahrens („Schrumpeltomate")

[828] https://register.epo.org/application?number=EP09705801&tab=main https://worldwide.espacenet.com/publicationDetails/biblio?II=0&ND=3&adjacent=true&locale=en_EP&FT=D&date=20090806&CC=WO&NR=2009097403A1&KC=A1

Patentnummer:	EP 1211926
Anmelder:	STATE OF ISRAEL-MINISTRY OF AGRICULTURE
Anmeldetag:	4.7.2000, gültig in zehn europäischen Staaten
Rechtsstand:	Patent erteilt am 26.11.2003
Problembereiche:	Im Wesentlichen biologische Züchtungsverfahren, Folgeprodukte, Erfindungshöhe
Einsprüche:	1 Unilever am 12.8.2004, Beschwerde Nr. T 1242/06 am 8.8.2006 eingelegt
Verhandlung:	Erste Verhandlung am 16.3.2006, daraufhin wurde von Unilever Beschwerde eingelegt, zweite Verhandlung am 19.9.2007,[829] dritte Verhandlung am 8.11.2011 – Vorlagefragen an die große Beschwerdekammer, Verfahren wird schriftlich weitergeführt, Entscheidung Tomate II G2/12 ; Verhandlung anberaumt für den 8.3.2018

Zusammenfassung:

Das sogenannte „Schrumpeltomaten-Patent" wurde vom israelischen Ministerium für Landwirtschaft angemeldet. Das Patent beschreibt ein Verfahren zum Züchten von Tomatenpflanzen, die Tomaten mit verringertem Fruchtwassergehalt ausbilden. Es umfasste die Selektion und Kreuzung der Pflanzen sowie das längere Hängen lassen der Früchte an der Tomatenpflanze.

---

829 Siehe https://register.epo.org/espacenet/application?documentId=EMGNHVD35994976&number=EP00940724&lng=en&npl=false (29.1.2018).

Juristische Analyse:

Das Verfahren zur Zucht von Tomaten mit niedrigem Wassergehalt wird in Anspruch 1 der Patentschrift beschrieben:

- Verfahren zum Züchten von Tomatenpflanzen, die Tomaten mit verringertem Fruchtwassergehalt erzeugen, umfassend die Schritte:
- Kreuzen von mindestens einer Lycopersicum esculentum-Pflanze mit einem Lycopersicon spp., um Hybridsamen zu erzeugen;
- Sammeln der ersten Generation von Hybridsamen;
- Züchten von Pflanzen aus der ersten Generation von Hybridsamen;
- Bestäuben der Pflanzen der jüngsten Hybridgeneration;
- Gestatten, dass die Pflanzen über den Punkt des normalen Reifens hinaus an dem Stängel verbleiben;
- und Durchmustern auf verringerten Fruchtwassergehalt, wie durch die verlängerte Konservierung der reifen Frucht und Faltung der Fruchthaut angezeigt[830]

Diese Schritte wurden als im Wesentlichen biologische Züchtungsverfahren in der mündlichen Verhandlung vom 19.9.2007 vor der großen Beschwerdekammer beurteilt und nun aus den Ansprüchen gestrichen. Die dritte Verhandlung fand am 8.11.2011 statt. Nach einer sehr ausführlichen Diskussion um die Zulassung der Hilfsanträge der Patenthalter, die auch die PbP-Claims mit einbrachten, erfolgte die Diskussion des Art. 53b. Der Patenthalter vertrat den Standpunkt, dass es durch aus möglich wäre die Produkte patentieren zu lassen auch wenn das Verfahren es ist nicht und verwies auf medizinische Anwendungen mit iso-

[830] Ansprüche des Patents EP 1211926, siehe http://worldwide.espacenet.com/publicationDetails/claims?CC=EP&NR=1026942A1&KC=A1&FT=D&ND=3&date=20000816&DB=EPODOC&locale=en_EP (29.1.2018).

lierten Zellen beim Menschen bei dem das Verfahren selbst nicht patentierbar ist, die verwendeten Zellen jedoch sehr wohl. Die einsprechende Partei argumentierte, dass es sich bei dem Züchtungsprozess um ein im wesentlich biologisches Verfahren handele und somit die Produktansprüche ebenfalls von der Patentierung auszuschließen sind. Es sei durch die Patentierung der Tomaten möglich andere von der Züchtung abzuhalten. Weiterhin wurde die Neuheit der vorliegenden Erfindung angezweifelt. An diesem Punkt entschied die technische Beschwerdekammer die Vorlagefragen beider Parteien an die große Beschwerdekammer formulieren zu lassen. Es sollen folgende Fragen geklärt werden:

1. Fällt ein nicht mikrobiologisches Verfahren zur Züchtung von Pflanzen, das aus Schritten der Kreuzung und Selektion von Pflanzen besteht, nur dann unter das Patentierungsverbot des Art. 53b EPÜ, wenn diese Schritte Phänomene widerspiegeln oder Phänomenen entsprechen, die in der Natur ohne menschliches Zutun auftreten könnten?

2. Falls die Frage 1 verneint wird, entgeht ein nicht mikrobiologisches Verfahren zur Züchtung von Pflanzen, das aus Schritten der Kreuzung und Selektion von Pflanzen besteht, dem Patentierungsverbot des Art. 53b EPÜ allein schon deswegen, weil es als Teil eines der Schritte der Kreuzung und Selektion ein zusätzliches Merkmal technischer Natur umfasst?

3. Falls die Frage 2 verneint wird, welches sind die maßgeblichen Unterscheidungskriterien dafür, ob ein nicht mikrobiologisches Verfahren zur Züchtung von Pflanzen nach Art. 53b EPÜ vom Patentschutz ausgeschlossen ist oder nicht? Ist insbesondere maßgebend, worin das Wesen der beanspruchten Erfindung liegt und/oder ob der Beitrag des zusätzlichen technischen Merkmals zur beanspruchten Erfindung über etwas Unwesentliches hinausgeht?

Der Hauptanspruch des Patenthalters wurde abgelehnt und an dessen stellen die eingereichten Hilfsanträge – in denen die Produktansprüche beschrieben werden – zu weiteren Grundlage der Verhandlungen erklärt. Bis November 2012 bestand die Möglichkeit öffentlich Stellung zu oben genannten Fragen zu nehmen. Eine Entscheidung der großen Beschwerdekammer wird bis Mitte 2013 erwartet. Die mündliche Verhandlung wurde geschlossen und das Verfahren wird nach Entscheidung der Vorlagefragen schriftlich fortgesetzt. Im März 2015 entschied die große Beschwerdekammer (GBK), dass Produkte, die aus im Wesentlichen biologischen Verfahren hervorgehen, patentierbar sein können (Tomate II G2/12). Im November 2016 veröffentlichte die Europäische Kommission eine Mitteilung, welche die Auslegung der GBK nicht teilt und auf die deutsche Regelung im Patentgesetz verweist, nach der Produkte aus im Wesentlichen biologischen Verfahren nicht patentierbar sind.[831] Diese Änderung übernahm das Patentamt in seine Richtlinien auf. [832] Eine erneute Verhandlung ist für den 8.3.2018 angesetzt.

Verfahren zur selektiven Erhöhung der Anticarcinogenen Glucosinate bei Brassica Sorten („Brokkoli-Patent")

Patentnummer:	EP 1069819
Anmelder:	PLANT BIOSCIENCE LTD, GB
Anmeldetag:	8.4.1999
Rechtsstand:	Patent erteilt am 24.7.2002, Ansprüche die im Wesentlichen biologische Verfahren umfassen wurden von der Patenterteilung ausgeschlossen
Problembereiche	im Wesentlichen biologische Züchtungsverfahren, Folgeprodukte, abgeleiteter Sachschutz.

831 C/2016/6997 – ABl. C 411 v. 8.11.2016, S.3-14.
832 *EPA* ABl. 2017, A56.

Einsprüche	1 Syngenta am 22.4.2003, 2 Groupe Limagrain Holding 24.4.2003
Verhandlung:	Juli 2007 erste Verhandlung mit dem Ergebnis, dass das Züchtungsverfahren von der Patentierung ausgeschlossen wurde, weitere Verhandlung über Product-by-Process-Ansprüche für den 26.10.2011 wurde abgesagt, das Verfahren wird schriftlich fortgesetzt (Stand 9.1.2012), Verhandlung angesetzt für den 8.3.2018.

Zusammenfassung:

Das Patent EP 1069819 wurde 2002 an die britische Firma Plant Bioscience erteilt. In dem beanspruchten Verfahren werden Hybride zweier Brokkolisorten nach dem Kreuzen auf das Vorhandensein eines erhöhten Gehalts bestimmter Senfölglykoside untersucht. Die Pflanzen, die eine erhöhte Expression der Senfölglykoside aufweisen, werden weiter gekreuzt. Die Anmelderin begründete ihren Anspruch auf ein Patent unter anderem damit, dass allein schon die notwendige Isolierung der Senfölglykoside einem Verfahren widerspricht, welches auf natürlichen Phänomenen wie Kreuzung oder Selektion beruht.[833] Gemäß der Entscheidung der Großen Beschwerdekammer des EPA im Brokkoli-Fall (G 2/07) sind im Wesentlichen biologische Züchtungsverfahren, die auf Kreuzung beruhen, von der Patentierbarkeit ausgeschlossen. Da Selektionsverfahren keine Herstellungs- sondern Arbeitsverfahren sind, ergeben sich aus ihnen keine abgeleiteten Sachansprüche. Weiterhin werden in den Ansprüchen die Brokkoli-Samen und essbare Brokkolipflanzen beansprucht, die durch die o.g. Züchtungsmethoden gewonnen wurden.

833 *Lenhard* 2011.

Juristische Analyse:

Ein Brennpunkt der Auseinandersetzung ist die Effektivität des Verbots, im Wesentlichen biologische Verfahren zu patentieren.[834] In den maßgeblichen Rechtsgrundlagen besteht ein Spannungsverhältnis zwischen dem Verbot der Patentierung „im Wesentlichen biologischer Verfahren" gem. Art. 53b EPÜ; § 2a PatG; Art. 4 Abs. 1 b Richtlinie und der Definition der im Wesentlichen biologischen Verfahren als „vollständig auf natürlichen Phänomenen wie Kreuzung oder Selektion" beruhend (Regel 26 Abs. 5 AO EPÜ vom 7.12.2006, PatG § 2a Abs. 3 Nr. 3; Art. 2 Abs. 2 Richtlinie). Da die Definition „vollständig auf natürlichen Phänomenen wie Kreuzung oder Selektion" den Begriff des im Wesentlichen biologischen Verfahrens erläutert, ist davon auszugehen, dass sich erstere Formulierung als maßgeblich erweisen wird. In der Folge wären nur Verfahren, die ausschließlich aus natürlichen Schritten bestehen, von der Patentierung ausgeschlossen. Aus dieser Vorschrift entstehen Anreize, neue technische Schritte für Verfahren zu erfinden, um das gesamte Verfahren und dann die Produkte zu patentieren (anstatt Produkte zu erfinden). Diese Möglichkeit wurde in einem Verfahren vor der Großen Beschwerdekammer des Europäischen Patentsamt verhandelt, in dem die Verfahren G 2/07 (Broccoli-Patent) und G 1/08 (Schrumpeltomaten-Patent) zusammengeführt wurden. Umgehungsmöglichkeiten des Patentierungsverbots von Art. 53b EPÜ und mögliche Gegenmitteln erläutert Dolder.[835] Gemäß der Entscheidung der Großen Beschwerdekammer des Europäischen Patentamts im Brokkoli-/Tomate-Fall (Aktz. G 2/07) sind im Wesentlichen biologische Züchtungsverfahren, die auf Selektion oder Kreuzung beruhen, von der Patentierbarkeit ausgeschlossen. Es ist davon auszugehen, dass der Ausschluss von der Patentierbarkeit auch markergestützte Züchtungsverfahren als Ganzes umfasst. In der Rechtsfolge besteht kein unmittelbarer Erzeugnisschutz für die erzeugten Pflanzen. Der markergestützte

834 Siehe auch die Juristische Analyse erster Teil des Projektes.

835 *Dolder* 2009, 5f. Dazu ebenfalls die Erläuterung im Experteninterview Nr. 1 v. 24.11.2011, S. 4.

Selektionsschritt ist jedoch patentierbar, wenn er die allgemeinen Anforderungen der Patentierbarkeit erfüllt. Eine der Konsequenzen des Entscheids ist, dass die Hinzufügung eines technischen Schrittes ein Züchtungsverfahren, dass ein im Wesentlichen biologisches Verfahren ist und aus mehreren Schritten besteht (Selektion der Eltern, Kreuzung der selektierten Eltern, Selektion der Nachkommen, Kreuzung der Nachkommen mit den erwünschten Eigenschaften), nicht patentierbar macht. Eine Umsetzung der Entscheidung der Großen Beschwerdekammer in die Prüfrichtlinien des EPA ist bereits erfolgt.[836] Eine offene Rechtsfrage ist die Übertragung der Rechtsprechung auf den Bereich der Züchtungsverfahren für Tiere. Eine solche Übertragung ist jedoch als wahrscheinlich anzusehen. Der Spruch der Großen Beschwerdekammer enthält keine Entscheidung zu den ebenfalls im Patent enthaltenen Erzeugnis- und Product-by-Process-Ansprüchen. Das Brokkoli-Patent EP 1069819 der Firma Plant Plant Bioscience beanspruchte neben dem Züchtungsverfahren und dem Auswahlverfahren u.a. die Samen der ausgewachsenen Brokkoli-Pflanze. Da die Patentierung des Verfahrens aber abgelehnt worden ist, erscheint eine Gewährung der PbP-Ansprüche ungewiss. Die Gewährung eventueller Produktansprüche hängt davon ab, ob die Produkte die allgemeinen Patentierungskriterien erfüllen, was umstritten ist. Die mündliche Verhandlung für den 26.10.2011 wurde abgesagt mit der Begründung es sei durch die Änderung der Patentansprüche durch den Patenthalter eine neue Situation eingetreten. Stattdessen wird die technische Beschwerdekammer ihre Entscheidung schriftlich abgeben und begründen.[837] Im März 2015 entschied die große Beschwerdekammer (GBK), dass Produkte, die aus im Wesentlichen biologischen Verfahren hervorgehen, patentierbar sein können (Tomate II G2/12). Im November 2016 veröffentlichte die Europäische Kommission eine Mitteilung, welche die Auslegung der GBK nicht teilt und auf die deutsche Regelung im Patentgesetz verweist, nach der Produkte aus im Wesentlichen biologischen Verfahren nicht

---

836 *EPA* 2016.
837 Siehe http://www.epo.org/news-issues/news/2011/20111018.html (19.10.2011).

patentierbar sind.[838] Diese Änderung übernahm das Patentamt in seine Richtlinien auf. [839] Eine erneute Verhandlung ist für den 8.3.2018 angesetzt.

---

[838] C/2016/6997 – ABl. C 411 v. 8.11.2016, S. 3-14.
[839] *EPA* ABl. 2017, A56.

Kolibri 360 GmbH
Ferdinand-Jühlke-Straße 7
99095 Erfurt, Deutschland
produktsicherheit@kolibri360.de